荆楚文庫

〔光緒〕羅田縣志

〔清〕管貽葵　修
〔清〕陳　錦　纂

荆楚文庫編纂出版委員會
武漢大學出版社

荆楚文庫

〔光緒〕羅田縣志

GUANGXU LUOTIAN XIANZHI

圖書在版編目(CIP)數據

〔光緒〕羅田縣志/〔清〕管貽葵修;〔清〕陳錦纂.

—武漢:武漢大學出版社,2019.12

ISBN 978-7-307-21042-4

Ⅰ.光…

Ⅱ.①管… ②陳…

Ⅲ.羅田縣—地方志—清代

Ⅳ.K296.34

中國版本圖書館 CIP 數據核字(2019)第 144380 號

責任編輯:程牧原

整體設計:范漢成 曾顯惠 思 蒙

責任校對:李孟瀟

出版發行:武漢大學出版社(中國·武漢)

地址:武昌珞珈山

電話:(027)87215822 郵政編碼:430072

録排:武漢恒清圖文菲林輸出工作室

印刷:湖北新華印務有限公司

開本:787mm×1092mm 1/16

印張:34.75

版次:2019 年 12 月第 1 版 2019 年 12 月第 1 次印刷

定價:166.00 元

ISBN 978-7-307-21042-4

9 787307 210424

《荆楚文庫·方志編》編纂組

組　長：賀定安　陽海清（執行）

副組長：劉傑民（執行）　王濤　謝春枝　范志毅（執行）

參編人員（按姓氏筆畫排名）：

王濤　李云超　宋澤宇　范志毅　柳巍　馬盛南　陳建勛

梅琳　張文静　張雅俐　陽海清　彭余焕　彭筱溦　賀定安

楊萍　雷静　劉傑民　潘玲　謝春枝

編　審：周榮

顧　問：沈乃文　李國慶　吴格

出版説明

湖北乃九省通衢，北學南學交會融通之地，文明昌盛，歷代文獻豐厚。守望傳統，編纂荆楚文獻，湖北淵源有自。清同治年間設立官書局，以整理鄉邦文獻爲旨趣。光緒年間張之洞督鄂後，以崇文書局推進典籍集成，湖北鄉賢身體力行之，編纂《湖北文徵》，集元明清三代湖北先哲遺作，收兩千七百餘作者文八千餘篇，洋洋六百萬言。盧氏兄弟輯録湖北先賢之作而成《湖北先正遺書》。至當代，武漢多所大學、圖書館在鄉邦典籍整理方面亦多所用力。爲傳承和弘揚優秀傳統文化，湖北省委、省政府决定編纂大型歷史文獻叢書《荆楚文庫》。

《荆楚文庫》以「搶救、保護、整理、出版」湖北文獻爲宗旨，分三編集藏。

甲、文獻編。收録歷代鄂籍人士著述，長期寓居湖北人士著述，省外人士探究湖北著述。包括傳世文獻、出土文獻和民間文獻。

乙、方志編。收録歷代省志、府縣志等。

丙、研究編。收録今人研究評述荆楚人物、史地、風物的學術著作和工具書及圖册。

文獻編、方志編録籍以一九四九年爲下限。

研究編簡體横排，文獻編繁體横排，方志編影印或點校出版。

《荆楚文庫》編纂出版委員會

二〇一五年十一月

前言

《〔光緒〕羅田縣志》八卷首一卷，清管貽葵修，清陳錦纂，清光緒二年（一八七六）刻本。内封鐫：「光緒丙子重刊　羅田縣志　板存義川書院」。

管貽葵，字向廷，清江蘇陽湖人，監生，同治十年（一八七一）官羅田知縣。陳錦，字容舫，邑人，同治二年（一八六三）進士，官刑部直隸司主事。

邑於明季有志，據是志序中所言，大多毀於兵燹，現今僅存一部，爲嘉靖二十二年（一五四三）知縣祝珝所修。清代光緒志前有三修，分别成於康熙四年（一六六五）、康熙五十六年（一七一七）與乾隆年間。貽葵於序中稱自己「甫下車，即採風問俗，且取舊志披覽焉。見夫代遠年湮，類多訛缺，矧當兵燹後，尤慮邑之忠義久而遺佚」，遂有修志之心。然咸豐年間，羅邑受太平天國運動影響，百廢待興，經費不敷。至光緒元年（一八七五），貽葵方率諸士紳取舊志續而輯之，是志乃成。

是志以康熙五十六年（一七一七）志與乾隆志爲藍本，稍變體例，分設八門，即地輿、建置、秩官、政典、選舉、人物、藝文、雜志，統六十七類。其中「政典」一門爲是志新設，分上、中、下，合併收入賦役、學校、兵事相關内容。「八門」中的類目亦較舊志有所調整，如以物産、風俗與賦役無關，移入「地輿志」；鋪遞、營汛等舊志「地理」所屬歸入「建置志」，此爲體例之訂正。表述形式亦有所變動。如山、水改舊志之瑣碎，以簡要語言敘述方位；秩官、選舉，舊志以「表」記之，是志皆更改爲「志」。舊志所載多訛誤缺漏，是志正誤補缺，以選舉、人物、事迹等最爲慎重。此外，是志特意細緻規定繕書行款，以免錯舛而昭劃一。

太平天國運動時期，羅田以蕞爾之邑，外援皖、豫，内固藩籬，邑人團練有年。是志特仿史官編年紀月之例，自三國吳時期起，對邑之兵事大書特書，備詳始末。其中咸豐時期太平軍在羅田與該邑團練的戰鬥事迹，細至以日爲記，描述得最爲詳盡，並附有團練詳細名單與《羅田團練紀略》一文。「人物志」下「忠烈」一目，詳列陣亡名單，可見一時之慘烈，修志者之「敬重」。

據《中國地方志聯合目録》，北京、北大、上海、天津、南京、浙江、湖北、湖南等館藏有該志。本次影印以光緒二年（一八七六）刻本爲底本。（彭筱溦）

目録

卷之三　秩官志

卷之四　政典志上

光緒丙子重刊

羅田縣志

板存義川書院

羅田縣志序

羅田為黃郡東北邑壤毗英霍界接商城山川欝盤風氣敦樸其人士美秀而能文其民務生業咸知盡力於農畝蓋自入
國朝版籍以来沐浴膏澤休養生息二

百餘年眾庶安堵薰陶善良遂成風俗若斯之盛也咸豐閒粵匪竄亂捻逆肆擾蔓延十餘年蹂躪幾已徧宇內羅雖蕞爾邑外援皖豫內固藩籬方是時邑人士集家財練民兵贏糧荷戈從官軍勦狂寇而盪餘氛不唯

是慎固吾圉馘獲醜且實有功於鄰邑若乃不虞驟至勢屈力竭不易其志甘以身殉雖婦人孺子視為固然故忠義奮發凜然皆有節烈之槩尤令人稱道勿衰向廷管君視事茲邑於今四年謂夫風俗之美也人心

之厚也今猶昔也邑茍無志往事就湮来者何述職司守土伊誰責歟夏五月以書来告將取邑舊志續而輯之且請一言以為之弁管君之意遠矣哉羅田舊志修自乾隆閒闕而未補者幾已百餘年矣夫吾人生乎百

世而下抗論百世而上方策具在故得計數而周知焉今茲邑志闕而未補既歷有年若復廢而弗舉後之人雖欲取今日津津人口者揚搉論之勢且疑信參半况更欲追溯百有餘年而上哉𡹁近事之弗忘補舊聞所未備是書告成吾知風俗之所以美人心之所以厚必有以推本溯原著所宜戒而昭所當鑒志一邑之事歟治一邑之譜也管君之意遠矣哉不辭無文遂為之序

光緒元年歲次乙亥夏五月

序　三

賜進士出身升用侍講翰林院編修知湖北黄州府事濬陽英　啟譔

序　四

重修羅田縣志序

世有可以證十端辨三壤問風俗驗禨祥擬山海之奇紀人物之盛上關
國是下繫民瘼者邑志是也由此而達之郡達之省達之朝則大一統焉必自邑志始也志之所係亦大矣羅田在楚之

東偏與皖豫壤相接其地多山其民樸而好義故又曰義川咸豐初年粵逆倡亂楚郡縣悉望風靡如去傳舍羅之人獨能建義旗設團防堅壁清野以相保衛是以軍興十餘年而羅無恙也然羅之死於兵死於戰陣死於節烈者男女不下萬人則其忠義之氣有本乎風教者耳邑舊有志明季燬於兵
本朝康熙年邑令張君始輯之乾隆年姜君重修之厥有成書然尚多缺畧訛錯處迄於今又百餘年矣夫邑之有志所以徵文考獻而侈淹雅之觀美也志之

所係顧不重歟棻不敏來宰是邦甫下車即採風問俗且取舊志披覽焉見夫代遠年湮類多訛缺矧當兵燹後尤慮邑之忠義久而遺軼也於是怦怦於心而有重纂之志然羅地瘠而民貧數年之間凡善後事宜百廢俱舉若建廟宇

修衙署立試院復賓興之屬士民輸欵何止數萬緡今又欲斂財於民以備乃事誠懼夫民力之不繼而經費之不敷也然 葵之怦怦於心終有不能自已者令軍務大定海宇乂安都人士咸樂為輸將始克舉而從事焉亦甚盛事也我

聖朝久道化成溥海殊方無一夫不得其所羅雖下邑其二百餘年之仰霑恩澤者亦至深且久矣今而生齒日以繁田野日以闢庠序學校之教農桑服食之利賑貸養卹之政靡不興舉也且其學士大夫或服習詩書業成而名立或勤

勞王事功垂而節昭他如孝子貞婦耆老名儒莫不修禮敦品節以式鄉閭而光簡冊吁俗之化也其積漸而成有自來矣況乎邑令者親民之官也一邑之利病與一家之休戚無異焉使不借資考鏡以求夫條理節目之大其又將

何以盡心民事奠人地之相宜耶則是邑之有志又非徒徵文考獻侈淹雅之觀美已也是役也 葵率諸士紳董其成而於前志之缺訛者則補訂之倍昭慎重以期信今而傳後也至於近事則凡民風之升降治理之得失與夫忠孝節

義之大治亂興衰之故悉詳載之用以自勉且願與後之豈弟君子共證焉是爲序旹

光緒二年歲次丙子孟冬月上澣羅田縣知縣管貽葵向廷甫譔

管貽葵　向廷

原序

學使繆沅

郡邑之有志由來尚矣作者多侈其山川土風與夫人物之巨麗財賦之廣餘而建制沿革或有不詳蓋歷世遠而簡牘有所難稽也黃州之羅田爲楚之山邑地瘠而民貧士大夫之莅兹土者皆以爲陋每不暇講求邑乘莅滿以去爲幸故數百年來版圖職貢介江漢之國而志或闕焉此有志者之下車而竊嘆者也三韓張君崑璧筮仕此土慨然以邑志爲己任補殘拾闕條分部居閱寒暑而成之使覽者忘其邑之陋而樂其文之工其亦可謂文學之吏矣戊戌初夏余視學楚黃適志甫成以序爲請余惟羅爲楚同姓桓十三年以小見伐而卒以勝楚杜預謂其舊在宜城西山中後徙南郡枝江縣考宜城今隸襄陽楚鄢水出於是左氏所謂及鄢亂次以濟也而枝江在宜城西南今羅爲古蘄春地東去宜城幾數百里而枝江益遠焉則羅一徙而爲枝江再徙而爲蘄春而羅之名猶存蓋古國之遷徙名存而地不屬者三代以來不知凡幾讀古之士所必考其建置之本末與

沿革之同異以尋往跡於舉世不辨之中者也余嘉張君之勤於政而又能出其餘力修廢舉墜以見其邑志之成故樂爲考之以助是書之所闕至其山川風物之美可以形於咏歌而備輶軒之採風者俟使事之竣尙能爲君屬和焉

原序　郡守蔣國祥

邑之有志不知起自何時唐元和以後簡編始盛然全書亦不恒見至宋時若長安東京吳郡會稽諸志簡該精當至今猶傳頌之然操不律者類皆出於優

游無事閉戶著書之賢士大夫本寬閒之歲月攄覩串之傳聞博稽遠引日積月累而後成書未有官於斯土而能爲之志且志而可傳者葢一行作吏則刑名錢穀薈萃一身簿書鞅掌每日不暇給欲其蒐輯舊聞博采衆説成一不刊之典苦於力之所不及者勢也惟英偉卓犖之士則不然其治一邑若烹小鮮恢恢乎其游刃有餘也取斯民而噢咻之雖至荒瘠之區夕絡晨舂使之鮮藜藿之色教思所及則絃歌四洽人才蒸蒸日盛而又多暇豫之時因慨然念邑乘之久湮爲之諮詢故實斟酌輿情卽斷簡殘編而補其缺正其譌刻除其蕪穢藻繪其樸陋筆削詳畧具有法度況又謙冲自下徧採好古力學之士委以參訂之役凡星躔疆域山川土田城郭溝塗戶口賦役道里物產其於沿革廢興多寡有無之際覈之甚詳而上而忠孝節義政事文章之大下而隱逸流寓方技仙釋之流靡不採集而表揚之鳴琴坐理之餘丹鉛不輟其是非也公其去取也慎鴻纖無遺華實並茂有學士大夫專務著述者所不如非其才力之

優豈能至此以昭懲勸示法戒維人心助風教其必傳無疑也余守玆土深有望於邑之賢令有能修舉廢墜采輯成書足以信今而傳後者今得是編欣喜不勝爲題數語於簡端是書也爲部有五爲卷有八爲類五十有奇所載者黃之屬邑羅田上下千百年之事也官於斯土而能爲之志者三韓張崑璧氏名琳者也

原序　古亭李長庚

羅田縣者黃郡之文獻邑也邑故有志何以至今始

言志也曰志燬於寇而白侯重新之也不獨志也邑
亦燬矣新之者亦君侯也或曰民興久矣至嘉靖間
而邑始有志也豈非以文物全盛之時乎今何時也
凋敝極矣何事於文曰是不知天下之重以邑邑之
重以志也環天下星碁布列皆邑也若肢體然一邑
燬是尺寸之膚不愛矣邑邑完而天下始全也故天
下之重以邑也然邑徒以虛名重乎有城垣有署宇
有廟祀有學校有土地人民而後成其邑也改邑不
改井而是種種者可改乎茲欲舉而新之而疆址撇

據高卑不察戶籍無考出入無籍將何以取而斷之
乎故邑之重以志也禮失而求之野籍去而闕其略
杞宋徵而文獻徵皆志之賴也志之新增者何曰武
志也歲已不易不虞之是戒况十年兵燹一旅一卒
咸君侯苦心以規永利以武四方而可以無志乎志
之大者何曰梁侯之節也白侯之功也抑人臣之委
贄也一死可以上報足愧世之貪位苟免者若朝廷
之張官設吏也豈徒責之以死將一邑是保焉節在
一身可爭日月功在一邑可鐫金石孰有大於此者

志所不盡者何曰侯苦心也邑燬矣燬而新之必先
修築建置也畚鍤干櫓可無煩乎無兵則空城也請
兵之擾更甚於賊君侯一切謝客兵不用則勢不得
不取兵於民無食則枵腹也庚癸之呼同於揭竿勢
不得不取食於上有兵有食而後有城以有邑也譬
之善養嬰兒者剔髮摧座兒必號嗄長而節其棗栗
禁其嬉遊教之詩書予之夏楚兒必嗔怨迨其成家
游序以達於廷然後知父母之恩重也侯則出嬰兒
於水火而萬死中錫以一生也豈尋常鞠育之恩可

擬乎又何以加焉曰以暇以文如弈者尚攻刼奪取
而神色不動者爲勝也如子產救火巡羣屏攝列諸
火道各儆其事而火無傷也如操舟遇風禁人無譁
備維檝而自定也周之興也以桃林之放漢之守也
以綿蕞之行齊之霸也以文告先修晉之勝也以少
長有禮此又君侯干戈甫定而即志之修也用意深
遠天下有道武定文興詎獨一邑志之云乎哉君侯
諱乃忠字邇事蜀江津人也政事之大者另有桐鄉
之尸祝在謹先爲序其修志之概若此其徵故實於

父老取與謡於耆儒而總其事者則本縣諸文學夫及盡書其名 舊志

原序

安清 黄岡人

邑之有志比古列國史山川阨塞兵防田賦謡俗文物靡不備具豈徒華贍簡帙以恣奇博亦以表著當時賢長吏所爲使後人有所觀鑒然遭時不同治有難易尺寸之材湇湇閟閟狃常率自效以博循吏名當世有稱者而撥亂之畧不得一二後亦以是少之故志載多不著羅爲蘄黃上游枕固陵控英六流人

奔亂勢當要衝苟可薄我盤鋒如輪跿踦而至矣且乙亥之變垣墉頽壍廬舍焚蕩流亡徙倚炊烟不屬時仰望賢長吏撫綏甚急苟不克震動有爲徒操尺寸材湇湇閟閟狃常率自效而曰吾能了此其有幸也其無幸也自白侯來撫茲土修城郭招流移振窮安富息獄滅賊諸所設施咸有次第豈齷齪博循吏名者而禦變之畧尤長壯武紛紜奇正莫測雖邑令乎具有古大將風警至則開門待敵捫然躍馬三尋之矛惟寇是求壯士數百人桓桓用命斬狙魁首虜數十常所擄獲甚衆自是賊即道羅無敢闌入侯之威亦單矣夫經軌艮塗劣者蹶轍鄣無正攬策上九折坡無不極材盡技誠有所長也今觀侯所設施次第及禦敵大畧度越無前雖漢代朝歌之謝今代樂陵之逵未獲過之是亦今日爲邑者鄣無正哉侯功惠在人樵童路叟咸能言之著於今則必傳於後而邑中諸文學傷前志之荒落懼侯德之不彰採葺舊編表揚新績辨山川考沿革書兵防稽田賦齊謡俗華文物依古史條彙而侯之功惠大書特書用是以

傳不朽不獨後人覽其大致有所觀鑑即異日太史採風司勳問績持是書以對亦足考見一斑此作者之志也書成邑薦紳走以示余余慕侯久竊聞童叟所傳今覽此益信爰托一言於簡端

原序

梅之煥 麻城人

羅田縣志之重修葢在兵火洗城之後也羅故彈丸斗絶四面受敵之衝乙亥歳流寇乘破竹之勢直入之彼一時也燕巢林烏啄屋通衢堆骨白日啼假衆仕者誰不望之如穽自白侯下車適值其會念瘡痍

愁痛之餘而不可不有爲也又念瘡痍愁痛之餘而不可有爲也寬於撫孑遺嚴於繩吏胥靜於停刑罰勞於詰兵戎不惟親冒矢石頻挫賊鋒且百務振舉靡廢不興即舊志之燼於兵火者亦任能而光復之此何等時而獨暇及此視昔之長嘯登樓圍棋賭墅神氣閒定不更恢恢乎至若委任王劉二生以光此典其知人善任使又見一斑矣夫修志常事無足紀惟紀此一段於志中並垂不朽後之君子知枳棘棲鸞正蟻封試馬無小羅也

原序　　邑令　張　琳

古者太史采風取民間之歌謠編爲篇什以貢之天子雖時國風即國史也迨後諸侯各君其國而列國之私史興焉嬴秦兼并分置天下爲郡縣並私史亦亡於是司馬遷班固有史記漢書之作歷代因之沿至明季徵四方之掌故購私家之藏書纂爲一統志而省郡州縣之志昉焉若是乎縣之有志也不第紹述私史蓋將備他日輶軒之採存風詩之遺意於一綫也所關顧不重哉癸巳寻奉

簡命承乏茲土甫下車即急索邑志殆欲洞悉乎此邦之風土人物與夫損益利弊之所在次第敷布整頓以免曠官之譏其或權非己操不得專擅者徐且申請列憲經畫而區處之而胥史以蔑有對予慨然曰是何言也夫羅田彈丸社稷民人俱在分茅胙土亦庶幾古子男地啻可文獻無徵置而不論乎况今

聖天子勤恤民隱宵旰不遑每遇大僚

陛見必詢以道途所經於年歲之豐歉生民之休戚諸詢三致意焉日者又有察訪輿圖之使繪名勝古蹟以進

命史臣編纂用成一代故典脫一旦檄取莫應詎非守土者之責與爰是於政事餘暇旁搜博採或取徵於省志或訪問於士人積日累月粗成梗概而因竊歎夫成書之難成書而無所憑藉者之益難也夫有明一代志稱完善者不數人康對山武功志王元美鄖縣志言簡事該特稱謹嚴近時李天生因篤富平志田賓山蘭芳睢陽志亦加意收羅考據援引無因陋仍訛之失而於近人實事咨有拋荒朱竹垞彝尊之目

下舊聞即
帝京志之別名也綜覈精粹上下千古瞭若指掌允推博
雅之冠然發凡起例於志另爲一格之數公者夙號
三長且當設局之日故事徵言尚有所資藉不同憑
空結撰說者猶有不滀不備之譏茲羅志之修也舊
本散佚無存非但上希德涵渼陂兩先生不可得即
欲追踪時賢而亦苦於無自其疎漏荒蕪固琳之寡
聞淺見乎抑亦時勢使然耳聊就所見所聞所傳聞
者例分部居於左用備我
皇上省方問俗之下採焉後之君子討論潤色乎亦不無
草創之微勞遂書以爲序

纂輯姓氏

主修
同知銜羅田縣知縣　管貽葵

協修
翰林院待詔銜羅田縣教諭　吳長春
內閣中書銜羅田縣訓導　李承捒

總纂
員外郎銜刑部直隸司主事總辦秋審處恭提生廳前翰林院庶吉士　陳錦

協纂
藍翎江西候補直隸州知州　潘彩枝
大挑一等浙江試用知縣　王嗣喆
內閣中書銜前咸甯縣教諭　張鼎
副貢生　葉艮杞
附貢生　熊韻
六品藍翎中書科中書銜試用教諭　何孫啓
六品藍翎候選縣丞　童先疇
廩貢生試用訓導　涂道鑾
提舉銜前襄陽縣學訓導　周鏡芙

參訂

七品小京官戶部四川司行走　陳鏞

國子監學正銜候選訓導　林丙奎

候選訓導選用知縣　曾道鈺

廩貢生　羅敦寅

生員　熊士益

總理

藍翎候選縣丞　姚敦敘

花翎候補知府　姚敦禮

舉人揀選知縣　鄭桃枝

布經歷銜　張炳

國子監學正銜揀選知縣　郭元勳

福建候補同知　郭佩蘭

藍翎候選縣丞　蕭樾

藍翎鹽提舉銜候選訓導　金殿傳

藍翎候選知州　聞其政

州同銜　周恢義

候選縣丞　方鳳添

縣丞銜　王煐斌

藍翎候選縣丞　楊允鉦

候選從九　江旭初

翰林院待詔銜　陳經

採訪

舉人揀選知縣　余潚

內閣中書銜候選訓導　姚夢飛

中書科中書銜候選訓導　王莜瑾

藍翎候選通判　劉星烺

州同銜　周傳麒

候選訓導　葉紹珪

候選訓導　鄧丙暄

候選訓導　王作霖

候選訓導　姚炳章

安徽試用縣丞　涂銑

安徽候補縣丞　陳庚

五品頂戴陝西試用縣丞　何翔

六品頂翎候選縣丞　晏楚傑

候選縣丞　匡慶榕
藍翎五品銜候選縣丞　朱春曉
候選縣丞　李楠廷
山西候補從九　張珸
同知銜　張祖莘
五品頂戴歲貢　林國楨
五品頂戴附貢　姚燮元
翰林院待詔銜　閣中孚
布經歷銜　童德芬

鹽提舉銜候選布經歷　廖飛鵬
藍翎知州銜候選縣丞　羅大綬
候選訓導　黃文楷
州同銜　蕭功世
安徽試用巡檢　葉思永
六品頂翎候選從九　文楚信
廩貢生　姚之杞
副貢生　郭暉吉
歲貢生　李嬔庚

歲貢生　葉慶蘭
附貢生　黃華
附貢生　鄭杏春
縣丞銜　黃繼霖
按照磨銜　許廷柱
候選從九　聞德佑
六品頂翎監生　葉比廉
六品頂翎監生　彭鴻漸
六品頂翎　張星煒

六品頂戴　林肇榮
六品頂戴　李士炯
六品頂戴　洪春發
六品頂戴　匡丙坤
六品頂戴　方紹賓
議敘正八品　童瑞玉
議敘正九品　姚敏功
武舉候選千總　王臣銳
花翎拔補守備　王子雲

藍翎候補千總　張世英
候補千總　王錦雲
候補把總　蕭雨亭
千總銜武生　黄玉藻
把總銜武生　陳步雲
例貢　王家聲　例貢　周凌玉
例貢　嚴嗣基　例貢　李三選
例貢　廖嘉賓　例貢　廖鳳譽
例貢　鄧維朗　例貢　張定華

例貢　羅樹藻　廩生　江澤清
廩生　周紹垣　廩生　周慶詩
廩生　童德士　廩生　王皆陞
廩生　余緯　增生　葉艮柱
增生　李鍔　生員　姚榮
生員　王皆煒　生員　嚴庚
生員　周錦江　生員　蕭璐
生員　童先翥　生員　曾唯
生員　王皆勳　生員　王皆鴻

生員　廖雲武　生員　童先淮
生員　李子三　生員　周曉清
生員　葉蓁　生員　閻星焜
生員　曾道植　生員　周藩臣
生員　張榮　生員　朱長敏
生員　方烜　生員　涂嘉植
生員　王益芳　生員　鄧光甲
生員　周兆英　生員　李秉鳳
生員　李玉森　生員　黄芸

生員　馮錫三　生員　許庚鑾
生員　查夢洙　生員　李聯甲
生員　晏子壬　生員　余及鋒
生員　劉雲階　生員　傅兆漣
生員　汪儀廷　生員　葉鳴鳳
生員　吳作霖　生員　朱盛詩
生員　李學成　生員　晏乙
武生　陳青雲　武生　王青雲
武生　朱聯魁　武生　詹聲振

武生　金杏春　武生　傅雲龍
監生　王飛鵬　監生　朱漢明
監生　葉文華　監生　李開第
監生　李文林　監生　王培濬
監生　匡掄杰　監生　葉應芝
監生　吳用賓　監生　周挹薰
監生　陳炳桓　監生　毛兆芝
監生　張效江　監生　童煥章
監生　蔡興周　監生　周錦堂

監生　王利賓　監生　蕭金詔
監生　周煥池　監生　金棣韡
監生　鄂聯璋　監生　文鳳池
監生　徐書賢　監生　余垣楷
監生　周玉樹　監生　傅炳霖
監生　王之臣　監生　周逢庚
監生　劉方甲　監生　李輝銑
監生　張寶善　監生　楊寬仁
監生　胡登仕　監生　張桂鳴

監生　胡玉華　監生　周開榮
監生　江選柱　監生　朱列鼎
監生　汪維翰　監生　金廷詔
監生　吳士俊　監生　朱盛德
監生　余玉林　監生　陳輝藻
監生　周慶鵬　監生　涂煌
監生　張世貞　監生　周維新
監生　毛紹宗　監生　高夢庚
監生　蕭文仁　監生　胡祥泰

監生　彭文飾　監生　黄夢熊
從九　葉艮橋　從九　李子春
從九　汪瓛　從九　張星煐
從九　鄭杰　從九　龔傳達
文童　汪善與　文童　崔煥階
文童　張鈺　文童　劉樹春
文童　汪魯亭　文童　張鳳藻
文童　曾道中　文童　李貞純
軍功　吳定泰　軍功　高明耀

軍功　李濟漣

附錄康熙五十六年暨乾隆五十三年修志姓氏

周之進　周文新　蕭晏　王應甲　郭達
閔焜　程艮法　徐乾源　汪德溥　周易
朱文魯　葉自成　董啟棟　劉漢宗　徐思源
嚴時楨　劉餘蔭　林壇　晏一麟　雷天鐸
胡師淇　胡師清　閔佑起　胡師洛　周諏
徐得時　林嘉善　蕭雲翮　王之松　徐維垛
龔天秩　汪永法　胡之暉　汪有達　林埜

王垛　張之增　余植嵩　馬孔明　葉銳善
徐鑒　魏世昌　段震　蕭光大　董家焰
盛廷樞　周昌祚　王鈞　王廷謨　姚二俊
胡釗　周對颺　周邦元　蕭光表　程艮謨
王榆　蕭廷琮　徐鉅　閔煋　陳之琯
李一瀉　泰杏林　廖易元　余烋　陳景程
郭地鵬　何龍光　林鑾　胡履采　胡履樂
圭鼎　汪泰　李勷　李槐　王大壽
李與義　林廷鍔　廖鳳池　朱列樟　方洪觀

蕭名翼　潘文萃　郭地煥　葉福澤　郭鵬萬
余邦　何毓珣　徐學顯　陳維祚　胡履仁
金朝傑　崔員　王鳳斌　童永斌　蕭常義
周定昌　葉大鵬　郭立璷　圭人瑞　潘光烈
陳錫封　方治英

羅田縣志卷之首

凡例

一前明嘉靖崇禎兩志久不可考現存惟
國朝康熙五十七年邑令張琳志暨乾隆五十三年邑令
姜廷銘志張分列八綱姜增爲十搜羅纂輯均極苦
心今卽據爲底本而稍變體例分門八曰地輿曰建
置曰秩官曰政典曰選舉曰人物曰藝文曰雜志內
統類六十有七有條不紊一覽幷然

一地輿攷志山水舊志臚列山脈之貫通水勢之洄抱
似涉瑣碎今第云某山某水在邑治某處距邑治若
干里期歸簡要無取繁蕪蓋邑志非形家言也

一地屬山僻物產無多未列貢賦至百里殊風千里異
俗各因其地而成尤與賦稅無涉舊志均入賦稅併
己今歸地輿

一鋪遞營汛坊表涼亭墓域各類均屬建置舊志隸地
輿非也今爲更正

一政典最重賦稅
國家自有定制其撥補添設舊志所載欵項皆謹遵賦稅
役書今仍其舊惟南漕新章改歸折色肇自中丞胡
文忠公行之累年民情稱便特詳志之昭愼重也

一學校首重文廟壇廟典禮附焉舊志學校另爲一門
今並歸建置而特以序言弁首與各類稍示區別所
以崇風教而尊
國典也

一兵事政典攸關舊載雜志殊覺疎畧益邑建治以來
圖籍罕存舊聞放失故僅得數條而書之耳今自粤
逆倡亂捻寇繼擾邑人團練有年戰功卓著豈容缺
遺爰倣史官編年紀月之例大書特書備詳始末庶

後人有所徵信焉

一邑自團練以來累蒙督爵相官文恭公中丞胡文忠
公縷陳戰績上達
宸聽疊荷
天語諭詳榮褒忠義給予爵秩翎頂者不下數百人且造
廣求遠學額嘉惠士林以示優異
聖恩高厚至矣蔑以加矣敬志簡端昭茲來許

一秩官舊志爲表內分名宦政績二類殊乖體制今合

一爲志紀其姓字里居與夫視事始末其有實心實
政遺愛在民者特立小傳用志弗諠
一選舉舊列爲表今易以志間有脱漏本通志府志及
採訪補之至保舉一類尤得未曾有其人累著勤勞
迭膺優獎例得備書用昭激賞
一人物舊志於忠烈宦蹟外分孝友文苑篤學義行等
類今合爲二曰孝義曰儒林期簡而該匪從疎畧
一人品賢否蓋棺乃定生不立傳古史例也誠恐干求
請託未免瞻徇故宦蹟儒林人皆已往而存者不與
焉惟現在節孝採訪綦詳據事直書並非生傳自亂
其例
一舊志所載人物多與國史不合府志駁之是已然細
加採訪或手澤具存廬墓尚在知舊志不盡無徵古
人生遷卒葬不限方隅飲水源木本之動念箕裘弓
冶之不忘歟今悉仍舊志不敢攀援異地亦不願推
遠名賢
一苦節可貞閨閣不幸獲邀
宸獎彤管流芳間有家道中落子孫式微上達無由情尤

可憫茲備書之俾無遺恨至於捐軀赴難視死如歸
巾幗丈夫實無愧色移風礪俗敢曰忽諸
一古稱藝文凡有韻無韻皆是也六季以還始判兩目
有韻謂詩無韻謂文是書舉往代先哲當世名流鴻
篇雅製有關邑事者悉爲採入其餘無涉佳章概從
割愛亦體例應爾也
一藝文已登舊志者今備收入間有於邑無關雖號佳
篇概從刪削
一排四儷六不少佳文是書概不登選限於體例匪矜
別裁
一歲時祥異一邑之休咎攸關豈容闕而弗志惟於門
類無可統屬舊入雜志府志例也今從之
一方技人事俱微似可從畧然著公日者遷史不遺列
之雜志俾附不朽
一邑志古蹟由來已舊維八景繪圖未免沿襲陋習茲
倣曲陽志之例僅存其名圖繪從畧
一邑中事跡前志訛漏甚多如東坡井訛爲風坡井及
朱槃隱先生碑銘遺蹟概未登載是也今爲釐正補

入考據詳明匪同率爾

一邑志有圖所以稽幅員之廣袤攬疆域之形勝也舊志間多舛謬今重加釐正庶幾開卷瞭如

一繕書行欵每易錯誤今定卷首首行書羅田縣志頂格寫次行標題低一格寫小目小序俱低二格寫其篇中應擡頭者無論單擡雙擡另提一行至雙行小註有爲尺幅所限不能另提者遇當擡頭處如式空格庶免錯舛而昭畫一

羅田縣志目錄

羅田縣志

地輿城池各圖

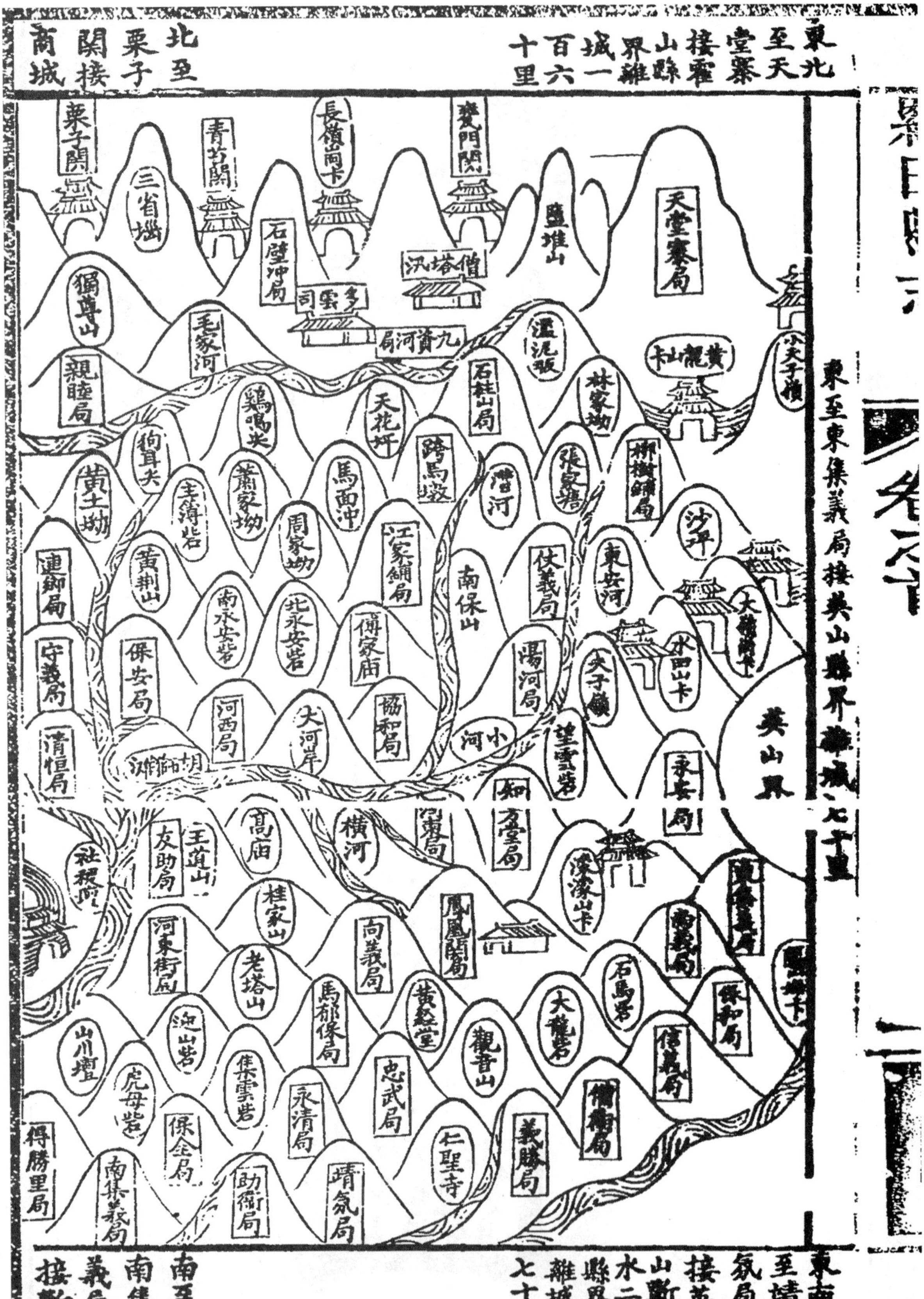
東北至天堂寨接霍山縣界離城一百六十里
北至栗子關接商城
東至東集義局接英山縣界離城七十里
東南至靖氣局接英山蘄水二縣界離城七十
南至南集義局接蘄
栗子關
三省垴
青苔關
長嶺崗卡
石壁冲局
多雲司
僧塔汎
九資河局
鹽堆山
天堂寨局
黃龍山卡
小天子嶺
獨尊山
毛家河
溫泥坂
親睦局
天花坪
石鼓山局
林家坳
狗耳尖
黃土坳
蕭家坳
馬面冲
跨馬墩
張家塝
柳樹鋪局
沙坪
黃荊山
周家坳
江家鋪局
南保山
伏義局
東安河
南永安岩
北永安岩
傅家廟
湯河局
水田山卡
守義局
保安局
夫子嶺
英山界
河西局
大河岸
協和局
小河
望雲岩
清恒局
永安局
友助局
高廟
橫河
社稷壇
桂家山
鳳凰關局
河東街局
老塔山
向義局
石馬岩
大龍岩
保和局
山川壇
觀音山
信義局
虎母岩
集雲岩
永清局
忠武局
保全局
得勝里局
南集義局
助衛局
靖氣局
仁聖寺
義勝局

縣界離城一百四十五里

西北至松滋關接麻城縣界離城一百三十里

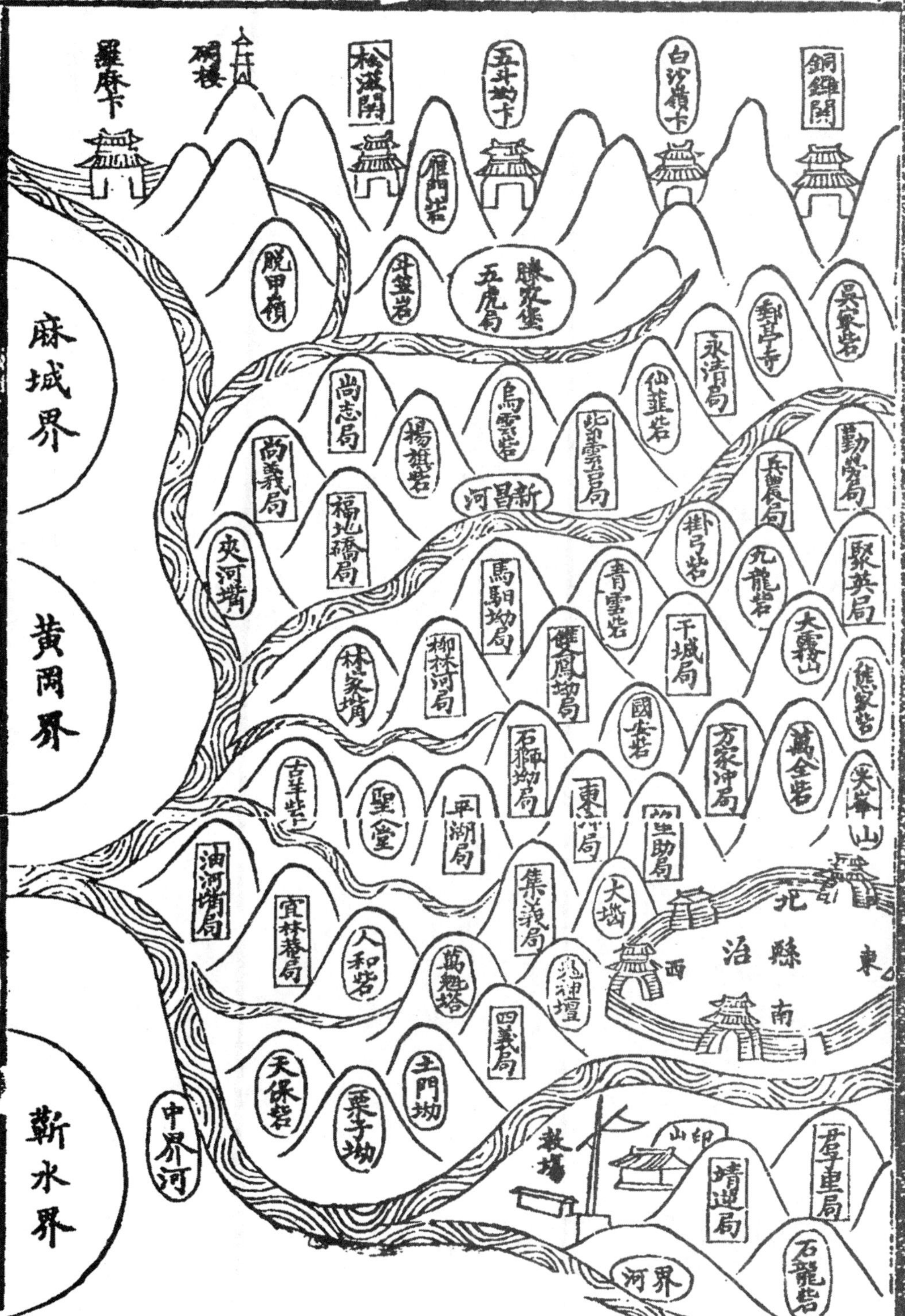

西至汕河墻局接麻城黃岡二縣界離城三十里

西南至中界河接蘄水縣離城十里

水縣界離城三十里

八景

鳳山春曉　印台夜月

義水清波　長春雙柏

橫堤煙雨　蟠山秋色

王道漢松　天堂積雪

城池圖

羅田縣志 卷首 二

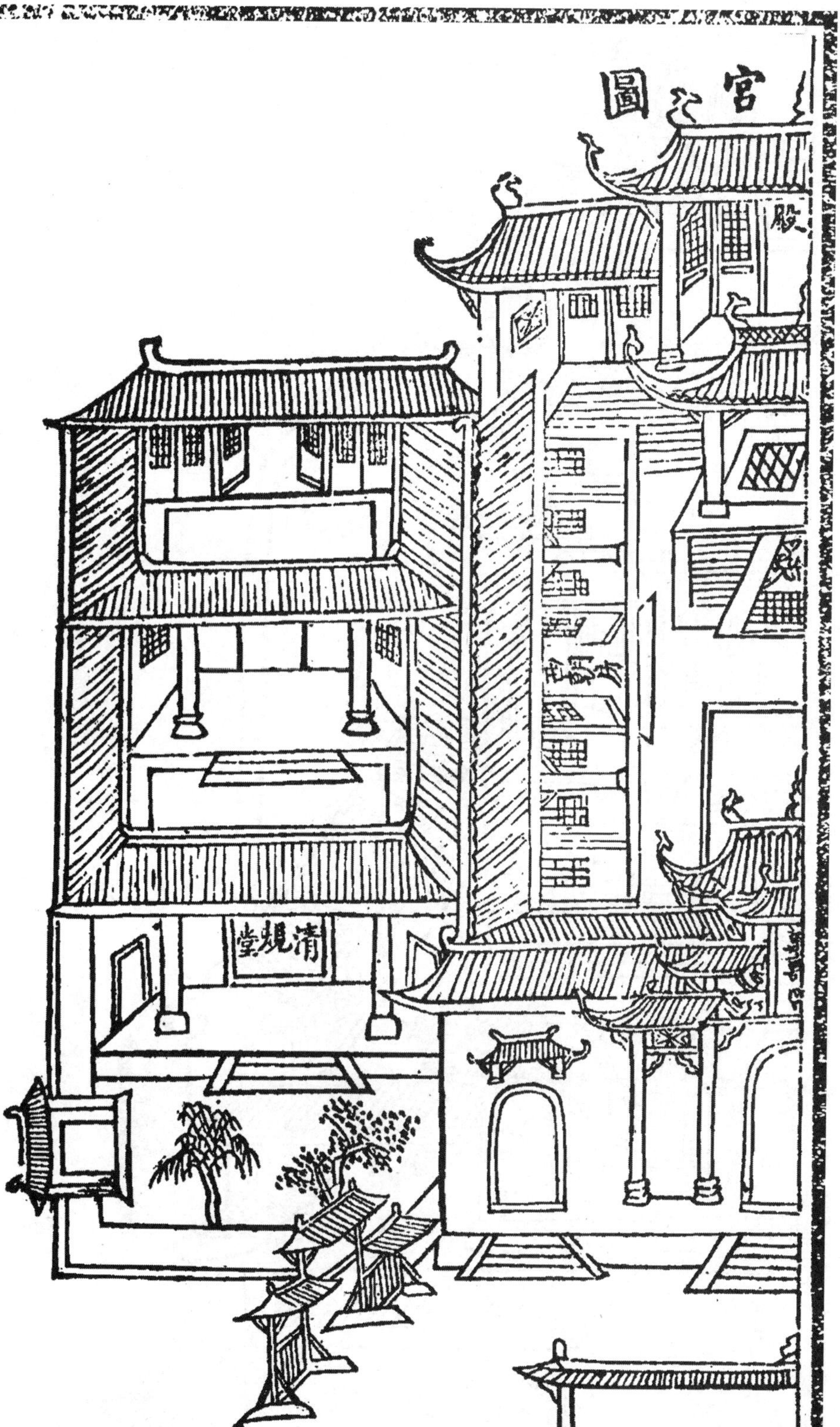
宮之圖
殿
清規堂

文廟圖

羅田縣志　卷之首　輿圖

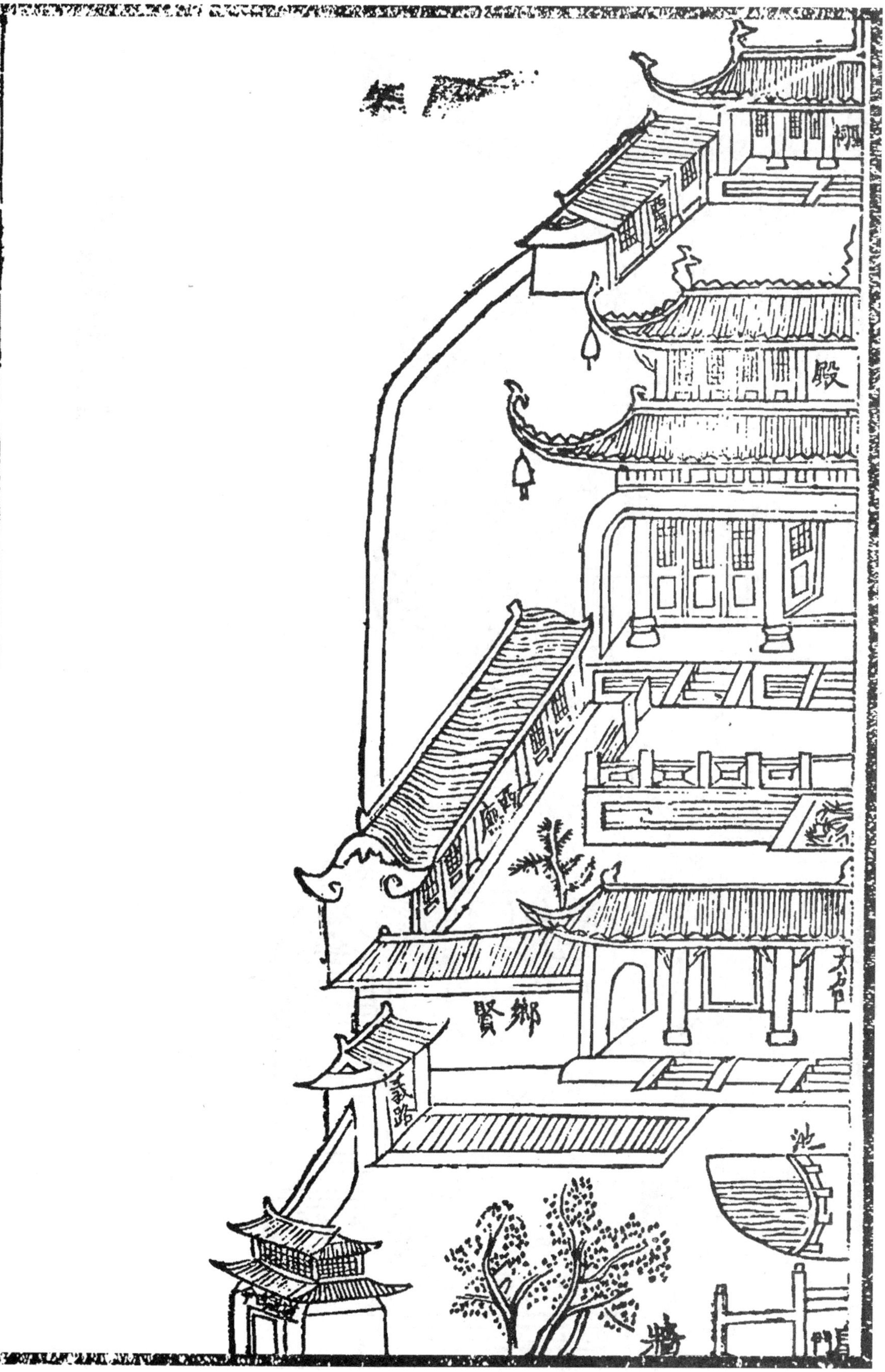

城隍廟圖

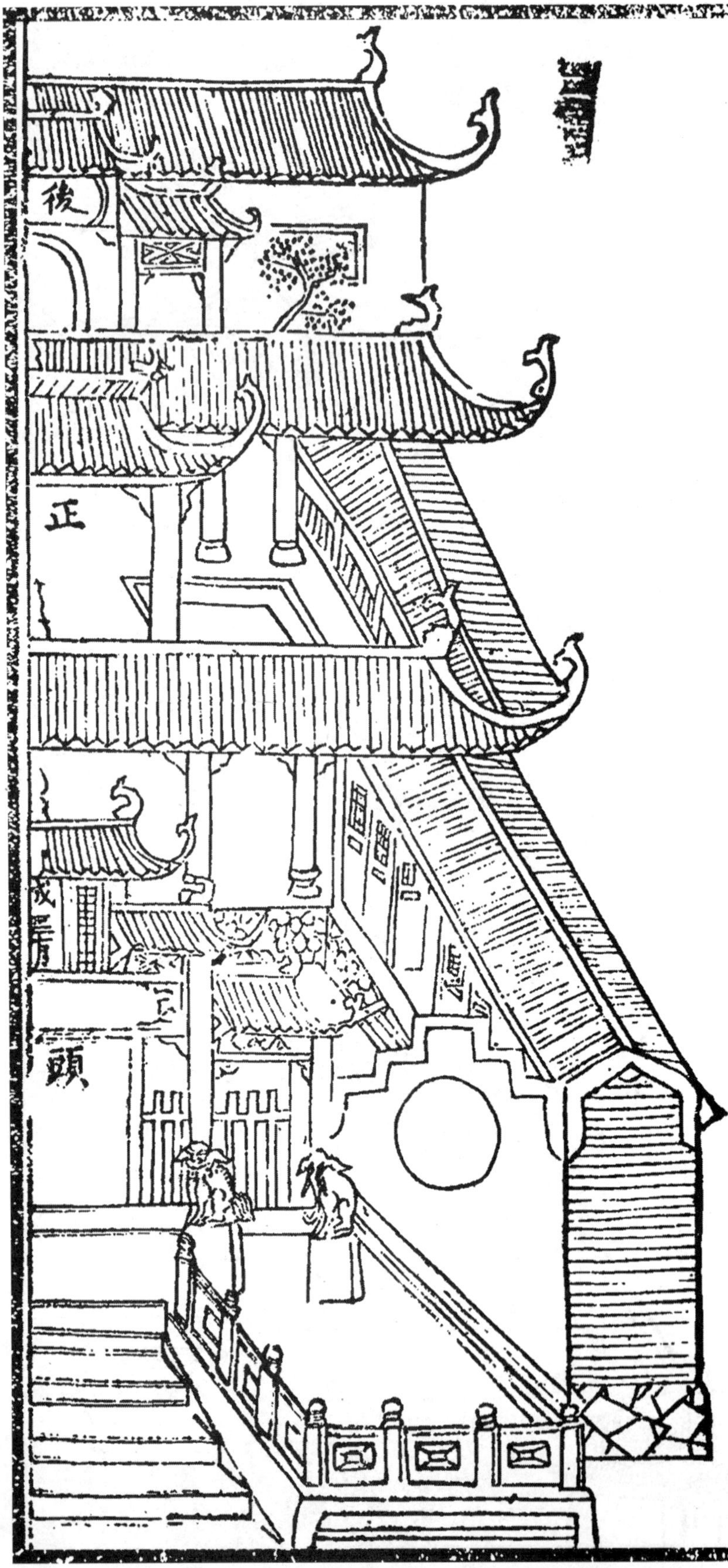

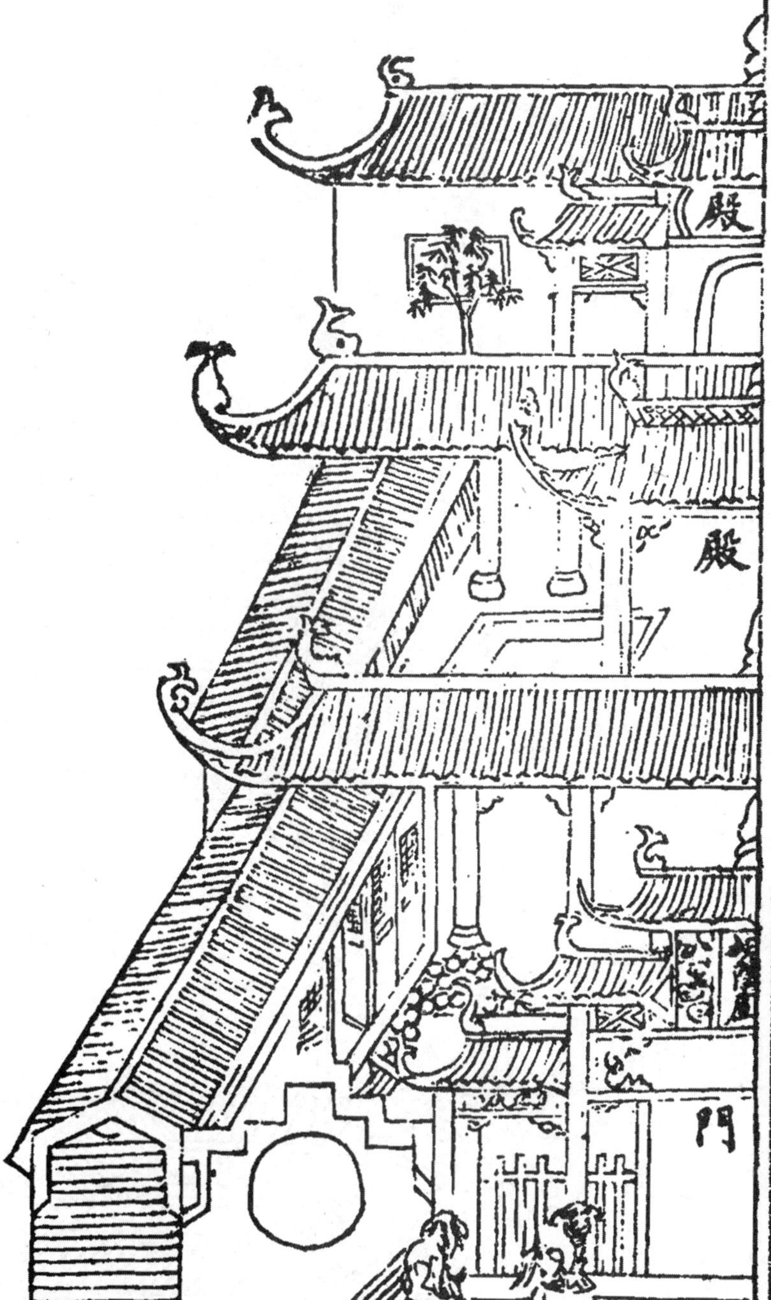
殿
殿
門

縣
上房
書房
花廳
幕賓
二
大
東科房
儀
倉
鼓

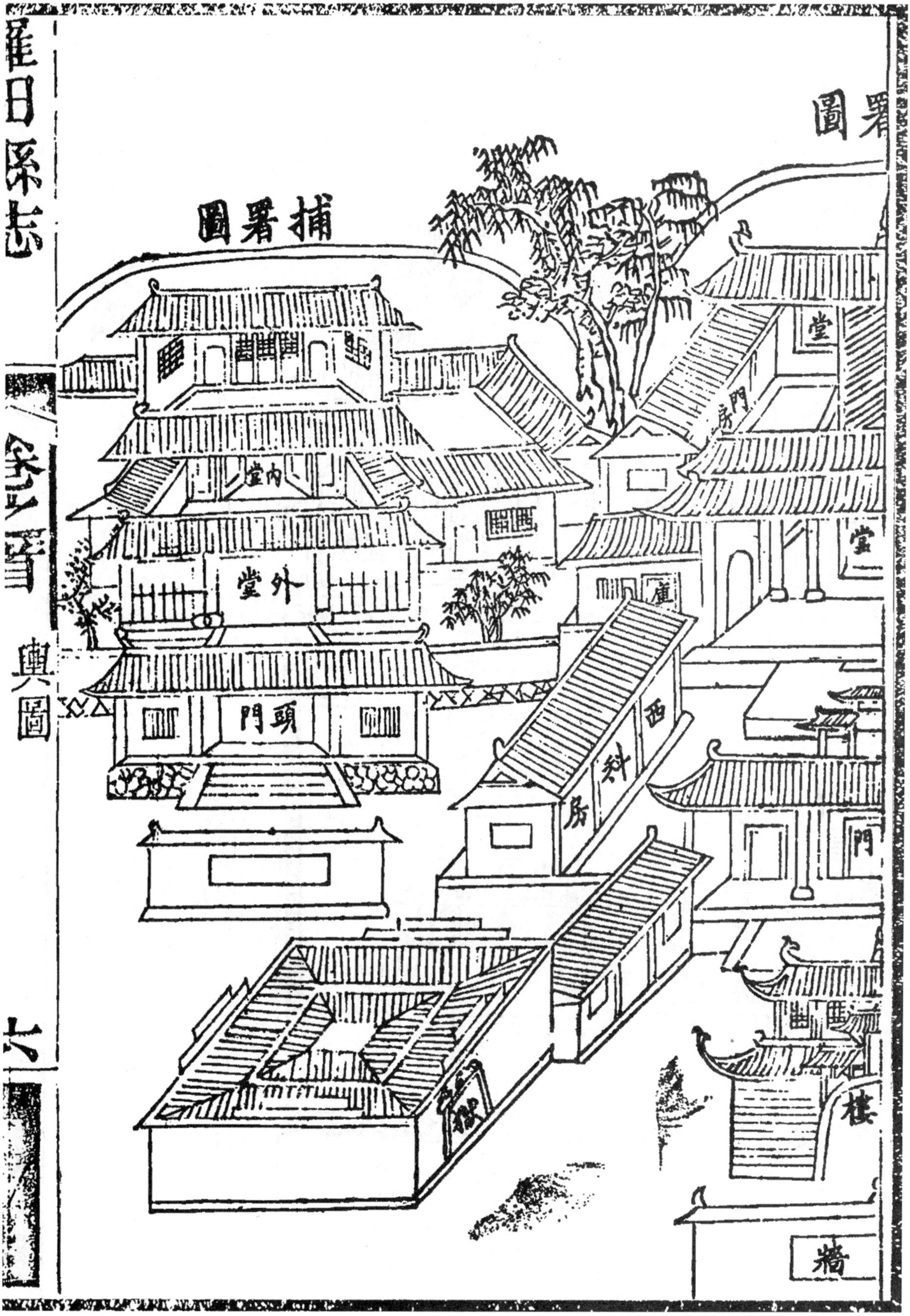
羅田縣志
輿圖
六
捕署圖
署圖
內堂
外堂
頭門
西科房
門房
堂
門
樓
牆

學署圖

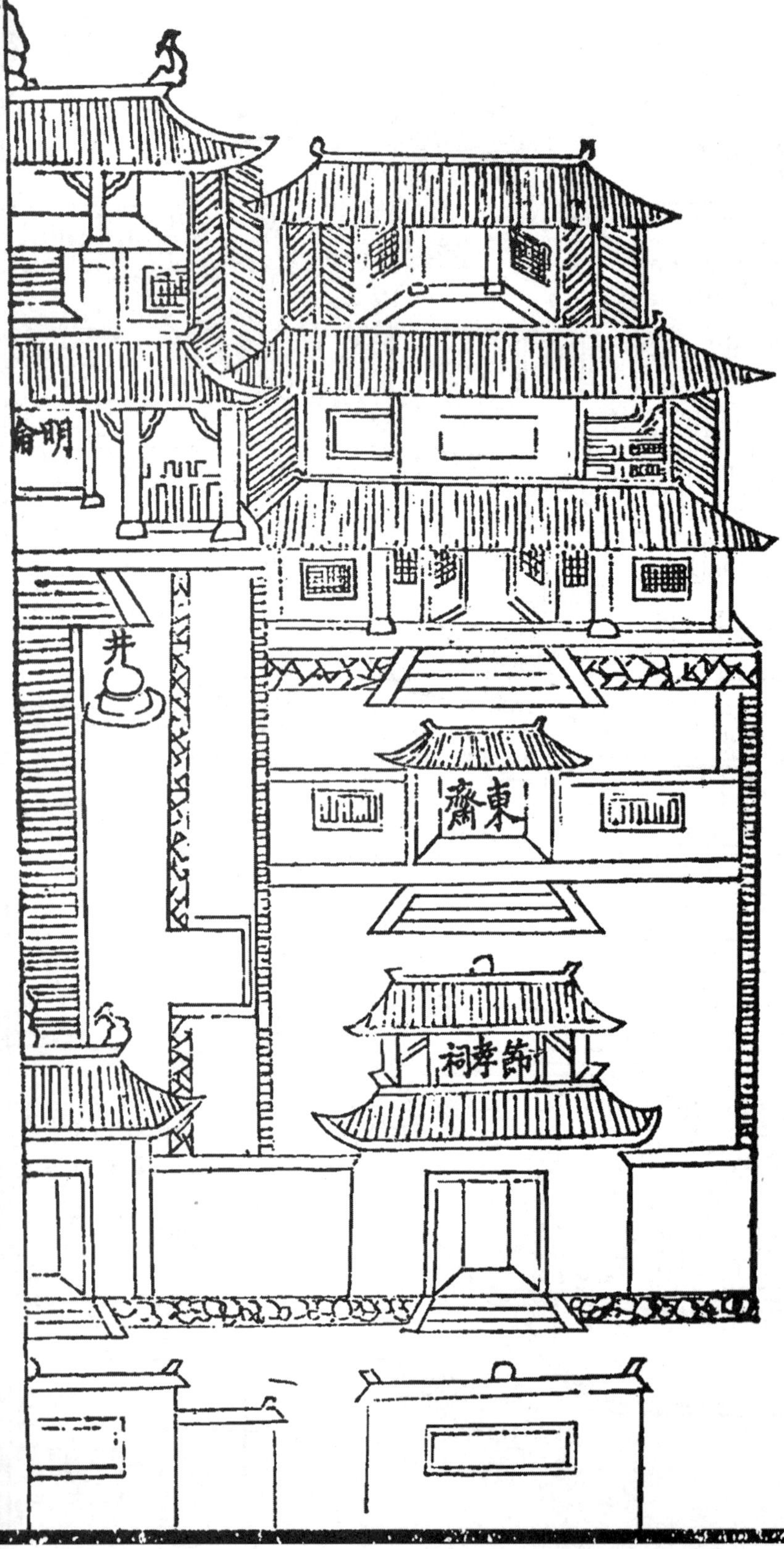

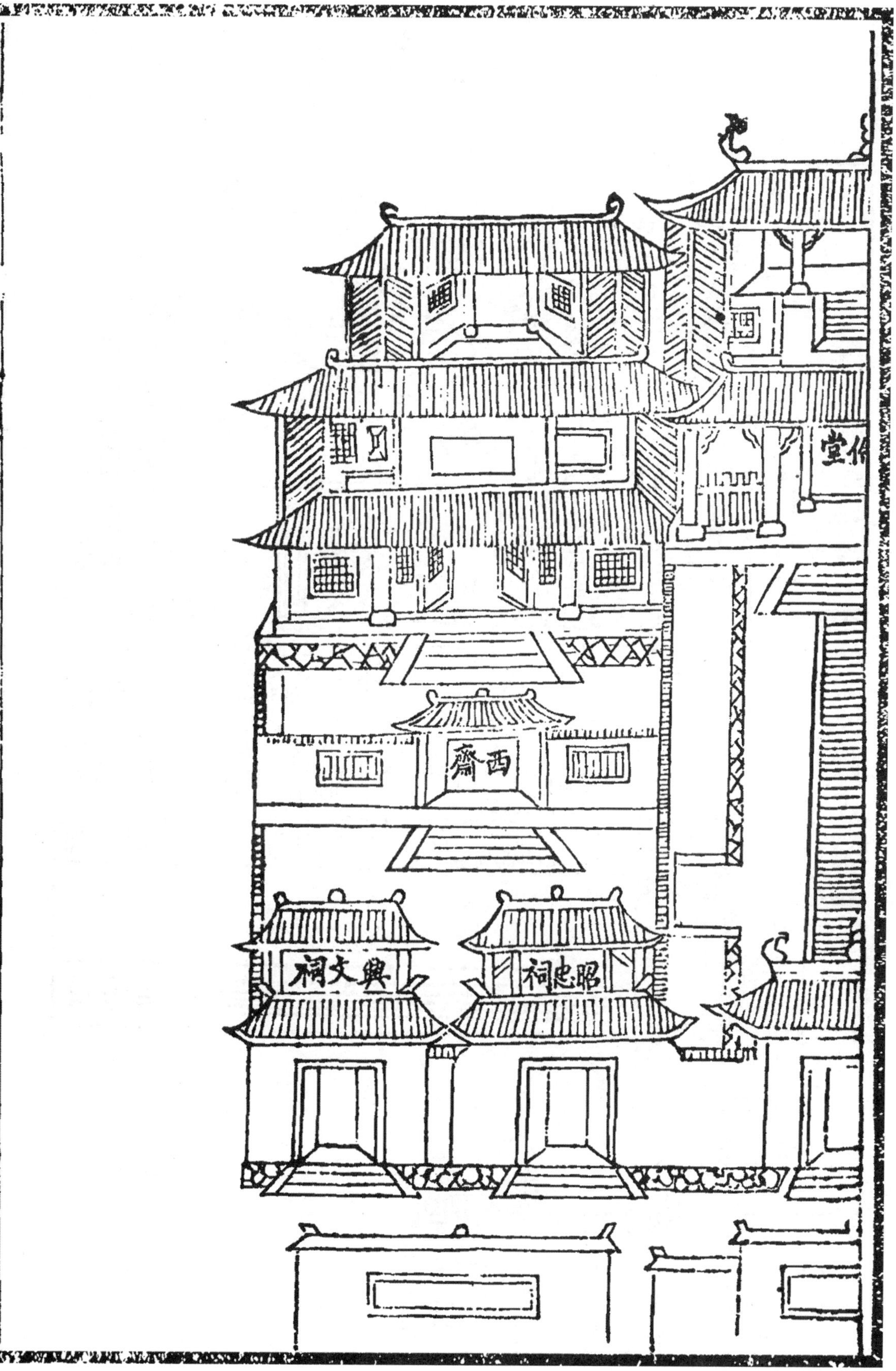
西齋
興文祠
昭忠祠

義川書院圖

考棚圖

城守營圖

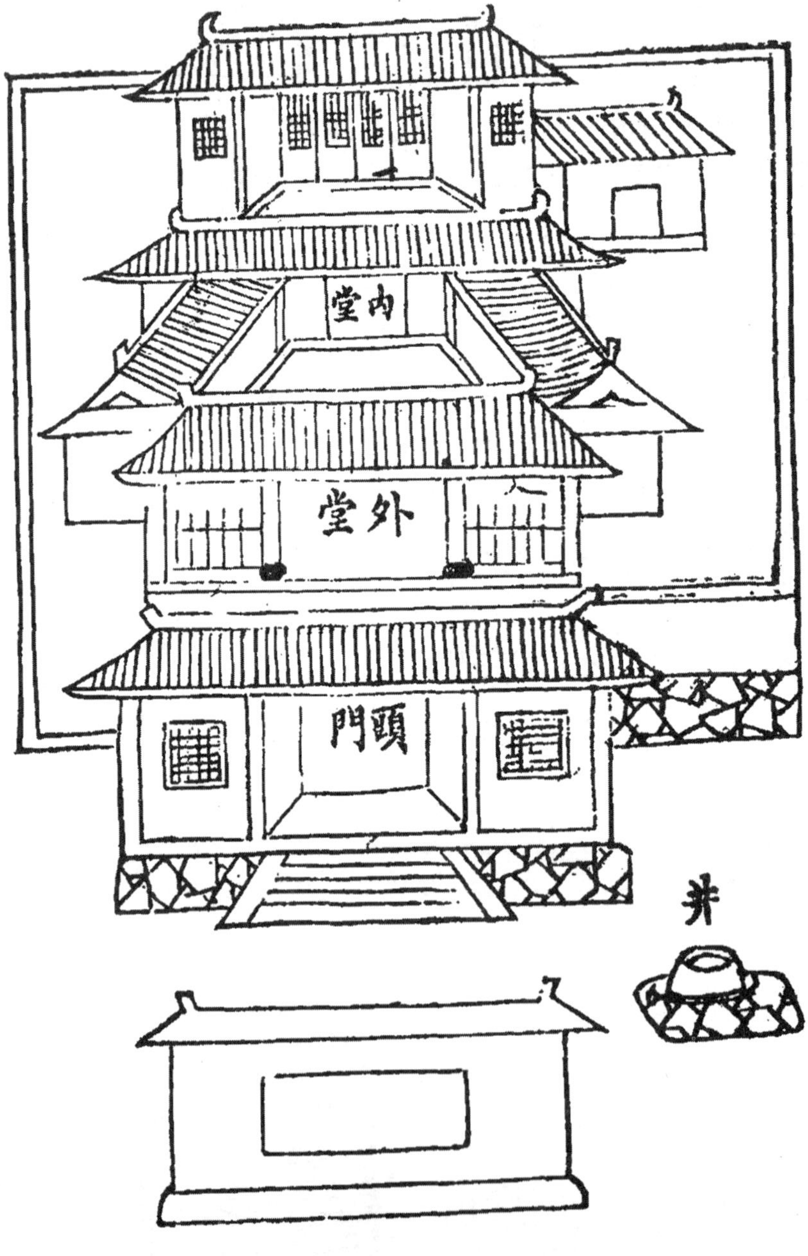

羅田縣志卷之一

地輿志

沿革

繆沅曰羅田即春秋羅國其說非也考左傳杜注羅在宜城山中後徙枝江又徙長沙相距遠甚羅田之非羅明矣蓋地屬彈丸書缺有間周秦以前無從稽核漢魏六朝而後或置郡或置州縣其間沿革同異尚可考焉志沿革

羅田本禹貢揚州地本地理今釋註周爲弦子國本晉書春秋屬楚黃秦隸九江郡漢隸荊州江夏郡始名蘄春本通考東漢世祖徙陳俊子浮爲蘄春侯後國除仍爲蘄春三國無地理志參詳傳記建安十三年曹操盡得荊州蘄春屬魏赤壁敗復屬吳置蘄春郡晉武帝平吳太康元年省郡爲縣隸弋陽郡屬豫州本宋書州郡志惠帝分弋陽爲西陽國蘄春屬焉本通考南渡後西陽王羕以罪廢國除爲郡成帝咸康四年於舊邾城置豫州永嘉之亂淪於石氏成帝乃僑立豫州於江淮之間孝武帝改蘄春爲蘄陽隸

南新蔡郡屬豫州本晉書地理志宋初因之至元嘉二十五年以豫部蠻民立浠水蘄水等十八縣隸西陽郡孝建元年分荆湘豫立郢州孝武八年復以蘄陽還屬西陽隸郢州泰始二年割郢州西陽郡屬豫州齊初蘄陽屬西陽郡隸郢州永明四年改蘄陽縣爲齊昌縣設齊昌郡隸豫州梁析齊昌縣地置羅田縣又設義城郡及義州羅田建治自此始陳初北失淮淝地盡江表至宣帝盡復淮南羅田始爲陳有州郡仍梁之舊本陳書隋開皇三年省梁所立州郡於蘄州置總管府改齊昌縣爲蘄春縣義州義城並廢羅田縣存大業初改蘄州爲蘄春羅田屬焉本隋地理志唐武德二年省蘄水入蘄春武德四年更浠水名蘭溪省羅田入焉天寶元年又更蘭溪爲蘄水隸蘄春郡屬淮南道本唐書五代時初屬楊吳後屬南唐周世宗顯德五年唐遣使盡獻江北地時仍稱蘄州宋蘄州蘄春郡隸淮南路熙甯五年隸淮南西路領縣四蘄春屬焉元祐八年析蘄水之石橋鎮復置羅田本宋史即今奉泰鄉魁山下建炎初爲盜所據紹

興五年收復咸湻元年立英山縣尋廢入羅田嘉興元年元攻蘄春羅田因兵亂縣廢德祐元年正月知蘄州管晏模以城降元沿江諸州郡皆降土人段朝立據羅田直河鄉叛入元爲英山縣至元十二年復置羅田縣治於魁山屬蘄州路隸淮西江北行省大德甲寅年知縣周廣由魁山遷官渡河卽今縣治也明洪武甲辰年設湖廣布政使司改蘄州爲府九年降爲州羅田與蘄州俱隸黃州府

國朝因之

表	州道	郡府	縣
唐	揚州		
虞	揚州		
夏	揚州		
商	揚州		
周	弦子國		
春秋	楚		
秦		九江郡	
漢	荊州	江夏郡	蘄春縣蘄春名始此

東漢	蘄春國世祖徙陳浮爲蘄春侯		
三國	吳郢州吳黃初三年以江北諸郡爲郢州	蘄春郡黃初四年吳擄叛將晉宗於蘄春復置郡	蘄春縣建安二十五年孫權改蘄春爲郡旋廢爲縣
晉	豫州	弋陽郡	蘄春縣
東晉	南豫州	惠帝分弋陽爲西陽國蘄春屬新蔡郡	蘄陽縣孝武帝改蘄春爲蘄陽
宋	郢州孝建元年分荊湘豫立郢州	西陽郡孝武八年以蘄陽還西陽	蘄陽縣元祐八年始置浠水蘄水

齊	豫州 宋泰始二年割郢州西陽郡屬豫州齊初因之	齊昌郡 永明四年設	齊昌縣 永明四年改蘄陽爲齊昌
梁	義州 立於浠水	義城郡	羅田縣 析齊昌爲羅田縣名始此
陳	義州	義城郡	
隋	義州廢	蘄州 大業初改爲蘄春 置總管府	羅田縣 始屬蘄州
唐	淮南西道	蘄春郡	羅田廢 武德二年更浠水爲蘭溪羅田入焉
楊吳	淮南西道	蘄春郡	
南唐	淮南西道	蘄春郡	
周		蘄州 唐遣使獻地仍名州	
宋	淮南西路	蘄春郡	元祐八年析蘄水之石橋鎮復建羅田嘉熙兵亂縣尋廢

元	淮西江北行省蘄州路	置總管府錄事司	羅田縣 至元十二年復立
明	湖廣布政使司黃州府 洪武元年改蘄州路爲府九年省蘄州屬黃州府		羅田縣 洪武九年屬黃州府
國朝	湖廣布政使司黃州府		羅田縣

星野

周禮保章氏以星土辨九州之地封域皆有分星史記天官書以經星二十八舍主十二州漢書天文志則取三統歷以十二次配十二野晉書始以二十八宿之度分入當時所定州郡後之言天文者遂各推所入之度爲分野凡以警麻變占得失也志星野

羅田屬揚州爲吳越之分野晉書自南斗十二度至女七度爲星紀於辰在丑故戴氏萬氏分野纂要皆以羅田屬星紀之次

唐志云盡陳蔡汝南逾淮源至於弋陽古陳蔡許息江黃柏沈頼蓼須頓胡防弦厲諸國皆壽星壽星者角亢也羅田爲古弦子國其分星宜壽星

羅田古蘄春郡晉武帝省郡爲縣隸弋陽屬豫州弋陽郎汝南晉書魏文帝分汝南立弋陽郡蘄春爲其屬縣汝南入房二度羅之分星當在房

羅田漢隸荆州楚荆州域也晉書天文志自張十七度至軫十一度爲鶉尾於辰在巳楚之分野在荆州羅前志故謂羅入翼

按羅田舊隸荆州之江夏自明洪武九年改屬黄州晉書江夏入翼十二度黄州亦入翼十二度則羅實翼之分野但諸說紛紜究難臆斷姑錄之以備參考

疆域

古者申畫郊圻慎固封守以爲民域也羅田東瀕皖北枕豫表山裹河屹然爲楚北要區必修邊防扼形勝易曰王公設險以守其國此物此志也志疆域

縣治在府東北一百五十里東西廣九十里南北袤一百九十五里西至省二百八十里北至

京師三千五百里

東至樂利河六十里交江南英山縣界

西至上尤河三十里交府屬黄岡縣界

南至駱駝坳二十五里交府屬蘄水縣界

北至栗子關一百八十里交河南商城縣界

東北至甕門關一百八十里交江南霍山縣界

西北至木新河九十里交府屬麻城縣界

東南至大嶺九十里交府屬蘄水縣界

西南至上界河十五里交府屬蘄水縣界

沙坪縱横一里有奇與英山接壤犬牙相錯地屬羅田距縣城東一百里

形勢附

北枕商霍南接蘄春西連光黄東通吳會山環水抱淮楚間奥區也舊志

枕固陵控英六據入關之要害聳九寨之阻深六朝時特置義州有險足恃黄州府志

鄉鄙

古者四里爲鄰五鄰爲鄙五鄙爲縣相賙相賓相糾之義寓焉幸際昇平之世安土化居幹止攸甯易曰渙其羣元吉蓋觀於鄉而大同之象可覩也志鄉鄙

鄉三 里二十五

奉泰鄉治東南分里九奉一里奉六里奉七里奉八里奉九里奉十里奉十一里奉十三里奉十六里中分十九區每區一保咸豐四年粵匪竄楚逼近羅

田邑令彭仲芳諭每區設團防卽於某區署名某局爲十九局

鴨子畈義勝局 戴家畈靖氛局 梨木河保全局

匡家河備衛局 月 山助衛局 九龍坳保和局

柳樹鋪信義局 瓦窑嶺河東局友助局 十里鋪靖逆局君子里

盧家坳得勝里 駱駝坳集義局 佛齒河武衛局

樊家衝永清局忠義局 龔家河馬郁保局 葉家河向義局

鋪兵河鳳凰關局 石橋鎮尙義局 欒利河集義局

舊縣畈永安局

平湖鄉治西北分里七平一里平二里平五里平七里平十一里平十三里平十七里 中分二十區每區一保爲二十局

下石源河集義局 翦刀山四義局 上石源河望助局鞦韆局

鏵形地勤勞局永清局 尤河嘴尤河局 東衝畈東衝局雲山局車潭局

平湖街平湖局 石獅坳干城局壺天局 宜林菴本名局車全局萬全局

雙鳳坳本名局柳林局 方家衝本名局 新昌河紫雲台局

獨株河友助局 滕家堡五虎局 銅鑼關本名局

松子關本名局 福地礄本名局 騾走河兵農局村農局

余家坳戎睦局 屈家嘴尙志局尙義局

多雲鄉治東北分里九多一里多四里多五里多九里多十里多十二里多十五里多十六里多十八里

中分二十一區每區一保爲二十一局

石柱山本名局 九資河本名局 毛家河本名局

石壁衝本名局 天堂寨本名局 項家畈聚英局

李家樓連鄉局 花涼亭守義局 兩河口清恒局

白楊衝保安局 胡師灘友助局 大河岸東河東局

大河岸西河西局 陽峽坪知方堂局 湯 河湯河局

進士河伏義局　跨馬墩本名局　傅家廟本名局
江家鋪本名局　許家畈協和局　柳樹鋪本名局

山水

環羅皆山而天堂爲大巒嶂層疊蜿蜒百餘里至官渡河爲鳳山今縣治在焉官渡河即義水東北出石柱山西流與多雲河諸水合經城南至九河會平湖水入巴河注江東南則自朦朧山南下至樂利河會白蓮河出蘭谿此山水之大略也志山水

山

鳳山縣治内形如飛鳳官署學宮皆在其麓

印台山縣署前方平如印一名書台山

文明山縣治前俗名鉢盂尖

陶公巖縣南下有陶金潭

桂家山縣東三里

老塔山縣東南五里形如獅踞萬松蟠屈蒼翠可掬一名瀠洄山又名玉屏山上有塔建自李唐因名塔山陳韻石太史讀書石室在焉邑侯王公亭其陽曰尺五天

烟墩墻縣東五里

迎山寨縣南十里雲見雨集諺云迎山雲起大雨千里謂其迎雨也

范家山縣東二十里嶮絶同治四年建寨名集雲

望英山縣東二十五里舊名望雲山上有廟明流賊望見神兵出巡賊驚竄避亂者全活無算

龍王巖縣南二十里怪石層累上有蒼松翠柏樓閣崔巍下臨深溪望之如在圖畫間

平安嶺縣東二十五里舊名平土嶺

黃泥塘縣東二十五里

高　山縣東二十七里

鳳凰山縣東三十里崇山夾峙石瀑怒流形如鳳凰飛舞昔人因以設關

望江山縣南十五里峯巒高聳南距大江一百六十里望之如在目前

虎母山縣南二十五里高峯如虎眾山石纍纍如子隨母

尖峯山縣南二十八里孤峯崛起上有奇石如文筆插天明時避寇此山者全活甚眾

上東山縣東三十五里

練石山縣南三十二里山腰有洞飛瀑高五六丈白如練神龍居焉

石龍山縣南三十八里

雪巖山縣東五十八里上有井深數丈宋淳熙年蘄春郡北南陵霍佑奉檄勸賑偕邑令詹魯山游此立有石碣

朦朧山縣東三十五里四時雲氣朦朧因名即義水落原處一云濛濛山

鶴　山縣東四十五里

大羅山縣東四十里其山勢廣袤峭石層疊望之燦若列錦頂有望江墩登之可望漢江水

五峯山縣東三十五里

獨峯尖縣東南二十五里

將軍崗縣東南四十里

高棚山縣東四十里

光　山縣東五十五里望之肥圓光潔一名石馬山

鄭家山縣東三十五里

觀音山縣東五十里山頂石壁數丈大士現身於此有正像三山半有背像一莊嚴宛然

黃婆巖縣南三十五里

西江山縣南三十里孤峯聳立登巔西望江流立見

天明山縣南五十里

袁家山縣東南四十里石可燒灰

玉虹山縣東五十五里

隔山坳縣東五十五里

楊林山縣東五十里

月　山縣南五十五里俗云兄弟五人修真道行成曰見險則進遇月則止至此月出遂止故名

魁　山縣東六十里一曰飛來山漢唐宋建治於此

毛家山縣東六十五里

龍嘴巖縣東七十里岩水出立雨

三燭山縣東五十餘里上有中峯蓄峯如三燭排列

亭子山縣東五十二里

太乙山縣東五十五里爲楚皖分界處太史雷天鏤有記列藝文

安仁山縣東七十里

香爐山縣東六十里

自鳴山縣東三十三里上建文昌宫同治甲子冬觀察蔣凝學自英入楚於此駐軍

仁壽山縣東三十五里

胡家岩縣東二十五里同治甲子冬官軍收降寇七營自霍旋楚駐此

以上奉泰鄉

黨家山縣西二里

剪刀山縣西五里形如剪刀

羅田縣志　卷之一　山水　十七

汪家山縣西二十里

黑石塪縣西五里山多黑石

黑溝山縣西二十五里

李蟒巖縣西北二十里山脊石壁突起如城週币里許上有龍泉雩歲旱祀禱輒應

練巖縣西三十里有瀑如練因名

豹龍巖縣西三十二里蹲踞如豹起伏如龍故名

雲架山縣西三十五里

梳髻山縣西五十五里俗名藕鷄山

天乙塪縣西四十里西連黄岡東界蘄水

石獅坳縣西五十里巨石猙獰狀如獅

烏石巖縣西五十里

烏雲山縣西北七十五里

夫子嶺縣西北五十里

掛弓山縣西北六十六里

古羊山縣西北六十里西南界黄岡箔金寨西界麻城獅子巖

仙女巖縣西北七十里接壤麻城其麓有廖氏花塢縣令王題曰寄興巖

揚旗山縣西八十里

曾家巖縣西八十五里

羅田縣志　卷之一　山水　十六

仙韭巖縣西九十里石產仙韭可食葉大如蒜土人往往得之

獨尊山縣北九十五里高峯獨尊衆山皆伏峭壁下數有鋳水涔涔然初不盈掬引之愈出不竭巔有穴二氣常溫石上柸高二三尺許大可數圍有真武廟明嘉靖時建

鶴皋峯縣西北百二十里一名箔高山

松子山縣西北百四十里爲楚豫分界處設有關隘其水北流入淮南流入江

香爐峯縣西北四十里北界商城西界麻城

屏風山上有屏風石又有石盆廣不盈尺名淨手盆常有水不竭

崇曇巖縣西七十里邑令沈廷禎經此題片石孤雲四字尚存

飛鐘山縣西北百一十里俗傳有鐘自他處飛來土人因以建廟

紫雲台縣西北七十里

佘家山縣西北六十五里

瀉水巖縣北六十五里

鷄鳴尖縣東北六十五里一名鷄籠山石矗立如筍四圍陡絶登者必緣鐵索乃可上山下居民時聞上有鷄鳴聲

昭君山縣西北百四十里

以上平湖鄉

王道山縣東十里上有巨石其形如舟

牛頭巖縣東北五十里

花銀巖縣東北三十里

仙人巖縣東北三十里間有仙人飛昇於此履迹尚存

淨瓶山縣東四十四里

馬鞍山縣東四十五里兩峯横互狀類馬鞍

石缸山縣東四十五里有石潤狀如缸然故名

撞鼓巖縣東北三十里

南保山縣東北七十里一名藍寶

擂鼓巖縣東北七十里爲楚皖分界處上有廟古蹟甚夥

尖兒山縣東七十里

火爐尖縣東七十五里

麻姑巖縣東北七十五里俗傳麻姑飛昇處至今履跡存焉

江家坳縣東北八十里

青石巖縣東北八十里

七娘山縣東北八十五里俗傳有女子七人於此昇仙石上綦履迹宛然

藍架山縣東二十五里有菴名朝陽

藍衕山縣東北七十里

古梅山縣東北七十里

樓子山縣東北九十里巖石如樓上有香爐石

黄栢山縣東北八十里

仰天窩縣東北五十里

黄土坳縣東北五十五里

河氿堖縣東北三十五里俗名和尚山

大霧山縣東北五十里天將陰欲雨霧滃然起巖下有井水不甚深每二蟹浮其上水即洶湧出如注土人資以灌田謂之龍掛尾

白巖縣東北三十里

古城山縣東北三十里

仙臺山縣東北十里

道尖山　縣東北十二里一峯獨起狀如戟

望道山　縣東北十三里

覆船山　縣東北十五里形如覆船河水縈繞地甚幽邃明何大復先生先人廬墓在焉

坐荆山　縣東北四十里一名黃荆山

亭子山　縣東北四十里

鷹嘴巖　縣東北四十五里

狗耳尖　縣東北六十里兩峯秀峭卓立雲表嶺腹旁屬一山曰叢頭巖有大小洞十數處大者可容百人

馬面山　縣東北七十里類馬面下有桃花塢郡守盧公濬詩桃花襯馬蹄指此上有龍井

眉山　縣東北百里兩山如列眉上有蛾眉寺

月芽山　縣東北百六十里山在青苔關高百餘丈中有巨石突起形如新月其下幽邃常晝晦東有獅子巖怪石猙獰狀如獅

歧嶺　縣東北八十里見明史地理志

石柱山　縣東北九十里其山高峻屹立如柱奇崛無比見廣輿記

天堂山　縣東北一百五十里山形奥折層巒複澗奇花異木雜植其間中有道人巖猿啼嶺駐雲巔諸勝游者必攜數日糧始能盡歷絕頂

鹽堆山　縣東北百五十五里在天堂山之西三峯峭立俗傳昔人修真於此石坎出鹽給其食後其徒屢鑿之鹽遂絕

以上多雲鄉

衝畈附

道貫衝　縣西一里

長園衝　縣西十五里

七庫衝　縣西十七里

白楊衝　縣北二十里

康板衝　縣西二十里

七陽衝　縣北二十五里

樊家衝　縣東南三十五里

黃家衝　縣東三十五里

七里衝　縣東四十五里

紫檀衝　縣北四十五里

匡家衝　縣北六十里

東埠衝　縣北八十里

石壁衝　縣北百二十里

庫田畈　縣西二十里

童家畈　縣東北二十五里

東衝畈　縣西北三十里

車潭畈縣西三十里
梅田畈縣東三十里
項家畈縣東四十里
黃泥畈縣南七里路傍有小田七坵地勢高下只作田一石俗云一石七坵田
陳家畈縣南七里
曾家畈縣西南十里
鴨子畈縣東南七十里
舊縣畈縣東七十里
羅家畈縣東北百二十里

麒麟畈縣東北百二十里
濫泥畈縣東北百二十里
河西畈縣東北百二十里
曾家畈縣西北八十里
傅家畈縣東南七十里
戴家畈縣東南七十里
唐家畈縣南二十二里
汪家畈縣東北百二十里
郝家畈縣西五里

洞附

豹龍洞奉泰鄉距城五十二里詳古蹟
梅家洞奉泰鄉距城三十五里在梅家衝洞外有石門
花蛇洞奉泰鄉距城五十四里詳古蹟
燕　洞平湖鄉距城二十五里詳古蹟
含風洞多雲鄉距城百五十里在天堂山詳古蹟
瀠風洞多雲鄉距城百五十五里在鹽堆山詳古蹟
風　洞多雲鄉距城百六十里在月芽山詳古蹟
叢頭巖洞多雲鄉距城六十里大小洞十數處

老虎洞多雲鄉距城百五十里右有廣化寺一在奉泰鄉距城三十三里

石附

夾路石奉泰鄉距城二十五里
曬穀石奉泰鄉距城四十里
葫蘆石奉泰鄉距城十里
紗帽石多雲鄉距城三里
海螺石多雲鄉距城十里
猪嘴石奉泰鄉距城五里在玉屏山
香爐石多雲鄉距城百一十里在石柱山之西詳古蹟

水

官渡河 卽縣前河

塔山河 縣東五里

龔家河 縣東十二里

研石河 縣南七里

葉家河 縣東十五里

白沙河 縣東十五里

西衝河 縣東十五里

劉家河 縣東十五里

深水河 縣東二十五里

鋪兵河 縣東三十里

龍潭河 一在縣東南十里一在縣東北七十里

石礄鋪河 縣東五十里

樂利河 縣東六十里與英山縣交界

雪巖山河 縣東六十里

花谷河 縣東六十里

周家河 縣東南五十里

匡家河 縣東南五十里

毛家河 縣東五十五里

梨木河 縣東南六十里

棠梨河 縣西南十里

朱家河 縣西南十里

界河 有三上中下縣西南十里與蘄水縣交界

十里鋪河 縣南十里

余家河 縣南十五里

郭家河 縣南三十里

香木河 縣南三十五里

佛齒河 縣南四十里一名洪澤河

上馬石河 縣南五十里

白蓮河 縣南五十里

王家河 縣東南六十里

鷄鳴河 縣南五十里與蘄水蘄州英山分界

石險河 縣南六十里峭壁夾峙怪石森列每山水暴至石與水鬭聲若怒霆濤浪洶洶然

古廟河 縣南五十里

徐家河 縣南七十里

以上奉泰鄉

石源河縣西十里南流會官渡河水下流
尤　河縣西三十里與黄岡交界
平湖河縣西四十里
壺天河縣西北六十里
柳林河縣西北六十里
林家嘴河縣西六十里與麻城黄岡交界
木樨河縣西北七十五里與麻城交界
爛石河縣北九十里
新昌河縣北七十五里

牌樓河縣北八十里
壠湫河縣北八十里
紙棚河縣北百十里
方家河縣北百五里
騍走河縣北七十里
嚴家河縣北六十里
獨株河縣北八十里
牛車河縣北七十里
皂角河縣北七十里

撒稻河縣北七十里
地坪河縣北八十里
以上平湖鄉
白廟河縣東十五里
横　河縣東二十里
大河岸縣東二十五里
小　河縣東三十里
進士河縣東三十五里
東安河縣東七十五里

陳家河縣東七十里
北峯河縣東二十五里
七楊衝河縣東北二十里
白楊衝河縣東北二十五里
龍潭衝河縣東十七里中有潭湍急聲如雷諺云龍潭烟起霎時大雨
魯家河縣東北三十里
湯　河縣東北四十五里溫泉可浴
八廸河縣東北五十五里元時有弟兄八人居此俱官廸功郎故名
九資河縣北一百二十里一名九雉河

毛家河縣東北一百二十里
七里河縣東北一百五十里源出月芽山青苔關入九資河
黄石河縣東北八十里
西闕河縣東北七十里
以上多雲鄉
井附
東坡井鳳山西俗名鳳坡井
白龍井係東街考棚左側順治六年有龍上昇
及泉井縣治側前教諭陶淸臣鑿

倉井縣右側常平倉前
元妙觀井縣治西
三槐井縣治西
驗雨井縣西普陀岸
清泉井縣西普陀岸
劉家井縣治新街
茱花井縣西十五里長圓衝詳古蹟
石井縣東北二十里
龍井六一在鹽堆山一在鶴皋山一在多雲山一在老塔山一在馬面山一在大霧山

金雞井縣東三十里鳳凰關外
溝潭堤灘附
老虎溝縣南二十五里
熊坡溝縣北三十里
黑溝縣南二十里
烏馬潭縣西五里詳古蹟
淘金潭在縣前淘金寺前深丈餘澄澈可鑑
石龍潭縣東七里塔山麓湍急濺沫如珠
蒲潭縣西北四十四里

幸筒潭縣北三十五里潭中一石突起
苞茅潭縣北九十里
天井潭縣北八十里一名跳魚潭詳古蹟
疊石潭縣北七十里
林公堤縣令林宗桂築城南濱河
石堰有三一名蕭家堰在縣西十五里一名千工堰在縣北一百二十里一名石堰在縣東登場坳下八里
胡師灘縣東十里
白馬灘縣東二十五里

古蹟

古人往矣其精神不可磨滅往往留於一邱一壑一草一木之間讀杜工部古蹟詩及歐文忠金石錄知感懷今古俯仰深焉故凡邑之往躅遺蹤流風餘韻彙而著之亦足爲嗜古之一助云志古蹟

義州故址 隋書地理志梁置義州義城郡開皇初並廢今故址猶存在魁山下俗名舊縣畈

岐嶺關 即甕門關縣東北百八十里周廻皆峭壁相傳陸遜追魏兵經此

鳳凰臺 縣西三十里相傳有鳳棲其上旁列高鹵下臨深谷俗呼爲釣魚臺

跳魚潭 縣北八十里每逢淫潦暴漲則湖澤之魚乘汛而進極力奮躍土人於躍處架箕承之魚自落箕中左畔石多嵌相傳仙人所造有石鍋石竈石床米桶等名又有石臼二中空圓如扁皆奇妙非人功也

老蝙洞 縣西七十里仙女岩山陰洞可容數十人內多蝙蝠有老蝠粉色大可如扇恒倒垂石洞頂

漢松 縣東十里王道山絕頂相傳王道人飛昇於此松其遺植迄今老幹蟠屈如虬龍狀

唐梅 在縣南老塔山相傳貞觀時物未知何人手植

宋柏 在縣治南五顯廟前名流題咏甚夥近因兵燹爲灰燼矣

東坡井 縣治西相傳蘇文忠公訪燕國王公經此取井水飲之嘆其清冽因作浚井詩見藝文志俗譌爲鳳坡井

羅田縣志　卷之二　古蹟　圭

釣魚台 縣西五里烏馬潭有石狀如台蘇文忠公曾遊釣於此昔有祠石碑篆文今泐

長春澗 縣治東相傳岳武穆追兀朮經此

孝子里 在縣北犇形地元孝子吳大中所居

老塔書院 縣東南五里明正德間郡司馬毛應時所建邑進士王先講學於此榜其齋云未嵜昔人老塔請題今日曰東山

玉虹泉 縣東五十里上常有虹氣因名宋紹興間王汝錫勒詩於石明邑進士張明道和其韻俱載藝文志

仙女臺 縣西一里傳有仙女下降於此故名

白公書院 縣治西元妙觀左側邑人爲白公乃忠建

古塔書院 邑進士張明道讀書舊地萬壽寺右側又東關內有讀書處曰翠樓

大閱場 治西南濱河邑令王邦翰建關帝廟在焉

石船 縣東北多雲鎮

懸翠河 在多雲鎮緣堤林木蒼翠清絕幽絕上有大石書懸翠山九資河六字頗蒼勁旁有款識模糊不可辨

蝦蟆墩 縣北七十五里有石如蟆

鬻家潭 縣西北謝烈女投水處今名清風潭

老龍池 縣南十五里在苠窑嶺溪澗灤洄澗底皆石泉下流爲池石上舊刻老龍池三字明嘉靖二十年居士劉甫恒勒詩於石詩云巖谷春深有渾泉幾回駐馬夕陽天噴珠滾滾光如練引帶悠

羅田縣志　卷之二　古蹟　圭

悠清且漣此澗風光齊赤壁別懷　靜賞重青錢而
今廊廟無消息老我漁樵到暮年

六公洞於紅山側西北麓相傳明季寇亂邑有六公避
於此洞洞外懸巖飛瀑下滙爲壑深不可測
水勢衝激噴沫高數丈境
險絕寇不能上是以獲全

撞鼓巖白楊衝頂四圍陡絕上有武聖宫古松一株
枝皆合抱盤屈如龍

瀧風洞縣北鹽堆山腰與風井溝對每風起衝激沙
石砰訇有聲洞平曠可容十餘人

鑿字礬縣東三十里一名兀朮礬在鳳凰關外里許
俗傳岳武穆追金兀朮經此路旁有碑年久
風雨蝕剝字跡模糊僅建炎元年
戸部尚書丁未進士十二字可辨

香爐石在石柱山之西樓子山山質柔脆日午砂礫
自瀉夜半復聚俗謂之子午沙上承巨石平
闊數丈望之如墜其上有後漢
閬中王曾書今漫漶不可識

風洞在月芽山之獅子巖下每風發洞口雲霧先起
土人以爲覘驗

含風洞　在天堂中投石其中風立起石出乃止

豹龍洞縣東五十二里內藏古樂器路甚險絕歲旱
取之禱雨立應

花蛇洞縣東五十四里地多花蛇相傳有赤脚道人
修道於此蛇遂絕

燕洞縣北二十五里壁高丈餘泉流如注歲旱取以
祈雨輒應

菜花井縣西十五里井水常沸赤如日色多靈異今
覆以石塔

龍泉縣西北六十里古羊山寨垣側洞宏敞能容五
六十人曲徑可通有泉從石罅中涔涔下滴有
石坳如井承之甘洌異常可供三四人飲石壁書
松風水月四字蒼勁可愛

樂道菴縣西四十里在平湖勝人堂後大石壁立面
平如砥上横泐盤隱二大字中直泐朱公盤

隱先生樂道菴九字左泐大元至正元年右泐辛
巳歲吉日立惟左旁有鑿刻三行剝蝕摧落半封
苔蘚敂刷後以墨搨之只影出悠然往古心相違
雲空林我亦歸田翁願結十七字末行影出進士
令尹臨允登題數字餘均漫漶莫辨

塋墓

墟墓之間不期哀而哀昔者杜工部別房太尉墓詩云近淚無乾土低空有斷雲蓋其欷歔憑弔非若司空生壙髑稱作達令威華表幻說重歸也故自古賢達之士卒葬之處必誌之以示不朽云志塋墓

宋

學士余天錫墓 縣東深水河

少保王　韶墓 縣北三十里

總督許　宿墓 縣東北龍潭河御賜祭葬

進士李俊臣墓 縣東二十五里北峯河

陳御史墓

進士林景春墓 治東南城隍廟右側

朱學士墓

中憲大夫吳季益墓 在鼓兒墩

元

總管余闕墓 按一統志本在安慶府西門外二里元末闕死節賊義之求其屍清水塘中具衣冠葬焉明洪武八年封土垣樹碣墓道以表之今本邑亦有招葬衣冠墓在縣東深水河

中書舍人廖仲二墓 縣西北七十里福地橋楢栢壪

鄭郎中墓

蔡丞相墓

中憲大夫徐世英墓 縣東十里徐家坳

吳孝子大中墓 縣北獨尊山麓

明

宣武將軍劉應春墓 縣東四十里湯河西里許

尚書王　佐墓 縣東大河岸觀音巖左側

地官大夫王　澄墓 縣東大河岸

進士張明道墓 縣西張家林

朱大夫墓 在官壪

知府黃文烜墓

知縣黃之士墓 縣北熊家寨

孝廉聞　韶墓 縣北龔家鋪聞氏祠後

萬密齋墓 縣東大河岸

進士黃　亮墓

國朝

兵備道黃惟鍜墓 縣東楢樹莊

太史雷天鐸墓 縣西關外

進士陳之琯墓

太史陳瑞球墓 縣西夏家灣

朝議大夫知縣潘煥龍墓 縣東梅田畈

謝烈女墓

吳貞姑墓 平鄉廖氏祠後

提督閻定邦墓 縣西吳家崗

進士匡慶榆墓 縣東匡家河

孝廉熊五緯墓 縣東桂家山

風俗

古者太史觀風輶軒採俗詧習尚之純漓亦覘政教之得失也羅田土瘠民醇率皆好禮義安教化其農嗇而勤其士樸而雅隋志云黃俗尚淳質多儉約斯殆其遺風歟志風俗

蘄春人性躁勁風氣果敢包藏禍害視死如歸此其舊風也自平陳之後俗頗變尚淳質好儉約喪祭婚姻率漸於禮 本通志

羅田崇巖邃谷其力事務本用亦節儉 本府志

蘄西民俗富庶秀民樂於爲儒而不輕釋其業彬彬喜學有鄒魯風 闕詠光記

羅田山隰各半春初農人燒草下淤泥糞之清明後取穀入水中謂之浸種及分秧彼此過工田歌互答初秋負郭平原氣煖土沃者熟最早山谷及谿澗氣冷土瘠稍遲一歲一穫稼事畢泥豆蕎麥蘿蔔油菜大小麥之類以次植之

暮春鄉人治蠶事初風種蠶始生以鵞羽拂之繼剉桑葉飼之自初眠再眠至大起分箔登簇歷晝夜三

十餘而繭成取之繅絲有黃白二種
入夏於地之亢爽者多種棉花七月望後收之紡線
爲布機杼聲相聞
邑人重去其鄉離家百里有難色非仕宦不遠游
立春前一日官屬至東郊迎春農人以土牛身首色
卜水旱以芒神幘鞋占寒燠以鞭之絲麻占絲麻豐
歉比戶焚香酹酒曰接春元旦長幼侵晨起盥沐
盛衣冠焚香楮拜其先祖及尊長謂之賀年節族黨
中有具雞黍相招者謂之春酒

元夕街巷悉張彩棚上懸各色花燈城鄉士女羅綺
如雲歡遊達旦
賽社十數家共之二月社日延巫祝祀神禮畢懽飲
謂之社酒秋亦如之卽古春祈秋報也
花朝民間多以是日嫁娶淸明前後各家詣墓祭掃
掛紙標兒童爲風鳶之戲游人攜酒簪桃李花謂之
踏青
四月八日爲佛節各菴觀僧造青糯飯以遺諸檀越
名曰送福

端午各家門首懸蒲劍艾虎包角黍泛雄黃酒堂設
天師像或以五色絲線香囊等物爲小兒佩辟諸毒
惡日午採百藥草以備藥物
五月二十八日爲邑城隍神誕自康熙年間相沿至
今每於前一日亭午具儀簿綵輿迎神行則前導大
纛儀仗鼓吹如王公家家焚香楮望輿羅拜至晚於
帳殿前演百劇歌舞達曙謂之神會
六月六日曬書籍衣物造醬醋鹽豉農家以豚酒祭
田祖卽祝稼遺俗也

七夕婦女庭設茶菓以祀牛女謂之乞巧
中元各菴觀設盂蘭會香火甚盛
中秋節民間以月餅藕栗等物相餽晚設茗筵於中
庭望月羅拜謂之賞月
重陽登高掃墓飲菊酒以辟不祥
冬至民間悉詣其家廟祀先祖
十二月初八日以粬米雜菽子紅豆棗栗諸物爲粥
謂之臘八粥廿四日曰小年掃舍宇祀竈具羞醴祀
先曰年羹飯除日張春聯於門閭戶後舉室歡飲曰

國年燃爆竹圍爐終夜不寐謂之守歲

物產

天不愛道地不愛寶故瑶琨篠簜齒革羽毛登於禹貢金錫織貝桔栢菁茅載在職方盖物產者國計攸關亦民生所由裕也志物產

稻凡數十種有粳有糯其一名香稻置少許甑中清香撲鼻

麥有大麥小麥米麥蕎麥花麥凡數種

粟凡數種形如魚子

黍有赤黃黑白數種

粱有赤黑二色粳糯二種

稷凡數種可釀酒

豆凡數十種

棉花有紫白二種白多紫少

茶最上者爲雨前茶

芝蔴有黑白栗色三種

烏桕子可榨油子爲籽油皮爲皮油合爲木油

桐樹子可榨油

絲有黃白二色

栗有大小二種大爲板栗小爲毛栗

茯苓 又有土苓一種

柿 有大小數種

其餘六畜蟲鳥如夏小正所載燕睇蟈鳴鼠化獺
祭隨在多有無庸瑣紀

羅田縣志卷之三

建置志

城池

邑舊無城池自沈侯興修白侯繼作守禦有資聿著成效迭遭水患頹廢久矣近髮捻迭侵邑之人張空拳奮熱血且守且戰賊死咋不能入尺寸雖無城池可恃而眾志實足以成之斯亦予與氏人和之說歟

志城池

元大德間知縣周廣由魁山遷治於官渡河明成化乙亥信陽賊入寇知縣沈雷始築土城此城所自昉也嘉靖庚寅土城圮於水知縣勞棹增修石城高一丈五尺厚一丈為門四東曰來青西曰義和南曰來薰北曰永與戊戌水圮知縣沈越祝翊相繼重修易石為甎崇禎乙亥流賊入寇城陷知縣梁公死之是年西蜀白公乃忠單騎到任招集流亡與士民謀築城為固守計是時民經流離咸思保集亦欲刻期觀成公因寇難搶攘內帑支絀勢難請發於是計里編戶為二百五十戶戶築水城一段山城一段段各三

丈六尺有奇共五百段周約千丈高一丈九尺陪城寬五尺水關二道樓五座開溝運土鑿石陶磚計一年之賦以襄厥役城甫成而冦至嬰城固守全活甚衆邑之人頌公德於弗衰越十年我
朝定鼎統一海宇百餘年間縣城屢爲水圮頹垣廢堞數段僅存乾隆十三年知縣馮孫龍始議倡修知縣孟炳繼之後知縣王眼陞學泌責修益急民頗稱病乾隆三十二年邑士民何東亭毛采章條弊呈請
上憲大概謂攤派築城費出里民修由胥吏既非公

帑無保固之責隨圮隨築工役不息而城址半枕山麓半臨泌河每淫雨山水暴漲勢易傾壞民力既竭功不補患事上部院揆公梁公飭府嚴查本年六月久雨河水溢沿河城隨沒於水城内居民廬舍漂沒旱城亦因水圮前所拮据一日盡付洪流於是奉
憲示禁勒碑永遠毋許派修民力稍蘇矣是年七月燕南王公鴻典署縣事乃請公項興修具詳本年八月十一奉　府憲夏牌内開案據該縣申覆縣屬城垣從前並未請項承修一切大小工程無憑分案詳報等情到府當查該縣城垣從前並未請項興修現在被水衝塌過多業據稟報在案其應作何修理該縣身任地方未便竟置不議合亟飭議爲此仰縣官吏立卽遵照將現在倒塌城垣垛口逐一確估實需工料若干作何設法修理刻日妥議通詳事關保障重務慎毋廢弛致干未便等因奉此卑職查城垣建自崇禎七年編定里民二百五十戶承修歷來間遇倒塌卽着各戶子孫補葺相沿已久頗以爲累今年六月被水衝塌城垣垛口五十二段前蒙委勘稟報

在案卑職伏思城垣以衛民民亦當自衛但此次倒塌過多功程較前浩大兼之被水之後再四體訪民力實艱且查乾隆三十年勸捐城工案内已奉
諭旨停止在案今城垣照舊修理共約計銀一萬零四百八十六兩五分六釐應請動項興修是否可行卑職未敢擅便理合具造估册通詳　憲臺查核除經詳
督撫二院藩守二憲外爲此備由另具書册同申伏乞照詳施行須至詳者計賫工料清册一本蒙　府
憲批既據通詳仰候各憲批示飭遵繳册存王公以

七月署事十月去任新任左公相視河水浸灌城根久鬆此築彼坍誠恐徒費帑金無補於事議於東南隅築堤插柳使水勢復趨南岸乃可興工乾隆三十五年藩憲閔　於五月十一日行府查羅田城垣前據左令詳請移建本司飭令署府丞陳確勘議請俟公費充裕另行估修不以累民其城南至油河一帶設法疏濬令該縣自行捐辦詳奉　憲院批允飭遵在案爰於歲杪設木柵重門巡邏嚴密至乾隆四十年三月二十二日部議題請羅田縣城垣勘明該城北枕山麓東西南濱臨溪河地當頂衝難以建城已將所坍各處豎樹木柵星佈嚴密足資保守本月二十三日

奉

旨停修

街衢附

治西由長庚門越徐家橋南逕段家橋東上鄒家坳至來青門曰正街由來青門上白龍坳南下段家橋與正街合曰新街南曰河街沙淤城圮居民鮮少沿河街逕來薰門至永興門有蒙養書院故址由段家橋出灞城橋曰水門爲城中汲道縣治後爲鳳山山之左有育嬰堂義川書院在焉山之東爲趙家巷層巒曲折穿街南行起箭坪崗明知府汪本淡曾於高處起誥勅樓今建文昌閣山之右爲詹家巷有元妣觀卽宋李氏鞦韆廠迤西爲五雲山王伯雲兄弟舊學處下有松桂堂今名桂樹灣前達正街有馬道可通往來西出長庚門曰紫艮基蔬圃平曠林木蔚茂東出來青門涉官渡河曰河東街居民綿亘里許烟火相望蓋英霍之孔道也

坊巷附舊編甲八今編甲七甲各一保

一甲東至官渡河街南至吉家墩西至晏家灣北至柳樹坪

官渡河社一濱河一在木孟墩

進士坊　吉家巷

二甲東至梧桐樹南至余家山西至灞城橋北至文昌閣

足食坊　崇教坊　咸寍坊

三甲東至鄒家坳南至灞城橋西至老雲路口北至文昌閣

仁和坊　樂善坊　童家巷

葉家巷　高家祭巷　城隍廟巷

四甲東至晏家巷西至泮游門南至箭坪崗北至拱北門

崇文坊　歸厚坊　趙家衙巷

四官殿巷　禮門巷　武聖雲路巷

五甲東至老雲路口南至灞城橋西至羅家巷北至泮游門

樂善坊　樾蔭堂巷　段家橋巷

林家塘

六甲東至段家橋西至鳳山右北至徜背山南至承興門

政平坊　惠義坊　羅家巷

雲路口　承興巷

七甲東至鳳山左南至大士閣西至普陀菴北至道貫衙

魯家社　徐家橋　紫艮基

魁坊巷

官廨

官廨聽政地也有司奉
天子命以涖斯土臨斯民凡興民之利除民之害昕夕講求咸於是乎在吁可勿職思其居歟志官廨

縣署

元知縣周廣始建廳堂幕廨明正統間知縣龐敬建譙樓成化乙酉知縣徐泰建正幕二廳洪治辛亥知縣羅勲建儀門正德丁卯知縣夏甯建後堂規制未備壬申燬於寇知縣殷佐張愉重修之嘉靖初知縣

沈越林宗桂次第增修辛丑知縣祝翊建東廳增吏舍萬歷間知縣袁應龍易戒石坊以木上書
聖諭建於甬道前天啟初知縣倪景璇建二堂顏曰鳳鳴刻鳴鳳歌於石縣署規制略備崇禎乙亥燬於流寇僅存大堂後堂譙樓數間知縣白乃忠重修內署寇復火之無一存者知縣劉燧始建堂舍四重
國朝順治間知縣白廷芳建大堂捲棚旋以失城去任知縣李雨霑建前廳儀門康熙間知縣王資政建圍牆立戒石坊戊午知縣王光鼎修二堂譙樓辛未知

縣金世禎作璟壁來青軒知縣姚士基建西庫三楹乙酉知縣沈廷禎作浣月流雲屋癸巳知縣張琳建立大堂葺勉學齋堂懸

御書清愼勤於上復榜曰存心知畏內軒曰清白自省丙午內署樓圮增置瞻雲樓乾隆乙卯知縣王暇奉

旨建官廨坊庚戌重加修葺大堂前東爲承發司吏戶禮三房西爲兵刑工三房大堂後爲二堂堂東偏爲東庫西偏爲西庫內爲宅署前爲儀門門內爲福神祠外爲譙樓右爲獄咸豐甲寅盡燬於賊同治己巳吳

鳳笙督率紳民重建

教諭署在鳳山左咸豐四年燬於賊同治八年知縣吳鳳笙率紳民重修

訓導署舊在鳳山左四官殿巷內咸豐四年燬於賊同治八年知縣吳鳳笙諭邑紳改建縣署左與東齋合即常平倉故址

城守營在縣治東康熙五十二年城守歐陽重修咸豐四年燬於賊同治八年知縣吳鳳笙諭邑紳重修

典史署在縣署西咸豐四年燬於賊同治八年知縣吳鳳笙諭邑紳重修

巡檢署設多雲鎮

僧塔汛乾隆十八年增設建署於多雲鎮

縣丞廨舊志載在縣左今裁

主簿廨舊志載在縣右今裁

憲司公署舊志載在縣治東今廢

陰陽學在縣西廢

醫學在縣西廢

僧會司在縣治東萬壽宮右側咸豐四年燬於賊同治九年知縣蔡炳榮諭邑紳就其址建小義學光緒元年知縣管貽葵改爲僧會司

道會司在縣西元妙觀

倉法

月令城郭都邑既建卽繼以穿竇窖修囷倉爲民命計也故漢有常平宋有廣濟廣惠自古務積聚謹葢藏皆於此留意焉志倉法

常平倉 原名預備倉一名備賑倉

明初在儀門內廢成化間知縣徐泰於各鄉買地建倉貯穀便賑居民丙申歲知縣林宗桂恐地遠猾侵復改建於儀門內知縣祝翊重新之後燬於寇知縣白乃忠建倉十間

國朝建於縣署左咸豐甲寅粵匪燬之同治己巳知縣吳鳳笙諭邑紳以其地建訓導署倉改建於縣西

漕倉 原名糧備倉

明嘉靖間知縣夏國孝建於東憲司之左崇禎八年寇燬

國朝順治十三年知縣李雨霑捐俸買縣西國學生蕭斯露市基前後建倉二十五廒三土地祠一咸豐甲寅賊燬同治己巳知縣吳鳳笙率紳改建儀門左

一設城南一里名便民倉今廢

一設巴河鎮明知縣徐泰以羅田道江甚遠漕輸匪易於蘄水巴河鎮買地建倉且置附近田畝爲修葺費咸豐四年賊燬

一設蘄州天啓七年倪景豫以糧船水大兌米民受累害建倉於蘄州置衛田令軍家自爲交兌民稱便焉今廢

社倉

奉泰鄉 倉六

永慈菴倉 在葉家河　　歇家坪倉 在舊縣畈

集仙寺倉 在匡家河　　玉虹山倉 在鴨子畈

鐘鳴寺倉 在佛齒河　　雨花菴倉 在葉家圈

平湖鄉 倉八

關帝廟倉 在東衝畈　　宜林菴倉 在上尤河

玉泉寺倉 在龍潭河　　洪福菴倉 在平湖街

雙廟坳倉 在湖田河　　修靜菴倉 在二里河

滕家堡倉 在金鳳樓　　王家菴倉 在縣走河

多雲鄉 倉九

中台寺倉 在白鳳河　　洪山觀倉 在項家畈

觀音寺倉在大河岸　相公廟倉在馬面衝

傅家廟倉在棠梨河　南保山倉在東山

鼓鳴寺倉在牌形地　多雲寺倉在九資河

童家菴倉康熙四十三年知縣沈廷楨爲鎮去縣最遠捐俸買童家菴建倉備荒契存案

以上諸倉兵燹後焚掠殆盡今廢

養濟院明嘉靖癸未知縣夏國孝買黄殺地建於縣治西丙申知縣林宗桂遷於下新街冠燬今仍遷縣治西額糧詳賦役兵燹後半毁同治己巳知縣吳鳳笙諭邑紳修葺

育嬰堂雍正間知縣金珻奉督憲邁飭令會同闔邑士民捐銀一百四十兩建保赤堂於縣治鳳山左巷即今百子菴牘銀一百兩付城内耆民領放乾隆六年知縣彭朝佐將邑捐銀三十兩暨前牘息孳當三竹山集仙寺水田六畝七分乾隆九年又當三竹山僧身修水田一畝共銀六十二兩契存耆民收儲除支銷外尚存本銀八十兩仍付耆民胡意誠等營放每年租收除完條糧外存穀九石七斗五升定價五兩八錢五分並營放之息付嬰母應用堂内嬰兒三口乳毋三名每大月給工食銀四錢小月銀三錢八分六釐七毫共銀一十四兩一錢三分九釐供奉神像香燭祀品暨償嬰兒鞋襪冬帽共銀七兩四錢四分總計二十一兩五錢七分九釐

漏澤園

西關外知縣徐泰置　北城崗知縣金世楨置

栗子坳知縣沈廷楨置　陳家河一知縣姚士基置一廩生王堞捐

普陀菴王大壽捐　南關外張詔劉學誠仝衆捐

棠林河一　三里橋

東關外濱河東　韓塔寺上首方成同衆捐

李家集守義局區内貢生童先福同弟書田捐

劉家畈石柱山區内監生王光潤捐　童家菴九資河區内

長嶺崗九資河區内　僧塔寺九資河區内

油榨山在福地橋區内林宗望捐　張家坳余家坳區内八甲紳耆公捐

西沿冲廖泗泉廖梧村廖仙峯同衆姓公捐在福地橋區内

滕家堡一在北頭係蕭常璐捐一在後崗係蕭功世文楚信閻中孚仝堡衆捐

蓮花菴後山胡履魁捐　夏家坳潘奎捐

碓臼腦屈家嶺區

雙鳳坳縣西北六十五里嘉慶二十二年監生周傳松鄂常富同該地六甲紳耆等呈明府縣將雙鳳公廟曠山捐作義地並公同積貲買得該地石堰口河東田五十石河西田二十五石黑灣山一面以爲安葬路斃及春秋祭奠經費

查樹坳監生朱宿楷余珍樹貢生周殿賓倡首仝置

壇廟

成民必先事神壇墠以受天陽祠廟以凝陰明陰陽無愆而後順成有象民生於茲託庇焉故秩祀之重有舉無廢志壇廟

社稷壇　城外東北一里其基東西長二丈五尺南北如之壇高三尺四面陛各三級壇下前十一丈東西南各五丈其制置石主長二尺五寸方二尺埋於壇之南正中畧露圓尖外别爲木主高一尺二寸朱底青字左社右稷並南向繚以垣與風雲雷雨壇同明成化乙亥知縣沈雷買居民地建庚子知縣祝翊重修

風雲雷雨山川壇　南關河外麻地每歲春秋仲月與社稷壇同日致祭設城隍神合祭風雲雷雨之神居中山川稱某州縣山川之神居左城隍稱某州縣城隍之神居右　按漢唐宋風雷雨分壇以祭未合爲一亦未及雲明洪武三十年詔風雲雷雨合爲一壇六年詔合祭風雲雷雨山川之神尋又合城隍祭於壇　國朝雍正壬子知縣金璿奉文修建

先農壇　社稷壇左雍正五年知縣祝翊奉文修建置籍田二十石

常雩壇　社稷壇右每歲孟夏龍見擇日於風雲雷雨壇內致祭以迎時雨乾隆壬戌知縣施宗達奉文修建

厲壇　縣西一里每歲清明日七月望十月朔請城隍神出主其祭榜無祀鬼神分祀之

萬壽宮　舊名萬壽寺邑朔賀處咸豐甲寅賊燬同治庚午知縣蔡炳榮率士紳添買民房勸捐重修

文廟　同治已巳知縣吴鳳笙率士紳勸捐重修

崇聖祠　咸豐甲寅燬於粤匪同治已巳知縣吴鳳笙率士紳勸捐重修

名宦祠　咸豐甲寅賊燬同治已巳知縣吴鳳笙率士紳勸捐重修

鄉賢祠　咸豐甲寅賊燬同治已巳知縣吴鳳笙率士紳勸捐重修

昭忠祠　向在鳳山左咸豐甲寅賊燬同治庚午知縣蔡炳榮率紳改建學署西捐有邑侯彭仲芳香火田一坐落多鄉大河岸胡家灣水田一百二十八石係王培榮捐一坐落多鄉雙河寺長嶺崗水田五十九石係周楠原當蕭姓田捐出一坐落奉鄉葉家河水田五十石係童福亭捐一奉鄉庄家河置有水田二十石另建有祠祠基係鄭一祖捐

節孝祠　原有聞其政捐田十七石同治十三年以九十錢六十千文贖還存侯另置

興文祠　向在義路門外右側復移建明倫堂右咸豐甲寅賊燬同治庚午年知縣蔡炳榮諭士紳改建學署西

武廟　王邦瀚建於大閲場乾隆三十五年晏起鳳余圻張柱相等稟請邑侯左移建於城內舊學宮右後殿祀帝三代蕭斯和捐白楊衝田一百二十二石於西關帝廟乾隆三十九年蕭名璿等請撥入新廟

順治九年

勅封忠義神武關聖大帝

雍正三年

勅封帝三代公爵

咸豐四年

特旨陞入中祀

同治九年

勅封精誠綏靖護國保民威顯忠義神武靈佑仁勇協天關聖大帝

後殿奉

曾祖光昭公正中南向

祖裕昌公東一室南向

父成忠公西一室南向

夫人九靈懿德武肅英皇后

長子平竭忠王

次子興顯忠王

部將周倉忠勇公

兩旁從祀

關平　楊儀

周倉　馬良

新增

關興　張苞

王甫　張嵩

華陀　趙累

文昌宮在今試院左同治甲子賊燬庚午知縣吳鳳笙督士紳重修

嘉慶六年奉

特旨陞入中祀春祭二月初三秋祭欽天監選定吉期

同治四年奉

旨續增一祭

興賢祠詳學校

城隍廟縣治東明洪武二年勅封監察司民顯佑伯秩正四品成化時建大殿三重石坊一磚坊一知縣徐泰重修嘉靖四年知縣唐鯉化募建石坊沈越倪景豫更新之崇禎乙亥冦燬丙子知縣白乃忠捐俸重修　國朝乾隆癸酉知縣孟炳同士庶重修咸豐甲寅半燬於賊知縣潘亮功勸捐修葺光緒元年知縣管貽葵繼之而廟宇落成

馬王廟明洪武二年詔築壇祭之永樂十三年立馬神祠建於縣署右知縣陳士鳳重修今廢

旗纛廟唐宋元皆有祭明立廟在西關外今廢

東嶽廟舊在城東河畔釋子性啟募王之美庄改建柳樹坪同治甲子賊燬甲戌知縣管貽葵同士民重修

火德祠即四官殿在鳳山左

龍神祠乾隆四十八年知縣張元英就建於四官殿右側同治庚午知縣蔡炳榮率士民重修

北嶽廟譙樓外左側乾隆二十七年知縣王珉重修

六賢祠在譙樓內祀知縣凌翶音粱太樂凌存奐姚孟昭王邦瀚白乃忠後經知縣王珉重修

蘇文忠祠建自知縣沈廷楨在西關外就祠立義學

姚公祠縣治西祀知縣姚士基舊有像
李侯棠舍祀知縣李甫霑在鄒家坳
倪公祠縣治西祀知縣倪景豫
思樹堂縣治南祀知縣金世楨
思蔭堂縣治南祀知縣朱理昌
樾蔭堂祀知縣王光鼐在舊學宮左堂內左繪賑饑圖右繪平寇圖如峴山之石淚痕猶新

塘汛

國之大事在祀與戎壇廟而外尤重塘汛塘汛者亦戎事之末節也然而禁暴緝奸慎固封守於是乎在置員設兵可或忽諸志塘汛

城守營設外委一員

國朝康熙二十一年定兵制馬一步九戰三守七外委係黃州協輪撥三月一更無定員至四十七年以經制員駐防管兵二十三名撥兵十名分防鳳凰關松子關二處塘汛每塘兵五名實存城兵十三名

僧塔寺添設千總一員

乾隆十八年添設千總一員駐防僧塔寺管兵四十三名兵弁歸黃州協轄撥兵分防大河岸跨馬墩梭子坪甕門關土地嶺五處塘汛每塘兵五名實存營兵十八名

鳳凰關 松子關 大河岸

跨馬墩 梭子坪 甕門關

土地嶺

以上各防兵五名塘房三間煙墩三瞭望樓一

鋪遞

周禮行人達天下之節率日行五十里以爲恒後世軍事倥偬羽書旁午每懲遲悞於是擇要置驛無驛置遞唐曰郵遞明曰鋪兵其由來蓋已久矣志鋪遞

羅田原設脚馬五匹乾隆三十二年撥馬二匹赴襄陽軍現存三匹咸豐初年撫憲胡奏請將湖北鋪遞裁汰公文有驛歸驛無驛專差遞送額設工食銀兩酌留二成給差馬工食秼料之用嗣於同治八年奉文發四成仍舊復設羅田縣原編工食銀二百六十

六兩四錢額設鋪司三十七名每名每年支發銀七兩二錢今減六成准支四成每名支發銀二兩八錢八分共應領銀一百零六兩五錢六分除每兩扣減平銀六分外按季支領扣存六成銀一百五十九兩八錢四分同減平銀兩觧司報銷其原定鋪兵有徭編永充分别工食亦多寡不同追後按名均攤改歸一律詳見賦役志

縣前鋪 南距十里鋪十里東北距大河岸二十五里東距鳳凰鋪二十五里

鋪屋四間

鋪兵十名

十里鋪 距長嶺鋪十里

鋪屋一間

鋪兵五名

長嶺鋪 距嚴家鋪十里

鋪屋一間

鋪兵五名

嚴家鋪 距蘄水縣歇堂鋪十里

鋪屋一間

鋪兵五名

鳳凰關 距石橋鋪二十五里

鋪屋一間

鋪兵三名

石橋鋪 距安徽英山縣二十里

鋪屋一間

鋪兵三名

大河岸鋪 距跨馬墩六十五里

鋪屋一間

鋪兵三名

䠙馬墩鋪 距多雲鎮三十里

鋪屋一間

鋪兵三名

鋪七徭編一十六名永充二十一名共三十七名

縣前鋪 徭編二名永充九名

十里鋪 徭編三名永充三名

長嶺鋪 徭編三名永充三名

巖家鋪 徭編二名永充一名

長都鋪 徭編三名永充二名

鳳凰鋪 徭編二名永充一名

石橋鋪 徭編一名永充二名

寨堡

國家承平二百餘年民不知兵屯砦亦廢而不修久矣自粵匪倡亂楚北郡縣幾乏完郛鄉氓無以資保衛天子憫之命大吏督飭所屬建砦自保亦古昔堅壁清野之法也志寨堡

觀音寨 縣東五十里

虎母寨 縣南二十五里

高峯寨 縣南二十里

光山寨 縣東五十五里即石馬寨

班竹寨 縣東六十里

望英寨 縣東北三十里

石龍寨 縣東南四十里

天堂寨 縣東北一百六十里

猴豬寨 縣東四十里

雁門寨 縣西北一百二十里上有仙人騎牛蹟

鼓羊寨 縣西北六十里

熊巖寨 縣西北二十里

周家寨 縣北六十里

太平寨縣東三十里明崇禎詔修寨邑諸寨俱成茲山獨後時　國朝定鼎故名

以上舊志

集雲寨縣東二十里週圍石牆一千二百丈高一丈二尺

虎母寨縣南二十五里週圍石牆二千八百丈高一丈

大羅寨縣東四十里週圍石牆一千一百六十丈高一丈二尺

觀音山寨縣東五十里週圍石牆二千丈高一丈二尺

石馬寨縣東五十五里週圍石牆一千二百丈高一丈二尺

保安寨縣南五十里週圍石牆九百四十丈高一丈二尺

烏雲寨縣北七十五里週圍石牆四百五十丈高二丈五尺

彭家寨縣東北八十里週圍石牆三百丈高一丈五尺

騎龍寺寨縣北九十里週圍石牆四百丈高一丈五尺

萬全寨縣西三十里週圍石牆一千丈高二丈

鼓羊寨縣西北六十里週圍石牆八百餘丈高一丈六尺見前

仙女寨縣西北七十五里週圍石牆八百丈高二丈

揚旗寨縣西北七十五里週圍石牆三百丈高二丈

安靖寨縣西北九十五里週圍石牆一百五十丈高一丈五尺

安堵寨縣西北八十里週圍石牆五百丈高二丈

雁門寨縣西北一百二十里週圍石牆一百六十丈高二丈

新永安寨縣西北一百里週圍石牆二百丈高一丈四尺

九龍寨縣西北九十里週圍石牆二百七十丈高一丈二尺

青雲寨縣西北六十里週圍石牆四百丈高一丈五尺

天保寨縣西北十餘里週圍石牆一千八百六十餘丈高一丈一尺

雲峯寨縣西北二十五里週圍石牆一百八十丈高二丈

人和寨縣西北三十里週圍石牆三百丈高二丈

風尖墖寨縣西北五十里週圍石牆一百三十丈高一丈二尺

黑巖寨縣西北四十五里週圍石牆二百六十丈高一丈五尺

吳家寨縣西北百里週圍石牆四十五丈高一丈

掛弓寨縣西北七十里週圍石牆四百丈高一丈二尺

獨尊山寨縣北百二十里週圍石牆二百五十丈高一丈二尺

主簿寨縣北六十里週圍石牆四百五十丈高一丈二尺

暘谷寨縣北五十里週圍石牆三千丈高一丈五尺

望雲寨縣東北四十里週圍石牆六百四十丈高一丈四尺

新青雲寨縣東北五十五里週圍石牆六十丈高一丈三尺

南永安寨縣東北三十里週圍石牆七百八十五丈高一丈二尺

北永安寨縣東北五十里週圍石牆二百八十丈高一丈

周家寨縣東八十里週圍石牆一千丈高一丈五尺

以上三十五寨俱同治三年後建

楊家寨 縣西八里週圍七百丈高一丈五尺

關附

平湖關 縣西北四十里

松子關 縣西北百三十里

栗子關 縣西北百一十里

銅鑼關 縣西北百四十里

青苔關 縣西北百六十里

歧嶺關 一名甕門關縣東北百八十里

石門關 縣東北百里

鳳凰關 縣東三十里

碉卡附

節錄撫憲胡文忠公飭辦碉卡札

黃州府屬地連皖豫自粵逆竄擾以來黃屬邊患無歲無之官民受害至慘且多而賊去則傒然晏安賊來則驚惶無措總由官斯土者惟知養尊處優悠忽度日不講求守土之法未雨綢繆以致於此本署部院特選官紳於邊界山徑跴擇險隘建立碉卡以爲一勞永逸嚴扼邊防之計所賴各地方官安不忘危隨時認眞講求以期久固邊圉 咸豐九年知縣潘亮功奉札稟委興修計羅田三鄉共十七卡松子關五卡毘連麻城稟麻協修會勘委員孫振銓伍繼勳監督委員李世珪收驗委員唐協和承修平鄉七卡首士蕭士珂楊允鈺朱春曉曾道鈺蕭樾金殿傳文楚信蕭雲程金兆棠朱占元汪時中方渙洛周傳麒承修多鄉七卡首士姚三枏張組張邦基江樹羅辛鈺羅樹藻胡學槐陳紹坪辜樹棠承修奉鄉三卡首士陳瑞椿張星煥潘彩枝李晴波張鵬程葉承恩

一平鄉松子關信義卡 城樓一座聯城百餘丈石壘四座大營房三所礮臺一座

一平鄉八斗衝卡 碉樓一座牆垣一道

一平鄉平頂山卡 望臺一座長濠三里許

一平鄉馬鞍腰信義西卡 門樓一座石牆十餘丈

一平鄉五斗坳信義東卡 門樓一座石牆四百餘丈礮臺四座大小營房三所

一平鄉白沙嶺卡 門樓一座石牆三十餘丈營房一所礮臺一座

一平鄉銅鑼關奉義卡 門樓一座石牆六十餘丈營房一所礮臺一座

一多鄉青苔關尙義卡 門樓一座營房一所石牆二百九十餘丈

一多鄉甕門關崇義卡 門樓一座石牆四丈營房四所

一多鄉大嶺崗集義東卡 門樓一座石牆五丈營房一所礮臺一座

一多鄉小夫子嶺集義西卡 門樓一座石牆二十餘丈營房一所

一多鄉黃龍山由義卡 門樓一座石牆七十餘丈營房一所

一多鄉水田山居義卡門樓一座石牆十餘丈礮臺一座營房一所
一多鄉栗子關宗義卡門樓一座石牆三十丈營房三所
一奉鄉濛濛山遵義卡門樓一座石牆七十丈礮臺一座營房一所
一奉鄉夫子嶺循義卡門樓一座石牆六十餘丈礮臺一座營房一所
一奉鄉隔山坳卡卡房一座營房一所

附寨卡守禦紀畧

羅田隸楚之東偏其東北山巒聳削迤邐綿亘重關疊險劃然與皖豫分疆實全楚東北之門戶也而關隘之險峻則又以西北之松子關爲最地當通衢阨

靡阨嶇爲羅麻兩邑保障肩摩轂擊者日以千百計其東有天堂寨一山連亘三省毗聯谿徑幽邃罕有人跡羅之要害蓋以此甲於一邑焉按乾隆十八年有蘄州人馬朝柱走匿山中日以邪教蠱惑居民遂相率爲亂後經皖楚疆吏督師勦捕平之至今設有多雲司僧塔營汛各一員以資彈壓咸豐初年粵寇倡亂大江南北糜爛悉爲賊巢其時河南捻逆嘗出沒商固間飄忽靡定商固者與羅爲脣齒者也官軍首尾受敵奔命不遑一時議者僉曰非設險扼要不可是時益陽胡文忠公來撫楚乃奏請於各郡邑邊境建立寨卡碉樓以資捍

禦其平地築牆如城者曰寨因險立柵設兵邏守者曰卡寨卡之外憑高建樓樓中空而四面設礮以制敵者曰碉蓋卽仿古人堅壁清野之法大吏得

旨以其法下之諸郡邑且命官吏往襄乃事焉羅於是相度地形以松子關爲全境關鍵於險要處壘石爲城大過百雉外建礮臺距關西里許八斗衝建碉樓一座互爲犄角之勢攻守悉利故西北之賊不敢犯羅按咸豐十一年二月髮逆陳玉成糾捻首龔瞎子八萬餘人由商城寇羅境是時成軍門大營駐五營於關之陽賊甚猖獗我軍勢不支乃檄團紳朱春曉曾道鈺金殿傳廖飛鵬等督勇截擊之賊大敗龔逆死

於此賊復集餘黨來攻酣戰數日殺賊無算事蹟詳載平定粵匪紀畧自松子關而西六里爲平頂山又十里爲馬鞍腰入麻界卡二按當時官紳以松子關西與麻邑接壤羅爲蕞爾邑獨力不支因稟陳疆吏請與麻城會仝修築合力防禦計由麻城津貼外羅實費錢數萬緡有奇迨後報銷時並蒙大府奏請加廣學額以示優獎云又自松子關而東五里爲五斗坳又十三里爲白泌嶺又三十里爲銅鑼關又二十五里入多雲鄉爲栗子關又十里爲青苔關又七里爲長嶺崗又十里爲甕門關計凡立寨設卡之處有六按各關之名諸史不載故亦無可攷惟舊志載甕門關昔東吳陸遜追魏兵嘗駐此當捻逆於松子關敗後其時各關卡悉有團兵駐防後因青苔關偶失巡

防賊遂乘霧攻擊而入殺傷勇丁十餘名其城樓卡房悉爲賊毁惟牆垣尚屬完固故議者皆謂有險無守則亦不足恃云又東爲天堂寨南入英界山勢聯絡畛域莫分因英界之按羅者若小夫子嶺黃龍山水田山大嶺崗凡四處其牆垣營卡建立亦悉如式焉按同治三年八月髮逆經皖軍擊敗竄入羅境團兵猝不及防致黃龍山之城樓營卡悉爲賊燬亦由防守疏虞之失也自小夫子嶺入羅之奉泰鄉名夫子嶺隔山坳又西爲濛濛山設卡三此又東界之要區也按此山舊無營卡咸豐八年二月髮逆奏日綱由英犯羅我軍戰不克且潰走其時權縣事者爲崔蘭馨駐兵此山方將集潰勇調團兵爲堵禦計賊忽大至勢甚披猖崔乃令鄉兵於山坳張旗幟以疑之自拔刀立山前顧諸軍士

曰有卻退者斬如有殺一騎馬賊者賞五十金令甫下連斃賊騎三人賊勢稍却適撫營姚敵禮督禮字營至併力攻之大敗賊於樂利河進復英山城是役也賊衆數萬我兵不滿百人藉非崔之久歷戎行與夫地勢之有險足恃其又何能轉危而安建奇功若此耶都人士有鑑於是故於茲山復議立營卡焉計凡新設邊境營卡一十有七類皆斂財於民捐貲建造故於各卡所刋立碑碣凡而工料丈尺與夫監修官紳姓氏之屬胥詳載焉以其保衞歷有明徵用是誌不朽也若夫西南一面則與蘄黃麻城三邑依若輔車犬牙相錯其間皆以溪水爲界河流清淺結筏爲梁以通往來誠無以資屏蔽然而山徑硿硿羊腸一綫或當軍旅之際嚴爲防禦則勢易狙擊賊亦往往逡巡不前是皆足以固吾圉矣夫未雨綢繆安不忘危者爲政之責也連鄉軌里寓兵於農者古制之善也羅邑窮鄉僻壤地瘠民貧內無城郭之堅外乏四境之制使非平時修守禦築堡寨拓邏戍清內奸一旦當有事之秋巨憝在前民皆束手則山鄉彈丸之地一覽無餘其將何以保我黎民爲報

國計哉是在守土者不時加之意耳余故樂紀其畧而臚列之光緒元年某月某日毘陵管貽葵記

坊表

旌善者易世之大權也善莫大於忠孝節烈例得請
於
朝而表之將以楷模後學扶植人倫豈第侈
恩遇彰哀榮而已哉志坊表

科名坊

地官大夫坊 為王澄建在進士河

聯璧坊 為胡明庶胡明過建縣治鼓樓街

進士坊 為張明道建

別駕坊

四世五魁坊 為蕭謩祖孫父子建城內油榨巷口

孝子坊 為吳大中建在鼓兒墩吳家塆門首

百歲坊

昇平人瑞坊 城內四甲白龍井為張拱北建

昇平人瑞坊 平鄉鸞公包為高鳳圖建

節孝坊

陳氏 王之濱妻城內梧桐樹

秦氏 朱世符妻城內七甲

蕭氏 劉之勝妻城內新街

童氏 潘二爆妻段家橋上街

許氏 周成璋妻城內四甲

王氏 郭綱妻在郭家河祠前

王氏 周言宣妻在周家河

鄒氏 周濮勳妻在周家河

夏氏 廖榮芳妻在張家塝

丁氏 廖峻芳妻在張家塝

汪氏 方淑美妻在方家坳

陳氏 聞一善妻在下台寺

胡氏 王文俊妻在大河岸以上均載舊志

周氏 王本權妻在滕家衝

文氏 為鄂稭強妻與其子監生鄂占梅孝子同建在雙鳳坳永豐橋鄂氏祠門首

明氏 江學敏妻在林家坳與其子共建

方氏 潘文鳳妻在三里橋

姑媳流芳 為監生王立昌之母周氏及妻匡氏建

胡氏 周楚魁妻在跨馬墩

張氏 周宝昌妻在周家寨

胡氏 周有芹妻在周家寨

吳貞女 幼許儒士廖鐸在董家畈廖氏祠門首

陳貞女 幼許李春宇在滕家堡匾李家坳

黃貞女 幼許王皆晉

劉貞女 幼許姚相在湯河東

史氏 李一澂妻在李家樓

市鎮

自軒皇日中爲市懋遷有無尙已而周禮設司市司虣司稽與夫賈師胥師掌牙儈尤警游惰制綦備焉後世防檢日疏游民相習於其中而市廠之弊滋起是在長民者加之意耳志市鎮

河東街市 縣東一里

樂堂坳市 縣東十里

龔家河市 縣東十二里

葉家河市 縣東十五里

胡家巖市 縣東三十里

鋪兵河市 縣東三十里

平安嶺市 縣東二十五里

研石河市 縣東南十里

瓦窰嶺市 縣東南十五里

馬驛坳市 縣東十五里

十里鋪市 縣南十里

駱駝坳市 縣南二十五里

樂利河市 縣東六十里舊志一作落翎河

竹叉途市 縣東南六十里
九口塘市 縣東六十五里
黃山鋪市 縣東七十里
匡家河市 縣東南七十里
石碕鎮市 縣東五十里
以上奉泰鄉
土門坳市 縣西五里
栗子坳市 縣西六里
東衝畈市 縣西北三十里

粉壁坳市 縣西北四十五里
平湖街市 縣西北四十里
石獅坳市 縣西北五十五里
姚家鋪市 縣西北六十五里
槐樹店市 縣西北七十里
騾走河市 縣西北七十五里
篺形地市 縣西北八十五里
龔家鋪市 縣東北百一十里
林家嘴市 縣西北六十里

張家嘴市 縣西北六十里
河鋪市 縣西北六十里
雙廟坳市 縣西北七十里
三千畈市 縣西北六十里
楓香樹市 縣西北六十里
夾河嘴市 縣西北六十里
新昌河市 縣西北七十五里
鷲公包市 縣西北八十五里
方家坳市 縣西北九十五里

滕家堡市 縣西北一百里
油天寺市 縣西北一百零五里
洗耳嶺市 縣西北百一十里
檀樹店市 縣西北百二十里
以上平湖鄉
登場坳市 縣東十里
高廟市 縣東十五里
陽峽坪市 縣東三十里
大河岸市 縣東二十五里

凉水井市　縣東三十里
許家畈市　縣東四十五里
傅家廟市　縣東五十里
蕭家坳市　縣東五十五里
江家鋪市　縣東六十里
跨馬墩市　縣東八十五里
石柱山市　縣東九十五里
九資河市　縣東一百二十里
僧塔寺鎮　縣東一百三十里

卜船山市　縣北十五里舊志作覆船山
餅子鋪市　縣北十里
花凉亭鋪　縣北二十五里
長塘坳市　縣北三十里
李家樓鋪　縣北四十里
湯河市　縣東四十五里
栁樹鋪市　縣東北七十五里
林家坳市　縣東北九十五里
多雲鎮　縣東北百二十里

以上多雲鄉

凉亭附

河東街　距城一里　桂家山　距城五里
葉家河　距城二十里有記列藝文　駱駝坳　距城二十五里
鳳凰關　距城三十里　盧家坳　距城二十里
樂堂坳　距城十里　月山　距城六十里胡公傑建
大坳　距城五十里匡定募修其河路水圯匡秋元修
朦朧山　距城三十五里汪應封建

以上奉泰鄉

雷打樹　距城三十里張士鰲捐建每歲施茶以濟行人
龔家鋪　距城百一十里聞其政捐建捐田一十一石五斗
獨尊山大坳　距城百二十里里人募建余應舉捐錢置田六石聞其政捐田三石僧人捐屋價三分之二爲亭基
土門坳　距城三里　黑溝　距城三十里雷纘能建並捐有茶田
栗子坳　距城六里　夫子嶺　距城七十里
大嶨　距城二十里雷世顯同衆募置田三十石
蕭家坳　距城九十里　宜林菴　距城三十里
紅茅凉亭　距城八十里

以上平湖鄉

登塲坳距城十里邑侯王光鼎建　横河距城二十里

大河岸距城二十五里　車對嘴距城四十里

傅家廟距城四十里　李家樓距城四十里

黃泥堂距城五十里　九資河距城一百里

王道山距城十二里劉維錫建

以上多雲鄉

津梁

徒杠輿梁王政所重羅田山陬僻處雖少大川然當水潦方盛亦必謹厥關梁若司險之達其道路恐民病涉也故碕石彴木利濟亦覘惠政焉志津梁

長春渡東關外每於水漲需船濟渡乾隆元年蕭志仁余子元尹升友葉開來李灌玉暨衆公置東關外田六十石付舟工耕種以作工食又葉家河田十五石西關外花地四塊共作修船費並建船屋一座同治四年知縣吳鳳笙捐船一隻光緒元年知縣管貽葵捐船一隻

南關河渡張文鯨胡宛言倡募置田五十石蓮池菴僧人捐田六十石張奠坤捐杉樹增田三十六石又捐黨家山田五十九石又有橋易正魯葉鑑善募修黃宜先程進周等積輸金爲修補費至今不廢

梁家灘渡縣東六十里鄭懋昭捐田十餘石

善福渡縣東五十五里

松河渡縣東南五十里原渡田八十七石洪才高捐陳家衝田四石新撥仁聖寺田六十石坐落蓮花地

永興渡縣東五十里新撥大王廟田十七石又撥毛姓永興菴田二十石

鏵形地渡縣東北八十里同治十三年該地首士稟請知縣管貽葵撥準提菴原捐賓興田二十六石五斗又該區八甲人等公置童家畈何宅門首正壠中截田一十六石永爲筏貲

林河渡縣東七十里匡三桂捐祝家塆田七石並花地一所又衆姓共置月形田二十石又陳家

畈田五石河口坳田十三石又庄人育捐渡口田六石胡名題捐楊家嘴花地一所同治九年知縣蔡炳榮諭撥集仙寺原捐黃栗衝田二十石撥龍珠菴匡齊民所捐鐵爐坳田二十石

尤河嘴渡 縣西三十里王殿颺捐置

河鋪渡 縣西五十里歐王陳三姓捐田五十石

林家嘴渡 縣西五十里庠生蕭達用捐湖垣畈渡田三十二石碑立麻城縣界河是

平湖渡 縣西四十里

夾河嘴渡 羅麻交界河縣西北六十五里邑監生周復旦捐田三十四石地五畝並屋宇魚塘以爲舟子工食費及修筏之資舊志載程家河嘴誤

樂利河渡 張鄭汪三姓捐舊志作落舖河

新昌河渡 縣西北七十五里道光二十九年首士劉楚傑曾榮璧朱春曉林肇榮朱正舉林文煥林國楨鄂丙暄曾榮基屈立添曾景升蕭士珂元姥會仝衆姓捐買猪肚垻水田七石馮家灣中截水田一十六石林家衝厰脚灣中塘上田地連中截下截田共七石龔家衝八字堰河西水田一十八石買得馬驛坳上首基坪建渡屋一所咸豐元年禀請縣令王同治給示勒碑存案同治九年知縣蔡炳榮諭徐東垣等將徐姓先溢遠祖所施烏雲寨廟楓楊坳水田六十石隨田山在內捐入此渡永助經費案據

唐婆店橋 縣東百四十里

東流水橋 縣東百四十里

新昌河橋 縣西北七十五里林宗望捐置於近河馬驛坳建立亭房收貯橋板夏月就此施茶並捐張家河田十石毛家畈田五石五斗永爲修整及施茶之費其後嗣又添捐葉家畈田六石

通濟橋 縣東明邑令徐黍建今廢

灞城橋 縣南河口今廢

將軍橋 西關外邑紳汪之浹重修石鑴將軍形以鎮故名後屢圮屢修

柳陰橋 縣東百里汪氏捐建

三元橋 縣東北松子關百二十里

棠梨河橋 縣南十里邑監生張文鯨建

嗣齡橋 縣東邑庠生鄒元成姪吉重修

月山橋 縣東六十里葉仲勳建

朱家畈橋 葉仲勳建

石板灘橋 縣北八十里邑紳閻其畋捐余家河田稞一石八斗

聯陞礄 縣西八十里石礄五座木橋二字藏一邑紳業松同弟業輝子大文侄大艮捐建

汪家橋 縣南十九里

方家衝礄 縣東北六十里石上架木板爲屋邑紳方鳳漆仝衆姓捐修禀撥橫山坳廟田五石

福壽礄 縣東七里石礄三座同治十三年邑紳林丙奎高明耀重募修

龔家河礄 鄧大源倡捐募修

翦刀山礄 縣西七里醫士張善建

覓兒礄 縣西二十里胡明晳建

黃竪公橋縣東五里

段皮河橋縣東三十里邑人李正己重修

黃家橋縣東六十里

三里橋一在縣南三里一在縣東三里胡明智建

祝家橋縣東八里胡祥建

觀音橋縣北七十里

石柱山橋縣東北一百一十里

全貞橋縣東北百四十里王貞女建

滑石橋縣西四里舊志作花石橋

清源橋縣南三里

河口橋縣東北十里

李蟒巖橋縣西北二十里舊志作李木巖

石山橋縣北二十里地名白楊衝

普濟橋縣東二十五里

普應橋縣西北六十里

三多橋一在縣南三里一在大坳西

龍門橋縣西一里邑紳胡效義建

太平橋即玉虹泉處葉仲勳建

萬受橋梨木河釋瑞安建

平安橋縣東二十里劉和向倡建

汪家橋縣南二十五里

十里鋪橋縣南十里

揷翅河橋在縣西

永豐橋縣北六十里

福地橋縣北六十五里

港口橋縣西六十里邑監生廖燕建

槐樹店橋縣西北七十里

千秋橋縣東十里

匡家河橋縣東七十里

太坪橋縣東十五里余公錫捐建

駱家橋縣東北峯河二十里道光年被水衝毁邑紳童先福捐金重建

青楓嘴橋縣東北峯河四十里童先福捐貲倡始糾里人共建

豐樂橋縣東百一十里

野雞沖橋縣東百一十里

泰平橋縣東百一十五里

黃石河橋縣東百一十里張邦見同衆建

九資河橋 縣東百二十里有橋田三十石

石橋里 縣東六十五里

僧塔寺橋 縣東一百三十里提督沈鴻賓捐貲倡始同眾共建

百子橋 在平鄉七里衝距城五十里首士楊文家同眾捐建

雷家河橋 在平鄉徐家衝下距城五十五里廖方成廖方榮捐修

寺觀

寺觀之設肇於兩漢自蕭梁奉佛唐宋廣立宮觀於是通都大邑名嶽巨鎮皆有金碧相輝映讀子朱子昂山寺詩趙文敏所書元教碑自古學士文人間亦留情於禪趣故其間興廢雖不一要皆載筆者所有事也志寺觀

老塔山寺 縣東南五里唐貞觀間建山有塔因名又名清源寺又名玉屏山

玉泉寺 縣西北二十里張明道讀書處其泉浄光如玉故名寺後石高六尺許鐫風月雙清四字旁鐫元窟山人四小字石有足跡

普陀菴 縣西里許邑人王韶鳳建住持僧重建聚奎樓今廢

五顯廟 縣治東南邑人胡汀徐大任建明縣令夏雷欲拆毀神示之夢遂止施主徐宗一宗二宗三住持僧天先應鼎應泰募建

蓮池菴 縣東南四十里葉宗全建

排衙山廟 政平間建縣南十里崇祀朱總管相傳荆王久染目疾得神力遂痊奏聞勅旌

東嶽廟 縣東北里許同治十二年知縣管貽葵督紳董重修

元妙觀 縣西半里

觀音寺 縣東二十五里相傳王韶故居

慈佛菴 縣東北二十五里

仰山寺 縣東北三十二里

麻姑寺 縣東北七十里

鼓鳴寺 縣東七十里

雲樓菴 縣南二十五里

真覺寺

觀音閣縣東七里　僧塔寺縣北百四十里
廣化寺　韓塔寺縣北百一十里
光山寺在縣東　什王寺縣東南六十里
集仙寺在縣東五十里元建明修　乾山寺縣東北五十里
仁聖寺縣南七十里　淘金寺縣南濱河王光運王鋐捐田地二所
玉虹山寺縣東六十里　月江寺縣東四十五里
普海寺縣西十里　黃泥塘廟縣東二十里
延壽菴縣東十五里　月山寺縣東三十五里
麻姑寺縣東六十里　道山觀

洪山觀縣東北五十里　拳石菴王煜建
彌陀庵縣東六十里　朝陽菴縣東北二十里
白雲閣　慈雲菴縣西南二里王煜建
倪家山寺縣東六十里　永興菴縣東北三十里
白衣閣縣西里許　九龍寺縣西北百里簰形地區
丁家庵縣東六十里　近月菴縣西北七十五里
半偈菴縣南六里　太陽菴縣東四十里
雙河寺縣東七十里　報國寺縣西北八十里
蓮花菴縣西里許王邦隆建　汪洋廟縣西北七十里

水月菴縣西里許燬於兵同治壬申邑人重修菴側基址先年邑紳王新亭等公捐有田三十石
文昌閣縣東三十三里邑紳葉方華葉艮杷倡建先年葉端湇張泰和仝眾捐置田五十二石
開泰菴縣西北八十里邑紳唐一淮劉永宗曾大文朱梅林景珖仝眾首士等捐積買置奉祀文昌計座落山地共田四十三石　玉閣縣東三十五里葉茂春捐田二十石
廣福菴縣東十餘里　彌陀菴縣西北七十五里
烏雲寨縣西北七十五里　莽巖菴
上台寺縣北三十里　中台寺縣北二十里
下台寺縣北十里邑人陳瑞珅仝眾捐田五十三石熊士益捐田十石
文昌閣邑紳童紹恢童邦霖建於卜船山麓同治三年賊燬邑紳童先福移建於山嶺槑與福並

捐田惜字　燃燈菴縣西二十里
武聖廟向在北峯河花涼亭今移建涼亭內畈向家嘴
南賓廟石柱山　高廟縣東十五里
雙廟縣西二十八里王邦隆建　株樹廟縣東二十里
傅家廟縣東北五十里舊志作富家廟　二郎廟縣東三十五里
白廟縣東十五里　第一禪林縣東北百一十里
玉閣縣北四十里今廢　火官廟大河岸街
志遠菴縣西北五里　延壽菴縣西三十里尤河
雲崇菴縣西七十里　觀音閣縣西萬魁塔北

王家菴縣西北百一十里　普福菴縣西十里
王家廟縣北一百里　宜林菴縣西二十里
善應菴縣東一百里　大王廟縣西十五里
龍泉寺縣西三十里　奇花菴縣西三十里
東衝廟縣西三十里　道人菴縣北五十里
白雲菴縣東北四十五里　梵音菴
慧林菴縣西四十五里　梅林菴縣東北三十里
紫雲菴縣東北四十五里　雷公廟石馬山
古柏菴縣北四十五里　圓通菴縣北百一十里

觀音山寺縣東南五十里中有觀音像　栢菴縣西三十里金夏鼐等建捐田二十五石
長壽菴縣東六十里　眞武堂縣東七十里
龍珠菴縣東六十里　極樂菴縣北百餘里
豹龍巖廟縣東六十里　水口廟縣北九十里
東嶽廟縣東二十里　觀音堂縣東六十里
經魁菴縣東六十里　青蓮菴縣南二十五里
自修菴縣北九十里　福嗣菴縣西北二十五里
崇文寺縣北二十里　福興菴縣東五十五里
魁山菴縣東六十五里　文殊坪廟縣東南七十里

義水寺縣東五十·五里　興國菴縣南十八里
城隍山廟縣東南六十里　大士閣縣南二十里
元妙觀潛山橋縣東南五十里　雲居菴縣東三十里
淨土菴縣東二十五里　傅家菴
戲龍廟縣東四十里　雨花菴縣南二十五里
土垙保廟縣東七十里　雲霧菴縣北百二十里
熊家菴縣南三十里　接隱菴縣北百二十里
東岳廟縣北三十五里　觀音菴縣北三十里
太平寺縣北百一十里　龍王寺縣南二十里

大士菴縣北百二十里　雞鳴尖廟縣北八十里王邦憲建
大屋基千佛寺縣北七十里　汪家菴縣西北十八里
灰陶菴縣北七十五里　慈雲菴奉鄉
曇花菴縣南三十里　華藏菴縣南三十里
湧泉寺　修靜菴縣西北六十五里
潘家菴縣西北八十里　水舟菴
騎龍殿縣北二十八里　諸佛殿縣南三十里
永思菴縣東三十里　華輔菴
龍王殿上石院河區縣北二十五里　鞦韆寺縣北三十里

高梘廟 縣北九十里　東嶽廟 縣北百一十里
密雲菴　廣福菴
慈應菴 縣西二十里　西竺菴
興龍菴 縣東三十里王邦基建　鸚鵡林廟 縣東北四十五里
新菴 縣北三十里　志願菴
觀音堂 縣西五里平鄉　普供菴
慈雲菴 平鄉　五龍菴 縣東北
永興菴 縣南二十里　天祈觀 縣西七十五里
得勝寺 縣西七十五里　集雲菴 縣西北百一十八里

準提菴 縣東北九十里　上嶽廟 縣東北三十里
三官殿　觀音堂 縣東北三十里
五峯寺 縣東三十五里　五鄉菴 縣東北六十里
興福菴 縣東北三十里　古佛堂 縣北五十五里
五眼菴 縣東北六十里　唐家廟 縣北五十里
迴龍菴 縣北六十里　白衣菴 縣北六十里
地藏菴　王在生菴 縣東北五十里
天竺菴 縣北五十里　長生菴 縣北三十五里
定惠菴 縣北六十里　延神菴

永豐菴 縣北三十五里　延壽菴 縣西北二十里上石源河區
振磬寺　龍禪寺 縣北百四十里
洪福菴　童家菴 縣北百一十里
降風殿 縣北百三十里　仁壽山寺 縣東三十五里

塔附

老塔 建自唐時在縣治內今廢知縣王珉改建於玉屏山襲舊名即今塔山
萬魁塔 縣西三里胡效之建
大韓塔 縣西北九十五里在滕家堡區內
小韓塔 縣西北九十五里在滕家堡區內今廢

樓臺附

奎星樓 治內城隍廟後
金鳳樓 縣西北滕家堡古刹明方日新建咸豐年間賊擾後漸就頹廢同治十二年知縣管貽葵諭首士金殿傳蕭功世闕中孚等勸捐興修建正屋四進左右橫屋各一進爲鄉課公所詳學校志
紫雲臺 縣西北八十里前邑志載此地有清淨潭時有紫雲覆繞故名後臺廢道光初年庠生江啟泰等募建廟宇置田二十餘石議倡文會監生曾榮松曾榮輝曾大艮捐田三石五斗
鞦韆臺 縣北八十里

羅田縣志卷之三

秩官志

朝廷分職縣令爲親民之官昔何勛願爲劇縣不願爲臺閣謂其惠易及民也卽學官簿尉以暨武弁品秩雖異官守則同彙書其人蓋將以覘政治考得失焉志秩官

文職官

知縣

宋

吴季益湖南弋陽人　詹曾山籍未詳紹興年間任

元

達魯花赤

大德

周廣宏農人以縣治在魁山下崎嶇不便民遷官渡河至今賴之有記入名宦祠

至順

陳珂

明

洪武

唐元舉人籍未詳　石璞舉人籍未詳

宣德

王昇進士浙江紹興人居官以廉治事以謹惠政在人卓卓可傳

澤

張儀舉人山東鄒平人清介自矢勇於有爲民沐其

羅如歲貢江西南昌人

陳鼎解元廣西慶遠衛人仁恕精明案無積牘民懷

其德吏畏其明

王恕舉人江西廬陵人　段容監生籍未詳

正統

麗敬舉人浙江嘉興人蒞政嚴明律己廉介祀名宦祠見通志

成化

張暹雲南人

徐泰字士亨改字大同世爲江陰巨族舉解元試御史事補知羅田縣以才能擢荆門州守見李東陽懷麓堂集其

政績最著於羅者創便民倉以備凶荒於巴河置漕倉以便水運豪右欺隱田糧六百餘石窮民賠累乃據糧丈田宿弊盡露陞遷之日百姓攀轅祀名宦祠見一統志

余洪安徽六安人操守無私判訟平情訴疾苦者必爲區畫周詳民咸嘖嘖感激竟以直去莫不惜之

陳德成 福建長樂人

宏治

沈雷 歲貢華亭人　王璣 山東人

羅勳進士四川永州人重儒勸學丕振士風素性儉樸恒布衣綺羅者望而知愧參府志

楊琦 舉人浙江鄞縣人　康紹儒 舉人順天宛平人

正德

蕭英 舉人江西新淦人　夏雷 舉人浙江嵊縣人

殷佐 舉人山東高唐州人　章式 舉人江西臨川縣人

張愉 舉人四川南充人　周英 舉人四川忠州人

嘉靖

夏國孝 進士四川涪州人　鄒明魁 舉人四川敘賓人

勞樟舉人浙江崇德人原任萬年縣以骨鯁忤大吏遷羅田始壘石爲城懲奸抑豪左右之言莫入稱爲鐵耳無猾吏無冤民祀名宦祠

沈越 進士江南錦衣衛人　唐鯉化 舉人福建閩縣人

祝翊舉人浙江蘭溪人纂有羅田縣志八卷弁序見浙江甯波府鄞縣范氏天一閣藏書目錄

林宗桂 舉人福建閩縣人　梁士翹 舉人東海縣人

徐文炯 歲貢江蘇宜興縣人　方長卿 舉人浙江餘杭人

張廷器 舉人福建閩縣人　余懷善 歲貢象山人

朱艮用 舉人廣德人

隆慶

蔡鋭 歲貢泰興人　梁大皞 籍未詳

凌嗣音進士浙江烏程人潔己愛民有趙清獻遺意見獄囚多斃改建於治東乃無沈冤民懷其德建祠以祀之

萬歷

張三畏 歲貢獲鹿人　葉于僉 舉人福建閩縣人

莊量 舉人福建人　王燾 籍未詳

姚孟昭舉人浙江慈谿人　徐言舉人句容人

芮聰籍未詳　王邦翰舉人陝西高陵人

張世維舉人海門州人

李一陽舉人歸安人性純孝好學公餘猶手一編登臨山水每留題亭閣選邑子弟有文行者讀書内署多所造就

袁應龍拔貢江西餘干人才優經濟心乎恤民編條銀立徭單以稽出入民咸稱便

范世楨直隸靖江人　凌存彝籍未詳有惠政入六賢祠

天啟

倪景豫浙江鄞縣人歷任五年學校聿新百廢俱舉自顏其堂曰實心實政乃自況也嘗建鳴鳳堂作歌勒石以紀其事後陞任去邑人以祠祀呈請道憲允之批有景豫慈祥清白冠冕一時撫綏山城其心更苦宜人心愛戴數語蓋由平時居官勤慎不喜沽名故為大府所推重如此云

崇禎

張其舉歲貢廣西人　楊見龍舉人廣東人

梁志仁南京人保定侯銘之裔也萬歷末年舉於鄉崇禎六年授衡陽知縣調羅田賊大擾湖廣志仁日夕儆備羅汝才謂左右曰羅田城小易克然梁君長者吾不忍加兵俟其去當取之會邑豪江猶龍與賊通志仁捕下獄猶龍知必死潛導汝才別校來攻八年二月猝攻城志仁急偕典史單思仁教諭吳鳳來訓導盧大受督民守禦城陷志仁持長矛巷戰殺六賊力屈被執叱使跪志仁罵曰我天子命官肯屈膝賊輩耶賊怒碎其支體焚之妻唐氏被逼大罵奪賊刀不得口齧賊手遂遇害思仁等亦不屈死汝才在英山聞之馳至羅田斬其別校曰奈何擅害長者以錦繡斂其夫婦屍事聞詔贈志仁蘄州知州思仁羅田主簿鳳來國子助教大受學錄蔭子祭葬有差見明史

國朝乾隆年間追卹前朝死難諸臣
賜謚烈愍

白乃忠字邇事舉人四川江津人崇禎乙亥二月四日流寇陷城前任梁侯死之民逋竄邑里為墟公以

六月二十八日單騎到任招集流亡謀於衆曰吾奉
命守斯土守禦之法不可不講急爲築城計請於朝
得一年之賦集里長二百五十戸分段興修水旱二
城募壯丁爲義勇分七營一里兵營二東義營三南
義營四智營五勇營六遊兵營七師中營造信礮數
十鳥鎗數百貯各營以備用冦退則商安於市農安
於野冦至則丁壯雲集歸於各營且守且禦法極精
詳命諸生王固統監各營義勇以大義激厲衆志成
城屹然爲蘄黃保障賊來卽率七營勇禦之躬冒矢
石摧鋒陷陣毎斬其魁用正用奇凡十餘戰無不捷

民獲安堵在任五年謙恭和易才兼文武内修外禦
四應從容邑舊志燼於兵火猶於戎馬倥偬時重修
輯之功在一邑澤在人心至今歌思不忘 參舊志

劉燧四川經縣人事毋孝值歲饑民散以逋賦無徵
坐免當事者知其寃具疏力辨得全

沈壽嶽 舉人宣城人　汪洋識 歲貢廣西人

國朝

順治

白廷芳 歲貢山東人　胡應徵 進士三河人

李雨霑山東泰安人己丑進士時冦盗甫熄巷無居
人百務俱廢公多方招撫修城禦冦教民墾田復本
業明季宿弊一以掃剔丁賦田糧不許栽派飛詭立
由單便民完納催科止用里長汰押差革陋規休養
有年卽興學立教論文重經義取士先品行任六年
以賢能陞福州知府又陞肅州道祀名宦祠

呂鳴和副榜北直人仁慈善下不矜己長勤政剔弊
徵收立自封投櫃法不假手吏胥火耗一概革除不
以鞭撲催科人爭輸納能詩工書時稱雙絶祀名宦

祠

婁泰恩貢冀州人性慈祥渾樸蒞任九年人被其澤

康熙

王政資 進士福建莆田人　蔡嗣襄 舉人福建人

王光鼎廕生遼東人癸丑任儉約明決爲廉能吏最
單騎蒞任值荆岳用兵軍需嚴急悉傾槖代民科間
閻無擾發粟救荒有賑饑圖討賊鄰境有平冦圖徵
收有餉捕緝有方教養兼舉崇正黜奸民愛如父母

畏若嚴師有爲歌義州行者陞嚴州知府祀名宦祠

林甲春舉人福建莆田人閩中巨族賑困卹窮民歌樂只君子振興文教鼓勵士風洵不愧父母師保後擢鴻臚寺丞 壬戌任

金世楨貢生奉天人有幹濟才邑無廢事除編審積弊行丁隨糧派法民困以蘇歲饑設法募賑存活無算好讀書工詩字政平訟理口碑載道

姚士基舉人桐城人修大堂遷學宮於治西著不可録以訓飭士子教民力農桑崇儉樸敦風俗卒於任所

沈廷楨貢生鑲白旗人發奸不苛剔弊非激吏畏民懷捐俸建義學置倉基施義園公餘臨山水亭榭稱觴發詠雅有鳴琴風度卽其精針法立起沈疴亦仁術一端也不次之擢人皆喜之 癸未任

劉芳遠進士江西崇仁人誠心愛民不爲利誘有奸徒妄指殷實之家誣以非法公燭其奸邑人歎服以爲神君

朱理昌舉人山東卽墨人存心愷悌立政和平

張琳生員鑲紅旗人年未弱冠卽登仕版性好學以邑號易治日與士民相安無事前志自明末臼公重修後八十餘年乃網羅放失續輯爲若干卷 癸巳任

雍正

余執中舉人山東人廉潔自矢聽斷無私

劉宏雋監生正黃旗人 己酉任

金珻貢生廣順人俊敏有才幹事無大小一投卽判未嘗留獄

乾隆

張正品舉人天台人 元年署

彭朝佐舉人溧陽人以哀矜爲念不輕用刑每值徵收秋糧親坐厫口令花戶執攩平量正粿外不浮收一粒嘗謂英霍麻城黃安諸鄰邑米俱改折羅地僻民窮山路崎嶇轉運最苦深爲軫念將爲詳請改折邑人歡呼以去任未果其兩袖清風父老無不傳頌 元年任

丁翊壽 失考 三年任

施宗遠舉人平湖人 六年任

王培仁舉人安福人 八年任

王瑩中進士深澤人 九年任

馮孫龍舉人仁和人十二年任　孟　炳鑲紅旗人漢軍十七年任
蔣熊之進士江南陽湖人文章工麗雅重儒林治民
事勤恪十九年任
王晛進士河南汝州人剛決果斷善治獄發奸擿伏
如神盜賊屛息老於文律加意士風改建學宮於治
東立塔山書院延師教授時自督課口講指畫如嚴
師下車數載清風凛凛邑境肅然以調繁去二十年任
陸學泌監生江蘇吳縣人三十年任
王鴻典舉人直隸雄縣人優禮文士勤恤民隱聽訟

立斷皆中情理無不輸服值山水衝城壞民廬舍捐
俸以給貧者任三月去送者遮道三十二年任
左世瑯監生江南桐城人用刑平恕囹圄屢空工詩
雅愛文人尤喜作育寒士應試艱於費者贈以資在
任六年安靜不擾有古循良風三十二年任
承慶舉人正黃旗人精明渾厚寬政愛民不輕喜怒
陞任府道又任御史三十七年任
王　湘舉人江蘇常熟人三十八年署
陳士鳳進士雲南河陽人與人寬平不立崖岸文章

爾雅工詩關風教者輒咏歌以表之三十九年任
劉承華湖南益陽人四十五年任
徐昱舉人江蘇金谿人才識通敏因應無方喜接文
士多被優禮四十七年署
張元英舉人陝西膚施人事親孝待人誠聽政一準
天理人情鮮有不當修葺學宮振興文教立書院課
生童奬勵寒士兩次捐俸爲鄉塲助籌置興賢庄田
二百餘石區畫甫就調任去四十七年任
楊　界正黃旗漢軍人五十二年署　楊開鏡監生陽湖人五十三年署

姜廷銘教習山西保德州人才能卓越愛民如子重
修邑志博採遺文置興賢庄以資賓興公餘喜與邑
士論文工詩畫書宗大蘇迄今猶有珍藏者五十四年任
嘉慶
馬士俊四年任　侯賜樂六年任
劉澤清舉人浙江人七年任　陳本禮舉人武陵人十年任十二年調京山
李廷靄舉人山東人十三年署　陳本禮十四年回任
方椿森舉人安徽桐城人十七年任　張開雲舉人河南人十八年署
竇毓俊舉人雲南人涖治精勤尤留意人才時深作

養邑書院偪陋考棚未建乃擇地創修區畫初定陞任去 十九年任

趙鵬翔進士浙江人寬厚精明曲體民隱時議修書院考棚着意運籌每課士面命耳提文風愈盛 二十年任

蔣祖暄 二十四年署　周鳴鸞 長沙人二十五年署

道光

張廷琳 舉人湖南人三年署

楊彪拔貢舉孝廉方正陝西人綜理精確尤力興文教勸捐修書院考棚工未竣改任去 四年任

耿湄玉舉人山東昌邑人居心慈祥臨民寬厚書院考棚工甫就殷勤課士每題擬作爲諸生式 八年任

趙振清進士陝西人明達庶政民情歡洽每出道旁爭以紅布纏輿書院考棚告竣勸捐膏火又詳請上憲撥本邑廟田歸義學培植人材有尹翁歸遺風焉 十二年署

孫　湄 監生浙江山陰人十五年任　李湘甲 戊戌進士湖南湘潭人十九年署

王汝彤 監生河南信陽人二十年任　許賡藻 壬午舉人浙江人二十二年署

王同治字藻生己丑進士浙江海寧人寬厚和雅博

學能文最喜培植士類成就甚夥 二十三年任

咸豐

彭惠疇 戊戌進士江西新昌人二年任

彭仲芳字杏村廣東化州人道光壬辰舉人大挑一等巖氣正性智畧過人剔弊除奸恩威並用時值武昌失守環羅皆賊公練勇堵禦知人善任累攻克蘄水英山太湖等處偉績冠時其殉難忠節具公行狀 三年任

彭惠疇 五年署　林　基 拔貢山東歷城人六年任

彭應鯉字禹門化州人卽仲芳子上憲以其才能果決熟悉練務令攝羅篆公克承父志撫綏堵剿與士民一心後陞任蘄州安徽方伯李孟羣旌南太守朱啟仁均贈以詩 載藝文

崔蘭馨 監生直隸南宮人七年署　潘亮功 乙亥舉人廣東番禺人九年任

同治

何蕙馨 生員河南息縣人元年署　王臣弼 監生江蘇太倉州人二年任

吳鳳笙 監生江西義寧人四年任五年署補闕　陳汝松 監生浙江山陰人五年署

吳鳳笙 六年復任　蔡炳榮 監生浙江德清縣人九年署

管貽葵監生江蘇陽湖縣人十年任

教諭

元

大德

廖王佐

至順

蔣翹之舉人江西廬陵人

明

洪武

曾嘉勉舉人江西廬陵人　何明浙江人

錢休舉人象山人

宣德

章瓊廣東欽州人博聞廣記諸生質疑問難皆立爲講解且曰文藝末也士人惟植品爲先咸信從之陞湖州司馬

陳璉舉人江西南昌人持己謙恭與人易直潛心理學解說經書瞭如指掌陝西鄉試應聘入闈所得皆名士任九年陞鎮江府別駕祀名宦祠

陳瓚舉人淮安人學問淵博著作等身立教不拘一科寬嚴得體學憲愛其才薦陞崇義縣令祀名宦祠

陳訪舉人直隸桐陵人

宏治

崔見賢歲貢揚州人　徐衢歲貢浙江餘姚人

正德

曾嘉厲舉人江西太和人舊志一作慶嘉

陶清臣選拔浙江泰順人意象雍容和氣滿座士皆樂於親炙捐俸建學舍分給廩餼宿弊盡除

楊鑾舉人浙江秀水人　蔡元偉舉人福建晉江人

鄧山歲貢桐梁人

嘉靖

李明言歲貢揭陽人　黃德裕舉人浮梁人

熊炯舉人桂林人　徐瑞歲貢龍遊人

隆慶

許寅歲貢曲江人　蔣學成舉人桂平人

陸夢豸

萬歷

吳繼武歲貢井陘人　饒思鄒歲貢新淦人
蕭懋功歲貢江夏人　錢文昇歲貢
劉　儔　蕭應鳳彝陵人
張克魯歲貢河南人　唐艮機宿松本府志舊志作艮撰
程光裕歲貢江夏人　胡天定貢生巴陵人
吳國泰貢生池州人
程三樂舉人合江人好善不倦尤樂以善及人自製
聯云做得箇好人心靜身安魂夢穩行些子善事天
知人敬鬼神欽
周迪解元莆田人教諸生婉而摯不以利重不以貧
疏陞翰林院待詔
楊　箹瀘溪人　蕭　貢岳州人
黃甲士
天啓
鍾明朝貢生浙江人
崇禎
鄭之鱗貢生揚州人　譚光先舉人武陵人
吳鳳來舉人福建人崇禎末流寇陷城不屈死祀名

宦祠見通志詔贈國子監助教祭葬有差事詳邑令梁志仁本傳
金道合貢生潛山人　李占輿貢生嘉魚人
國朝
順治
吳念祖舉人大冶人甘淡泊力學敦倫性直行方凜
然師道
吳緒揚歲貢鄖陽人才識過人持守堅確咸稱其果
毅陞上虞縣丞
袁一鏡
康熙
喬士魁歲貢巴陵人
吳大成舉人江夏人性孝詩文擅長諸生有品行者
力爲推獎學校之風日上
李佩歲貢荆門州人學養深邃氣度渾雅教子莊嚴
待人樸直
張佐瑞例貢漢陽人　夏尚忠歲貢江夏人
程大肇歲貢孝感人慷慨有氣節精制藝道範尊嚴
力持世道人心非特立者不敢近

戴俊貢生監利人學問深醕舉止嚴肅捐俸建黌牆教士懇切奬進少俊尤多

謝耕雲例貢沔陽人初到署卽殷勤課士成就者甚多

張坦含

雍正

周璽舉人江陵人乙巳任學優才富諸生資其教育感佩不忘

乾隆

李　适舉人沔陽州人三年任

李作朋副貢當陽人性澹泊渾厚咸稱爲溫溫君子八年任

劉崇文歲貢江夏人　熊士皐荆州人

寇　軫鄖陽人　向　治歸州人

唐鍾甲恩貢通州人二十四年任　龍　鎬拔貢江夏人三十五年任

程文衡拔貢孝感人四十二年任

張增健副貢天門人老成醕謹接人以直制藝詩文爲後學式督修學宮課士指授甚詳四十九年任

蕭學晉副貢孝感人三十五年任　孫　荔

嘉慶

蕭業成拔貢鄖陽人

道光

陳學洛拔貢安陸人九年任　諶祖璉二十一年任

彭兆珂拔貢潛江人二十三年任

咸豐

汪登瀛舉人元年任　陳中欽附貢武昌人二年署

吳長春附貢漢陽人三年任四年告養開缺　楊一鼇舉人安陸人七年任

朱琢章附貢武昌人九年署　吳長春九年復任

訓導

明

宣德

丁思孔

正統

李勉歲貢盧陵人剛正自守不阿權貴士之有氣骨者皆宗之

胡學儉歲貢太和人　李　鑑歲貢山東人

天順

葉　春潁州人　　吳承宗歲貢莆田人

袁　英歲貢常熟人

成化

石彬歲貢浙江天台人性嚴重言笑不苟才高學博教士有方座右皆箴銘務令身體力行

陳　誌歲貢浙江永嘉人

張佑歲貢河南固始人舉止端嚴課士勤敏諸生皆喜得師

姚　瓚歲貢鄧州人

宏治

韓　鐵歲貢桐城人　　趙廷佐舉人桂林中衛

正德

鄧穆歲貢吉水人博覽羣書課士嚴於去取臨財不苟

馬　順歲貢四川定遠人　　郭愈華歲貢江西龍南人

孫本淑歲貢四川璧山人　　洪　烱歲貢歙縣人

嘉靖

黃彥珠歲貢邛州人　　蔡　方歲貢邛州人

石　煥歲貢甯州人　　王倘儒歲貢四川人

黃　深歲貢信陽人　　方可成歲貢湇安人

王文寶歲貢德平人　王德民歲貢貴州人　　張　翊歲貢雲南人

隆慶

劉　實歲貢　　狄　巡歲貢山陽人

萬歷

冉三元萬縣人　　黃　恒歲貢倉山人

王重民歲貢南康人　　金　閣

王鳴鳳　　馬應龍穀城人

徐　恬巴東人　　韓養量山西人

冷逢選南漳人　　張　濂四川人

嚴惟懇歲貢孝感人課士教子俱有典型士人咸沐其化

朱　廣南雄人　　李時春辰溪人

張謙亨江陵人　　烏應元襄陽人

鄭餘慶當陽人　　吳翰東廣東人

張守心唐縣人　　傅宗夔雲南人

天啟

牛化質彰德人本府志舊志一作光質

崇禎

盧大受寶慶人崇禎末流寇陷城死之祀名宦祠詔贈國子監學錄祭葬有差事詳邑令梁志仁傳

吳時俊雲南彌勒州人有氣節不畏强禦崇禎時送生童郡試回縣至江家山遇寇死

李鯤騰陝西人重名義維世教師道自任值土匪倡亂令長子宰義兵進剿被殺遂以憂卒

歐陽煌潛江人世亂不變其節啟迪後儒無愧師道

李楷山西人

國朝

順治

陳修漢川人

康熙

胡士魁沔陽人　向宗可歲貢荆門州人

何孔義歲貢漢陽人

張若曰歲貢荆州人整躬率物師範巖巖

萬鍾粟歲貢平溪衛人重葺學宮廉謹不喜苞苴

王宏勳歲貢梨平人持身端謹嚴於課士文風丕振

劉祈年歲貢江陵人忠厚長者與人不欺人亦不忍欺

楊九錫歲貢崇陽人　殷維哲歲貢巴東人

雍正

陳燦歲貢遠安人　黄椿歲貢崇陽人

乾隆

許成珂歲貢荆門州人元年任視師生如一體士皆

樂之

黄士相歲貢竹谿人七年任

尤延祚歲貢竹谿人十年任性坦率不飾儀容諸生丁艱者矜恤之概蠲其贄

彭大本拔貢江夏人十三年任　王文健歲貢長陽人十九年任

萬載常歲貢雲夢人二十六年任古道自處操守清介士皆德之

王典貢生竹谿人三十三年任廉介質直不妄取不阿私

鄧元才 貢生宜都人三十六年任　褚　華 舉人麻城人三十九年任

嘉慶

梁　玳 歲貢襄陽人　羅有璉

道光

孫鍾琇舉人崇陽人二年任溫厚和平學優養邃著有耕心堂制藝人傳誦之

陸步奎 舉人江夏人二十年任

咸豐

向　煦 貢生沔陽人元年任　陳中欽 二年署

姚廷儒 附貢漢陽人三年任　李丙成 歲貢應山人七年任

李承揆 舉人隨州人八年任

主簿

宋

義興

元

大德

可立　吉思

明

洪武

田道貴州石阡人卓有才幹佐政無遺議嘗攝麻城廣濟縣篆事竣送行者遮道

郤　宜

宣德

汪　鵬

陸敏烏程人廉威勤敏嘗謂官無大小務在稱職彼變素心者爲家口累耳獨居冷署不急催科亦不失官守巡按王公見而嘆曰各屬主簿無如陸敏者任

五載致仕祀名宦祠

淡　觀

正統

譚天祿　翁　勉 監生浙江人

天順

張時瑞 雲南人

成化

胡　紳 監生陝西人　崔　瓘 監生

宏治

齊錕河南臨漳人性淡泊渾樸不欺人任事敏捷曾
署蘄水縣事胥吏不敢爲奸祀名宦祠
嘉靖
李鑴雲南大理人涖任不攜妻孥甘淡泊時値賦役
繁興不妄施鞭撲公餘揮琴咏詩居然名士會例應
朝覲郡縣先期啟行公檄獨後至民皆憂其無備乃
卽日匹馬就道無所顧慮卒於京祀名宦祠 參府志
冉　珣 四川人　邱　燧 鄞縣人
鄭　楷　張體有

羅田縣志　卷之三　秩官　三十五

桂汝明　唐汝璧
萬歷
甯東海
溫尙禮浙江烏程人以主簿署縣事奉法循理取與
不苟訟獄無冤
倪子恬　卜居豐 莆田人
劉應鶴　孫一元 六安人
王應先 六安人　陳用庠 峽江人
夏之霈 上海人　周德友 南昌人

楊可標 晉江人　張應期 丹徒人
林啟鶴 福建莆田人
崇禎
周有德
國朝
順治
涂　彬 任三月奉裁卒於任葬羅田城西厲壇山陽
巡檢設多雲鎭舊志宋元明未詳　國朝康熙始
國朝

羅田縣志　卷之三　秩官　三十六

康熙
項之芹 徽州人　孫　蘭 宛平人
周之楨 浙江紹興人　金　鎭 揚州人
徐廷佐 南昌人　楊永熊 揚州人
錢廷棟 杭州人　何肇魁 順天武強人 庚子任
雍正
張　廉 大原府人 戊申任
乾隆
鮑梓昇 江南青陽人 三年任　李茂才 四川儀隴人 十七年任

張中權浙江蕭山人二十二年任　王文琰山西絳州人二十六年任
王　燾會稽人三十年任　趙廷鈺會稽人四十一年任
嘉慶
賞汝元三年任　栁逢春丹徒人十八年任
道光
錢　垓浙江嘉善人四年任　周恒福直隸大興人八年署
李玉華河南涉縣人九年任　王慶瀛浙江錢塘人十五年署
莊　鎬江蘇武進人十六年任　任信培浙江錢塘人二十二年署
梁玉淦廣東順德人二十二年任　黃　基山西人二十九年署

咸豐
趙恩溥浙江仁和人元年任　譚祖蔭江西南豐人二年署
顏培成廣東嘉應州人九年任　張　樂湖南華容人十年署
同治
陳華孫浙江人二年署　孫載欽浙江人三年署
李承祚山西人五年署　吳紫光雲南人六年署
王勛仁桐城人六年任　楊元復江西人七年署
王樹義直隸人八年署　王丕基江南陝州人八年署
曾傳桂湖南善化人八年署　王　權江蘇人八年署

鞠友蘭四川墊江人十年任　馬士棨山東臨邑人十二年署
周濂清陝西石泉人十三年任

典史

宋
史季瞻　吳仁傑
元
大德
鄔世榮
明

洪武
虞　俊吏員山東淄川人有傳　葉　琳
宣德
溫　仁　逯　聰
蔣　昇
正統
李　唐　王宏道天順年
成化
何　曜

宏治

王燝　程勉河南人

正德

梁翼四川巴縣人　彭仕寅福清人

嘉靖

張磐　陶于沂

劉僎　陳以政

方乘雲

萬歷

顧應文　屠名揚浙江人

馮堯臣　陳芳裔

莊世恩莆田人　梁時敏直隸人

崇禎

單思仁籍未詳崇禎末流寇陷城死之詔贈羅田主簿祭葬有差詳見邑令梁志仁本傳

孟國榮江西人

國朝

順治

徐明貞浙江人甘清苦勤於捕緝無私曲事毋以孝聞

康熙

俞從先浙江人　陳從禮會稽人

陸錫綬雲南人老成練達官不失職後遂入籍

何邦榮浙江人　邵廷榮紹興人

李蕙直隸人　吳思泳通州人

葉采江南人遵守法令治事不擾

雍正

商世業大興人　沈光國順天人

乾隆

朱宏仁清平衛人四年任　沈學周大興人八年任

沈廷楨大興人二十三年任

於永隆佐治循理不紛更隨事寬厚二十六年任

楊越山陰人三十五年任　韓皓廣東人四十一年任

汪師孟監生吳縣人五十六年任

嘉慶

陳旭三年任　胡鼎十年任

戴均恩　徐煌

王文杰

道光

盧繩祖五年任　周錦源十五年任

杜憲曾浙江人二十年任

咸豐

廖登元三年任　韓匡國山西人六年任

劉鼎鑫七年署　顏培成七年任

馬嘽吉山東人九年任

同治

張煜涿州人三年任　吳紫光雲南人四年任

曾傳桂湖南人六年任

武職官

明守將

郭金城四川人崇禎末提兵五百為羅守將賊逼城率所部大戰斬賊首百餘追至英山休州畈賊大集困三日突圍不得出被執勸降不屈遂遇害祀名宦祠見明史忠義傳本舊志

按明史載郭金城為守舊志載都司李懋功領兵追賊餘悉無考

國初武弁分駐原無定員洎後設經制外委復設千總駐防武職始定

外委

國朝

余士進　翁際盛後陞千總

顏上瑄　吳士俊

萬祐　熊見龍

張封侯　胡得仲

趙治國　曾煌

黃之璉　陳臨

張文年　徐鳴盛

楊金陞　施士龍

李正太　胡得用

嘉慶

王加祿

道光

傅玉成　萬世清

周鵬翥　王登朝

黄世璋後陞千總

劉廷建蘄水人氣度和靄勇敢有爲咸豐四年隨縣令彭仲芳督辦團防屢立戰功五年八月帶勇剿賊在蘄水關口陣亡

咸豐

徐兆達黄岡人氣度雍和有儒者風咸豐四年帶勇禦賊深得勇心每臨陣身先破敵故所向披靡後陞

鄖陽守備

滿登榜　王登甲

同治

賽士俊漢陽人　陳百全鄖陽人

龔金元蘄州人

千總乾隆十八年添設多雲鎮

翁際盛黄岡人由把總陞　傅鼎和興國人

趙天閑大冶人　王之鴻蘄水人

余士選黄岡人　黄之璉黄岡人

石光泰蘄州人　葛正新江夏人

李正太安陸人　蔡國保江夏人

彭登甲潛江人　余寶達蘄州人

李定愷　方用觀

鄭艮玉黄岡人　杜宗連黄岡人

魯陽春蘄州　黄明達

周任福黄岡人　周鵬舉

黄世璋　龔召榮

譚榮名施南府人　鍾文才竹谿人

呂紹珠黄岡人　呂森黄陂人

陳雲會黄陂人　劉廷建蘄水人前任把總有傳

吴必昌通山人同治二年任僧塔汛千總慷慨有大志三年賊踞邑境邑令王臣弼退保多雲鎮招集潰勇規復縣治公亦率所部偕王令進攻屢獲勝仗七月公大舉攻賊戰於治北十里之兩河口陣斬悍賊數名適馬蹶被擒不屈死之

徐兆達黄岡人前任把總　顧得勝襄陽府人

哈映榮江夏人

羅田縣志卷之四

政典志上

民賦

夏后氏則壤成賦而不言役周以九賦斂財役則掌於司徒賦役之法始定禹貢載揚之賦下上荆之賦上下羅界荆揚間賦役輕重此殆其權輿歟漢唐後田更名口並立租庸調諸目制非不善然征役煩而民未免於困若夫定丁賦減田租相時制宜隨地改折蠲䘏之詔屢頒積儲之政日備未有如

聖朝之度越古今者志賦役

戶口

舊志原載戶五千九百戶

口八萬陸千二百九十口

續增戶三萬一千三百七戶

口一十七萬七千六百一十六口

原額丁四千五百三十八丁每丁並加增等項共派銀三錢五分三釐二毫九忽七微四塵四纖四渺應徵銀一千六百二兩八錢六分五釐八毫一絲九忽七微四塵一纖一渺內康熙四年豁免運夫人丁三十丁豁除丁銀一十兩五錢九分六釐二毫九絲二忽三微三塵二纖

實在人丁計四千五百八丁實徵銀一千五百九十二兩二錢六分九釐五毫二絲七忽四微九纖一渺

康熙二十五年編審額外增益人丁五丁派增丁銀一兩七錢六分六釐四絲八忽七微二塵二纖

康熙三十年編審額外增益人丁三丁派增丁銀一兩五分九釐六毫二絲九忽二微三塵三纖二渺

康熙四十五年編審額外增益人丁三丁派增丁銀一兩五分九釐六毫二絲九忽二微三塵三纖二渺

康熙五十年編審額外增益人丁二丁派增丁銀七錢六釐四毫一絲九忽四微八塵八纖八渺

以上額內額外人丁共四千五百二十一丁共實徵丁銀一千五百九十六兩八錢六分一釐二毫五絲四忽八塵六纖三渺

遵奉

恩詔以康熙五十五年丁冊永定爲常額雍正六年彙同不

在額徵以內之優免丁銀四十一兩五錢七分六毫六絲九忽三微連額徵共銀一千六百三十八兩四錢三分一釐九毫二絲三忽三微八塵六纖三渺於

詳請丁隨糧派等事案內蒙

前督部堂邁

前撫部院馬會同

題准

部文自雍正七年爲始歸入閤省糧銀均攤帶徵每糧銀一兩派徵丁銀一錢二分九釐六毫四絲九忽

七微二塵三纖三漠九茫六沙四灰六漂七銖四溟九燼以本縣實徵糧銀扣算共該銀一千四百五十八兩三分八釐八毫三絲一忽六塵六纖九渺五漠一茫六沙三灰計減原徵丁銀一百八十兩三錢九分三釐九絲二忽二微一塵九纖三渺四漠八茫三沙七灰

康熙五十五年編審增益滋生人丁七十丁

康熙六十年編審增益滋生人丁六十六丁

雍正四年編審增益滋生人丁二十五丁

雍正九年編審增益滋生人丁二十八丁

乾隆元年編審增益滋生人丁三十五丁

乾隆六年編審增益滋生人丁四十八丁

乾隆十一年編審增益滋生人丁四十二丁

乾隆十六年編審增益滋生人丁四十八丁

乾隆二十一年編審增益滋生人丁五十二丁

乾隆二十六年編審增益滋生人丁五十三丁

乾隆三十一年編審增益滋生人丁五十八丁

十一届共增益滋生人丁五百二十五丁欽奉

恩詔永不加賦

五年編審人丁一次於乾隆三十七年七月內奉准

通政司咨乾隆三十七年六月內閣抄出奉

上諭五年編審不過沿襲虛文無裨實政嗣後編審之例永行停止又於乾隆三十六年届當五年編審適奉文

停止造報新墾糧銀應攤丁銀奉准

戶部咨覆隨年攤徵嗣奉

上諭丁糧一事仍襲其舊復經詳請咨准

部覆湖北民賦新墾地畝應攤丁銀係按照糧科則

派算歸於五年編審具題其題報五年編審人丁之
例既已停止似可毋庸專案具題至攤派丁銀欽奉
諭旨悉仍其舊亦應仍以五年一次彙造攤徵丁冊隨同奏
銷送部以備查核
附知縣金世楨通詳 康熙三十五年六月初十日
爲請除編丁積習之弊永著照糧均派之法再詳憲
定以甦民困以垂永遠事據本縣士民呈請以前事
等情到案卑縣看得編審人丁五年一舉以之稽查
戶口添除老壯見

聖朝愛養蕃息之至而丁糧卽從此起夫率土雖廣不外
丁照人當丁由糧派二法盡之然丁從人編其中積
弊不可勝窮而羅邑尤甚如戶首開報作弊以一人
而此圖列其名彼甲列其號兩處輸糧謂之重丁如
家無立錐子然一身與戶首有隙暗載其名及至追
比萬難完納謂之寡丁如身既承丁初無田産可納
丁糧忽然潛遁謂之逃丁如年已垂暮及尙未成丁
者得罪戶首暗報其名又謂之白肉栽丁四者之弊
每圖不下數十名徵收丁糧紛紛哀愬比時卑職到
任未及半載適値編審之年目擊其艱是以於康熙
三十年閏七月十三日以編丁之積獘難除等事詳
請照糧均派具詳前藩憲及本府已蒙憲批妥議又
於本年二月十七日援麻城蘄水二縣照式編審復
詳本府蒙批仰候彙核詳奪繳在案隨於編審完日
具報冊據五年以來既無重丁寡丁逃丁栽丁之累
又免吏胥差拘官比之煩隨米徵收無多拖欠法亦
可謂有便於民矣夫有便於窮民自不能便於富室
今若復循丁照人編之例卑職以爲必大不協於輿
情乃遍示三鄉公同酌議不數日而窮黎環庭哀籲

日不下數百人皆以丁照糧派爲詞卑職揆厥編審
一案在羅邑若丁照人當其獘有五丁從糧派其便
有五不得不臚列陳之羅處萬山之中人居星散每
逢編審之期勢不得不由戶首開報其間隱富開貧
匿多報少老者不除壯者不入戶冊尙未到官彼巳
先有成局此其獘一羅自明季兵燹以來土著之家
甚少民多從鄰邑挈妻襁子住田主之房佃田主之
地平昔不講知交臨時又之賄託報丁戶首卽報其

入及完丁不起潛歸本土以致丁糧虛懸無從追比此其弊二羅邑鄉民有身無疋米一生不入城内者本屬惸獨之人戶首欲栽以丁糧絶不通知暗詐其名臨期點審倩人影射及後差催始知當丁被害深谷愚民無可控愬泣血吸髓終難完納此其弊三羅實山陬小邑紳衿以禮自好者多亦間有恃勢阻抗者每臨編審除身不應承丁外復曰此吾伯叔兄弟也可毋報又曰此吾宗親姪男也可毋報且覆庇親戚隱匿佃人在戶首不惟不欲報且不敢報則其現

在所報可知矣此其弊四羅邑從前徵收丁糧别立一櫃另行查比至期無完紛差撲促依限責追窮民正項丁銀不能完納反滋差擾曠於農業其苦日甚舉家啼號究難辦足本年之糧此其弊五有此五弊而且戶首經吏暗地作奸指稱除丁有費升丁有費上房繳冊有費種種不法雖嚴申憲令痛加稽懲亦恐未能保其必無也至於丁從糧派則現在之糧屬何人而丁即隨之間有買賣照糧徵收而戶首開報之處絶無其權安能挾弊此便者一也產在則丁在產去則丁去有可逃之丁無可逃之產則正供不虛

國賦得實此便者二也紳衿士民概以糧起丁有產則有丁無產則無丁雖有豪强無從倖隱此便者三也丁從糧派徵糧而丁在其中不必别爲催比窮民無糧之家負薪採蕨傭工力作熙熙皞皞於

聖王之世終身不識差役此便者四也伏查前令任内丁照人當而年年錢糧必至奏銷以新掩舊自卑職到任後丁從糧起而每年錢糧俱得歲内全完此彰明較著者且丁從糧派天下居半不必遠引即現今蘄

水麻城同係黃屬皆行之何獨羅田不可效其成例此便者五也況彼有糧之家豈皆無丁之戶安知窮丁之子不作輸糧之人五年消長固難逆料設若今之紳衿殷戶果能常保其富厚抑又何惜此丁糧不

上以輸

國課下以濟桑梓哉其弊若彼其便若此較如列眉自可洞燭況以憲臺之明鑒乎在卑職照糧派丁之議豈不知與紳衿糧戶有所少抑然法垂日久自見公平且欲甦無告之苦丁除編審之積弊雖有任怨之

處不暇顧矣幸值憲台仁覆全楚凡可以軫恤民生者無利不舉無弊不除卑職仰體矢公矢慎之懷不無勢阻權撓之懼合申憲臺俯念羅邑窮民編丁受困飭查前案恩批俞允勒石以垂久遠則萬戶窮黎世頂鴻仁於不朽矣爲此備由另具書冊同申伏乞照詳施行須至申者

康熙三十五年十月二十八日奉布政司王牌開奉撫部院批允前事飭取士民遵依在案

康熙五十二年三月十八日欽奉

詔海宇承平日久戶口日繁地畝並未加廣宜施寬大之恩共享恬熙之樂其後直隸各省地方官遇編審之期察出增益人丁止將實數另造清冊奏聞其徵收錢糧但據康熙五十年丁冊定爲常額續生人丁永不加賦仍不許有司於造冊之時藉端需索用副朕休養生息之意欽此

查戶部則例載直省民丁令督撫通飭所屬各州縣查其實在民數於每歲十月內同穀數一併造冊咨部彙題若造報不實予以議處凡州縣造報每歲民數各按現行保甲門牌底冊核計彙總毋庸挨戶細查花名若藉端滋擾或有科派者參究奏報逾限查參至從前五年一次編審增益人丁造冊奏報之處永行停止等語歷經遵辦在案咸豐年間粵逆擾亂民丁徙避靡常無從查造是以停行今幸宇內肅清仍循舊例辦理查得同治十三年分三鄉

盛世滋生共計三萬一千八百餘戶一十八萬七千二百餘口

土田

原額田地塘共二千七百二十四頃七十七畝四分一釐七毫

原額田二千二百四十六頃二十八畝六分五釐一毫

每畝科秋糧米四升六合共該米一萬三百三十二石九斗一升七合九勺六抄每米一石派銀七錢三分六釐六毫一絲七忽五微二塵三纖七渺共銀七千六百一十一兩四錢八釐四毫四絲三微

每畝科夏稅絲五釐三絲八忽二微三塵九纖八渺

該絲六十六斤一十五兩六錢七分六釐三毫桑絲三斤一十二兩五分七釐一毫五絲四忽原入秋糧內帶派

原額地三百五十七頃七十六畝八分四釐

每畝科秋糧米七合七勺該米二百七十五石四斗八升二合每米一石照前則例派徵共銀二百二兩九錢二分四釐八毫六絲八忽七微

每畝科夏稅大麥一合二勺五抄該大麥四十四石七斗三升折小麥二十二石三斗六升五合科小麥

三合六勺七抄五撮該麥一百三十一石四斗七升九合九勺共二麥一百五十三石八斗四升四合九勺

每石派銀五錢七分三釐九毫九絲九忽七微八塵八纖共該銀八十八兩三錢六釐九毫四絲

每畝科夏稅絲照前則例該絲一十斤一十兩六錢八分四釐二毫該桑絲九兩五錢六分五釐二毫九絲六忽入秋糧內帶派

原額塘一百二十頃七十一畝九分二釐六毫

每畝科秋糧米四升六合該米五百五十五石三斗八合六勺每米一石照前則例共銀四百九兩五分四絲六忽二微一纖五渺

每畝科夏稅絲照前則例該絲三斤九兩五錢九分二釐八毫該桑絲三兩二錢二分七釐五毫五絲原入秋糧內帶派

以上共科秋糧米一萬一千一百六十三石七斗八合五勺六抄內有免糧三百四十四石每石派銀四錢四分五釐一毫三絲二忽三微四塵八纖四渺無免糧一萬八百一十九石七斗八合五勺

六抄每石派銀七錢四分五釐八毫八絲四忽九微四塵三纖六渺內二斗以上起科官等田米一千九十石四斗二合一勺六渺一斗以上起科民米計一萬七十三石三斗六合四勺後奉例清丈不分官民一體編差額徵併加增共銀八千二百三十兩五錢八分三釐三毫五絲五忽二微一纖五渺內有班匠銀七兩二錢係乾隆二十三年奉文於奏銷冊內刪除班匠名色統歸地丁條編

數造報
夏稅二麥共一百五十三石八斗四升四合九勺每石派銀五錢七分三釐九毫九絲九忽七微八塵八纖共徵銀八十八兩三錢六釐九毫四絲
夏稅絲共八十一斤三兩九錢五分三釐三毫柔絲四斤八兩八錢五分二項俱秋糧內帶派
九釐地畝餉舊志萬歷四十六七八三年加增遼餉每秋糧一石派銀二錢二分一釐六毫四絲三忽八微五塵七纖一漠二沙該銀二千四百七十四兩三錢六分七釐四毫二絲三忽七微七塵七纖
人丁項下實徵銀數詳戶口志
以上田地塘人丁並增益人丁及九釐餉優免共銀一萬二千四百四十二兩二錢八分五釐九毫三絲四忽六微九塵六纖八渺內除豁免運夫丁銀一十兩五錢九分六釐二毫九絲二忽三微三塵二纖又除丁隨糧派等事案內闔省均攤人丁應減丁銀一百八十兩三錢九分三釐九絲一忽二微一塵九纖三渺四漠八茫三沙七灰又除優

免丁銀四十一兩五錢七分六毫六絲九忽三微
實徵銀一萬二千二百九兩七錢二分五釐八毫八絲八微四塵五纖四渺五漠一茫六沙三灰
起運
戶部項下
夏稅折色起運解南農桑絹三疋一丈九尺二寸七分五釐每疋正銀五錢五分損銀一錢五分共銀二兩五錢四分九釐八毫七絲八忽五微京損銀每兩五分該銀一錢二分七釐四毫九絲三忽九微二塵五纖
秋糧折色起運京庫米一千九十石四斗二合一勺每石折銀二錢五分該銀二百七十二兩六錢五毫二絲五忽每兩京損銀三分滴珠銀一分該銀一十兩九錢四釐二絲解費每兩九釐該銀二兩五錢五分一釐五毫
派剩太倉米三百五十七石四斗每石折銀六錢該銀二百一十四兩四錢四分每百兩京損銀一兩二錢該銀二兩五錢七分三釐二毫八絲解費每兩九

釐該銀一兩九錢五分三釐
北富戶正損共銀六兩一錢二分無閏
鹽鈔折色起運解南戶口鈔正銀四十七兩一錢一
分三釐六毫八絲三忽六微帶閏銀一兩五錢七分
四毫五絲六忽九塵解費每兩九釐該銀四錢二分
四釐
清浪倉米改抵江南戶口鈔帶閏共銀二十五兩八
錢五分一釐九毫解費每兩九釐該銀二錢三分二
釐六毫六絲三忽五微

夏稅本色起運解北黃絹六十四疋二丈九尺九寸
三分每疋正銀七錢織費二錢損銀二錢共銀七十
一兩四錢九分八釐當官買絲成造責令經手人役
解司委官搭解遇州縣官帶解不許僉累糧戶
新加北絹銀二十二兩七錢四分九釐南糧運官盤
纏銀二十一兩五錢
篩竹囤頭等銀每石派銀二分一釐六毫該銀五十
兩一錢八分一釐一毫二絲
摘裁

宗祿折色等銀一千一百四十四兩九錢九分九釐
五絲六忽二微解費四錢五分一釐三毫
茶價正費共銀二十兩一錢六分八釐九毫
官員柴薪銀四十九兩六錢
民校等銀共一百六十一兩
賦役舊編冗款銀八百七十三兩一錢六釐五毫三
絲八忽六微八塵七纖
禮部項下
秋糧起運北藥味正價銀一十五兩二錢一分五釐

六毫二絲五忽每兩京損銀四分該銀六錢八釐六
毫二絲五忽解費每兩九釐共銀一錢四分二釐四
毫
解南藥味價銀八錢八分三絲一忽二微五塵無費
工部項下
秋糧起運緞疋正銀六十兩一錢二分損銀九兩帶
閏銀一兩五錢三分四釐每兩京損銀九釐該銀六
錢二分二釐八絲解費每兩九釐該銀六錢二分七
釐七毫

例毛正銀五兩二錢三分二釐九毫每兩脚價銀九
釐該銀四分七釐一毫解費每兩九釐該銀四分七
釐五毫
清浪倉米折銀改抵瀘溪縣班鳩鈔銀一兩二錢京
損銀每兩九釐該銀一分八毫解費每兩九釐該銀
一分八毫九絲
營膳司科銀一百四十七兩八錢七分一釐每兩京
損銀九釐該銀一兩三錢三分八毫三絲九忽解費
每兩九釐該銀一兩三錢四分三釐八毫派剩辰州

軍餉米八十九石四斗每石折銀六錢該銀五十三
兩六錢四分奉文改抵辰州府屬瀘溪縣屯田司科
銀每兩京損銀九釐該銀四錢八分二釐七毫六絲
解費每兩九釐該銀四錢八分七釐一毫
清浪倉米折銀改抵瀘溪縣屯田司科銀一十三兩
一錢八分九釐八毫一絲五忽京損每兩九釐該銀
一錢一分八釐七毫八忽三微三塵六纖解費每兩
九釐該銀一錢一分九釐七毫七絲六忽七微九纖
九渺七漠

軍器銀三十八兩五錢二分五釐五毫解費每兩九
釐該銀三錢四分六釐七毫二絲九忽五微
臼硝麂皮一百四十張每張正價銀四錢京損銀二
錢共銀八十四兩解費每兩九釐該銀七錢五分六
釐如或遇折色之年每兩另派損銀九釐
胖衣褲鞋八十三副每副正銀一兩二錢水脚銀三
錢共銀一百二十四兩五錢官解領銀製造解司另
給夫馬不必加派損銀
狐狸皮正銀六兩四錢四分二釐二絲二忽京損銀

每兩九釐該銀五分七釐九毫七絲八忽解費每兩
九釐該銀五分八釐五毫
臼硝帶毛麂羔皮銀四十八兩每兩京損九釐該銀
四錢三分二釐解費每兩九釐該銀四錢三分五釐
九毫
清浪倉米改抵瀘溪縣臼硝麂皮銀三兩六錢解費
每兩九釐該銀三分二釐四毫
綾紗紙價銀八十九兩二錢三分五釐二毫一絲九
忽七微候部文到日方派不必每年帶徵

光祿寺項下

光祿寺甲丁庫供應等銀二百兩每兩京揖銀二分該銀四兩解費每兩九釐該銀一兩八錢三分六釐

新加顏料等銀二百二十四兩二錢四分二釐五毫

清浪倉米折銀改抵辰溪縣坐派光祿寺供應等銀四十七兩二錢三分五釐六毫每兩京揖銀二分該銀九錢四分四釐七毫一絲二忽解費每兩九釐該銀四錢二分五釐一毫二絲四微

戶禮工光各部寺地丁條餉及撥歸均祭餘剩共銀

八千二百九兩九錢七分六釐六毫三絲二忽二微四塵二纖八渺內除奉撥 關帝三祭及支給奉復廩糧共銀八十三兩七錢四分六釐入撥存項下開造外實額銀八千一百二十六兩二錢三分六毫三絲二忽二微四塵二纖八渺內除豁免運夫丁銀六兩七錢一分四釐四毫二絲六塵九纖八渺二漠七茫五沙又除閤省均攤應減銀數見土田項下實徵銀七千九百三十九兩一錢二分三釐一毫一絲九忽九微五塵三纖六渺二漠四茫一沙三灰

存留

撥運備支官俸役食祭祀廩糧等項原額共銀三千四百三十七兩四錢二分七釐三毫七絲四忽三微五塵五纖內分

按察司衙門書吏三十名共銀三百六十兩順治十四年裁銀一百八十兩康熙元年全裁

門子四名共銀二十八兩八錢順治十四年裁銀四兩八錢存銀二十四兩

按察司經歷俸薪銀六十三兩四錢九分順治十四

年裁銀一十八兩四錢九分存銀四十五兩

書辦一名工食銀七兩二錢順治十四年裁銀一兩二錢康熙元年全裁

門子一名工食銀七兩二錢順治十四年裁銀一兩二錢存銀六兩

皂隸四名共銀二十八兩八錢順治十四年裁銀四兩八錢存銀二十四兩

馬夫一名工食銀七兩二錢順治十四年裁銀一兩二錢存銀六兩

按察司照磨俸銀二十一兩一錢一分四釐康熙三十八年撥入起運
書辦一名工食銀七兩二錢順治十四年裁銀一兩二錢康熙元年全裁
門子一名工食銀七兩二錢順治十四年裁銀一兩二錢存銀六兩康熙三十八年撥入起運
皂隸四名共銀二十八兩八錢順治十四年裁銀四兩八錢存銀二十四兩康熙三十八年撥入起運
馬夫一名工食銀七兩二錢順治十四年裁銀一兩

二錢存銀六兩康熙三十八年撥入起運檢校
皂隸四名共銀二十八兩八錢順治十四年裁銀四兩八錢康熙五年全裁
巡道皂隸分派六名共銀四十三兩二錢順治十四年裁銀七兩二錢康熙二年全裁
學道聽事吏二名共銀一十四兩四錢順治十四年裁銀二兩四錢存銀一十二兩
鋪兵二名共銀一十四兩四錢順治十四年裁銀二兩四錢存銀一十二兩

守道鋪兵分派一名工食銀七兩二錢順治十四年裁銀一兩二錢存銀六兩
通判步快八名共銀五十七兩六錢順治九年裁銀九兩六錢存銀四十八兩
皂隸一十二名共銀八十六兩四錢順治九年裁銀一十四兩四錢存銀七十二兩
知縣俸薪銀六十三兩四錢九分順治十四年裁銀一十兩康熙十七年裁銀二十兩康熙二十六年奉文彙入起運項下造報

修宅家伙銀二十兩順治九年裁
迎送上司傘扇銀一十兩順治十四年全裁
吏書一十二名共銀一百二十九兩六錢順治九年裁銀五十七兩六錢康熙元年全裁
門子二名共銀一十四兩四錢順治九年裁銀二兩四錢存銀一十二兩
皂隸一十六名共銀一百一十五兩二錢順治九年裁銀一十九兩二錢存銀九十六兩雍正六年奉文撥給仵作一名及學習仵作一名工食銀一十二兩

皂役十四名工食銀八十四兩

馬快八名工食並草料銀一百四十四兩順治九年裁工食銀九兩六錢順治十六年裁草料銀八十六兩四錢康熙二十六年奉文彙入起運造報存工食銀四兩八錢乾隆十六年內奉文將馬快名色改爲捕役即本班工食支銀四十八兩

步快即民壯五十名共銀三百六十兩順治九年裁銀六十兩存銀三百兩係五十名支領雍正十一年奉文撥給多雲鎮巡檢民壯四名工食銀二十四兩

又奉裁二十六名工食銀一百五十六兩乾隆七年奉裁二名工食銀一十二兩解司以作加增各屬存留民壯修理器械之用存一十八名工食銀一百八兩又存留民壯於乾隆元年奉文每名每年加增修理器械銀一兩共加增銀一十八兩係在司庫各屬完解裁汰民壯工食欵內支給不在本縣額徵之內乾隆四十二年裁減一半以爲修整軍裝塘房銀九兩實給民壯銀九兩赴司請領發給

燈籠夫四名共銀二十八兩八錢順治九年裁銀四兩八錢存銀二十四兩雍正五年全裁另欵解司充餉

禁卒八名共銀五十七兩六錢順治九年裁銀九兩六錢存銀四十八兩

修理倉監銀二十兩康熙十七年全裁康熙二十六年奉文彙入起運項下造報

轎傘扇夫七名共銀五十兩四錢順治九年裁銀八兩四錢存銀四十二兩

庫書一名工食銀十二兩順治九年裁銀六兩康熙

元年全裁

倉書一名工食銀一十二兩順治九年裁銀六兩康熙元年全裁

庫子四名共銀二十八兩八錢順治九年裁銀四兩八錢存銀二十四兩

斗級四名共銀二十八兩八錢順治九年裁銀四兩八錢存銀二十四兩

教官俸銀共六十三兩四分順治十六年裁銀三十一兩五錢二分存銀三十一兩五錢二分按教諭已

奉復設此項俸銀二官各半分支
齋夫六名共銀七十二兩順治十六年裁銀三十六
兩存銀三十六兩二官各半分支
膳夫二名共銀四十兩廩生支領順治十四年裁銀
二十六兩六錢六分六釐六毫六絲六忽七微存銀
一十三兩三錢三分三釐三纖三忽三微
門斗五名共銀三十六兩順治十六年裁銀一十四
兩四錢又補裁銀七兩二錢存銀一十四兩四錢
學書一名銀七兩二錢康熙元年全裁

喂馬草料每匹該銀一十二兩共銀二十四兩順治
十六年裁銀一十二兩康熙十七年裁銀一十二兩
康熙二十六年奉文彙入起運項下造報
多雲鎮巡檢俸銀三十一兩五錢二分
書辦一名工食銀七兩二錢順治九年裁銀一兩二
錢康熙元年全裁
皂隸二名工食銀一十四兩四錢順治九年裁銀二
兩四錢存銀一十二兩
典史俸銀三十一兩五錢二分

門子一名工食銀七兩二錢順治九年裁銀一兩二
錢存銀六兩
皂隸四名共銀二十八兩八錢順治九年裁銀四兩
八錢存銀二十四兩
馬夫一名工食銀七兩二錢順治九年裁銀一兩二
錢存銀六兩
撥運
撥時憲書銀七兩四錢一分一釐一毫八絲
解費銀六分六釐七毫六微二塵

科舉銀二十兩二錢七分五釐康熙十七年裁銀十
兩一錢三分七釐五毫康熙二十六年奉文彙入起
運項下造報存銀一十兩一錢三分七釐五毫
解費銀一錢八分二釐四毫七絲五忽康熙十七年
裁銀九分一釐二毫三絲七忽五微康熙二十六年
奉文彙入起運項下造報存銀九分一釐二毫三絲
七忽五微
原派清浪倉米改抵辰溪縣坐派布政司裱夫銀一
兩二錢順治十四年奉裁銀六錢存銀六錢乾隆十

八年奉文停止另欵解司充餉
按察司裱夫銀七兩九錢順治十四年裁銀三兩九錢五分存銀三兩九錢五分乾隆十八年奉文停止另欵解司充餉
脚馬解費銀八錢六分六釐五毫
均徭各鋪司兵徭編一十六名共銀六十六兩八分三釐三毫每名原額正閏銀四兩一錢三分
永充二十一名銀三十七兩八錢每名原額正閏銀一兩八錢共銀一百三兩八錢八分三釐三毫

後列弓兵備用撥補共銀二百六十六兩四錢以三十七名均攤每名支銀七兩二錢此係舊志所載兩款併計尚不敷銀五十二兩一錢二分七釐七毫五絲從何撥補年遠失考其坐落鋪司處所屢有更張亦與舊志所載不同今就現在坐落處所名次纂修另詳鋪遞門
接遞公文渡夫一名工食銀六兩帶閏銀一錢給蘄水縣巴河鎮順治十四年裁銀三兩五分存銀三兩五分
多雲鎮弓兵徭編銀四十三兩每名銀五兩帶閏銀八分三釐三毫永充四名每名正閏銀五錢四分九釐共銀二百二十兩七錢七分七釐九毫順治十四年裁銀一百一十兩三錢八分八釐九毫五絲奉文撥補鋪兵工食存銀一百一十兩三錢八分八釐九毫五絲

祭祀雜支

修理

龍亭儀仗銀二兩康熙十七年全裁康熙二十六年奉文彙入起運項下造報

文廟二祭共銀四十兩

崇聖祠二祭銀七兩
名宦鄉賢二祭銀七兩
各祭香燭米折銀一兩二錢六分乾隆七年均祭案內減銀二錢一分存銀一兩五分
山川壇二祭共銀一十二兩乾隆七年均祭案內減銀二兩存銀一十兩
社稷壇二祭共銀一十兩
厲壇三祭共銀一十二兩乾隆七年均祭案內減銀一兩存銀一十一兩

霜降祭銀一兩二錢乾隆七年均祭案内裁減

厲祭米折銀一兩二錢三分乾隆七年均祭案内設立

以上各項祭祀均祭案内按欵增減計餘銀三兩一錢九分已照實徵之數歸入起運項下充餉

鄉飲二次共銀一十兩順治十四年裁銀五兩存銀五兩

春牛芒神門神桃符酒席開印封印牲體香燭等項共銀四兩順治十年全裁

本縣孤貧三十五名口糧銀六十三兩又布花銀一十兩五錢二項共銀七十三兩五錢乾隆三年奉文小建扣除遇閏加增並每名每年增給銀四錢二分於司庫地丁銀内撥給又奉准 部咨收養額外孤貧六名其口糧布花銀數照額設孤貧之例計口按日支給係司庫存公銀内動支均不在本縣徵銀之内至此項額外孤貧每年增減多寡不等原無定數

本縣應役吹手八名每名銀七兩三錢二分共銀五十八兩五錢六分按奏銷留支項下載額四名領銀二十九兩二錢八分何時裁減失考

本縣學倉米麥折銀支給廪生二十名糧銀共一百四十四兩順治十四年裁銀九十六兩康熙二年全裁

供應銀八十兩順治十四年全裁

備用銀一百二兩四錢内撥補鋪兵工食銀五十二兩一錢二分七毫五絲存銀五十兩二錢七分二釐二毫五絲康熙十七年全裁康熙二十六年奉文彙入起運項下造報

歲貢盤纏銀一十五兩康熙十七年全裁

歲貢生員正貢盤纏花紅旗匾酒席脚力等銀一十二兩二年一次每年該銀六兩乾隆二年奉文將此項銀兩挨年解交司庫合計出貢名數均派給領六年報銷一次

歲科考生童合用試卷供應給賞等項每年派銀五十兩臨期扣銀五兩協濟黄岡縣搭厰外餘銀扣算造冊申學道印發本縣存照順治十四年裁銀二十五兩康熙十七年全裁康熙二十六年奉文彙入起

運項下造報

科場對讀五名每名銀一兩書手三十名刋錄匠二名每名銀五錢共銀二十一兩三年一次每年該銀七兩康熙十七年裁銀三兩五錢康熙二十六年奉文彙入起運項下造報存銀三兩五錢

新舊會試舉人以四名爲率每名長夫銀二十四兩共銀九十六兩三年一次每年該銀三十二兩此項銀兩按年解交司庫遇會試之年按照會試舉人名數均派給領

本府應　朝盤纏銀六兩順治十四年裁銀四兩康熙二十六年奉文彙入起運項下造報

本縣應　朝正佐吏並紙劄盤纏等銀每年二十七兩順治十四年裁銀一十八兩康熙十七年裁銀九兩康熙二十六年奉文彙入起運項下造報

部寺解費銀一十二兩二錢八分三釐一絲八忽七微三塵五纖

以上各欵共合原額銀三千四百三十七兩四錢三分七釐三毫七絲四忽三微五塵五纖內除順治九年起至康熙三十八年奉　裁歸起運彙報一千六百二十八兩八錢八分一釐六毫五絲四忽二微外實存留一千八百八兩五錢五分五釐五毫二絲一微五塵四纖

添設廩糧銀四十八兩康熙二十四年奉文復設支給府縣兩學廩生係起運項下撥給

關帝三祭銀三十五兩七錢四分六釐雍正七年奉文添設祭祀係起運項下撥給

二項合前原額共銀一千八百九十三兩三錢一

分九毫二絲一微五塵四纖以本縣撤額合算少零尾銀一毫九絲九忽九微九塵九纖內除均派祭祀餘剩歸入起運充餉銀三兩一錢九分二釐共實徵銀一千八百八十九兩一錢一分一釐九毫二絲一微五塵四纖適合每年奏銷册載本縣俸工等項額支之數內除故丁銀二兩七錢六分八釐五毫五絲四忽六微五塵七纖一渺七漠二茫五沙

教官加品俸銀四十八兩四錢八分乾隆元年奉文

教職加以品級給與全俸共加增銀兩係司庫地丁
銀內支給二官各半分支
多雲鎮巡檢民壯四名共銀二十四兩係雍正十一
年奉文於本縣民壯內撥給再乾隆元年奉文民壯
每年加增修理器械銀一兩共加增銀四兩係在司
庫各屬完解裁汰民壯工食欵內支給不在本縣額
徵之內又加增銀兩乾隆四十二年裁減一半以為
修整軍裝塘房之用
先農壇祭祀銀五兩乾隆五年奉文將籍田存穀變

價動用如有不敷仍於司庫存公銀內湊給復於乾
隆十三年奉文於耗羨酌定章程案內每年赴司請
領銀二兩八錢二分五釐其不敷銀二兩一錢七分
五釐在於籍田收獲舊存穀石變價湊辦如無舊存
穀石本縣自行捐湊備辦祭品乾隆二十四年奉文
禁用捐貲字樣又經咨准　部覆將存穀儘數變用
如有不敷按數找給不必以二兩八錢二分五釐之
數為定
常雩祭祀銀五兩乾隆七年奉文設立係司庫存公

銀內動支
以上各項銀兩除多雲鎮巡檢民壯工食係本縣
撥給其餘均不在本縣存留支欵額徵之內
驛站
蘄州遞運所紅船一隻水夫一十名每名正閏銀七
兩三錢二分
修船銀一十二兩共銀八十五兩二錢巡道座用
陽邏驛馬二匹每匹正閏銀三十兩五錢又零銀二
兩帶閏銀三分三釐共銀六十三兩三分三釐
站船水夫五名每名正閏銀六兩一錢共銀三十兩

五錢
新增齊安驛馬三匹每匹銀三十兩帶閏銀五錢共
銀九十一兩五錢
編協襄陽府屬呂堰驛馬二匹每匹正銀三十兩帶
閏銀五錢又零銀一十三兩帶閏銀二錢一分六釐
六毫共銀七十四兩二錢一分六釐六毫解費銀每
兩九釐該銀三錢七分一釐八絲二忽
漢江驛馬一匹銀三十兩帶閏銀五錢又零銀二十

四兩帶閏銀四錢共銀五十四兩九錢解費每兩五
釐該銀二錢七分四釐五毫
原代編黃陂縣編協漢江驛馬一匹銀三十兩帶閏
銀五錢又零銀一十三兩四錢五分九釐二毫八絲
帶閏銀二錢二分四釐三毫二絲共銀四十四兩一
錢八分三釐六毫解費每兩五釐該銀二錢二分九
毫一絲八忽
編協武昌遞運所紅船一隻水夫十一名每名銀七
兩二錢帶閏銀一錢二分修船銀一十二兩共銀八

十五兩二錢
武昌巡船水手四名每名正閏銀七兩一錢一分六
釐六毫又修船銀二兩共銀三十兩四錢六分六釐
四毫
走遞夫馬排夫二十六名內除六名應役轎傘外實
排夫二十名每名銀七兩二錢帶閏銀一錢二分共
銀一百四十六兩四錢
脚馬一十九匹每匹銀二十二兩帶閏銀三錢三分
三釐共銀四百二十四兩三錢三分排夫脚馬二項

俱徵銀給領
以上各款共銀一千一百二十九兩九錢二分九
釐六毫係本縣原編額徵驛站夫馬之項按年解
司支用
脚馬五匹該草料並馬夫工食藥餌銀一百九兩四
錢乾隆十八年奉文添設係麻城縣解道裁馬工料
銀內動支不在本縣額徵之內乾隆四十年裁馬二
匹工料等銀四十一兩六錢改設江陵縣屬丫角廟
實存馬三匹工料銀六十七兩八錢乾隆四年奉文

扣除小建遇閏加增
兵部項下
秋糧折色起運
解南江濟水夫八十四名每名銀四兩九分五釐共
銀三百四十三兩九錢八分每兩京損銀九釐該銀
三兩九分五釐八毫二絲解司
解南大理寺柴薪二名每名銀一十二兩共銀二十
四兩帶閏銀八錢
二項連前原編額徵驛站共銀一千五百一兩八

錢五釐四毫二絲內豁免故夫丁銀一兩五分二
釐四毫三絲四忽七微三塵外實徵銀一千五百
兩七錢五分二釐九毫八絲五忽一微七塵內紅
船水手工食銀一百一十五兩六錢六分六釐六
毫裁二銀一千三百八十五兩八分六釐三毫八
絲五忽二微七塵係另欵解司支用

隨漕

運糧官軍行月二糧米五百六十二石六斗三升每
石折銀四錢該銀二百二十五兩五分二釐解水次

交兌

江西運糧官軍月糧米五百三十六石二斗七合四
勺七抄每石折銀四錢該銀二百一十四兩四錢八
分二釐九毫八絲八忽解糧儲道

三六耗蓆輕賚銀三百九十四兩一錢九分八釐每
百兩解准損銀一兩該銀三兩九錢四分一釐九毫
八絲付兌糧官並解

楞木松板銀八兩五錢二分三釐二毫部解兌糧運
官盤纏銀一十兩

淺船銀二十七兩一錢二分五釐解官盤費銀每兩
九釐該銀二錢四分四釐一毫二絲五忽

原額共銀八百八十三兩五錢六分七釐二毫九絲
三忽內除豁免運夫丁銀六分八毫八絲二忽八微
七塵五纖

實徵銀八百八十三兩五錢六釐四毫一絲一微二
塵五纖

秋糧本色起運

兌軍本色正米每秋糧一石派正米一斗九升八勺

八抄八撮四圭七粒五粟該正米二千一百三十石
八斗每石耗米四斗該耗米八百五十二石三斗二
升又糧道條陳於四斗外加耗米二斗順治九年楚
撫遲題請免加戶部覆奉
旨革除多加耗米二斗又於康熙十一年奉文另正米一石
徵給贈貼米二斗應額徵贈貼米四百二十六石一
斗六升三項併計應徵漕糧三千四百九石二斗八
升

南糧本色正米每秋糧一石派正米二斗八合一勺

二撮八圭八粒八粟該正米二千三百二十三石二斗每石耗米二斗五升該耗米五百八十石八斗共計南糧共二千九百四石另正一石派里納船驢脚米一斗五升

額徵驢脚米三百四十八石四斗八升奉文每石折銀一兩以二錢給解役該銀六十九兩六錢九分六釐奉文裁解餘八錢充餉銀二百七十八兩七錢八分四釐共額銀三百四十八兩四錢八分

附邑侯張折漕便民論

明初取民之制名目不一全書所載約十餘條民之困於支移者奔走道路日不暇給萬歷間始允大學士張居正請行條鞭法宇內便之至我

朝兩稅因時議減相地改徵

德洋恩溥尤曠古所未有者矣然漕南二糧在他邑濱水者當船交兌官民兩便惟羅田接壤英霍盤繞崇山隔大江數百餘里舟楫不通既不可以船裝又不能以擔負倉廒遠寄蘄水巴鎮轉運全仗山澗竹簰積雨則冲激難防積晴則沙淤莫措黃郡九屬羅田麻城黃安地勢相埒而羅之去江尤遠麻安兩邑紳耆痛哭陳言叢前　督撫與　臺諫交章請

旨永折准入條鞭民食其德者今數十載琳自涖任以來每見三鄉完納秋糧陟嶺踰壑喘息載道而山溪水涸寸步難通一經雨雪氷又易合簰夫撥運維艱目擊心傷雖入告無由而陳情有志倘獲備列官民交困情由詳請　上憲轉奏

九重照麻城黃安定例改入條鞭則窮山徧戶焚頂無疆即撫茲土者益荷

皇仁於無旣矣

以上舊志

甚矣哉仁人之言其利溥哉吾讀張君折漕便民論吾益知張君之盡心民事者至深且遠矣雖然舊章具在載稽守府必欲從而改之此又非末僚之所敢議也咸豐七年益陽胡文忠公來撫楚其時粵氛肆毒道路多梗運道亦阻塞不行公目擊民艱且上體

國用於是奏定新章改議折色一時弊絕風清楚之民皆利賴之而吾羅之感德惟尤甚使由此而行之久

遠則利利樂樂豈不善歟竊思漕南兩糧上關 天庾正供下濟軍食即奏請改章折色亦屬暫時措置之權宜久則勢有未逮也方今海內大定運道流通迭經 大部催征本色急如星火雖蒙 畺吏遞年請緩終難久長一旦規復舊章征解本色民之不便弊又叢生可勝道哉羅田本蕞爾邑漕數無多倘他時舊制復興得官紳據實陳情籲恩 上憲奏請比倣麻安兩邑情形准予折色永遠遵行此誠所謂一勞而久逸也余忝守茲土雖有其志而未當其時苟

冒昧上陳必受訶駁竊持此意以告後之來者當復有如張君其人者乎余將拭目俟之

知縣事毘陵管貽葵謹識

湖北巡撫部院胡

奏定改折漕南二米征解新章 咸豐七年

羅田縣

額征北漕正米三千四百九石二斗八升

額征北漕耗米三百四十石九斗二升八勺

額征南糧正米二千九百四石

額征南糧耗米二百九十石四斗

向章折色每石連耗米水脚收錢九千六百八十五文

今定價一石減收足錢四千五百文耗米水脚劵票俱在內

北漕正米每石一兩三錢解銀四千四百三十二兩六分四釐

隨解北漕耗米每石一兩三錢解銀四百四十三兩二錢六釐

解南糧正米每石一兩五錢解銀四千三百五十六兩

隨解南糧耗米每石一兩五錢解銀四百三十五兩六錢

又隨解漕南水脚每石一兩五錢解銀九百四十六兩九錢九分二釐

共解銀一萬六百十三兩八錢六分二釐

隨漕提解兑費銀一千三百兩

各州縣照章征解道庫彈收所有上下衙門陋規及

一切浮費概行刪除刊碑存案

順治元年奉

詔置常平義社等倉

康熙二十八年部覆河南道御史周士皇以積儲爲天下本計等事條奏疏稱采前古募民納粟之意或入太學或給頂戴鼓舞誘勸以開其端等語應如所請文武官員捐加紀錄生俊捐監富民捐給頂帶各若干石所捐穀米交與州縣官員將常平等倉修理收貯其官員陞遷離任者同正項錢糧交代侵蝕短

少者督撫指名題參穀足停例

康熙三十一年欽奉

上諭諭大學士等積儲米穀最爲要務倘能實有蓋藏則雖遘凶荒不至於飢餒但小民不知儲蓄每於豐稔之年恣意糜費一遇歉歲即坐困不支今正値麥石收穫之時應行各該地方官勸諭百姓令各量力捐輸積儲該州縣官以輸納之人姓名數目詳記冊籍其秋禾收穫以後亦依此例舉行如春月轉貸於乏穀之人俟秋月即照此數償還備用每歲當收穫時遵行此捐輸之法不數年間米穀充裕縱使歲偶不登何至閭閻艱於粒食爾等與九卿詹事科道會議具奏欽此

會議應行各該督撫令州縣衛所官員勸鄉紳士民人等令各量力所能不論幾石幾斗聽捐該州縣衛所官員將輸納之人麥石數目造報該秋收後亦照此捐輸積儲若將米麥貸於乏穀之民俟秋穫時即照原領米麥之數交納如有不肖官員混行抑勒多收情弊事發即照私派錢糧例處分每歲收穫時俱照此遵行至於秋納米麥該州縣衛所官員於所屬

地方城市鄉村適中之處酌量設倉幾所於本地方紳衿耆老内令公舉誠實可任者幾人交付管理敬謹收儲毋致浥爛一切借貸償還該管之人俱造冊呈明地方官用印存案凡此捐輸乃爲小民代謀積儲如有竟不捐輸者將姓名另記一冊設遇蠲免錢糧此戶錢糧不准豁免其地方官員將捐輸米麥應不時稽察交代收受時俱照正項錢糧交代收管該知府於歲中察看詳明該撫該撫將捐輸總數造報戶部遇有司薦舉時於事蹟内註明勸輸有法字樣

方准薦舉若有官吏侵蝕即照虧空正項糧錢例處
可也康熙三十一年五月初八日奉
旨依議欽此

常平倉

原額存儲共穀三萬三千九百八十六石一斗五升四合七勺

開除接年奉文動碾未買截至道光二十九年止共穀一萬九千九百六十三石一斗五升四合七勺

應存穀一萬四千二十三石

補還道光三十年清查案內奉文派買穀六千石

應存穀二萬二十三石

開除道光二十九年緩徵南糧派碾正耗穀六千三百六十石

實存穀一萬三千六百六十三石

查咸豐五年二月二十日粵逆擾境前縣彭仲芳出城勦賊陣亡縣城失守所有存倉穀石被賊焚刧無存每屆奏銷據情造報尙待籌補

社倉

原存各鄉社穀共計一萬五千五百一十九石七斗九升七合八勺

查社穀向由各社長自行經理倉厫分建各鄉咸豐四年後均被賊燬無存已據各社長呈明通稟每屆奏銷據情造報容俟察看民力再行勸捐買補

蠲卹

順治元年大兵經過地方免正糧一年歸順地方免三分之一

十年蠲免九年旱災十分之二

十一年豁免順治六七兩年地丁本折錢糧拖欠在民者

十四年旱發積穀以賑知府于公成龍勸民輸賑

十七年蠲免順治十二年至十五年民欠錢糧

康熙元年蠲免順治十五年以前未徵錢糧

四年蠲免順治十八年以前各項舊欠錢糧

十年大旱免本年錢糧十分之三

十三年旱奉文照分數蠲免又奉文停徵後三年補完

十八年旱奉文照分數蠲免其南糧驢脚亦照分數
蠲免
二十四年蠲免二十三年錢糧之半
四十五年蠲免地丁銀米舊欠未完者並停輸納
四十五年豁免四十三年以前未完銀米
五十年蠲免五十一年地丁銀並歷年舊欠俱着免
徵
雍正四年發帑銀採買穀石於省倉及府州縣應貯
之處加謹收貯

八年蠲免湖北九年分錢糧四十萬兩
乾隆十年蠲免湖北十三年分應徵錢糧除漕項外
其地丁銀米一概免徵
乾隆十四年豁免漕糧
乾隆三十五年豁免地丁銀
乾隆四十四年豁免地丁銀
乾隆四十八年豁免漕糧
乾隆五十年歲大旱災奉
旨發賑蠲免地丁漕米以上舊志

謹按我
朝子惠元元度越隆古凡恭遇
國家慶賀典禮以及地方偏災無不立沛
恩施迭蒙
賑恤惟因縣志年久未修復遭髮捻兩逆之變所有郡
邑案卷焚燬無存故自乾嘉而後以迄咸豐其中
盛典煌煌莫由稽考致多缺佚負罪伊何今謹將近年
奉頒者臚列于後
同治元年奉

恩詔蠲免咸豐九年以前民欠錢糧軍務省分以九年為斷
完善地方以奏銷到部為憑
同治七年八月初八日內閣奉
上諭前因捻逆張總愚竄擾直隸等省小民耕種失時流離
困苦軫念良深諭令各督撫查明被擾輕重情形分別奏
請蠲緩錢糧以示普沛恩膏因思捻逆肆擾湖北河南安
徽江蘇山東等省歷十餘年吾民蕩析離居轉徙顛沛殊
堪憫惻今幸次第蕩平自應一體施恩俾小民得免追呼
之苦所有被擾最重之安徽鳳陽穎州泗州江蘇徐州海

州山東曹州濟南青州沂州河南開封歸德陳州許州汝州光州湖北黃州德安所屬各州縣同治六年以前錢糧除業經蠲免外其實欠在民者均着槪予豁免此係朝廷曠蕩之仁該督撫等卽當督飭所屬州縣認眞稽覈不得以完作欠致滋弊混並着刋刻謄黃遍行曉諭務使實惠均霑毋任吏胥舞弊其餘被擾較輕各屬並着各該督撫查明分別奏明請免舊欠錢糧以副朝廷軫念災區至意該部卽遵諭行欽此

同治十一年九月十五日

大婚禮成蠲免各直省同治六年以前民欠錢糧與前案併辦

光緒元年三月初一日內閣奉

上諭朕寅承丕緒撫馭萬方敬念

列聖御極之初蠲免積逋覃敷闓澤誠以民爲邦本厚民生正所以培元氣也允宜祗遵

成憲特沛恩綸所有各直省民欠錢糧卽着戶部酌核奏請蠲免用示子惠元元至意欽此欽遵奉准

部議蠲免同治十年以前民欠錢糧（本邑年清年款並無民欠）

羅田縣志卷之四

政典志中

學校

學校之重三代同揆我

朝文教昌明度越千古凡所以嘉惠士類者良法美意肫肫無已多士幸際

清時詎甘自棄倘其飛英騰實刮垢磨光蔚然爲有用材以仰副

聖天子稽古右文至意志學校

文廟舊在縣治東歸厚巷明洪武乙卯知縣石璞遷於縣治之南地濱河宏治辛亥水圮知縣羅勳移歸舊址嘉靖辛卯知縣勞樟重修而規制草創庚子闔學諸生請正方位知縣祝翊聿新之崇禎癸酉知縣楊見龍遷於縣治西數百武功垂成燬於兵丁丑十月知縣白乃忠以舊學宮地易縣治西元妙觀地改建

國朝順治甲午知縣李雨霑移遷鳳山之麓卽歸厚巷也康熙壬午知縣姚士基遷於縣治西癸巳知縣朱理昌復遷舊址乾隆二十四年知縣王垠改建縣署

左五十三年知縣張元英教諭張增健同邑人陳楚
華葉福澤等重加修葺道光二十五年知縣王同治
同邑紳王盛榮蕭芬熊第垣朱盛璵陳瑞璓童墉葉
紹甲林肇昕潘彩枝等捐貲重修尋燬於兵同治庚
午知縣吳鳳笙諭邑紳勸捐重建有記列藝文
正殿五楹前露台下拜台左東廡右西廡各五間前
戟門三間門左名宦祠右鄉賢祠前泮池又前櫺星
門外繞以垣爲黌宮前列石坊
至聖先師歷代異稱漢平帝稱宣尼公和帝封褒尊侯北
魏孝文帝稱文宣尼父後周宣帝封鄒國公隋文帝
稱先師尼父唐高宗贈太師武后封道隆公元宗謚
文宣王宋真宗謚至聖元武帝號大成至聖文宣王
明嘉靖九年禮部議曰人以聖人爲至聖以孔子爲
宗宋真宗稱孔子爲至聖其義已備今宜去王號並
大成文宣之稱廟不稱殿又易像爲主居中東西則
四配十哲以次上下列焉
國朝順治十四年定稱
至聖先師孔子

木主高二尺三寸濶四寸厚七分座高四寸長七寸
厚三寸四分朱底金書
康熙二十二年頒
御書萬世師表匾額
雍正三年頒
御書生民未有匾額
乾隆三年頒
御書與天地參匾額
嘉慶二年頒
御書聖集大成匾額
道光二年頒
御書聖協時中匾額
咸豐二年頒
御書德齊幬載匾額
同治二年頒
御書聖神天縱匾額
光緒元年頒
御製斯文在茲匾額

康熙三十三年

聖祖仁皇帝

御製至聖先師孔子贊並序

蓋自三才建而天地不居其功一中傳而聖人代宣其蘊有行道之聖得位以綏猷有明道之聖立言以垂憲此正學所以常明而人心所以不泯也粤稽往緒仰溯前徽堯舜禹湯文武達而在上兼君師之寄行道之聖人也孔子不得位窮而在下秉刪述之權明道之聖人也行道者勳業炳於一朝明道者教思周於百世堯舜禹湯文武之後

不有孔子則學術紛淆仁義湮塞斯道之失傳也久矣後之人而欲探二帝三王之心法以爲治國平天下之準其奚所折衷焉然則孔子之爲萬古一人也審矣朕巡省東國謁祀闕里景企滋深敬摛筆而爲之贊曰

清濁有氣剛柔有質聖人參之人極以立行著習察舍道莫由惟皇建極惟后綏猷作君作師垂統萬古曰惟堯舜禹湯文武五百餘歲至聖挺生聲金振玉集厥大成序書刪詩定禮正樂既窮象繫亦嚴筆削上紹往緒下示來型道不終晦秩然大經百家紛紜殊途異趣日月無踰羹牆可晤孔子之道惟中與庸此心此理千聖所同孔子之德仁義中正秉彝之好根本天性庶幾夙夜勖哉令圖溯源洙泗景躅唐虞載歷庭除式觀禮器摛毫仰贊心焉遐企百世而上以聖爲歸百世而下以聖爲師非師夫子惟師於道統天御世惟道是寶泰山巖巖東海泱泱牆高萬仞夫子之堂孰窺其藩孰窺其徑道不遠人克念作聖

雍正四年頒

上諭避孔子諱

東配

復聖顏子　唐貞觀二年配享

述聖子思子　宋咸淳三年配享

西配

宗聖曾子　宋咸淳三年配享

亞聖孟子　宋元豐七年配享

木主高一尺五寸濶三寸二分厚六分赤底墨字

康熙三十三年

聖祖仁皇帝御製四配贊

顏子贊

聖道早聞天資獨粹約禮博文不遷不貳一善服膺萬德來萃能化而齊其樂一致禮樂四代治法兼備用行舍藏王佐之器

曾子贊

洙泗之傳曾以得之一貫曰唯聖學在茲明德新民止善爲期格致誠正均平以推至德要道百行所基纂承統緒修明訓辭

子思子贊

於穆天命道之大原靜養動察庸德庸言以育萬物以贊

乾坤九經三重大法是存篤恭慎獨成德之門卷之藏密擴之無垠

孟子贊

哲人既萎楊墨昌熾子輿闢之曰仁曰義性善獨闡知言養氣道稱堯舜學屏功利煌煌七篇並垂六藝孔學攸傳禹功作配

東哲

先賢閔子

先賢冉子

先賢端木子

先賢仲子

先賢卜子 以上俱唐開元八年以十哲從祀

先賢有子 唐開元八年從祀 國朝乾隆三年升列哲位

西哲

先賢冉子

先賢宰子

先賢冉子

先賢言子

先賢顓孫子 以上俱唐開元八年以十哲從祀

先賢朱子 宋淳祐元年從祀 國朝康熙五十一年升列哲位

木主高一尺四寸闊二寸六分厚五分赤底墨字

東廡

先賢蘧瑗 唐開元二十七年從祀明嘉靖九年改祀於鄉 國朝雍正二年復移祀東廡

先賢澹臺滅明 唐開元二十七年從祀原西廡擬移東廡

先賢公孫僑 國朝咸豐七年從祀原西廡擬移東廡

先賢林放 唐開元二十七年從祀明嘉靖九年改祀於鄉 國朝雍正二年復移祀東廡

先賢原憲

先賢南宫适
先賢商瞿
先賢漆雕開
先賢司馬耕
先賢梁鸇 一作鱣
先賢冉孺
先賢伯虔
先賢冉季
先賢漆雕徒父

先賢漆雕哆
先賢公西赤
先賢任不齊
先賢公良孺
先賢公肩定
先賢鄡單 家語作縣亶
先賢罕父黑 家語作宰父墨
先賢榮旂
先賢左人郢

先賢鄭國 家語作薛邦
先賢原亢
先賢廉潔
先賢叔仲會
先賢公西輿如
先賢邽巽 家語作邦選
先賢陳亢
先賢琴張 一作牢
先賢步叔乘

先賢秦非
先賢顔噲 以上俱唐開元二十七年從祀
先賢顔何 唐開元二十七年從祀明嘉靖九年罷 國朝雍正二年復祀
先賢縣亶 一云即鄡單
先賢牧皮 原西廡擬移東廡
先賢樂正克
先賢萬章 以上四賢 國朝雍正二年從祀
先賢周敦頤
先賢程顥 以上二賢俱宋淳祐元年從祀

先賢邵雍 宋淳祐三年從祀

西廡

先賢宓不齊

先賢公冶長

先賢公晳哀

先賢高柴

先賢樊須

先賢商澤

先賢巫馬施

先賢顏辛

先賢曹卹

先賢公孫龍 家語作寵

先賢秦周

先賢顏高

先賢穰駟赤

先賢石作蜀

先賢公夏守 一作首

先賢后處

先賢奚容蒧

先賢顏祖

先賢句非疆 一作井疆

先賢秦祖

先賢縣成

先賢公祖句茲 家語作公祖茲

先賢燕伋

先賢樂欬 家語作欣

先賢狄黑 一作墨

先賢孔忠

先賢公西蒧

先賢顏之僕

先賢施之常

先賢申棖 以上俱唐開元二十七年從祀

先賢左邱明 唐貞觀二十一年從祀

先賢秦冉 唐開元二十七年從祀明嘉靖九年罷國朝雍正二年復祀

先賢公明儀 國朝咸豐三年從祀原東廡擬移西廡

先賢公都子

先賢公孫丑　以上二賢俱　國朝雍正二年從祀
先賢張載
先賢程頤　以上二賢俱宋淳祐元年從祀
木主規制與十哲同
以上先賢宋以前從祀者皆稱封爵明嘉靖九年改稱先賢某子周張程邵五子嘉靖時稱先儒崇禎十五年改稱先賢位在七十子之下漢唐諸儒之上　國朝俱稱先賢不稱子
東廡先儒

公羊高
伏勝　以上俱唐貞觀二十一年從祀
毛亨　國朝同治二年從祀
孔安國　唐貞觀二十一年從祀原西廡擬移東廡
后蒼　明嘉靖九年從祀
許愼　國朝光緒二年從祀
鄭康成　范甯　二儒俱唐貞觀二十一年從祀明嘉靖改祀於鄉　國朝雍正二年復移祀東廡
陸贄　國朝道光六年從祀
范仲淹　國朝康熙五十四年從祀

歐陽修　明嘉靖九年從祀
司馬光　宋咸淳三年從祀原西廡擬移東廡
謝良佐　國朝道光二十九年從祀
羅從彥　明萬歷四十二年從祀
李綱　國朝咸豐元年從祀原西廡擬移東廡
張栻　宋景定二年從祀原西廡擬移東廡
陸九淵　明嘉靖九年從祀原西廡擬移東廡
陳湻　國朝雍正二年從祀
眞德秀　明正統二年從祀

何基　國朝雍正二年從祀原西廡擬移東廡
文天祥　國朝道光二十三年從祀原西廡擬移東廡
趙復　國朝雍正二年從祀
金履祥　國朝雍正二年從祀原西廡擬移東廡
陳澔　國朝雍正二年從祀原西廡擬移東廡
方孝孺　國朝同治二年從祀
薛瑄　明隆慶五年從祀原西廡擬移東廡
胡居仁　明萬歷十二年從祀
羅欽順　國朝雍正二年從祀

呂枏 國朝同治二年從祀原西廡擬移東廡

劉宗周 國朝道光二年從祀原西廡擬移東廡

孫奇逢 國朝道光八年從祀原西廡擬移東廡

張履祥 國朝同治七年從祀

陸隴其 國朝雍正二年從祀原西廡擬移東廡

西廡先儒

穀梁赤

高堂生 以上俱唐貞觀二十一年從祀

董仲舒 元至順元年從祀原東廡擬移西廡

毛萇 唐貞觀二十一年從祀

杜子春 唐貞觀二十一年從祀原東廡擬移西廡

諸葛亮 國朝雍正二年從祀原東廡擬移西廡

王通 明嘉靖九年從祀

韓愈 宋元豐七年從祀

胡瑗 明嘉靖九年從祀

韓琦 國朝咸豐二年從祀原東廡擬移西廡

楊時 明宏治八年從祀原東廡擬移西廡

尹焞 國朝雍正二年從祀

胡安國 明正統二年從祀

李侗 明萬歷四十二年從祀原東廡擬移西廡

呂祖謙 宋景定二年從祀原東廡擬移西廡

袁燮 國朝同治七年從祀

黃榦 國朝雍正二年從祀

蔡沈 明正統二年從祀原東廡擬移西廡

魏了翁 國朝雍正二年從祀原東廡擬移西廡

王柏 國朝雍正二年從祀原東廡擬移西廡

陸秀夫 國朝咸豐九年從祀

許衡 元皇慶二年從祀

吳澄 明正統八年從祀嘉靖九年罷 國朝乾隆二年復祀

許謙 國朝雍正二年從祀原東廡擬移西廡

曹端 國朝咸豐十年從祀原東廡擬移西廡

陳獻章 明萬歷十二年從祀

蔡清 國朝雍正二年從祀

王守仁 明萬歷十二年從祀原東廡擬移西廡

呂坤 國朝道光六年從祀

黃道周 國朝道光五年從祀原東廡擬移西廡

陸世儀國朝光緒二年從祀
湯斌國朝道光三年從祀原東廡擬移西廡

木主規制與兩廡先賢同

以上先儒明嘉靖以前從祀者皆稱封爵嘉靖九年改稱先儒某子　國朝稱先儒不稱子

崇聖祠舊爲　啓聖宮雍正二年改今名奉

詔封孔子五世王爵

肇聖王木金父公正中南向

裕聖王祈父公東一室南向

詒聖王防叔公西一室南向

昌聖王伯夏公東二室南向

啓聖王叔梁公西二室南向

木主規制同四配

東配

先賢孔氏孟皮　國朝咸豐十年配享

先賢顔氏名無繇唐開元二十七年從祀明嘉靖九年配享

先賢孔氏名鯉宋咸淳三年從祀明嘉靖九年配享

西配

先賢曾氏名哲唐開元二十七年從祀明嘉靖九年配享

先賢孟孫氏名激一字公宜明明嘉靖九年配享

東廡

先儒周氏名輔成明萬歷二十三年從祀

先儒程氏名珦明嘉靖九年從祀

先儒蔡氏名元定明嘉靖九年從祀

西廡

先儒張氏名迪　國朝雍正二年從祀

先儒朱氏名松明嘉靖九年從祀

名宦祠

元知縣

周廣

明知縣

王昇　張儀　龐敬

陳鼎　徐泰　余洪

羅勳　勞樟　沈越

林宗桂　梁大皡　凌嗣音

姚孟昭　王邦翰　凌存彝

倪景豫　梁志仁　白乃忠

尉 俊本舊志

國朝知縣

李雨霑 呂鳴和 王光鼎

林甲春 姚士基

明佐貳

徐 紳舊志載縣丞 田 道主簿 陸 敏主簿

齊 錕主簿 李 儁主簿 虞 俊典史

單思仁典史

明教諭

章 瓊 陳 璉 陳 瓚

陶清臣 吳鳳來

國朝教諭

胡念祖 謝耕雲

明訓導

丁思孔 李 魁 石 彬

張 佑 鄧 稽 盧大受

吳時俊

國朝訓導

張若曰 王宏勳 劉祈年

殷維哲

明守禦職官

郜金城

鄉賢祠

宋

王 韶

元

李 謙 余 闕 吳大中

徐世英

明

劉 廣 唐友義 程 瑩

王 澄 張明道 胡明庶

周 楫 蕭 洪 胡明睿

徐志亮 余 蒙 汪吉舟

張 美 王 先

明忠義孝弟

方雄才 胡明性 胡 全 張 渠

金百鍊　胡一驥　汪之達　江萬紀
汪瀚　胡培與　王鯉
國朝
鄔良甲　鄔聯第　胡榮　李之乾
董其鑑　金鼐　汪時阜　匡治民
余黃中　董廷清　余彥臣　余寅
李正芳　鄔天林　鄔天枚　鄔天松
明學俊　葉繼鼎　葉仲勳　匡人仁
葉攀桂　鄔聯　余鑾　鄔允青

樊行若　鄭仕柏　朱文順　鄭如松
周洪深　閻增成　嚴肇仁　蕭光河
廖有才　余靳　尹之奎　胡全經
何恒升　高素仲　童大楷　王鉉
涂再瓊　崔渲　涂一鏞　羅啓萬
林煥騰　胡師淇　胡師洪　胡履東
晏二表　鄂占梅　葉敦泗　江希洄
胡履樂　潘魁　陳之仁　陳上啓
陳楚華　徐學顯　晏奇英　葉瑞

方應駿　王均　朱廷和　晏同殊
龔明溪　廖楷　廖封才　余孚宣
方元名　張東魯　余廷則　郭忠廷
葉復伊　張秉殷　樊武列　張熙甯
葉應宗　閻得中　張文鯨　李元淮
葉席周　朱文柏　陳連貴　汪屏翰

明倫堂舊在崇聖祠右側咸豐四年燬於兵同治八年知縣吳鳳笙率士紳移建縣治左常平倉舊址堂左爲教諭署堂右爲訓導署

國朝順治九年

頒勸臥碑

朝廷設立學校選取生員免其丁糧厚以廩餼設學院學道學官以教之各衙門官以禮相待全要養成賢才以供朝廷之用諸生皆當上報國恩下立人品所有條教開列於後

一生員之家父母賢智者子當受教父母愚懦或有非爲者子既讀書明理當再三懇告使父母不陷於危亡

一生員立志當學爲忠臣清官書紀所載忠清事蹟務須互相講究凡利國愛民之事更宜留心

一生員居心忠厚正直讀書方有實用出仕必作良吏若心術邪刻讀書必無成就爲官必取禍患行害人之事者往往自殺其身常當思省

一生員不可干求官長交結勢要希圖進身若果心善德全上天知之必加以福

一生員當愛身忍性凡有司官衙門不可輕入即有切己之事止許家人代告不許干與他人詞訟他人亦不許牽連生員作証

一爲學當尊敬先生若講說皆須誠心聽受如有未明

從容再問毋妄行辨難爲師者亦當盡心教訓毋致怠惰

一軍民一切利病不許生員上書陳言如有一言建白以違制論黜革治罪

一生員不許糾黨多人立盟結社把持官府武斷鄉曲所作文字不許妄行刊刻違者聽提調官治罪

康熙四十一年

聖祖仁皇帝御製訓飭士子文

國家建立學校原以興行教化作育人材典至渥也朕臨御以來隆重師儒加意庠序近復慎簡學使釐剔弊端務期風教修明賢材蔚起庶幾棫樸作人之意乃比來士習未端儒效罕著雖內外臣工奉行未能盡善亦由爾諸生積錮已久卒難改易之故也茲特親製訓言再加謹飭爾諸生其敬聽之從來學者先立品行次及文學學術事功原委有序爾諸生幼聞庭訓長列宮牆朝夕誦讀寧無講究必也躬修實踐砥礪廉隅敦孝順以事親秉忠貞以立志窮經考義勿雜荒誕之談取友親師悉化驕盈之氣文章歸於醇雅毋事浮華軌度式於規繩最防蕩佚子衿佻達自昔所譏苟行止有虧雖讀書何益若夫宅心弗淑行

己多愆或蜚語流言脅制官長或隱糧包訟出入公門或唆撥姦猾欺孤淩弱或招呼朋類結社要盟乃如之人名教不容鄉黨弗齒縱倖逃褫扑濫竊章縫返之於衷能無媿乎況乎鄉會科名乃掄才大典關繫尤鉅士子果有眞才實學何患困不逢年顧乃標榜虛名暗通聲氣夤緣詭遇罔顧身家又或改竄鄉貫希圖進取囂淩騰沸網利營私種種弊情深可痛憾且夫士子出身之始尤貴以正若茲厥初拜獻便已作姦犯科則異時敗檢踰閑何所不至

又安望其秉公持正爲國家宣猷樹績膺後先疏附之選哉朕用嘉惠爾等故不禁反復惓惓兹訓言須到爾等務共體朕心恪遵明訓一切痛加改省爭自濯磨積行勤學以圖上進國家三年登造束帛弓旌不特爾身有榮卽爾祖父亦增光寵矣逢時得志寧俟他求哉若仍視爲具文玩愒弗警毁方躍冶暴棄自甘則是爾等冥頑無知終不能率教也既負栽培復干咎戾王章具在朕亦不能爲爾等寬矣自兹以往内而國學外而直省鄉校凡學臣師長皆有司鐸之責者並宜傳集諸生多方董勸以副朕懷否

則職業弗修咎亦難逭勿謂朕言之不預也爾多士尙敬聽之哉

學額

原額縣學十二名撥府學一名嗣因數科未撥康熙五十六年邑紳呈請知縣張琳轉詳學政李仍照原額撥入府學一名共十三名現因軍務捐輸疊次遞廣合前原額共二十六名

請撥府學生員一名原詳 康熙五十六年

知縣張琳爲教育洪恩浩蕩籲懇一視同仁事據儒學廪增附生員程良法周易劉漢宗徐思源徐得時胡師清雷天鐸龔天秩朱文魯劉餘蔭余宗歐時雍董起棟葉自成嚴時愼嚴時楨嚴羣周諏徐乾源徐鎏閔佑起劉獻璉晏一麟胡師淇葉繼詩葉銳善葉成善汪基洋程伸程艮謨胡師洛等呈稱竊羅邑雖山僻微區均係版宇封邑况每遇修葺本府學宮羅邑文武生員亦各黽勉捐輸罔敢異視查黃屬州縣每考俱有撥入府學卽羅邑科歲撥入府庠歷來亦有成例若府庠生員徐文瑞嚴時望陳大俊余有璋

等俱係羅邑取進童生撥入府學前案炳據詎爾來數科羅邑竟無一名撥府固屬山陬僻壤猶希化雨均霑伏乞賜文轉詳照例均撥庶彈丸下邑咸歌有腳陽春共沐同仁惠澤矣據此兹卑職看得科歲考試所取童生應入府學者卽於各州縣内量撥不必另送等語載在學政全書遵循已久查楚省各府州縣每考取進童生照例量撥一二名收入府學事同一例而歷稽羅田從前考試俱有撥入府庠均棠作養宏仁原無歧視者也乃邇來羅邑數考未荷均撥

祇以山陬僻壤致深向隅之嗟茲據通學廩增附生員公呈籲懇前來卑職仰體憲臺振興文教棫樸作人之化合無據呈轉請伏乞恩賜轉詳學憲一視同仁俯准照例取進均撥府庠庶多士共沐作養洪庥而從此人文蔚起爭自濯磨益需雨露之恩於靡既矣等情由府尊蔣轉詳學政李蒙批仰候閱文酌奪繳等因批府行縣遵照在案隨於本年科試羅田縣文童除照原額取准新進生員余植嵩等一十二名外照詳准羅田縣撥入府學新生蕭光表一名

咸豐七年閏五月十九日督部堂官撫部院胡奏廣羅田縣文武學額夾片

再羅田縣與安徽州縣接壤又附近河南民風剛勁質直好義自咸豐二年粵匪肆擾以來士民敵愾同仇始終不懈固由團練得力亦由地方讀書明理之士講明倡率父戒其子兄勉其弟頗能教以義方即此四五年中團勇既已出力自固疆圉更能不分畛域屢次越境克復英山是即有勇知方之大效竊以民風之趨向每視士習爲轉移所有該縣紳勇有功戰陣者已邀

旨擇尤彙保而人數衆多未能盡予獎勵前次襄陽縣紳民團練守城禦敵經臣等奏請加廣文武學額已蒙

俞允可否仰乞

皇上天恩將文武學額均各加廣二名永爲定額於以見

盛世作人文武並重不獨羅田闔邑普被

隆施即他邑團練亦聞風知勸矣謹會同學臣馮合詞附片具

奏

聖鑒訓示謹

奏

咸豐七年閏五月二十七日奉

諭官文胡林翼奏遵保迭次殺賊克復英山出力員弁紳民開單呈覽一摺並請廣羅田學額等語湖北羅田縣界連皖境該處團練頻年剿賊甚爲出力又能隨同官軍越境堵剿克復英山縣城更屬不分畛域殊堪嘉尚湖北羅田縣文武學額着加恩各廣二名永爲定額欽此 按羅田縣加廣文武學定額自此始續廣列後

咸豐八年正月前署蘄州事彭應鯉於兼理羅田縣
任內詳奉湖廣總督官湖北巡撫胡
奏湖北各州縣團練出力闔境肅清獎勵團防請分別
增廣學額一摺八年正月內
奏准
旨交部核議羅田縣加廣文武學額各一名永爲定額
同治二年十月湖廣總督官湖北巡撫嚴
奏湖北各州縣紳民捐輸銀請獎學額單開羅田縣紳
民捐輸銀一萬兩請以一萬兩加廣該縣永遠文武
學額各一名一摺同治三年三月二十七日

奏准奉
旨羅田縣加廣文武學額各一名永爲定額
同治三年六月二十六日戶部等部謹
奏爲遵
旨核議具奏事湖廣總督官　等奏湖北羅田縣紳民捐
資辦團請加廣文武學額一摺同治三年三月初三
日議政王軍機大臣奉
旨該部核議具奏欽此欽遵由內閣抄出到部據原奏內

稱據湖北布政司厲　詳稱羅田縣紳民自咸豐八
年起至同治元年止歷年辦理團練各該紳民共計
捐銀九萬九千二百七十五兩共支發勇糧並製造
旗幟鍋帳器械等項共用過銀九萬九千九百二十
四兩二錢五分五釐除支用捐項外計不敷銀六百
四十九兩二錢五分五釐係在於器械變價並零星
捐輸銀兩業經查核明確遵照例案章程造冊核銷
在案應請以九萬兩加廣該縣永遠文武學額各九
名又以八千兩加廣一次文武學額各四名以昭激
勸並聲明該縣文武學額前於同治二年查明湖北

通省紳民捐助軍餉案內奏請加廣一名又請加廣
九名已足十名之限等情　臣　等覆加查核均與例案
相符伏乞
飭部議覆施行等語　臣　等覆查奏定加廣文武學額章程
內開各省捐輸軍餉除給予本身獎勵外一縣捐銀
一萬兩加文武學永遠定額各一名以十名爲限捐
銀二千兩加一次文武學額各一名不得過原額取
進之數又團練捐輸該督撫先將捐資支銷數目報

部核銷再行奏請各等因茲官 等以湖北羅田縣紳民自咸豐八年起至同治元年止歷年辦理團練共計捐銀九萬九千九百二十四兩零業經查明確數造冊題咨核銷請以銀九萬兩加廣該縣永遠文武學額各九名以銀八千兩加廣一次文武學額各四名臣部查核所捐銀數與該督題報請銷數目相符其請加文武學定額並一次學額亦與奏定章程及歷屆議准成案均屬相符合應請照准至所加學額應於何年取進並有無浮於定限之處禮部查湖

北羅田縣歷年辦理團練共捐銀九萬九千九百餘兩請加該縣永遠定額九名廣一次學額四名既據戶部核計所捐銀數與奏定章程相符應准其加定額九名廣額四名自明年歲試爲始照數取進該縣前於本年三月二十七日奏准加定額一名此次加定額九名已足十名之限嗣後再有續捐不得再加定額以示限制兵部查湖北羅田縣歷年辦理團練共捐銀九萬九千九百餘兩請加該縣永遠定額九名廣一次學額四名既據戶部核計所捐銀數與奏定章程相符應准其加定額九名廣額四名自明年歲試爲始照數取進該縣前於本年三月二十七日

奏准加定額一名此次請加定額九名已足十名之限嗣後再有續捐不得再加定額以示限制恭候

命下臣部咨行該督暨學政遵照辦理謹將臣 等遵議緣由合詞恭摺具

奏伏乞

皇上聖鑒本日奉

依議欽此欽遵計羅田縣加廣文武學額各九名永爲定

額暫廣一次文武學額各四名

同治六年二月署湖廣總督譚

奏三次續查湖北各屬捐數請獎學額單開羅田縣紳民捐輸銀一萬二千三百三十八兩二錢三分請以銀一萬二千兩加廣該縣一次文武學額各六名一摺同治六年七月二十日

奏准奉

羅田縣暫廣一次文武學額各六名

提督閻定邦請將欠餉暫廣原籍文武學額各二十

名原案 同治十二年十二月
戶部奏議陝西提督雷正綰所統各軍共欠餉銀一百一十餘萬據前任陝西布政使兼辦甘肅後路糧臺林壽圖咨稱經費支絀無從籌欵以一百萬兩加廣各將領原籍中額學額內撥銀二十萬兩爲提督閻定邦暫廣原籍湖北羅田縣一次文武學額各二十名旋經
禮部會議遵照同治十年新章每届取進ナ學不得過七名中學不得過五名小學不得過三名如有取進餘賸之額分届遞廣以符定章等因奉
旨依議欽此 羅田縣中學每次五名自光緒元年起

頒發學宮書籍
世宗上諭 六十九本
明史 十二函
十三經註疏 十二函
廿一史 五十函
御頒日講四書 二部共一函
御纂周易折衷 二部共一函
欽定書經傳說彙纂 二部共二函
欽定詩經傳說彙纂 二部共二函
欽定春秋傳說彙纂 二部共二函
御纂性理精義 二部共二函
朱子全書 二部共四函
御纂大學衍義 二部各一函
御註孝經
御頒大學衍義補 二部共一函
唐宋文醇 每部四函

御頒五子近思錄與孝經註 各二部共二函
御頒淵鑑古文 二部各四函
欽定四書文 二部各四函
學政全書 新舊各一部
御纂資治通鑑綱目 三編四本
外官相見儀注 一部
乾隆十六年奉頒
上諭 二本 十九年奉頒
清語冊 一本 二十一年奉頒

學政全書一部八本　二十三年奉頒
三禮義疏十二函計一百八十一本　二十六年奉頒
樂善堂二套　二十八年奉頒
詩義折衷一部八本
周易述義一部四本
春秋直解一部八本　三十四年奉頒
經畧公傳儀注一本
御製文初集一部
御製詩初集一部二十四本　四十五年奉頒

御製詩韻各二部　四十九年奉頒
學政全書二部計二十四本　五十一年奉頒
御製健行論一本
文廟樂譜一分計三本　嘉慶五年奉頒
欽定詩韻一部計三本　九年奉頒
聖諭廣訓直解二本　十七年奉頒
禮部則例一函　十九年奉頒
聖諭廣訓二本
新增學政全書二函共十六本

以上書籍兵燹無存
崇文局新刊四次　頒發書籍列左
四書　易經　書經　詩經　禮記
小學　春秋左傳以上同治七年　頒
周禮　儀禮　爾雅　孝經　公羊傳
穀梁傳　近思錄　康濟錄　實政錄　五種遺規
手札撮要　庸吏庸言　讀律心得　佐治藥言
學治臆說　學治續說　荒政輯要　救荒補遺
捕蝗要訣　國語國策　經典釋文　胡刻文選

御製人臣儆心錄　醫宗備要　讀書分年日程
杜註春秋左傳以上同治八年　頒　大雲輪清兩經
聖諭廣訓明鑑　樂舞錄　節義錄　史記以上同治十年
頒　周易折衷　書經傳說彙纂　詩經傳說彙纂
春秋傳說彙纂　禮記義疏　儀禮義疏以上同治
十一年　頒
以上各一部共計三百八十五本
書院
知縣張琳建於城南永興門署名薪標書院後知縣

王眼移於城東玉屏山曰塔山書院乾隆四十四年
知縣陳士鳳偕邑紳移就鳳山之玉閣知縣徐昱重
修題曰義川書院道光十一年知縣耿湋玉移建於
新街四官殿左咸豐九年知縣潘亮功於書院文昌
殿後捐買趙姓山建屋一進同治三年毀於兵同治
七年知縣吴鳳笙諭邑紳勸捐重建並於書院左側
買基建厨屋一進

膏火田

書院向來租稞不過百餘金嗣作文武小考卷價膏

火之費無出道光十四年署羅田縣知縣趙振清倡
捐廉銀一千兩並勸令紳士各捐錢文田畝復遵御
史奏議凡有僧人不守清規及廢廟田產酌撥嘉惠
士林又得若干畝爲書院延師及膏火之費嗣後官
紳士民接續捐撥因時變通現計田畝約二千二百
九十一石二斗四升

一唐家衝田一百八十石　書志載思蔭堂元妙觀撥入

一匡家河田二十二石

一七里衝田一百五十石

一白沙河田三十石

一七里牌田一十石

一乾塘坳田二十五石

以上俱變價另置

一潛山橋田六十石　典賢莊換出

一撥元妙觀田二百四十石

一捉馬坳田四十石　知縣金璿置

一大士閣田七十石

一大崗田十石　蔡公祠撥入

一郝家畈田四十二石

一栗子坳田二十石　知縣沈廷楨置另有官基一十七間半

一接官亭田二十三石　蔡公祠撥入知縣沈廷楨置

一砌石嶺田八十石　思蔭堂撥入原係元妙觀田

一雷大石田六十五石

一徐家坳田十二石

一南關外河邊田三十七石零四升

一南關外河邊田二十九石二斗

一霍山墩田二十五石

一上堡王家廟善應菴田六十石原施主王辛甫捐撥

一祠堂河田四十七石

一南保山田九石

一林木河田二百五十二石原係鄭紀連所捐卷價田水壞換入書院開理

一黃絲鋪田十石

一鐵爐坳田一百五十八石

一金花衝田一百六十石

一黃泥畈田二百石

一半偈菴田二十石

一鋪兵河石門衝田十二石

一鋪兵河葉家人形下手田十五石

一鋪兵河梅家衝田一百一十二石

一深水河李家衝田二十六石

一陸家山田三十石

一葉家河聞家畈田九十石慈惠菴撥入

一馬驛坳田八十石元妙觀撥入

一十里鋪上手長安橋田八十石

一十里鋪田四十四石

一玉泉寺田七十二石

一秦家塝田二十四石

一長里崗田三十七石

貢院

羅田縣試向在縣署大堂外無宇舍道光初知縣賓毓俊倡議建造考棚知縣趙鵬翔楊彪繼之至耿湞王始董其成道光二十六年知縣王同治同邑紳買院西屋基添建號棚一進同治三年毀於兵同治六年知縣吳鳳笙同邑紳勸捐重修

勸捐考棚膏火公議道光四年

邑之人文蒸蒸日上大都培養所致惟考棚未建應試士子攜持几席露坐風簷溽暑則陽氣蒸膚嚴寒則霜雪砭體情狀苦楚是用疚心道光三年邑侯賓公毓俊甫下車即以此舉為亟亟其建造章程勸捐引序已蒙刊示並捐廉五十兩申詳各大憲在案未及舉行調任去接任趙公鵬翔踵事興修捐廉百兩倡率而賓公復寄緘催促契重斯文至矣總以挾塏難營無可藉手茲蒙縣尊楊公彪加意栽培力圖建置

適有典屋出售羅榮魁捐銀四百五十兩易之熊子燐亦捐銀四百五十兩以備經費右側李典義陳海函之棧房原價一百千亦經捐出再添置右側房屋係趙炳烈等之亭堂價二百九十六千四百文係熊子燐捐項交兌規模漸就宏廠不但考棚有成而文昌閣書院可以並建一舉而三善備焉惟是改造修理財力並需覬覦易萌嫌疑難泯非章程預定難圖厥功爰集城鄉紳士公議妥協實心辦理竣考棚告竣餘資置租添增書院膏火籌備小考卷價凡我

同人諒皆踴躍以勷美舉云

縣試文童卷價田

一朱家山田四百石 書院換入原有鄭紀璉捐林木河田二百五十二石因水冲壞故換

一曹家衝田五十二石 玉泉寺撥入

一東關外藕塘田三十六石 書院撥入

一戲龍廟田三十四石 書院撥入

一連二壋田十五石 書院撥入

一撥城隍山田七十石 施主後裔李晴波

縣試武童卷價田

一五龍菴田十五石 原施主後裔汪汝碧

一慈雲菴田二十石 原施主後裔曾謹懷 以上二處俱坐落平鄉茶園衝

籌辦府院試文武童卷價親供費田原案 同治二年

具稟首士姚敵禮蕭士珂江樹張星煥曾道鉦潘彬枝朱春曉童先疇峚鳳添何孫曾何珠歐陽斌聞其政李晴波李力偉周召勳王枝壎周鏡芙汪添春葉紹圭周傳麒金殿傳張世英方銘席爲遵諭籌辦抄據粘呈叩詳立案以垂久遠事本年十月轉奉府憲札飭文武兩試卷價經費原有捐本發典取息辦公

賊擾後各典歇業回籍無從支取接年諸多不敷應卽遵照籌議永遠章程具詳立案以垂久遠庶不致臨考周章等因 職 等仰體作育德意會同三鄉紳耆殷戶人等公議前捐發典生息辦考公費既被賊擾各典歇業無從支取自不能因此廢弛勸令殷戶量力捐輸現於郡城東關外採置莊田已將該田分交府禮兵二房收稞變價除每年完納正供外儘數辦理卷價親供等費合將原買各契並該田址畝圖界批佃承付各約抄粘呈懇賜轉詳示遵刊刻圖本勸

碑立案以垂久遠至接年府禮兵二房承辦之項職
等已經面算歸欵其本届文童卷價亦經申解在案
合併聲明仰乞察核轉詳實爲公便等情稟奉府憲
黃出示曉諭案據羅田縣詳稱文武童生府院卷價
經費該縣紳民公同勸捐在岡邑東鄉置買田畝坐
落楊花衙牌樓壪祝家衙陳家衙共計四所其應納
稞穀均於佃字內註明分別交禮兵二房承收辦公
另繪圖說刊本並承付各約呈請立案以垂久遠各
等情具詳前來查該縣紳民好義急公甚屬可嘉除

批示立案外爲此示仰該房經書知悉自後接管承
辦該縣文武府院考試務宜認真如納辦理不得臨
時違誤各佃每年稞穀亦須照佃字交納清楚毋得
拖延干究各處所立界石該佃等務須隨時照管不
得毀壞一有損傷卽惟該佃是問至各處田地界限
亦毋得遺失倘有外人侵佔許該經書等先行赴縣
指稟以憑拏究各宜凜遵毋違特示　同治三年四月

府院試文童卷價親供費田

一黃岡陸家廟楊花衙田八十坵田種五石共納稞
穀一百石

一黃岡余家祉祝家衙田十七坵田種一石二斗五
升共納稞穀二十八石九斗

一黃岡三台橋牌樓壪田十六坵田種一石一斗共
納稞穀二十四石五斗

府院試武童卷價親供費田

一黃岡戚家嶺陳家衙田四十坵田種三石共納稞
穀五十五石

賓興館　舊名興賢莊在武廟右同治九年知縣蔡炳榮諭邑紳移建於萬壽宮左改今名

知縣姜廷銘興賢莊判　乾隆五十四年

照得廩生匡鼎周傳楠稟請釐正章程一案本邑興
賢莊創於乾隆五十年前任張元英因獅子林曇花
菴二處空懸無僧田被范士明佔種並據蕭朝貴呈
稱雲峯寺亦空閒遂將各廟田撥出立爲是莊復將
上年斷歸書院之觀音山田改撥又監生劉四洛生
員劉鵬翥呈捐白楊衙田五十一年六月又撥福興
菴田餉歲科兩試批首掌管支放以資士子鄉試之
費時因草創經畫未善行之數年不無弊生乾隆五

十四年七月本縣蒞任據㐌鼎周傳楠具呈前來遴選幹練紳士郭地煥葉福澤會同妥議章程潘文萃崔員陳錫封佐其清釐嗣據郭地煥等復請將集仙寺田撥入是莊查集仙寺經前任張詳入書院附冊奏銷今改撥興賢莊而書院經費亦不可歉茲查善應菴有充公田六十石租稞相等撥歸書院即着該房補充前項奏銷如此通融庶兩有裨益矣此判

公議規條

一興賢莊責成歲科批首輪流專管並於每案內慎選一人公同收放每月一分五釐行息如批首丁艱二名充管

一應舉盤費在省開發一半餘於十一月初三日赴興賢莊補領遺才較正案減半未入場者不給批首各得二股府批亦得二股但不得經管莊事

一歲入租稞等項各佃於十一月初二日按時價至興賢莊交兌

一契圖另㴱一卷存公照繕一冊付批首輪管

賓興田

一方家坳田三十石獅子林撥入變價另置

一方家坳田三十石曇花菴撥入變價另置

一鶴山塆田二十四石首領捐置張昌明捐當價二十四串今變價另置

一觀音山田二十五石葉姓捐由書院撥入變價另置

一伍家溝田二十石變價另置

一石磙鋪蓮花林田四十石葉佐青捐變價另置

一屆家嘴田十五石變價另置

一朝陽菴田十石周祖席捐今換本姓嚴家塆下首長衝田二十四石

一汪子坳田五十八石與書院田更換

一雲峯寺田二十石有魚塘山地蕭朝貴捐撥

一白楊衝龍王廟田十五石有塘屋山地劉四洛劉鵬翥捐撥

一李家樓田一十三石有魚塘屋山地福興菴撥入

一集仙寺田九十五石有山地塘屋書院撥入

一高士坪田四十石葉佐青妻汪氏捐撥

一東關外煙墩塆田十五石原田九十石摘六股之一雜項照股攤分張其炯捐

一深水河胡家塆田三十石內余集水捐當價三十四千四百文

一葉家河河西田四十石有塘屋山地僧志海捐

一鐵爐坳田五石僧道千捐
一三竺山田六十石
一嚴家壋長衝田二十四石周功祥周仍玉捐
一蛇壠祈報寺田五石蕭榮緒蕭聯級捐
一傅家衝田五十八石王姓捐
一新紅衝田二十五石
一新紅衝田一百石
一葉家河田三十石
一葉家河田九十石

一王道山田六十石
一葉家河劉家壋田二十石王瑜儕捐
一江老寺田每年實納稞錢十二千文江伯昌江品三捐
一朝陽菴楓樹坳田八石余繼宗潘勝用捐

社學

明成化乙亥知縣沈雷建於縣西因地湫隘嘉靖甲午知縣沈越買民地高爽者重新焉立社師以教子弟鄉閭亦改淫祠爲之

國朝順治乙亥奉

旨復社學端蒙養隨奉學政王通飭考選文生品端學優者許其教授各鄉村亦如之

知縣趙振清建立義學通詳道光十三年

爲勸捐義學九處詳請奬勵事本年三月初九日奉本府轉奉臬藩憲札開據署江夏縣史令禀報捐立義學五處等因計發捐立義學章程一本奉此當即恭録司札出示勸捐並傳集城鄉紳士悉心開導將奉發義學章程照抄各給一本靡不欣然樂從除紳士胡心致等去歲將廟産改設義學四處業已選舉師

長議定束修於正月内擇期開館外旋據奉鄉民人余巨才呈稱該村盧家坳地方並無義學情願捐田四十一石在該處公所設立義學以作膏火之資據多鄉童生張漢山等呈稱該村白雲菴伊祖曾捐田六十石據多鄉監生周之英呈稱該區定惠菴淨土菴兩處伊等前人曾捐田四十六石據平鄉監生吳志全等呈稱伊等有公共會産田四十石據奉鄉葉家河民人劉世安呈稱普陀菴伊祖所捐田畝内請撥田四十五石先後赴縣呈請卽在該廟並各村公

所設立義學所有租課作師長束修之資等情前來隨調齊契據並親詣各該處查驗廟宇公所均堪設立並諭余巨才等選舉師長議定束修赴縣呈明由縣分關延定一面擇期開館其生童姓名均令造册備案以便查考所有田地租課膏火束修卽著原捐各施主輪流經管原日捐田契據逐一繳案另行更換以期久遠隨據余巨才等各將選舉師長及無力延師之子弟姓名造具清册當卽分別關訂出示開館並責成各塾師每於朔望率同耆老鄉保在於該

處村集宣講

聖諭總期家喻戶曉人人奉行以仰副作育人材化民成俗之至意此外如另有可以添設之處仍隨時勸捐力圖增廣查生員胡心致等先後勸立義學九處共計田四百九十八石核計各捐銀數均在三百兩以下未便詳請議敘惟民情好義從善如登合將生員胡心致等捐田數目以及師生首士各姓名造具清册具文詳請俯賜查核批示立案俾得勒諸貞珉以順輿情而垂永遠並求量予鼓勵以示旌奬實爲公便

一多鄉乾山寺設立義學生員胡心致等捐田一百二十石

一平鄉東嶽廟設立義學生員胡紹璞等捐田四十石

一多鄉月山廟設立義學王輝萬等捐田四十六石

一多鄉善應菴設立義學監生王位尊捐田六十石

一奉鄉盧家坳設立義學余巨才等捐田四十一石

一多鄉白雲菴設立義學儒士張漢山捐田六十石

一多鄉定惠菴設立義學監生周芝英傅思傑鄭泮林等捐田四十六石

一奉鄉葉家河設立義學民人劉世安等捐田四十五石

一平鄉什院河設立義學監生吴志全等捐田四十石

一平鄉奎文閣續設義學道光十四年監生屈立添曾克忠曾榮松仝衆姓捐資買得騎龍寺廟宇園塘山田正道菴園塘田屋並同治九年續買細汊壠園山田共田九十九石

一多鄉江家鋪區續設義學民人蕭德凱江天貴李鳳慶等捐洪家衕蛇壠田四十石咸豐元年

一奉鄉匡家河續設義學撥有什王寺廟田八十三石又撥有天明山田三十石又買蜈蚣地田三十石 同治九年

一平鄉金鳳樓續設義學撥有集雲菴田三十八石 光緒元年

節錄知縣管貽葵舉行鄉課示

照得風俗繫於人心而人心判於學術古者庠校之設及於鄉黨本此意也本縣下車以來每值月課必期認真辦理不欲視爲具文是以屆期生童雲集共切觀摩而文教蒸蒸日上矣其有距城遥遠者誠恐寒士艱於往返致令向隅並諭各該區正紳於該處附近地方籌費分設鄉課以期作養人才策勵後進前據多鄉上堡等處辦理有年頗收成效茲查滕家堡地方相距縣治亦復窵遠該區金鳳樓業已興修落成地極清幽廟亦宏敞可於此處設立鄉課一例按期舉行爰集該處正紳公同核議並查悉該處文昌會奎文閣兩處文會歷年存積頗有餘資今議將兩會提爲此處鄉課經費並有首士金景璜情願捐

資附助似此籌畫妥善儘能按期舉行本縣首先捐廉爲倡次文昌會次奎文會再次爲首士金景璜捐項統計一年課試八次按序輪轉從此人文蔚起定儲金玉之才行看

帝澤覃敷式卜鳳梧之吉余有厚望爾宜勉旃

知縣蔡炳榮撥廟田通稟 同治九年

案奉吏部咨抄御史朱邦儁奏請整頓吏治並舉辦社倉社學各摺片恭錄

諭旨咨行一體認眞辦理至設立社倉等事有無公項可提亦即議詳核辦等因當將查辦情形詳請本府轉詳在案伏查教化乃牧民之本社學爲培植之源欲厚民風先興文教文教興則士習端人心正鄉黨視爲儀型風俗由之表率是社學之設大有益於地方誠不可不認眞舉行也卑縣地方夙稱名區惟無社學即賓興鄉會之經費書院月課之花紅亦均不甚擴充本年鄉試雖經卑職籌款每名資助每年月課向於十月爲止今亦添增三課並於每月酌量捐增花紅以作士氣然終非久遠之策而又不能另展一籌

提欵則屬庫空虛無欵可撥勸捐則逆氛甫息民力
未紓再四思維欲求有益於公無損於民莫善於清
查廢廟田產之爲妥速緣兵燹後廟多焚毀田被佔
耕與其中飽僧民無濟於世曷若歸入義學培植人
材商諸闔邑士紳咸稱書院現存田畝即係道光初
年趙前令振清任內所撥廟產茲若倣而行之無不
樂於從事周諮博採輿論僉同隨即酌議捐章分爲
三等以無廟無僧爲一等有廟無僧爲一等有廟有
僧者又爲一等如無廟無僧與有廟而已破敗不堪

羅田縣志　卷之四　政典志　社學　五十一

修葺者田產全數充公若尚堪修葺並有廟有僧而
廟產富厚者酌提十之二三充公不願者聽所提之
田即爲該廟施主所捐逼詳立碑刊入縣志捐田一
百石以內者由縣給予樂善不倦匾額捐至一百石
以上至二百石者詳請本府給匾三百石者詳請守
道憲給匾以示獎勵計自勸辦以來已據原捐廟田
後裔禀報捐田歸公者共有九百餘石歲約收穀三
百石此外可捐之處尚多容俟一律捐齊再量田租之
所入以定社學之多寡并分別撥入賓興書院各若

干石以資經費膏火議立條規添舉殷實妥紳經理
詳請訓示至此項田畝在施者固屬惠而不費而無
力延師之家與成材之士均受益無窮實一舉而三
善備以仰副憲臺興賢育材化民成俗之至意是否
有當理合禀請俯賜核示祇遵奉　督憲李　批據
禀清查廢廟田產分別提充社學及賓興書院經費
所辦尚屬得法仰北布政司飭俟一律捐齊即行妥
議條規添舉公正紳耆經理造冊通詳立案可也
計開新撥廟產變價另置

羅田縣志　卷之四　政典志　社學　五十二

一元妙觀唐家衝田一百八十石　原施主唐時中
一青蓮菴田二十石
一雲居菴田二十石
一華藏菴田三十三石　施主藍楚州藍楚江
計開禀歸北費田
一仙女石董家巖田二百零九石　知縣何仲香捐坐落多鄉
計開撥入賓興館及
萬壽宮爲永遠修葺看守費田
一關帝廟田十五石　施主高全衡

一延壽菴田二十石施主史邵熊龔四姓
一永思菴田二十石施主劉濱
一東嶽廟田二十石施主余思茆劉文立胡春華姜丙炎高雲程
一淨土菴田十石施主劉一登
一黃泥塘田六十石施主劉大禎
一新菴田十石施主葉繼潤葉元方以上坐落奉鄉

計開撥入新賓興田

一長壽菴田三十石施主張大介
一豹龍巖田三十二石施主後裔汪獻

一經魁菴田三十石施主汪本浹並張姓熊姓
一觀音堂田三十石施主汪應選
一青蓮菴田五十一石施主汪基隆汪基永
一魁山菴田四十石施主張倘邱
一福興菴田三十五石施主張尚池
一義水寺田二十五石施主張文天
一玉虹山田二百石施主吳明宗
一什王寺田六十石施主劉汝智劉秉轍
一福興菴田五十六石施主徐士隆胡獻朋

一文殊坪田八十石施主葉繼春郭均賢
一淘金寺田二十石施主盧義生李公倫
一興國菴田十石施主程興國
一大士閣田二十石施主盧懷璧
一白衣菴田二十五石捐主余大新
一雨花菴田二十一石施主南有喬
一曇花菴田二十石施主劉繼盛
一熊家菴田八十石施主熊正楚
一賢妙觀田四十石施主賓朝壽

一諸佛殿田二十石施主郭隆運郭耆壽
一眞武堂田三十石施主余明全
一買古廟河田一百八十四石　一新菴田十五石
一東嶽廟田四十石施主張戒純以上坐落奉鄉
一大屋基千佛寺田五十八石五斗施主衆姓
一雞鳴尖田九十石施主彭應兵彭應科與關呂龔陳陶各姓
一秋千台田二十一石施主廖倘敦
一灰陶菴田三十三石五斗施主彭春甫後裔彭翠岩彭金品
一朝陽菴田二十石施主辜陳興

一慈雲菴田二十五石施主明施周兆華周兆祖嚴賓詹
一雲霧菴田十石施主蕭萱桂
一泰平寺田十石施主劉姓
一大士菴田十二石施主金正芳
一王家菴田十二石施主王挹桂
一湧泉寺田三十石施主後裔方渙洛
一修靜菴田十二石施主後裔方如獻
一天旂觀田二十石春施主後裔徐雙和徐學富徐同
一得勝寺田六石施主後裔徐學富徐雙和徐同春

一潘家菴田十石施主潘合亭潘春明
一雲崇菴田十五石施主王敬安
一木舟菴田十石施主晏希賜
一騎龍菴田十五石施主陳仕貞
一延神菴田十石
一華輔菴田十五石施主楊之驥張學永李春陽
一洪福菴田十石施主後裔黃孔揚
一東嶽廟田十石施主黃孔揚
一東衡廟田二十石施主九姓陳童曾高雷盧程胡

一密雲菴田十石施主後裔楊萬雲楊懷仁楊從德楊明川
一宜林菴田六十石施主朱恒元
一玉泉寺田十五石施主蕭權
一廣福菴田九石施主李一信
一慈蔭菴八石施主陳姓
一西竺菴田三十一石施主汪姓胡姓
一新菴田三十石施主胡煥然
一志願菴田十二石施主後裔胡五倫胡忠廉胡忠銜胡忠訓
一觀音堂田三十石施主王姓孫姓

一普供菴田十五石施主後裔閻癸林郭世華徐丙焜
一萬壽菴田二十石僧仁海稟捐係僧意澄廟產以上坐落平鄉
一清溢寺田十石施主丁鶴鳴丁瑞春丁明進丁現春丁福太
一三官殿田十石施主王少松
一興龍菴田十二石施主王
一永興菴田八石施主閔
一觀音寺田二十五石施主王廷植王廷一宋奎
一紫雲菴田二十八石施主後裔王枝炳王汝翔王皆煒王永吉
一鸚鵡林田十四石施主後裔王枝瑾

一上嶽廟田十九石施主董有仁
一仰山寺田二十石施主胡姓
一聚英區白雲菴田二十石施主周姓
一興福菴田十五石施主周載容
一梅林菴田六石施主周萬祥
一觀音堂田七石施主李玉書
一王家廟田十石施主黄兆龍
一五眼菴田二十五石施主後裔周從秀鄧思德及江姓汪姓
一五鄰菴田二十五石施主後裔周從秀鄧思德及江姓汪姓

一彌陀菴田二十石施主周之祥周之禪
一宋家山田二十五石施主周兩儀
一麻姑寺田二十三石施主周聰憲
一古佛堂田五石施主鄭姓
一回龍菴田五石施主傅友謙
一唐家廟田八石施主後裔周于蓮唐德玉
一天竺菴田二十石施主唐維德唐漢江
一白衣菴東廂田七十五石
一白衣菴西廂田三十二石

一定慧菴田二十四石
一傅家廟田四十五石施主後裔董杏村丁獻祥鄧遠祥王成敘
一王在生菴田十石施主王在生
一雲盤山田四十八石施主王佐堂歐公友
一永豐寺田二十石施主朱子明
一長生菴田十石施主李起真
一白雲菴田二十石施主周姓
一高梘廟田十石施主周世祿周世相周思兼
一自修菴田八石施主後裔姜天錫姜正松

一水口廟田五石施主洪志全洪紹興
一極樂菴田十石施主張君立
一東嶽廟田七石施主陳倫
一童家菴田十石施主童鈞明
一高家坳田二十石
一圓通菴田十石僧勝明捐
一石壁冲田二十石係各廟捐錢另置
一馬利河廟田十石係江老寺江七房施主以上坐落多鄉

典禮

祭

文廟

每歲春秋上丁日致祭承祭官陪祭各官先一日赴
文廟階下行一跪三叩首禮學官滌器視牲瘞毛血至
期各官朝服黎明齊集行三跪九叩首禮
先師正位祭品乾隆三年頒
帛一白色　爵三白磁　牛一　羊一
豕一　登一　鉶二　簠二
簋二　籩十　豆十　酒罇一
四配
每位帛一白色　爵三白磁　羊一　豕一

鉶一　簠二　簋二　籩八
豆八　酒罇一
十二哲東西每三壇
帛一白色　爵三白磁　豕一　鉶各一　豕首
簠各一　簋各一　籩各四　豆各四　酒罇一
兩廡東西各三壇
帛一白色　爵各四銅　豕三　簠各一
簋各一　籩各四　豆各四　酒罇一
樂器雍正二年頒

編鐘一　編磬一　柷一　敔一
應鼓一　搏拊鼓二　排簫二架　塤二
篪四　琴六　瑟六　笙六
簫六　笛六　木笏六
舞器乾隆五年頒
麾幡二　羽籥三十六　旌節二
樂歌樂六奏舞六佾樂工五十二人舞生三十六人
樂章乾隆九年頒
迎神咸平之章無舞

大太四哉南工
至林尺聖仲上道太四德仲上尊林尺崇仲上維南工持林尺王仲上化太四斯林尺
民仲上是黃合宗太四典黃合祀太四有仲上常林尺精南工純林尺並太四
初獻寧平之章有舞
隆仲上神黃合其南工來林尺格仲上於林尺昭仲上聖黃合容太四
自太四生仲上民林尺來仲上誰太四底黃合其仲上盛太四惟南工
師林尺神仲上明太四度黃合越仲上前仲上聖太四粢仲上帛太四具仲上成林尺
禮黃合容太四斯林尺稱仲上黍太四稷南工非黃合馨林尺維南工神林尺
之仲上聽太四

亞獻安平之章有舞

大太四哉仲上

聖黃合師太四實南工天林尺生仲上德太四作仲上樂太四以仲上崇林尺時仲上

祀太四無林尺數仲上清黃合酤南工惟仲上馨仲上嘉林尺牲仲上孔黃合

碩太四薦太四羞南工神黃合明林尺庶南工幾林尺昭仲上格太四

三獻景平之章有舞

百仲上王南工宗林尺師仲上生林尺民仲上物太四軌黃合瞻黃合之南工

洋林尺洋仲上神林尺其仲上盅太四止黃合酌太四彼黃合金林尺罍仲上

惟南工清林尺且太四旨仲上登仲上獻太四惟林尺三仲上於黃合嘻南工

成林尺禮仲上

徹饌宣平之章無舞

犧仲上牲太四在仲上前林尺豆太四籩仲上在黃合列太四以大四亯南工

以林尺薦仲上既仲上芬林尺既太四潔仲上禮黃合成太四樂仲上備太四

人南工和林尺神仲上悅太四祭黃合則太四受仲上福林尺率黃合遵南工

無林尺越仲上

送神祥平之章無舞

有太四嚴南工學林尺宮仲上四黃合方太四來仲上崇太四恪黃合恭南工

祀林尺事仲上威南工儀林尺雝仲上雝太四歆仲上茲林尺惟南工馨林尺

神仲上馭太四還林尺復仲上明黃合禋南工斯林尺畢仲上咸南工膺林尺

百仲上福太四

舞譜

初獻甯平

自稍前向外開籥舞生蹈向裏開籥舞民合手蹲朝上來起轉身向外高舉籥面朝誰

兩兩相對蹲東西相向底合手蹲朝上其正揖盛起平身出左手立惟兩兩相對自下

而上東西相向

師稍前舞舉籥垂翟神中班轉身東西相向立惟兩中班十二人轉身俱東西相向明舉翟三合籥

度稍前向外垂手舞越蹈向裏合手舞前向前合手謙進步雙手合籥聖回身再謙退步

側身向外高手回面向上粢正蹲朝上帛稍舞躬身挽手側身向外呈籥耳邊面朝上具正揖

成起辭身挽手復籥舞正立禮兩兩相對交籥兩班俱東西手持籥容正揖斯向外退挽手舉

籥向外面朝上稱回身正立黍稍前舞稷正蹲朝上非左右垂手兩班上下俱雙垂手東西

相向馨起合手相向立惟左右側身垂手向外開籥垂手舞神右側身垂手向裏垂手舞

之正揖朝上聽躬而受之躬身朝上拱籥而受之三鼓舉起

亞獻安平

大左右進步向外垂手舞哉右向裏垂手舞

聖向西落籥面朝上師退回身正立實正蹲天起身向前舞向外舞生向裏德合手謙退

步向前雙手合籥存謙作兩兩相對自上而下兩班相對舉籥東西樂上下俱垂手惟兩中班上

下十二人俱垂手蹲身東西相向**以**轉身東西相向立**崇**相向立兩班上下以翟相籥**時**

稍前舞蹈兩班上下俱垂手向外舞**祀**向裏垂手舞**無**合手謙進步向前雙手合籥翟**斁**回身

再謙兩班上下東西相向合籥立**清**稍前舞向外開籥舞**酤**向裏舞**惟**雙手平執籥翟開籥

翟**馨**合籥翟朝上正立**嘉**側身垂左手兩班俱垂左手向外舞**牲**躬身正揖**孔**雙手舞籥

翟躬身**碩**躬而受之躬身朝上拱籥受之一鼓而起**薦**二叩頭舉右手叩頭**羞**舉左手叩頭

神復舉右手叩頭**明**拜一鼓舉即起躬身三鼓平身**庶**三舞蹈舉籥向左躬身舞**幾**舉籥向右

躬身舞**昭**舉籥復向左手躬身**格**拱籥躬身而受之

三獻景平

百向外開籥舞**王**向裏開籥舞**宗**側身向外面朝上**師**朝上正立**生**兩班上下兩兩

相對交舞**民**合手朝上正蹲**物**側身向裏合籥**軌**合籥向上正立**瞻**向外開籥舞**之**向裏

開籥舞**洋**開籥朝上正立**洋**合籥**神**向外開籥舞**其**向裏開籥舞**宏**進步向前雙手

合舞**止**回身東西相向手謙**酌**向外開籥舞**彼**向裏開籥舞**金**開籥朝上正立**罍**合籥

朝上正立**惟**向外垂手舞**清**向裏垂手舞**且**朝上正揖**旨**躬身而受之**登**躬身向左

合籥舞**獻**躬身向右合籥舞**惟**躬身復向左合籥舞**三**合籥朝上拜一鼓便起身**於**側身

向外垂手舞**嘻**側身向裏垂手舞**成**朝上正揖**禮**躬身朝南受之二鼓舉起身

祝文

惟

先師德隆千聖道冠百王揭日月以常行自生民所未有

屬

文教昌明之會正禮和樂節之時辟雍鐘鼓咸恪薦於馨

香泮水膠庠益致嚴於籩豆茲當仲春秋祇率彞章肅

展微忱聿將祀典以

復聖顏子

宗聖曾子

述聖子思子

亞聖孟子配尙饗

崇聖祠祭品

帛一白色 爵三白磁 羊一 豕一 鉶一

簠二 簋二 籩八 豆八 酒罇一

配位祭品每位一壇

帛一白色 豕首一 爵三 簠各一 簋各一

籩各四 豆各四 豕肉一 酒罇一

從祀祭品東西二案

帛一白色 爵三銅 簠各一 簋各一 籩各四

豆各四 豕肉一 酒罇一

祝文

惟

王弈葉鍾祥光開聖緒盛德之後積久彌昌凡聲教所覃

敷率循源而溯本宜肅明禋之典用申守土之忱茲

屆仲春秋聿修祀事配以

先賢顏氏

先賢曾氏

先賢孔氏

先賢孟孫氏尚饗

名宦祠

歲春秋祭日同上丁

祭品

爵三　帛一白色　羊一　豕一

籩四　豆四　鉶一　鐙二

壺一　香盤一

鄉賢祠

歲春秋祭日同上丁

祭品儀注與名宦祠同

忠義孝弟祠

歲春秋二仲月上丁祀之祭品儀注與祀名宦祠同

祝文

惟

靈稟賦貞純躬行篤實忠誠奮發貫金石而不渝義聞

昭宣表鄉閭而共式祗事懋彝倫之大性摯義篤克

恭念天顯之親情殷棣萼模楷咸推夫懿德

綸恩特闡其幽光祠宇維隆歲時式祀用陳尊簋來格几

筵尚饗

昭忠祠

每春秋遵　部頒祭日致祭祭品儀注與名宦祠同

祝文

惟

靈執銳披堅臨陣出力存則議敘沒則

旌功分無論尊卑効死者重名不拘士庶殉難者忠既

慷慨以捐軀用昭忠而祠祀茲當仲春秋特將牲帛凡

在陣亡伏冀來格尚饗

節孝祠

歲春秋二仲丁日致祭祭品儀注與名宦祠同

祝文

惟

靈純心皎潔令德柔嘉矢志完貞全閨中之亮節竭誠

致敬彰閫內之芳型茹冰蘖而彌堅清操自勵奉槃

匜而匪懈篤孝傳徽

絲綸持沛夫

殊恩祠宇昭垂於令典祇循歲祀式薦尊醪尚饗

祭

文昌宮

嘉慶六年奉

特旨崇祀每歲春以二月初三日

聖誕秋以欽天監選定吉日致祭咸豐五年奉

旨升入中祀同治四年奉

旨續增一祭每歲春秋仲月遵須選擇日期暨二月初三日

誕辰致祭

祭品

帛一　爵三（春秋仲月爵一）　牛一　羊一

豕一　籩十　豆十

祝文

惟

神績著西垣樞環北極六匡麗曜協昌運之光華累代

垂靈爲人文之主宰扶正久彰夫感召薦馨宜致其

尊崇茲屆仲（春秋）用昭時祀尚其歆格鑒此精虔尚饗

祭後殿

文昌帝君先代神位

祭品

帛一　爵三　豕一　羊一　籩八

祝文

惟

神祭引先河之義禮崇反本之思矧夫世德彌光延賞

斯及祥徵累代炯列宿之精靈化被千秋綿人文之

主宰足尊後代用答前庥茲屆仲（春秋）肅將時祀用申

告潔

神其格歆尚饗

祭

武廟

順治元年定期每年五月十三日行祭九年奉
旨敕封忠義神武關聖大帝雍正三年奉
旨敕封帝三代公爵造神牌供奉後殿五月致祭外定於春
秋二仲月擇日致祭届期先祭後殿後祭正殿咸豐
四年奉
特旨升入中祀咸豐五年奉
旨加封帝三代王爵每歲春秋仲月用午日及五月十三日
誕辰致祭

祭品
帛一 爵一 牛一 羊一 豕一
籩十 豆十
誕神祭品
帛一 爵三 牛羊豕各一 菓五盤
祝文
惟
神星日英靈乾坤正氣允文允武紹聖學於千秋至大
至剛顯
神威於六合御

聲靈之赫濯崇典禮於馨香茲當仲春秋用昭時饗維祈
昭格克鑒精虔尚饗
祭後殿
光昭王正中南向
裕昌王東一室南向
成忠王西一室南向
夫人九靈懿德武肅英皇后
長子平竭忠王
次子興顯忠王
部將周倉忠勇公

兩旁從祀
關平 楊儀荊州刺史 周倉 馬良荊州參軍 關興
張苞 王甫 張嵩 華佗 趙累
祭品
帛各一 爵三 豕各一 羊各一 籩各八
祝文
惟
王世澤亶麻令儀裕後靈鍾河嶽篤生神武之英誠溯

淵源宜切尊崇之報班爵超躬桓而上升香肅俎豆之陳茲值仲春秋爰修祀事尙祈
昭鑒式此苾芬尙饗

社稷壇

歲春秋仲月上戊日致祭

祭品

帛二黑色　羊一　豕一　硎一　簠二

簋二　籩四　豆四

祝文

惟
神奠安九土粒食萬方分五色以表封圻育三農而蕃稼穡恭承守土肅展明禋茲屆仲春秋聿修祀典庶芃芃松柏鞏磐石於無疆翼翼黍苗佐神倉於不匱尙
饗

神祇壇

歲春秋以祭社稷之日設　風雲雷雨之神主居中
山川左　城隍右合祭

祭品

帛七白色　硎二　罇一　爵二十一

餘品均同社稷壇

祝文

惟
神贊襄天澤福佑蒼黎佐靈化以流形生成永賴乘氣機而鼓盪溫肅皆宜磅礴高深長保安貞之吉憑依鞏固實資捍禦之功幸民俗之殷盈仰
神明之庇護恭修歲祀正值良辰敬潔豆籩祗陳牲幣
尙饗

先農壇

歲仲春亥日巳時致祭午時行耕籍禮是日承祭官
率各官請
神位供於壇上朝服行禮

祭品

帛一白色　餘品及儀注與祭社稷壇同

祝文

惟
神肇興稼穡粒我蒸民頌思文之德克配彼蒼念率育

之功常陳時夏茲當東作咸服先疇洪惟
九五之尊歲舉三推之典恭膺守土敢忘勞民謹奉彝章
肅修祀事惟願五風十雨嘉祥恆沐於
神庥庶幾九穗雙歧上瑞頻書於大有尚饗

耕籍儀注

一官捧青箱一官播種耒耒官右手扶犁左手執鞭
行九推禮農夫終畝耕畢各回官廳更朝服望
闕恭行三跪九叩首禮禮畢將遵行耕籍日期具詳

器具

農具一 赤色 牛一 黑色 籽種一 青色

龍神

歲春秋二仲諏吉致祭

祭品

帛一 白色 豕一 羊一 爵三 菓食八盤

儀注與祭文昌同

祝文

惟
神德洋溢海澤潤蒼生允襄水土之平經流順軌廣濟
眾源之用膏雨及時績奏安瀾占大川之利涉功資
育物欣庶類之蕃昌仰藉
神庥宜隆報享謹遵祀典式協良辰敬布几筵肅陳牲
幣尚饗

厲壇

歲三月寒食節七月望日十月朔日前期縣官飭所
司具香燭公服詣
城隍廟焚牒以祭厲告屆期禮生奉請
城隍神入壇居中壇下榜無祀鬼神分祀之羊豕各三

米飯三石香燭酒楮隨用

牒文

維某年某月某日某縣某官某等遵奉
皇上欽頒旨意普天之下后土之上無不有人亦無不有
鬼神故勅天下有司依時享祭命本處城隍以主此
祭鎮壓壇場鑒察諸鬼等類其中果有生爲良善誤
遭刑禍死於無辜者神必達於所司使之還生人世
以享太平之福如有素爲凶惡雖獲善終亦出僥倖
者神當達於所司屏之物類善惡之報神必無私欽

奉如此今某等不敢有違謹於某年月日於城北設壇置備牲醴羹飯享祭本縣無祀鬼神等然幽冥異境人力難爲必藉神功庶得感動今特移文於神先期分遣諸神召集本縣闔境鬼神等衆至日悉赴壇所普享一祭鬼神當欽承勅命鎮壓壇場無私昭報

爲此

祝文

遵承禮部劄開闔境無祀鬼神等衆事欽奉

皇帝聖旨普天之下后土之上無不有人無不有鬼神人

鬼之道幽冥雖殊其理則一今國家治民祀神已有定制尚念冥冥之中無祀鬼神昔爲生民未知何故而歿其間有遭兵刄而橫傷者有死於水火盜賊者有被人取財而逼死者有遭刑禍而負屈死者有天災流行而疫死者有被人强奪妻妾而死者有爲猛獸毒蟲所害者有爲饑餓凍死者有因戰鬭而殞身者有因危急而自縊者有因牆屋傾頹而壓死者有死後無子孫者有子孫不能祭祀者此等鬼魂或終於前代或歿於近世或兵戈擾攘流落於他鄉或人煙斷絶久缺其祭祀姓名泯沒於一時祀典無聞而不載此等孤魂死無所依精魂未散結爲陰靈或依草附木或作妖爲怪悲號於星月之下呻吟於風雨之時凡遇人間令節心思陽世魂杳杳以無歸身墮沈淪意懸懸而望祭興言及此憐其慘悽故勅天下有司依時享祭期於神依人而血食人敬神而知禮仍命本處城隍以主此祭欽奉如此不敢有違謹設壇於城北置備牲醴羹飯專祭本縣闔境無祀鬼魂等衆靈其不昧來格來歆尚饗

火神

歲春秋二仲諏日致祭

祭品 儀注與祭龍神同

祝文

惟

神職司夏令運主南訛乘朱輪而昭法象秉赤曜以握靈符三星守令鮮芒角之動搖二歲周天因仁言而退匿民皆安堵賴庇佑於江天神所憑依劾普存於民力時當春秋仲敬具禮儀聿昭肸蠁之誠爰崇告祝

之典用薦馨香庶其來格尚饗

旗纛神

霜降日城守官致祭

祭品

帛一　豕一　羊一

雩祭

先農壇行禮祭日用孟夏之吉遇水旱縣官率各官步詣各壇行香

蜡祭

臘月上戊日致祭於社稷壇側

迎春儀注

立春先一日設芒神土牛於東郊縣官暨各官朝服儀仗鼓樂出郊迎春縣官居前各官以次行至春臺行一跪三叩首禮縣官酹酒三次復行三叩禮乃迎芒神與土牛回署於儀門外安設芒神東西向土牛南向各官集縣堂公讌命一役背黃袱鳴鑼說諸吉利謂之報春次日立春時設酒果祭芒神三獻訖行四拜禮各官執綵鞭隨縣官環擊土牛者三名曰打春

慶賀儀注

慶賀先期於

萬壽宮龍亭前陳香案夕設庭燎各官朝服咸集質明至拜位行三跪九叩首禮如朝儀

釋菜儀注

凡蒞任官示期謁

聖先一日備祭品傳集相祀諸生屆期主祭官暨各官朝服至

文廟詣

先師位前行三獻禮三跪九叩以次詣

四配位前皆如前儀其二哲暨兩廡係學官分祭

鄉飲酒禮

順治初令各府州縣每歲正月十五日十月初一日舉行鄉飲酒禮二次雍正元年

上諭鄉飲酒禮乃敬老尊賢之古制近聞年久視爲具文所備宴筵亦甚不堪應加舉行嗣乾隆十九年會典館

奏定各省舉行鄉飲令各省督撫轉飭所屬府州縣

每歲遵照定例舉行二次先訪紳士之年高德邵者
一人爲大賓次爲介賓又次爲衆賓皆由州縣詳報
府尹督撫覈定舉行其本地有仕至顯宦偶居鄉里
願來觀禮者是爲僎賓依古禮坐於東北無則闕之
仍將所舉賓造具姓名籍貫清册送部存案倘鄉飲
後有過犯援所犯輕重詳報斥革咨部除名並將原
舉之官議處

鄉飲儀注

歲孟春望日冬月朔日舉鄉飲酒之禮於學宮以正

官爲主人以致仕官員及年高德邵者爲大賓次一
人爲介又次爲衆賓衆賓之長三人學官爲司正佐貳官
贊禮前一日依圖陳設座次司正率執事習禮次日
正官暨各官咸朝服先垂遣一人速賓賓朝服至立庠
門外右側各官出迎主人西面揖賓東面答揖主人
入門左賓入門右當階主人揖及階揖賓答揖主人
與賓讓三讓主人東階升賓乃西階升主人北面再
拜賓答拜訖卽席主人降階延介一讓升拜如賓禮
就位主人復揖衆賓賓以次皆升主賓三揖皆就位

立司正至堂中北向立賓主皆揖執事者酌酒於觶
以授司正司正舉觶曰恭惟
朝廷率由舊章敦崇禮教舉行鄉飲非爲飲食凡我長
幼各相勸勉爲臣盡忠爲子盡孝長幼有序兄友弟
恭內睦宗族外和鄉里無或廢墜以忝所生讀畢司
正飲酒訖以觶授執事者司正揖賓介以下皆揖司
正復位賓介以下皆坐執事者舉律令案於堂中賓
主皆起立讀者詣案北面讀曰律令凡鄉飲酒禮序
長幼論賢良年高有德者居上其次序齒列坐有過

犯者不得干與違者罪以違制失儀則揚觶者以禮
責之讀畢執事者舉饌案至各席主人獻賓賓酬主
人如之主人獻介介酬主人亦如之徧獻酬衆賓訖
樂工入升歌周詩鹿鳴之章笙奏
製補南陔詩其辭曰我逝南陔言陟其岵昔我行役瞻望
有父欲養無由風木何補我逝南陔言陟其屺今我
行役瞻望有母母也倚廬歸則甯止南陔有筍擇實
包之孱孱孩提孰噢咻之愼爾溫清潔爾旨肴今日
不養日月其慆閒歌周詩魚麗之章笙奏

御製補由庚詩其辭曰由庚平平東西朔南六符調燮八風
節宜由庚容容朔南西東維敬與勤百于道同由庚
廓廓東西南朔先憂而憂後樂而樂由庚恢恢南朔
東西皇極孰建惟德之依乃合樂歌周詩關雎之章
卒歌工祝告備執事者行酒主賓皆拜訖又賓介衆
賓拜訖賓降西階主人降東階出庠門三揖而退

羅田縣志卷之四

政典志下

兵事

羅田介皖豫之交地扼形勝用武者所必爭漢魏以來兵事孔棘明季尤甚我朝底定海內休養生息民不知兵蓋二百有餘年雖身匪跳踉邊邑震恐不逾十年以剗以平紀而編之亦安不忘危意也志兵事

吳黃武初年晉宗爲蘄口將以衆叛於魏還爲蘄春太守圖襲安樂取其保質孫權以爲恥六月盛夏出其不意遣賀齊督糜芳鮮于丹等襲蘄春遂生擒晉宗 見吳志賀齊傳

吳黃武七年權使鄱陽太守周訪譎魏大司馬曹休休果舉衆入皖乃召陸遜假黃鉞爲大都督逆休休既覺知耻見欺誘自恃兵馬精多遂交戰遜自爲中部令朱桓全琮爲左右翼三道俱進果衝休伏兵因驅走之追亡逐北徑至夾石斬首萬級 三國志陸遜傳

按通志所載陸遜追魏過羅田岐嶺關

唐興元元年李希烈反淮南沂江衜地節度使曹王皋討之遣將伊慎爲先鋒與賊夾江陣賊栅蔡山不可拔皋聲言西取蘄引兵艦循厓泝江上賊聞以彘卒保栅悉軍行江北與皋並西去蔡山三百里皋遣步士悉登舟順流下攻蔡山拔之間一日賊救至大敗遂下蘄州平黄州兵益振天子在梁州包佶轉東南財糧次蘄口賊遣驍將杜少誠以兵萬人遏江道不得西慎邀士七千列三屯相望偃旗以待少誠分圍之未合慎自中屯鼓之諸屯悉出奮擊賊亂少誠走蘄别將許少華潰無留難拜慎爲安黄節度使貞

元末詔安黄爲奉義軍帥爲奉義節度 見唐書曹王皋及伊慎傳

周顯德二年周主自將攻唐淮南蘄州裨將李福殺其刺史王承雋降周 見五代史南唐世家

三年唐將朱元等復取舒和蘄州初唐人以茶鹽强民而徵其粟帛謂之轉徵又與營田於淮南民甚苦之及周師至民奉牛酒迎勞而將相不之恤專事俘掠民皆失望相聚山澤操農器爲兵積紙爲甲時人謂之白甲兵周兵討之屢爲所敗所得諸州復爲唐有 見綱目

五年周世宗臨江遣水師擊唐兵破之唐王遣使獻舒廬蘄黄四州地畫江以爲界周師乃引還 見綱目

元至正十一年羅田徐壽輝兵起壽輝羅田人又名真一業販布袁州僧彭瑩玉以妖術與麻城鄒普勝聚衆爲亂用黄巾爲號奇壽狀貌遂推爲主九月陷蘄水及黄州路敗威順王寬徹不花遂即蘄水爲都稱皇帝國號天完建元治平以普勝爲太師倪文俊爲丞相明年江浙平章政事卜顏帖木兒等討壽輝於蘄水破之壽輝走免獲其官屬四百餘人已而復

熾遷都漢陽爲其丞相倪文俊所制十七年文俊謀弑壽輝不克遂奔黄州陳友諒隸文俊麾下數有功爲領兵元帥遂乘釁殺文俊併其兵 明史徐壽輝傳

明成化十五年信陽軍聚衆爲盜羅邑搶擄 舊志

宏治八年河南固始賊盤踞山谷僭稱王寇羅田 府志

正德五年流賊顧子鎮趙瘋子徐彦明等深入羅田大肆擄掠張正福與其弟姪追殺之爲賊所拖捨身死於戰 舊志

七年三月河北賊趙燧劉惠別部賈勉兒寇羅田官軍擊敗之沿途潰散燧薙髮爲僧逃至江夏飯村店獲之送京師伏誅 府志

流賊李勝二率六百餘人深入羅田因先時聞警官民怖散賊遂踞民居月餘後總兵統官兵夜乘醉臥盡殲之 舊志

嘉靖十八年十月盜張友讓與弟友勇友忠同六安楊道富聚衆千餘人刼掠鄉里縣令祝翊設計捕獲友讓及其黨惟友忠遁走六安州九龍灣與丁堯山

等復收餘黨出沒六關爲害尤熾翊捕獲堯山令多雲鎮巡檢許昴搗賊巢穴賊方大吉葉禿子等從徑路突出昴被殺巡撫陸杰委通判聶同祝翊領兵勦平之 舊志

崇禎六年冬流寇至

八年二月賊羅汝才闖塌天等黨萬餘人犯羅田城內奸民徐害兒家突然火起城破殺傷甚衆知縣梁志仁死之妻唐氏亦罵賊死教諭吳鳳來訓導盧大受典史單思仁俱不屈死同日殉難者鄉紳二人監生一人生員三十五人六月白乃忠任縣事繕守備設鄉團立里兵有力之家勸助兵資十月賊逼城下乃忠固守賊攻南門不克引去十二月賊復從蘄水大至士民耆老泣迎乃忠上寨乃忠誓死不可賊首滿天飛來索金帛紿之近城預備火藥賊甫近城鎗發立斃餘黨稍卻遂同主簿周有德救援都司李懋功與賊戰於東門外殺賊二十餘人奪馬數匹賊始遁 舊志

十二月英山賊包恩嘯聚百餘人於羅田舊縣畈刼

掠白乃忠遣里兵乘間道取賊首懸東門外釋餘黨歸農賊衆感泣 舊志

十年二月賊寇羅田白乃忠率勇戰於北峯河河口斬賊首王林冲坐山虎礮殺三十餘人會大雨礮不能施賊分路圍之殺鄉兵五十餘人乃忠引兵退令家丁雷同春冒宗貴殿後被賊殺四月賊盤踞多雲寨乃忠於黑夜乘其不備攻破之賊逝走凡十一戰屢有功 省志

十二年秋賊至

十三年賊由河南詐稱官兵晝夜兼行襲羅田焚燬房舍殺擄殆盡白乃忠率兵與戰敗去時天色將曙有兵千人踞平土嶺勾賊偷破城垣舊志

十四年四方兵起各省兵路經羅田其時田地草萊骨肉生别而各營兵皆駐此大肆擄掠白骨堆道舊志

十五年土賊恣虐人不堪命巡撫部院宋親歷羅田驗情形奏請蠲租三年築要城衛民舊志

十六年三月蘄水黄岡麻城俱陷五月賊破省稱王設官羅田原任知縣汪洋識攜印遠遁六月賊至暴

殺城陷民命十亡其九未盡殺者賊以劈手爲令參府志

國朝順治三年東山土賊圍黄州初明末賊亂郡城殘破居民入山避亂者多據險結寨以防剽掠合羅田黄岡蘄水麻城共四十八寨參府志

康熙二年土賊張士營破城舊志

二十七年五月二十二日督標裁兵夏逢龍叛陷省城旋陷漢陽六月朔日賊舟蔽江下寇黄州遂入城羅田人心洶洶奸人勾叛兵肆毒士民紛竄賊據黄州兩月逢龍時在京口爲提督徐治都所敗逃還省城其將胡耀乾不納復至黄州八月鎮武將軍瓦岱引兵至黄州賊將迎降逢龍逃黄岡白雲山里人縛送軍門磔於府城東五里墩黄州平及大兵至省城賊開門迎降諸府縣悉平參府志

乾隆十七年蘄州奸民馬朝柱以妖術惑人聚衆於多雲鎮天堂寨爲亂該山係楚皖交界地方事聞湖廣總督永常率兵駐羅田蹺馬墩兩江總督尹繼善率兵駐英山金家鋪會同勦辦柱先期遁獲其黨羽

事遂平

咸豐二年十二月粤匪由湖南竄湖北陷武昌分寇黄州羅田戒嚴始倡議團練

三年正月賊由武昌擄掠船隻蔽江下竄直抵金陵直督琦善奉
命赴援督帶勁旅沿途追勦二月初三日由縣徑過軍威甚盛是時省城肅清

七月賊由河南竄踞麻城岐亭鎮桿鎮官軍擊之賊敗竄羅田官軍乘勝追勦遂竄英山

十月賊數萬由安慶上竄黄州失守知府金雲門殉節僞丞相何開貴踞英山僞聖糧館羅四踞蘄水遣賊目湯來英羅交界處勒索錢米等物名曰打貢

四年三月踞蘄水賊羅四率大股寇羅田知縣彭仲芳甫履任羅城久廢無可守禦兵亦未集仲芳退保多雲鎮賊踞城大肆擄掠時仲芳姪俊賢遇害

六月彭仲芳駐多雲籌餉練兵爲規復計密諭城鄉練勇接應賊偵知七月率衆犯多雲仲芳督上堡官紳帶勇迎戰敗賊於樓子山近城練勇尅期雲集賊懼竄蘄水遂復縣城仲芳由是集議紳民於縣治設

團練總局分團兵爲十六營三鄉各立團總互相聯絡按區設局就地籌糧復於各要隘設立卡房巡邏偵探羅田團練之舉至是大備

閏七月十二日賊復由蘄水犯羅仲芳親督練勇戰賊於城南之三里磧大敗之追至上界河斬首二百餘級生擒七十餘名奪獲旗幟器械無算是時各勇初習部伍久未見賊抑且軍器未全而各首領乃能奮勇爭先以作士氣竟獲全勝一時論者咸以爲仲芳忠義之氣有以感人云

二十七日賊踞蘄水縣蔡家河我勇由駱駝坳進攻賊大敗追至闗口遁入蘄水城

二十九日彭仲芳派邑舉人熊五緯督同各紳帶勇會蘄水知縣際亨前蘄水知縣劉棨駐駱駝坳規復蘄水縣城

八月初一日由駱駝坳移駐闗口初二日我勇分道進攻大獲勝仗遂克蘄水城際亨亦督蘄水練勇會同守禦

十五日賊率大股犯蘄水我勇奮擊敗之擒斬甚多

賊竄蘭溪一帶地方

二十一日賊率黨萬餘分數路來犯我勇迎戰自辰至未不少卻賊遣驍騎衝突蘄水新勇我勇失利敗走熊五緯力戰死之陣亡數十名退保駱駝坳

二十五日仲芳派廖新及城内十三營等帶勇由駱駝坳進攻蘄水城克之賊由蘭溪下竄黄州知府許賡藻復督黄安麻城勇會駐蘄水爲堵禦計

九月十五日賊分路犯蘄水分流鋪知府許　札調

羅勇三千泒監生聞其政等督帶會合黃安麻城新勇進攻我勇奮擊賊少卻適黃麻勇失利遂敗走黃安紳士彭主事宗達戰死我勇退守駱駝坳蘄水縣城復陷

二十三日仲芳命紳首廖新潘韋鏞等督勇分路出蘄水遂復蘄水城賊竄蘄州

十月知府許　會同我邑各練首督勇進駐曹家河與賊戰於獅子口大敗之遂克蘄州城

十一月賊踞英山彭仲芳率勇由樂利河進攻屢獲

勝仗遂克英山縣城賊遁走太湖蒙皖撫福濟奏保仲芳請加知州銜是時安徽甯池太廣兵備道何桂珍統開化勇並招降之捻首李兆壽率所部屯霍山仲芳會同何道進攻太湖縣城不克復以我勇與降捻不協回駐樂利河英山復陷

五年二月初四日我勇進攻英山克之賊竄太湖時蘄州敗賊復窺羅田仲芳分練勇爲三路堵禦之飭練紳張星煥等駐駱駝坳命子應鯉同十六營領首熊士益陳鏞等駐尤河仲芳自駐中界河賊偵中路兵單於二十日率大股來襲仲芳親身督勇迎戰會礮横裂中傷前徒一人衆勇驚潰賊乘勢撲犯仲芳遇害生員方雲錦監生張大銀死之城陷幸尤河暨駱駝坳兩路之勇合援賊仍竄走我勇乘勝夾攻陣斬僞國宗暨僞官陳文柏等十三名餘黨被殲者不下千餘人仲芳陣亡後羅田無官督率民心惶惶知府許　稟委前署羅田知縣彭惠疇權篆仍督團防

四月賊首田金爵踞英山安徽何道會同我勇進攻

擒田賊斬之

十一日賊另股擾蘄水團陂窺伺羅境我西路勇擊敗之

五月賊踞蘄水楊家祠地方築土城七座以逼我我勇奮攻拔其城而歸賊尋復築之並增至十一座勢張甚我勇復以火器環攻悉平之賊遁去

十三日賊竄英山前縣彭仲芳子保舉知縣彭應鯉其時帶勇駐石礄鎮十六日賊來攻我勇擊退二十六日遂克英山縣城賊分竄太湖蘄州

六月十七日我勇擊賊於蘄水蔡家河擒斬甚多
七月十二日我勇敗賊於蘄水團陂首領金鋭陷陣死焉
二十七日賊逼駱駝坳我勇與蘄勇分部堵禦互有殺傷蘄水城守萬世清死之
八月初三日偵知賊踞蘄水之洗馬畈我勇於夜半潛師往攻盡砍賊營平明大獲勝仗而還
十七日僧塔汎千總劉廷建督帶我勇進攻蘄水踞賊戰於關口地方賊勢猖獗我勇失利劉廷建陣亡從死者武生屈飛鵬郭映萱僧綱司月朗並鄉兵百餘人
十月賊分股由蘄水竄英山我勇防堵樂利河賊不敢犯掠英山縣南鄉而去
十一月初四日駐英山之降捻李兆壽復變安徽道何桂珍英山知縣蘇秀槐太湖知縣婁失名委員高失名均遇害捻逆遂踞英城復勾結蘄水踞賊寇羅我軍進攻之時值大霧晝晦李逆潛竄蘄水我勇追殺奪獲軍械馬匹無算截歸被虜婦女數十名

十二月二十日李逆糾賊萬餘襲駱駝坳是時卡勇僅四百人衆寡不敵遂敗賊踞坳鎮焚掠一空頃之援勇雲集併力合攻賊仍竄走蘄水
六年三月十三日賊犯上界河其時彭惠疇因病交卸知府許　請委彭應鯉署羅田縣事督勇奮擊砍賊目二名殺賊百餘名賊竄蘄水
四月二十三日我邑七局鄉勇進克英山縣賊竄蘄水羅田界聯英蘄兩邑唇齒相依若奉鄉之匯東河尤爲入境要隘時紳士姚敦禮等糾合七匯練勇扼要防禦屢獲勝仗最爲得力故邑人咸推爲七局勇云
八月初三日蘄州土匪吳菊兒與英山土匪王順生糾合賊衆竊踞英城我勇由樂利河分道進攻大獲勝仗斬首百餘級生擒數十名賊由是不敢犯境
二十四日賊由英山寇羅直偪豹龍巖我勇奮擊之賊敗走
二十六日應鯉會同紳首督七局練勇進攻英山與賊交鋒擒斬甚衆

二十七日我勇復分道進攻賊懼遁走遂復英城
九月吳王二逆復勾結太湖土匪踞英城我邑戒嚴
十月應鯉督七局勇分路擊英山踞賊迭獲勝仗斬首數百王逆受創餘黨逃遁乘勝克復英山城是月新選知縣林基到任視事仍留應鯉幫辦團練
十一月二十日賊竄蘄水蔡家河我勇進擊敗之追至蘄水城外賊遁入城
二十四日官軍攻復武昌漢陽前蘄水知縣劉翼由麻城卸任來羅得上游官軍捷音即會同我勇合攻

蘄水城連日獲勝遂克之
十二月官軍收復省城後乘勝下剿賊氛稍熄是時蘄州尚有踞賊知州石介乞師於羅乃調精勇三千人相助進剿行至曹家河與大兵會合遂進攻蘄州城克之斬首數百級餘賊下竄皖境官軍分部防堵我勇奉調駐紮蘄州之張家塝以防太湖是時石介去任檄委應鯉署蘄州事
七年四月初四日僞英王陳玉成即四眼狗統賊數萬自霍竄英意圖上犯窺視楚疆我勇防沙坪水田山樂利河時安徽布政使李孟羣帶隊援皖道經羅田偵知賊蹤遂遣都司盧又熊營紮石橋鋪賊來撲官軍失利是時林基卸篆去仍委署蘄州應鯉兼署羅田乃率勇赴援擊賊於粱家灘勝之賊敗走英山
初六日踞英山賊復分股出楠梓堰等處以撲我營應鯉又勝之斬首二百餘生擒六十名我軍亦有傷亡賊仍退入英山
初七日賊復添集六霍之衆大股進逼樂利河盧又熊會同我勇與賊大戰熊身受多傷我勇稍却適皖

藩李揮軍前進賊敗走
初八日賊分路繞撲蘄水雞鳴河一帶城守徐兆達督勇會蘄水紳勇擊退截糧百餘石奪旗幟鎗炮無算
十一日賊又大至官軍分三路進攻應鯉由大畈河藏家畈等處進駐扼賊下竄官軍與賊鏖戰甚久殺賊數千應鯉遂督勇乘勝克復英山縣城其竄至雞鳴河之賊經我勇會合官軍及蘄水勇截於河干使不能越遂東竄太湖一帶

五月僞輔王率大股賊復竄英山我勇於沙坪水田山夫子嶺各處嚴加堵禦會皖藩李孟羣遣營官袁懷忠屯七里衝張得勝屯朦朧山合我勇併力進攻賊大敗官軍移駐英城

六月蘄州青石嶺望天畈等處官軍失利賊復上竄分駐蘄水及上巴河時巡撫胡林翼駐軍於黄岡之廻龍山檄黄州知府許　駐董六嘴昌營駐盂鉢橋調羅勇駐但店互爲犄角之勢屢與賊戰擒斬甚衆旋於黑夜攜帶火毬火箭等物偷至賊壘四圍攻擊

賊驚潰我勇盡蹋賊營賊隨竄張家塝

七月應鯉督帶羅勇萬餘隨官軍進攻張家塝大獲勝仗遂克復蘄州城羅勇仍駐各隘防堵是年冬署知縣崔蘭馨到任應鯉卸羅田事

八年二月賊首四眼狗秦日綱等率賊十餘萬由太湖竄英山之大畈河直偪羅境之傅家畈我勇連日攻擊互有殺傷局紳候選教諭王炳榮死之是時署知縣崔蘭馨偵知賊勢猖獗督勇紥朦朧山堵禦適勇丁未集賊突從山腰來犯蘭馨令張旗幟於山坳乃獨坐山崗神色自若旁立小童以手招賊賊疑有伏不敢進援勇尋至團紳姚敦禮帶禮字營勇亦由匡家河進攻賊大挫回竄英山

三月狗逆仍率悍股由英霍竄商城李家集圖犯羅田初七日崔蘭馨督勇由松子關出擊賊於商城之佛堂坳斬首百餘級生擒數十名初八日賊分股繞道竄入滕家堡我勇回擊之斬悍目數名初九日賊遂踞麻城之牌樓河木樨二里河十一日徑撲新昌河蘭馨帶勇會同禮字營駐石獅坳福地橋等處迎勦於十三日大敗之十四日連破賊壘十餘座擒斬

無算賊竄麻城

四月賊踞麻城圖犯羅田我勇防堵成昔坳

五月初一日賊竄商城李家集我勇追勦之賊竄安徽三河地方時官軍上駐黄州下游賊距羅甚遠境內稍安至十二月蘭馨觧任新選潘亮功知縣事仍督團練以備不虞

九年狗逆復由安徽竄商城李家集羅田松子銅鑼二關吃緊知縣潘亮功會同城守徐兆達督勇分防

稟撥禮字桂字二營赴松子關協勦屢獲勝仗擒斬無算賊竄皖境巡撫胡　飭委會勘羅田東南北要隘泒團紳籌捐建修碉卡十七處爲守禦計

十年六月羅田碉卡告竣巡撫胡　札飭潘亮功籌欵扼守添撥成大吉貞右五營赴松子關協防賊不敢逼

十一年正月僞輔王率悍賊十餘萬撲霍山之落兒嶺時總兵余際昌失利賊徑犯羅田南界潘亮功督勇堵禦賊繞蘄水上竄黃州

二月初四日粤逆四眼狗糾同捻首龔瞎子率衆數萬撲松子關成大吉駐勇僅二千餘衆寡不敵乃與團紳相度山勢密泒我勇兩路埋伏自則開關誘敵賊果蜂擁撲犯我軍三路夾擊砲斃龔逆賊勢不支自相殘踏我軍乘勝連日大戰斬首三千餘屍骸山積得獲旗幟衣物馬匹無算賊遁走吳家畈龔瞎子爲豫省著名巨捻譎詐多謀擾亂數省罪大惡極久稽天討竟於是役殲焉實足以伸士氣而快人心

初七日賊駐吳家畈屢次撲犯未能逞志尋於初十日由間道滕霧寘青苔關卡勇失防傷亡十餘名勇潰匪越關入境逕犯羅田潘亮功檄調團勇迎擊賊敗走德安我勇遂駐防尤河嘴中界河等處

六月黃州踞逆分股竄蘄水團陂何家寨我勇自尤河進勦連破賊卡累保千總胡載舟死之

八月十九日德安踞逆下竄黃蘄邊境撲羅田之尤河嘴及中界河我勇奮擊追勦擒斬百名奪獲旗幟馬匹無算賊一沿黃岡之三里畈黃崗廟遁出釁門關一繞縣南界遁走多雲鎮亦出釁門關

同治元年二月安慶潰逆糾合餘黨巨萬竄至商六圖犯羅田之松子關署知縣何蕙馨督勇赴防各卡迭出奇兵賊不敢犯

七月賊復煽豫捻勾結齊匪入楚圖爲內應何蕙馨稟詳查辦親督團勇赴三千畈滕家堡及商麻交界處嚴加防範境內肅然

二年二月髮逆糾合豫捻竄入麻城兩路口署知縣王臣弼督飭團勇赴滕家堡林家嘴尤河嘴中界河駱駝坳等處分防

二十一日賊竄黃岡三里畈直撲尤河嘴我勇力戰却之次日賊由蘄水下竄三月轉竄蘄水之關口團哤各防勇齊出擊之賊竄河南

四月賊竄商城進窺松子關我勇往禦巡撫嚴樹森撥毅桓二營協防賊不敢犯

九月賊擾岡麻逼近羅界我勇自尤河林家嘴兩路分擊之賊上竄隨棗

十一月賊復回竄麻城我勇會麻勇擊賊於麻城之中界嶺賊遁還河南

三年五月賊屢挫衄蓄志報復乃合捻逆百萬由黃岡麻城蘄水三路寇羅知縣王臣弼親督紳勇於三縣交界處若林家嘴尤河嘴中界河駱駝坳等處分兵堵禦奈兵力單薄尤河力戰死傷甚衆遂潰羅田無城賊於二十八日闖入街市四出焚掠居民廬舍蕩然男婦被殺者枕藉於道臣弼臨陣受傷退保多雲鎮同僧塔汎千總吳必昌招集潰勇爲規復計

六月初一日賊另股由岡麻犯林家嘴防勇連戰敗之斬擒百餘名又與賊戰於平湖亦却之

初六日踞城賊復分股由石獅坳竄林家嘴防勇轉戰失利退守滕家堡

初九日千總吳必昌馳赴八廸河督團堵勦王臣弼飛諭滕家堡及奉鄉七局嚴加防禦是役也賊南竄與七局二十餘戰皆敗西竄與滕家堡等局十餘戰亦敗大小二河勇亦疊次敗賊賊退入城吳必昌駐軍李家樓謀攻城賊築木卡於兩河口以禦之

七月我勇攻河口踞賊不克吳必昌死之賊乘勝攻陷七局復糾岡麻股匪襲滕家堡掠出松子關仍入

豫境

八月王臣弼督勇駐大堖擊踞縣餘賊收復縣城

九月賊復來犯時　僧邸帥統師至羅賊懼轉竄蘄水蘄州　僧邸帥分所部爲數路晝夜兼程窮追至潛霍山中國之殲首數萬降十餘萬餘賊竄河南

四年七月河南賊首潛竄英霍窺羅知縣吳鳳笙率團勇赴欒利河堵禦賊遁去

十一月賊一由麻城兩路口進逼松子關一由黃岡黃土坳進逼尤河嘴我勇各路分防賊不敢犯

五年正月賊踞黃岡我勇堵禦尢河嘴晝則於要隘廣張旗幟夜則鳴金鼓以威之四月賊轉竄河南

六年二月賊復竄黃孝三月轉竄岡麻署知縣陳汝松調團勇赴滕家堡林家嘴尢河嘴各卡堵禦會同官軍張得勝防勦

六月賊轉竄河南官軍合圍勦撫兼施賊悉平

摘錄保案（羅田縣於同治三年賊擾縣治所有兵事文卷悉遭殘毀僅擇其現存而事關緊要者錄之）

咸豐五年五月初三日湖廣總督楊　會同荊州將軍官　奏保羅田黃安兩縣團練出力紳民本月十九日奉

上諭官文楊霈等奏遵查團練出力殺賊各員弁紳民開單請奬一摺上年賊匪竄湖北羅田黃安等縣地方經該縣紳民團練殺賊並同時各州縣團練協助官軍克復黃州等郡縣所有出力員弁紳民均屬著有微勞自應量予恩施以昭激勸等因欽此欽遵所保在事出力官紳裳

恩一律准奬接奉行知在案（此保羅田初次保舉）

咸豐七年四月初五日湖北巡撫胡　奏爲克復安徽英山縣城事竊查鄂省克復以後拏獲奸細均稱該逆無日不思上犯窺伺武漢三月二十六日湖北臬司暨安徽藩司李孟羣率二千五百人援皖啓行數日後臣　接據署蘄州知州兼署羅田縣彭應鯉禀四月初三日探得悍賊七八千人於初四日竄踞安徽英山縣城又由六安霍山壽州等處分股上竄當卽分調各團分扼要隘親督練勇赴英山羅田交界之樂利河駐紮署蘄水縣劉霽督勇駐蘄水之雞鳴河查爾山朱洋河一帶適李孟羣援皖之師亦至卽飭都司盧又熊集於羅田境上初五日彭應鯉擊賊於梁家灘勝之初六日英山之賊分股出楠梓堰西陽河兩河口蒲蘆盆以撲我營彭應鯉又勝之斬二百餘名生擒六十餘名我軍傷二十六名陣亡一名盧又熊率其營截賊於途斬大旗手一名追殺至楠梓堰生擒四名而返賊卽退回英山初七日賊添集六安霍山之衆大股又至盧又熊戰於樂利河身受多傷勇丁稍却李孟羣揮軍援之仍　將賊擊退初八

日賊分五路撲蘄水雞鳴河一帶把總徐兆逵會蘄水紳勇擊退初九日羅田團勇擊擄糧之賊獲米百餘石而是日蘄水團勇失利於雞鳴河李孟羣又飭盧又熊帶傷往援仍有擒斬賊乃於一晝夜内合數路之賊併力齊撲意在乘虛而上彭應鯉聞信準備李孟羣即飭參將趙鴻舉游擊張得勝江蘇候補知府朱啓仁湖南候補同知楊恩徽分途迎勦而密令羅田縣在籍安徽候補同知廖新率團勇抄賊之後賊固未之覺也十一日賊隊大至我軍一由兩河口

攻其南一由四口塘攻其北一由西路攻樂利河彭應鯉由大畈河戴家畈等處進駐扼賊下竄自辰至申鏖戰四時之久斃賊二千餘名並騎馬賊首四名生擒三百餘名奪獲器械無算反走之賊則為我軍抄後之兵迎頭截殺彭應鯉率其團勇乘勝克復英山縣城其竄至雞鳴河之賊經盧又熊會蘄羅各勇截於河干使不能越遂向太湖一帶東竄此四月初四至十一日我軍疊次大勝並越境克復英山縣城之實在情形也現在各軍回勦蘄州之賊英山久無

官守李孟羣即檄廖新暫理安徽英山縣事臣查北岸之黃梅廣濟羅田蘄水皆與皖省接界據李孟羣稟稱自羅田橫至蘄水蘄州之界均有賊營十餘處而蘄州蘄水另有股匪萬餘分途竄入下游官軍均在賊後請派兵援勦過其上竄臣查皖之六霍宿太等處無處非賊豫省三河尖等處賊燄尙熾江甯將軍臣都興阿咨稱大股賊衆竄逼必須添益兵力臣即飛調興國防兵二千五百人於四月十二日由蘄州渡江進紮張家塝又調前赴襄陽之寶義兩營回

省而先派參將葉永泰率虎營六百人自省馳赴北岸會同堵勦斷不敢稍分畛域致有疏虞且使援皖之師不虞後路之梗塞至彭應鯉勇敢樸實率領羅田團勇兩年以來越境討賊迭著戰功此次帶勇克復英山縣城尤堪嘉尙李孟羣以援皖之師途次接仗亦協機宜所有尤為出力之候補知州署蘄州知州兼署羅田縣知縣彭應鯉可否以知府用以示激勸其餘出力堵勦官紳員弁兵勇應請查明稟獎除飛飭藩司李孟羣迅即取道六安馳援廬州外所有

官兵團勇疊獲大勝並越境克復英山縣城仍添兵
助勦情形謹會同督臣官文江寧將軍臣都興阿由
驛六百里馳　奏五月初二日內閣奉
上諭胡林翼奏官軍勦賊疊獲大勝並越境克復安徽英
山縣城一摺　勦辦尚爲得手著即乘勝進攻俾北
岸一帶迅就肅清所有尤爲出力之湖北署蘄州兼
署羅田知縣彭應鯉著以知府用以示鼓勵其餘在
事出力員弁並著該督撫等查明保奏欽此
奏爲遵

旨保奬仰祈
聖鑒事咸豐七年五月初二日奉
上諭官文胡林翼奏官軍勦賊疊獲大勝並越境克復安
徽英山縣城一摺在事出力員弁著該督撫等查明
保奏又准軍機大臣字寄咸豐七年五月十三日奉
上諭李孟羣片奏皖楚交界各屬必須激勵團練以助官
軍等語所奏甚爲剴切所有兩省交界地方官紳士
民團練殺賊及捐資練勇著有勞績者即著該藩司
查明擬定奬勵如係安徽所屬即詳明福濟如係湖
北所屬即詳明官文胡林翼奏請優奬以昭激勸各
等因欽此仰見
聖恩高厚徵勞必錄團練士民同聲歡忭竊以團練之設
家自爲守人自爲戰疊奉
諭旨通飭各直省一律舉行臣等入經出示曉諭諄諄勸
導並節次檄行各府州縣認眞督辦查湖北黃州府
屬界連安徽宿松太湖英山霍山六安各州縣民間
逼近賊氛咸知團練爲急而羅田團練頻年殺賊尤
爲得力其越境克復英山縣城並克復蘄水蘄州固

已多次本年四月皖賊數萬分股上犯勢甚猖獗該
紳勇等越境勦賊戰功最著克復英山縣城以勦爲
堵而本境亦賴以保全洵屬始終奮勉臣等查該縣
士民團練防勦已歷數年近年接仗倍加奮勇茲據
安徽藩司李孟羣督同署蘄州知州兼署羅田縣事
彭應鯉擇尤請保前來臣等覆加覈實尤無冒濫謹
遵
諭旨繕具清單仰候
天恩除飭各路官軍迅速進攻以靖邊界外所有保奬士

民團練緣由謹合詞恭摺奏祈
皇上聖鑒訓示謹 奏奉
硃批另有旨欽此同日奉到咸豐七年閏五月二十七日
內閣奉
上諭一道恭錄轉行下縣仰沐
天恩一律邀准旋奉
吏部咨查分别註冊在案 此係二次保案
附錄城鄉歷年辦團及帶兵各紳首名目

義城總局
熊五緯 舉人統帶三鄉練勇攻克蘄水縣城陣亡照例賜襲 廖新
張星煥 何廉 潘彩枝 潘肇鏞
朱盛典 王盛榮 林肇昕 林肇琨
汪瀾 晏楚傑 張珏 陳瑞琫
劉星煩 黃文楷 閻癸林 匡慶榕
聞其政 蕭士珂 朱春曉 曾道鈺
何孫曾 蕭樾 姚三枬 周紹垣
姚敦禮 李晴波 王炳榮 陳瑞珅
楊鑾 廖飛鵬 屈彤雲 屈炳然

方鳳添 江樹 童先疇 周鏡芙
胡履坦 張組 周召勳 汪添春
葉承雯 葉承恩 熊五修 王枝璉
周傳麒 歐陽斌 張世英 李力偉
辜樹棠 祝汝梅 熊五組 王枝壎
楊允鉦 廖業珍 王家驚 何珠
朱占元 董杏村 葉紹珪 葉大梅
陳廷樞 周駿烈 以上諸紳官階均列保舉門
胡學域 例貢 方銘席 增生 廖東會 監生

義城總營 立十六營
童邦鉞 黃兆台 張鼎 葉爲琛
石磊 熊第坤 熊五縉經 徐邦傑
歐陽鼎 秦煇煩 潘彩聯 汪寶田
陳鏞 王皆煥 晏純甫 軍功 葉蕃
涂烱 以上官階均列保舉門 林肇瑛
四義局 分局土門坳栗子坳木子店道貫衝
熊第壤 保從九 陳開榜 保從九 王煥斌 捐職縣丞 陳瑞瓏 武生
王飛鵬 監生 陳步雲 捐職把總 陳青雲 武生 程士禮 軍功

熊馥昌文童以上團總佐

何士俊六品頂戴 陳選青監生 王煥榮外委以上領首

蕭家堰局分局萬清局萬全局庫全局宜林菴局

朱長煒六品頂戴 蕭金照監生 金杏春武生 朱盛德監生

李炳榮庠生 金永發監生 蕭祖興以上團總佐

樂學魁軍功 崔玉成 朱盛祥 朱長源

王用雲以上領首

尤河嘴局

金燧保用訓導 金心例貢 金旭監生 丁開甲監生岡籍

汪維翰從九銜 徐羽儀監生以上團總佐

丁錦嶽監生岡籍 金偉從九銜 金玉華軍功 秦慶春監生

以上領首

車潭局分局東衝畈局雲山局

崔曉春歲貢 朱福謙廩生 晏兆熊武生以上團總佐

雷英秀監生 崔錦春監生 王俣志 朱艮材以上領首

平湖局

黃緒甡文童 張學忍文童 楊繼榮軍功 楊賢書軍功

黃芸庠生以上俱團總佐 高功印從九 何耀春軍功

黃丙榮軍功 晏福林六品頂戴 高彩雲 高世法

楊允鐸軍功 楊恒之 胡秋實 楊春錫以上領首

石獅坳局分局干城局

程開陛保縣丞 蕭雨亭保把總 蕭漢杰監生 蕭功順監生

廖聲齊監生 蕭伯醕武生 劉樹椿 朱永恒

蕭文炳監生以上團總佐

周占魁保把總 朱宿興監生 朱維禎監生 朱德周從九銜

蕭名昇軍功 蕭名貽軍功 蕭名韡 何玉珍軍功

李迎福以上領首

柳林河局分局雙鳳局

鄢丙暄保訓導 周鳳亭武生 蕭永佑監生 鄢聯璋監生

鄢慶雲監生 龔三和從九銜 廖煥奎庠生 蕭續傳以上俱團

總佐

周三級武生 鄢占臺武生 黃高魁軍功 鄢寶池軍功

鄢克華軍功 胡金蘭文童 周維德 鄢前金

鄢錦文 胡學貫 蕭春山 胡學鴻以上領首

友助局平鄉馬驛坳區

林國楨五品頂戴 朱梅庠生 林文煥監生 徐正廷軍功

徐榮高銜從九 徐月興以上團總佐
徐雲程銜從九 唐煥初銜從九 徐億勳 江金謝
朱崇興軍功以上領首

福地橋局
林肇榮六品頂戴 廖 荃六品頂戴 廖會列監生 廖洪任監生
廖嘉賓例貢 廖夙譽例貢 朱列鼎監生以上團總佐
屈懷發守外委軍功 王開榜武生 廖文謨保守備 曾大宗軍功
廖彖元六品頂戴 廖鳳翔保外委 廖業建 廖彩堂 朱錦鳳以上領首

紫雲臺局

胡泰勳武生 曾敬心廩生 蕭 璐庠生 曾 唯庠生
曾道中文童 曾樹椿監生 蕭士薰監生 蕭韻笙監生
徐心廣監生 徐體仁監生 朱燦林監生 晏廣見軍功
曾赤文儒士保六品頂戴以上俱團總佐
徐艷亭軍功 朱錦鸞軍功 唐應烈軍功 李應亭軍功
余禾敦軍功 徐國榮文童 蕭金榮 胡學松以上領首

尙義局
徐子燮文童 徐書賢監生 朱長敏庠生 屈榮清監生
徐存吉軍功 江瑞麟軍功以上俱團總佐

屈鴻緒銜從九 屈志書六品頂戴 李席珍 文豐友
蕭光緒六品頂戴 屈名連保外委 屈立坤保外委 江玉林六品頂戴
屈宗秀六品頂戴 馮仁主軍功 鄭立志 江金林以上領首

五虎局分局昇平局知方局同袍局相助局滕家堡
蕭雲程五品頂戴 閻庚鍔附貢 方成楷六品頂翎 方漁洛例貢
蕭功世州同銜 閻崇樸增生 閻人傳監生 丁明旦監生
李殿英監生 文宏炳貢生 陳雲岳貢生 閻太和監生
方興泰監生 閻中孚待詔 方殿揚武生 陳定魁武生
金仲和監生 陳典三貢生以上團總佐

王家珍軍功 陳子蓮文童 金 銳文童 方萬太以上領首

松子關局多助局
文楚信六品頂翎 朱錦雲庠生 徐石麟庠生 林逢春武生
夏金蘭以上團總佐 閻炳烈監生 金雲翥文童 張成名軍功
晏太來軍功 方李彬 方友朋 李四和
金時祥監生 金占魁武生 徐愼微軍功 朱全旺以上領首

銅鑼關局
汪時中六品頂戴 金光棠歲貢 雷立朝銜從九 王時秀
金景瑞以上團總佐

方銘俊監生　王庭珠　陳雲路　汪鎮和以上領首
戎睦局余家坳區
聞廣聚六品頂戴　聞雲開六品頂戴　聞德佑從九　吳用賓從九銜
余　沼庠生　余及鋒庠生　余如蘭監生　周慶鵬監生
以上團總佐
聞天吉軍功　聞應時軍功　聞云濟軍功　彭宏典軍功
鄭正順軍功　張廷佐軍功　余維岳　張體仁
張廷瑞　龔天華　方洪壽　劉春壽以上領首
鏵形地局分局永清局

彭鴻漸六品頂戴　闕金楷貢生　朱霽春監生　周鵬展監生
周萬和監生　彭學炳軍功　朱聯魁武生　劉遵先以上均團
總佐
彭煥藻六品頂戴　朱子壽六品頂戴　彭開典從九銜　朱楚魁從九銜
彭華元從九銜　周煥城軍功　朱振寅軍功　朱林魁
朱長松以上領首
兵農局分局村農局
周恆義州同　嚴佩珩監生　嚴更曙庠生　嚴嗣基貢生
周凌玉貢生　周挹薰監生　周煥池監生　周介壽監生

程開霞監生　詹元第監生　詹聲振武生　詹從烈武生
以上團總佐
周傳詔六品頂戴　周裕蘭六品頂戴　周瑞珠六品頂戴　周炳然六品頂戴
周秉均監生　詹永焰監生　周時達監生　嚴文炳監生
詹元鏞從九銜　詹元興武生　詹元善武生　嚴思順軍功
周裕太軍功　嚴溥照軍功以上領首
方家衝局
唐盖英監生　晏祥大監生　林景龍監生　方榮鳳監生
劉紹奇文童　周清漣　方高琳　方永福以上俱團

總佐
方紹賓六品頂戴　唐義和軍功　林應龍軍功　唐遠華軍功
方太松　余新德以上領首
上石源河局分局鞦韆局望助局
張世貞監生　吳文會監生　張寶善監生　汪善典文童
汪廷鑑軍功以上團總佐
汪錦春監生　吳士宏從九銜　雷廣濟　董金表以上領首
下石源河局集義局
王者香保訓導　涂光斗保從九　汪文慶保從九　涂光第保從九

王家驥　涂嘉植庠生　王家聲例貢以上俱團總佐
黃兆龍六品頂翎　涂義正監生　涂義合監生　涂義路監生
郭世華軍功　涂義超從九銜　黃錦珠軍功　涂紹周軍功
郭禮文軍功以上領首

得勝里局

涂　銧保縣丞　盧士昇六品頂戴　余　燾舉人　李省吾監生
涂道鸞廩生　盧春茂從九以上團總佐
涂道鶱從九　盧瓊英保從九　汪高攀　葉錦春
李子春　盧勝朵武生　涂杏亭六品頂戴以上領首

友助局分局河東局

童　烜保訓導　林丙奎保訓導　潘汝霖保從九　童肄三監生
童德芬布經歷　童邦玉監生　熊映堂六品頂翎　石有聲六品頂翎
陸家駒　高明耀以上團總佐　王鳳枝
童錫麟　童金門　李彩煥　童先春
童邦杰　許鎮軍保把總　陸家駿監生　葉端巖以上領首

永清局分局忠義局

葉東祥保五品　葉揩玉從九　葉祉元監生　樊介友
李景純監生　李昌榮捐縣丞以上團總佐

葉虎臣保外委　葉錫疆　葉錫寶中書科中書
樊雲階　賀應恕　樊同寅監生　樊春松以上領首

南集義局

郭元勲保訓導　郭佩蘭捐同知　李務滋監生　李承風生員
葉錫光捐巡檢　汪躍龍　李道棫生員　葉祥馨監生
以上團總佐
李楚雄武生　李飛鵬　葉錫璋從九　郭彩蓮
段遂貫　柴光照　周有懷　郭周輔
郭士章　周成章　段一堂　郭朝典

韋鳳安　郭承茂　郭景星　葉遐林以上領首

武衛局

李承恩五品頂戴　葉文華監生　李開第監生以上團總佐
李開甲監生　李之昇　李清漣六品頂戴　李啟庠監生
李成春以上領首

靖逆局分局君子里

劉雲標保訓導　童堃煥保千總　潘鼎梅保訓導　余前輝保訓導
張星煒六品頂翎　董翘榮六品頂戴　潘彩蓴保訓導　潘炳南監生
閻　濬庠生　劉雲程廩生　涂　銳保從九　余曉初監生

王子雲保守備　劉雲階生員以上團總佐
張星烺從九　徐東書監生　劉爲先從九　胡鳳先監生
張義雲職銜　潘肇修職銜　余前修軍功以上領首
鳳凰關局
葉時榮生員　葉端洲監生　葉比賡六品頂戴　余高懷監生
高文元生員　余志高監生　張炳煥生員　余思喆六品頂戴
高振箕縣丞以上團總佐
余鳳祺花翎都司　葉艮模六品頂戴　余雲鰲　陳禮智保外委
高書田　葉艮格從九　葉啟璠文童　葉儒仲監生

張士芝監生　鄭彬茂　胡釆荂　周舜卿
葉亮釆監生　劉文立　張全和　葉桂亭以上領首
尚義局
汪　瀓　汪守華保訓導　汪　晳五品頂戴　汪鼎雄武生
汪添春保從九以上團總佐
汪　綸監生　汪魯亭　汪榮安六品頂戴　汪用賓監生
汪殿魁武生　汪　紳　汪殿章武生　方言芳從九
方瑞祥從九　汪正國保藍翎　汪正發保藍翎　方金元
葉奉貴監生　葉逢春以上領首

馬郁保局
朱　庚生員　王皆煒生員以上團總佐
朱暢藻監生　王功恒　余艮慶以上領首
向義局
徐炳琳監生　王佑煌從九　王青雲武生　汪開泰監生
以上團總佐
張炳椿監生　劉瑞科軍功　劉士榮六品頂戴　劉錫雲以上領首
集義局
張紹載六品頂翎　張定華例貢　張　瑩生員　張定清監生

張協和監生　張廷珏文童以上團總佐
張士林　鄭光裕　張金富以上領首
永安局
張鵬程保縣丞　張汝梅六品頂翎　張蕙芳監生　張維翰府經歷
張祖華捐同知銜以上團總佐
張秀林生員　張紹春監生　張養志　張養明
張思蔚　張駿發　張清泰　趙永祥
方洪遠　趙永清　王必發　張世鏞
張能祥　張春福以上領首

義勝局
李賦康五品頂戴 周東滙 李新蕊 董翅英保從九
李宏林 李聯甲以上團總佐
周永貞 李作賓 毛步鰲 汪德義
胡子發 李炳勳 何惟典監生 劉正發以上領首
保全局
姚廷朗五品藍翎 𠮷寶源六品頂翎 傅兆漣庠生 毛開甲監生
葉鳳翔 姚敏功捐從九以上團總佐
𠮷丙坤六品藍翎 𠮷成玉六品藍翎 葉錫魁監生 傅汝霖監生

傅楚山 葉新輝太學生以上領首
信義局
汪學鏜六品藍翎 傅三元保把總 傅炳琳監生 𠮷掄升監生
傅春臺捐從九 𠮷掄杰捐從九以上團總佐
𠮷先甲武生 𠮷朗武生以上領首
備衛局
姚敦叙保縣丞 朱炳南保訓導 鄭陞聲以上團總佐
姚炳 鄭維烈 匡新甲 姚承恩以上領首
保和局

鄭懋昭教諭 王安善六品頂翎以上團總佐
王錦雲藍翎千總 鄭元英保把總 鄭潤安保外委 王子厚以上領首
靖氛局
𠮷琳六品頂翎 徐本忠 徐光蘭以上團總佐
葉德厚 鄒高升 𠮷樹丹 曾士勝以上領首
助衛局
洪春發六品頂戴 毛兆芝五品頂戴 葉芝潤以上團總佐
鄭鳳彬 洪尚彬 余金富以上領首
清恒局

王藻春保縣丞 吴定泰六品頂戴以上團總佐
吴康泰六品頂戴 陳緗榮 王嗣甲監生以上領首
友助局
何紫垣六品藍翎 胡學敏保訓導 蔡興周監生以上團總佐
王億山從九銜 詹玉山 胡保坪監生以上領首
保安局
李力鋭保知州 童虎孚六品頂戴 胡中檢庠生 王開甲從九銜
晏保山以上俱團總佐
李兆珂保從九 童秀堂以上領首

守義局

童瑞玉監生　童春信監生　劉方甲監生以上團總佐

童飛熊保從九　童翠飛　易紀堂　熊百美以上領首

連鄉局

李師爕保縣丞　李三選例貢生　李常盜監生以上團總佐

王泗鴻從九銜　李秋元六品頂翎　童楚珩　李三煌

李四珠　童尚炯　王召棠以上領首

聚英局

李學璪監生　周錦堂監生　李定清捐從九銜　晏乙生員以上團總

何全第　項春發　李春奎　晏六丙以上領首

知方堂局

熊韻附貢　李娩庚廪貢　劉錦球生員　劉承福保從九

李輝先監生以上團總佐

胡泰雲保從九　羅連貴保都司　韓炳勳監知事銜　李煥甲武生

劉懷進以上領首

河東局

余垣楷監生　趙全鍔五品頂戴　王煥奎從九銜　王作霖保舉訓導

胡森保舉訓導　王克讓監生以上團總佐

趙玉輝　王煥若　辜建杭　周遠曙從九

胡泰炎　程其進　張世第　胡錦鏞

李煥章　辜紹淩監生　徐鉄軍　王炳南以上領首

河西局

王枝瑾保訓導　張雲淩以上團總　趙位台　王利賓縣丞銜

王階評　龔長樞　余秉倫　黃獻春以上團佐

王皆捷　趙楚賢　李四艮　周世坤以上領首

湯河局

姚夢飛中書銜　姚爕元五品頂戴　王枝炳五品頂戴　姚肇基中書銜

王其章以上團總佐

王藝田　姚春泰　王南鳳以上領首

仗義局

張雲翰孝廉方正　王銓士監生　黃承香五品頂戴　王賡謨訓導

王復初監生　王培濬監生　王階鴻生員　胡鳳庭以上團總

王行之　王顯臣　張兆彬　胡鼎新

易正發以上領首

協和局

許賓三生員　馮錫三生員　許庚鑾增生　馮學慰監生

何懋霖廩生以上團總佐
趙詞選監生 許慶均監生 周濟川 潘彩觀六品軍功
許承嶽歲貢生 馮四海 許廷濟 許師進生員
許斯皇監生 高在鎔以上領首
傅家廟局
鄧維玥例貢生 丁獻祥 周玉樹監生 鄧雲路
鄧桂林生員 鄧思鋭 董杏村保縣丞 王五章
蕭廣仁 徐森列生員以上團總佐
鄧秀奇 張五奎以上領首

江家舖局
江旭初從九 黃樹棠府知事銜 傅聯紹監生 傅鴻順
周繩梓 石大卿從九 周召勳從九 周隆焕
周開榮生員 黃玉藻千總銜 蕭名遂監生 蕭進取
徐學照 張文選監生 楊才發 張從鳳監生
楊必順從九 周祚元花翎守備 吳宜俊以上團總佐
汪希昌六品頂戴 蕭隆昌從九 周振起以上領首
跨馬墩局
周杏春恩貢 周有俊監生 周祚捷監生 周祚彬從九

周隆品從九 周逢庚從九 周璧生員 周家祜監生
周時彛從九以上團總佐
周維禎監生 周夢熊武生 周祚越從九 胡鼎甲監生
周清泰 周仲元 周鳳占 鄭煥青監生
周祥泰從九 周炳蔚武生 周炳章監生 周攀桂監生
周春奇 周傳映監生 周有扶監生 周傳俊以上領首
柳樹舖局
許廷柱按照磨銜 林之桃監生 許廷旌監生 趙玉樹監生
王榮甲武生 王臣鋭武舉 王正高監生 江宗保

王新鉞例貢 江利金 江天驊監生 張鳳坤監生
陳有志監生 張樹華 江天泰從九 江杏春
周序春監生以上團總佐
許雁芹 詹連吉以上領首
石柱山局
張邦基保陞用縣丞 羅瑞蘭五品頂翎 江從喬五品頂戴 王玉昆六品頂戴
周祈潤武生 周鎮鰲武生 張邦見監生 王蘭馨文童
王長福 王蓋芳庠生 張桂鳴 周太運
周子放 余學丙以上團總佐

王光甲保外委　張正春武生　葉錫鳳監生　張養育監生
周玉堦以上領首
九資河局
陳　謨保教諭　李文獻保縣丞　羅汝泉保訓導　陳茂蘭監生
陳根沃五品頂戴　陳紹平保縣丞　陳　經待詔銜　程崇禮
王立功　余艮元　陳煥廷　饒中英
陳克繩　楊廣富監生　陳榮選　方洪潤以上團總
陳文豹保把總　吳步瀛保把總　王保成　陳仲芳
嚴文會　楊紹祥　徐有道　楊恒盛以上領首

毛家河局
楊力虎保州同　楊任國五品頂戴　楊寬仁監生　毛紹宗
余玉林　彭文錦以上團總佐
楊萬森保千總　楊南亮　余全和監生以上領首
石壁冲局
李楠庭保縣丞　羅大綬保縣丞　羅逢甲　羅大楷監生
羅辛鈺　羅及鋒以上團總佐
李洪波　張世璜　羅玉振　徐興榜
蕭名魁　張席珍以上領首

天堂寨局
陳輝藻六品頂翎　陳集朋六品頂戴　余翠庭　高夢庚
胡玉華監生　胡登仕　胡廷秀　胡克紹
張艮木　王全泰　黄秉公以上團總佐
陳維祺　陳長興　劉炳發　周顯文監生
胡中第武生以上領首

羅田團練紀畧

善哉古人之言曰用衆者務易用寡者務隘又曰將帥者心也羣下者支節也心動以誠則支節必力心

動以疑則支節必背此用兵之道太上所以貴人和其次必得地利也余於羅田之兵事而益信其說焉羅田毗連三省重關叠險地扼形勝漢魏而降兵戈雜遝用武者必争其地而禍亂之慘烈則以明季爲甚載稽典籍蓋較然也我

朝統一海宇民安物阜垂二百餘年郅治之隆古未嘗有迄咸豐初年粤逆倡亂泝流千里其時承平日久民不知兵卽疆吏亦皆身際盛平未嘗習見一旦狂寇竊發勢必至於束手坐困無可如何而蜂蠆之毒

蔓延幾遍天下凡省郡州邑受其荼毒者至酷且烈倘非當日倡議鄉團各守爾宇爲官軍勦捕之助遏羣醜窺竊之機則捻匪哨集於商於狪逆跳梁於秦隴苗民逆命於滇黔吾恐攻戰之兵將有疲於奔命者此所以剷平大亂之後余嘗嘆團練之力居多也

羅雖楚省蕞爾邑山鄉僻壤地瘠民貧而果敢奮發獨克以羸卒數千死與賊抗則忠義之氣誠不可沒也咸豐二年武昌陷賭寇順流下戰艦蔽江一時郡邑望風靡者悉去若傳舍羅固無城可守而又南接

蘄黃北聯皖豫四面受敵孑然獨存時大吏知彭令賢而能且習戎馬事故委權羅篆甫受任賊即大至倉猝無所備遂退守上堡爲規復計當是時也賊如蜎集蜂屯剽掠四出居民播遷者蹙蹙靡所騁然莫不痛心疾首思欲一紓

國憤而又限於勢力所不能彭公由是集議紳民激以大義自上堡團練以及按區設局籌餉練兵莫不井井有條且不匝月而克復縣城並越境勦復英山兩蘄者數次戰無不利守無不固其功績可謂偉且烈矣夫以草服儒冠之衆挈畚荷鍤之流紀律不知攻守未講一旦而欲制巨憝臨大敵此誠暫時守禦之謀也故當日議者卽咸以自不量力譏之而余意頗不謂然蓋當其賊兵壓境計無復之幸而衆志成城扼其險要既擊敗以挫其鋒復窮追以斷其路固吾疆圉保我黎民彼世之坐以待斃甘心臣虜者其相去何止萬萬也假使畏首畏尾瞻顧因循任賊長驅深入腹地則斯民之塗炭又豈復有底止哉嗟乎彭公中界河之敗公豈不知兵單力弱勢必不支者無如忠義激發之氣出自性生所謂城存與存城亡與亡是又有志者所能爲也成敗利鈍何足計耶余嘗讀史嘆張許之功不在李郭下何也祿山之亂起於范陽由此破東都入潼關勢無異乎摧枯拉朽倘無張許諸公以睢陽遏江淮之勢則李郭雖名將亦無以振旅禦侮而國計尙堪問哉羅以彈丸之地東北與皖豫交楚門戶也賴其死與賊抗莞籥全境彭之功其誠與張許相埒歟迨後賊畏羅甚而疾羅愈深是以聯結豫捻屢寇羅境致有甲子之敗幸而天心

厥亂僧邸帥總統六師恭行
天討靈旗所指一洗欃槍吾故謂羅之勇於向義者彭公之德化居先而羅之得亭昇平者則僧邸之恩威獨大也羅於粵逆之亂其本地籌餉以弭兵食約費不下百萬餘緡按當時軍務浩繁度支不易而各州縣兵燹所過剽掠一空亦難供給故羅邑每當越境勦賊其勇糧之積欠甚多而團紳若蕭士珂聞其政廖新諸人類能於軍需不繼之時竭力助資顧全大局卽彼披堅執銳者亦願枵腹效命終無嘩潰之虞則是平日之信義相孚而能毀家紓難也尤堪嘉尙云羅之官紳士庶婦女僧道死亡者不下數萬人其本地立功以及從事西陲凡薦保至道府以下者幾數百人其餘竭力從公厥有勞績而資格所限

不獲邀保者尚有若干人吁羅之功誠可謂偉且烈矣前經疆吏入奏欽奉
上諭有越境堵勦不分畛域等語且蒙
恩旨加廣文武學額若干名夫羅以百里之地敵愾同仇乃蒙
天語褒嘉
殊恩疊沛羅之臣民當益知感奮也歟今當纂修邑乘爰志兵事以昭示後人其論功受賞者已詳列官職而當時在事出力之人未能邀保者並附列於兵事之後蓋雖微勞不可沒也余忝守此邦景慕前烈且嘉羅人之勇而好義也因不揣謭陋勉贅斯語於簡末云毘陵管貽葵

羅田縣志卷之五

選舉志

周禮大司徒以鄉三物教民選舉由此昉焉漢舉孝廉唐試詩賦宋尚制科明則專用制藝

國朝因之拔萃擢英度越前代雖以羅邑僻壤亦得利用觀光兒經兵燹以來登沛

恩施累膺擢薦得人爲最盛云志選舉

薦辟

元

程廷佐 勅贈行人通志府志俱無本舊志

程志剛 以孝廉舉授行人勅贈禮部郎中

姚宗華 以孝廉授吏部主事

明

王思忠 以人才授分宜知縣

陳　熹 以人才擢江西甯府儀賓

劉　夢 舊志遺見通志

程　瑩 以人才擢禮部主事遷員外郎授廣東瓊州府知府擢陞江西布政使司

黎民範 舊志遺見通志

趙　洪 舊志遺見通志

方雄才 以人才擢鴻臚寺卿

李子文 以人才授治化縣知縣

李　鍾 以天文授欽天監副擢南京太常寺少卿

李　相 以天文坐陞南京欽天監司業

聞玉成 以人才擢奉新縣知縣舊志作程玉成

余登龍 以武勇擢靖州總兵

胡　渤 以翰署授指揮僉事

國朝

閔三元 以人才授大同府經歷有傳

張雲翰 同治元年舉授孝廉方正

進士

宋

王世規 官少保封燕國公　李俊臣 文天祥同榜

王　韶 文淵閣大學士　王　厚 翰林院學士

王　寀 翰林院學士　余天錫 大學士

余天任 兵部尚書依宋史補入　程　綸 文天祥同榜

元

大定

李　謙 官行人李䳒榜　林景春 本通志

至正

余　闕 總管有傳　陳治太

明

宏治十五年壬戌康海榜

何景明 本通志

正德九年甲戌唐皋榜

王　澄 官郎中

正德十六年辛巳楊維聰榜

葛　鴻 本通志按明史及楚本紀作鳴舊志亦作鳴 官給事中

嘉靖八年己丑羅洪先榜

張明道 官副使

嘉靖十一年壬辰林大欽榜

胡明廉

萬歷四十四年丙辰錢士昇榜

王　先 官主事　洪應衡

廖逢節 歷任陝西甘肅巡撫提督御史

萬歷四十七年己未莊際昌榜

秦　植

國朝

康熙十八年己未歸允肅榜

黃　亮 知縣

康熙五十七年戊戌汪應銓榜

雷天鐸 庶吉士

雍正十一年癸丑陳　倓榜

陳之琯 山西興縣知縣改授安陸府教授

嘉慶十四年己巳　恩科洪　瑩榜

陳瑞球 庶吉士改授江西樂平縣知縣捐陞內閣中書

道光二十七年丁未張之萬榜

匡慶榆 原名一青直隸肥鄉縣知縣陞用同知以知府用

同治二年癸亥　恩科翁曾源榜

陳　錦 庶吉士散館改部屬籤分刑部授提牢廳差滿補直隸司主事加員外郎銜總辦秋審處

同治十三年甲戌科陸潤庠榜

潘頤福 庶吉士原名恭壽散館授職編修

光緒二年丙子　恩科曹鴻勳榜

周錦心 即用知縣分發直隸

王齊海 即用知縣分發江蘇

附據舊志考列已錄未錄外籍進士

許　國 考明史係安徽歙縣籍中嘉靖辛酉應天解元乙丑進士官東閣大學士未錄入

樊玉衡 原籍羅田萬歷壬午鄉薦中癸未進士其弟玉衡子維城姪維域皆進士其祖葬樊家衝玉衡兄弟猶應本縣童子試後遷黄岡惟考明史省志府志俱載黄岡籍故未錄入

洪應衡 原籍羅田家洪家衝遷商城領河南鄉薦中萬歷丙辰進士弟應嵩中乙卯解元今錄入

萬　鴻 原籍羅田領正德庚辰應天鄉薦乙丑進士官東閣大學士今錄入

秦　植 舊志載本邑襄敏公王部後隨母族居黄安遂從母姓今錄入

何景明 省志府志俱載羅田縣人舊志載其父何瑞徵仕平湖以軍籍遷信陽歸葬平湖詳見李崆峒先生何舍人墓志據本家世系尚有未盡遷豫者今錄入

黄　亮 省志府志俱載羅田籍舊志載入籍漢川今錄入

廖逢節 舊志載原籍羅田遷商城固始之間據本家世系祠墓補入

陳治太 省志府志均未載舊志據本家世系墓碑補載今錄入

舉人

宋

王漢舉

元

林景春 丙子解元　楊　華

程均美 任監縣知縣即今安徽英山縣　程志剛 至正丁未科

蕭再瑞 知縣　汪世豪

明

洪武二十年丁卯徐克溫榜

李楚山 江西鄱陽縣知縣　周志雄 戶部主事

洪武二十三年庚午賀守貞榜

廖士芳 通志作仕　王　樸 兵科給事中

建文四年壬午劉文斌榜

廖　敏 官通判

永樂三年乙酉熊　傑榜

徐克賢 官禮部儀制司郎中

黄　㬥 通志作杲　唐有義 有傳

永樂十二年甲午賀　獻榜

陳　庸　胡文彬

葉　剛　葉　燧

胡　凱

宣德七年壬子馬嗣宗榜

徐　昱官通判　陳　哲官通判
景泰元年庚午劉　義榜
廖　侃知縣　李　秉永平府教授
景泰四年癸酉劉慶餘榜
周　楫知縣有傳　方　端舊志作瑞
蕭　洪河南固始縣知縣
成化元年乙酉汪　洪榜
徐　樸浙江鹽海縣知縣
成化四年戊子樊　經榜

聞　韶知縣有傳　周　錦
成化十年甲午李邦獻榜
周　鋭通志作銳
宏治五年壬子楊　褫榜
蕭時賓通志作時賢江西分宜縣知縣
蕭時臣河南上蔡知縣
宏治十一年戊午張鍾靈榜
何景明
宏治十四年辛酉廖　瑄榜

王　澄
正德二年丁卯李　中榜
胡大有安徽天長縣知縣　傅　全本通志舊志載北闈榜
李　漢北闈榜
正德五年庚午仵　瑜榜
匡　輔榜元本通志舊志載經魁四川阿彌州同知陞授烏撒府知府
正德八年癸酉阮朝東榜
張明道經魁本通志有傳　方　敬北闈榜
正德十一年丙子羅　瑩榜

王德純掌雲南道監察御史　葛　鴻通志作鴻中河南榜詳進士門
葛　盛北闈榜　曾　倫中雲南榜
嘉靖四年乙酉陳吉言榜
胡明庶亞元本通志舊志載經魁有傳
嘉靖七年戊子曠宗舜榜
胡明書官通判有傳　胡明通官通判有傳
嘉靖二十二年癸卯程　沂榜
汪本淶經魁安徽靈璧縣知縣
嘉靖二十五年丙午蔡　制榜

蕭繼美知縣有傳

嘉靖三十一年壬子王　凝榜

萬言策經魁知縣　余　瑞官知州擢福建副使

隆慶四年庚午彭大用榜

高　儀浙江鹽提舉有傳

萬曆元年癸酉李　登榜

蕭　譽官兵部主事有傳

萬曆四年丙子楊逢時榜

胡效臣安徽旌德縣知縣

萬曆十三年乙酉汪起雲榜

王　榆安徽六安州知州有傳

萬曆十九年辛卯汪元極榜

黃之士河南閿鄉縣知縣

萬曆二十二年甲午秦繼宗榜

朱一統知州有傳

萬曆二十八年庚子趙嗣芳榜

汪之浹廣東南雄府知府　蕭　魚登州知州有傳

萬曆三十一年癸卯郭士望榜

王　焯有傳

萬曆三十四年丙午張希哲榜

張會心有傳　秦　植

蕭應鳳知縣

萬曆三十七年己酉王時化榜

王　先有傳　汪攀龍推官本通志

陳維賢中河南榜解元

萬曆四十三年乙卯何守初榜

黃可柱咸甯縣教諭授國子監學正歷陞工部主事

洪應嵩中河南解元舊志作高

萬曆四十六年戊午陳君寵榜

王　煜經魁有傳舊志作熞

天啟七年丁卯譚元春榜

王　增知縣　王　爌知縣通志作鼎

崇禎三年庚午王文南榜

盛世彥教諭陞浙江永嘉縣知縣　蕭　奎

崇禎十二年己卯曹應昌榜

余彌綸浙江仁和縣教諭

國朝

順治八年辛卯李奇生榜

徐熙明 知縣有傳

康熙八年己酉簡　彬榜

程　達 桃源縣教諭復授隨州學正轉荆州府教授

康熙十七年戊午宋敏求榜

黃　亮 知縣

康熙二十年辛酉劉善錫榜

許文岐

康熙五十六年丁酉秦惟煥榜

雷天鐸 有傳

雍正二年甲辰補癸卯侯執信榜

朱文魯 揀選知縣

雍正十年壬子張　鰲榜

陳之琯 有傳

乾隆元年丙辰　恩科北闈古之琮榜

何　昇 歷任浙江德清餘姚奉化縉雲象山天台秀水仁和等縣知縣改授河南湯陰縣知縣

乾隆三十三年戊子蕭學脊榜

周應昌

乾隆三十五年庚寅　恩科朱正常榜

蕭光詠 歷任湖南長沙桂陽平江甯鄉等縣知縣

乾隆四十八年癸卯鄭永江榜

廖易元 直隸新河縣知縣

乾隆五十三年戊申　恩科蕭　鎮榜

余　杰 丁丑大挑二等補竹山縣訓導

乾隆五十四年己酉吳　海榜

陳景程 經魁授沔陽州學正陞湖南常德府教授截取知縣改掣中書科中書

郭地鵬 漢川縣教諭

嘉慶三年戊午黃道衷榜

高　翥 大挑一等歷任廣東澄邁吳川等縣知縣加同知銜

張文鱗 大挑一等補授山西壺關縣知縣加知州銜歷署岢嵐州知州潞安府太義同知

嘉慶九年甲子張文玘榜

閻　海 應城縣訓導翰林院待詔

童　垛 安陸縣訓導　　潘光照 襄陽縣教諭

嘉慶十二年丁卯劉學澍榜

閻　湘 江夏縣教諭　　江學勤 江陵縣教諭

嘉慶十三年戊辰　恩科涂國用榜
陳瑞球
嘉慶十五年庚午楊霖川榜
程　炳武昌縣教諭
嘉慶二十一年丙子褚于杜榜
郭　潤功臣館謄錄選授廣西永福縣知縣歷甯明州知州
嘉慶二十三年戊寅　恩科趙　𥡴榜
廖　昇利川縣教諭歷鄖陽府教授
道光二年壬午黃經塾榜

道光五年乙酉北闈鄭　閲榜
葉　偉
潘煥龍武英殿校錄議敘知縣歷任河南淅川商邱唐縣山東鄒平堂邑萊蕪等縣知縣加知州銜
道光八年戊子杜慰昌榜
郭紹華光化縣訓導
道光十五年乙未　恩科閔兆聯榜
匡慶榆原名一青
道光二十三年癸卯費楚玉榜

李力銳
道光二十四年甲辰　恩科孫玉田榜
陳昌綸內閣中書榜名綸
道光二十六年丙午鄒崇漢榜
熊五緯有傳
咸豐二年壬子龔遙峯榜
張賓成亞元大挑二等選授監利縣教諭
咸豐八年戊午並補乙卯科徐宗一榜
何　廉揀發陝西知縣歷署咸陽永壽等縣　郭元勳揀選知縣

王齊海揀選知縣考取覺羅教習　葉爲璜揀選知縣
陳　錦　余　肅揀選知縣
同治元年壬戌　恩科並補行辛酉科王廣颺榜
王嗣喆大挑一等分發浙江試用知縣　張紹春大挑一等分發甘肅署伏羌縣知縣
張雲翼大冶縣教諭
同治三年甲子余雅祥榜
鄭桃枝揀選知縣
同治六年丁卯亢長青榜
石心杰　童　顏　周慶成

同治九年庚午夏　燧榜

潘恭壽更名頤福　張星煥北闈李賡綸榜

同治十二年癸酉閏　曾榜

厓星煥　謝瑄　周錦心

蕭闌

光緒元年乙亥　恩科王之瑞榜

光緒二年丙子何煥章榜

王省陞　王省裕　周元丙

恩賜舉人

廖封爵嘉慶癸酉科　朱瀛洲嘉慶癸酉科　郭暉吉光緒丙子科

附據舊志考列已錄未錄外籍舉人

李　漢府志載麻城人正德丁卯廣西榜不知何據查省志丁卯鄉試無其名舊志載中順天鄉試今錄入

傅　全按省志正德二年丁卯鄉榜傅全羅田人與本邑胡大有同榜府志載中北闈舊志載中廣西皆誤今據省志鄉榜錄入

熊　兆原籍羅田人以襄陽寄籍中甲午鄉榜今錄入

方　敬府志載羅田人舊志載中正德順天癸酉榜授順慶府推官今錄入

葛　盛舊志載中北闈授燕湖知縣今錄入　曾　倫原籍羅田舊志載中河南榜今錄入

陳惟賢原籍羅田舊志載中河南榜今錄入　蕭繼芃省志府志舊志俱載黃州人未錄入

陳士俊省志麻城志俱載黃岡人未錄入　王光珊通志載孝感人本姓盧未錄入

武舉

明

聞嘉謨萬曆十九年辛卯科　胡一驄萬曆三十四年丙午科

胡文坦萬曆三十七年己酉科　胡向義萬曆四十年壬子科

謝　錦萬曆四十年壬子科

胡　芳天啓元年辛酉科四年甲子科舊志載中三科

胡　斌天啓七年丁卯科四川馬湖府守備　蕭　鄴天啓七年丁卯科

毛師夔崇禎六年癸酉科原名胡一匡

國朝

余　斌順治十七年庚子科　段　雲康熙三十二年癸酉科

姚楚傑嘉慶十八年癸酉科　詹從鰲道光二年壬午科補用守備

方定國道光十一年辛卯科補用守備　周占魁咸豐八年戊午科並補行乙卯科

王臣銳同治六年丁卯科補用千總　葉雲程光緒元年乙亥恩科

貢生

恩貢

元

周明瑋舊志作偉崇禎戊辰科授晉江縣縣丞歷任廣東番禺始興等縣知縣四川夔州府通判

汪之河陽河通判

林棨崇禎乙亥科授四川簡州州同陞江西龍南縣知縣

葉煥明廣陵縣教諭陞授知縣　張濬徽州府教授見通志

張冕湖南長沙通判陞永州府擢監軍道　葉隆宛平縣知縣

周克章　匡曰輪慈利縣教諭

匡曰朗　余玉四川繁縣知縣

國朝

羅三才四川開縣知縣　徐鉅崇陽縣教諭

周易雍正甲辰補癸卯科　汪學昇

余彌峻安仁縣訓導　秦之鐸教諭有傳

何昇雍正己酉科　李德錦乾隆庚午科有傳

余邦乾隆乙酉科直隸州州判　廖易元乾隆丁酉科

陳景程乾隆己酉科　何光洛嘉慶辛酉科興國州學正

閻鎧嘉慶癸酉科　陳瑞琚道光乙酉科應山縣教諭

朱燀藻道光丁酉科直隸州州判　匡盛清道光己酉科

陳鏞咸豐辛酉科朝考以七品小京官用籤分戶部四川司行走

潘福恩同治癸酉科

姚鎬衡陽訓導陞山東汶縣承事

明

祝敬宗教諭　胡效勞新甯教諭

胡名高陝西寶雞縣教諭陞宜城知縣　姚子立

國朝

喻於義縣丞　胡思清長陽縣教諭

黃維鍛桂州鹽道轉廣西柳州分守道

金有聲縣丞　葉自成　陳文煌　周炅

余勲　周鰲　董元州判　陳維祚

郭地煥　金甌　史尚焜　陳家濂

匡人瑞　葉鰲　周鴻漸　孫濟川

周杏春　李力璘候選訓導　葉錫奎　王光蘭

姚夢飛　何松　汪寶鑾　許承嶽

拔貢

明

徐志亮洪武丁丑科任山東武城縣擢南京東城御史

胡存忠泰昌恩選陝西中部縣知縣　閻士偉萬歷癸巳科

余先覺舊志一作光覺天啟辛酉科恩選授四川嘉定州州判

副貢

明

方榮棠 四川廣安州州同　王極 萬歷辛卯科有傳

程雲卿 宏治　胡效賓 萬歷壬子科

國朝

余淮 乾隆丙子科　吳士魁 乾隆辛亥恩科

王雁題 乾隆甲寅恩科　楊道坦 嘉慶戊辰恩科 大冶縣教諭

潘煥龍 嘉慶丙子科　張周訓 嘉慶戊寅恩科

郭佩蘭 咸豐辛亥恩科　葉良杞 同治壬戌恩科

恩賜副貢

周新第 嘉慶戊午科　朱瀛洲 嘉慶庚午科　胡師見 道光壬午科

劉學恕 道光癸卯科　金日雕 道光甲辰恩科　郭暉吉 同治丁卯科

謝家駒 光緒乙亥恩科

歲貢

明

吳純 御史　王道 知府

祝瓊 通政使　蔡明甫 浙江鹽提舉

周崇興　李海

姚灌 湘潭訓導　周家珍

方永忠 縣丞　李友緣

蕭再輔 太湖縣知縣　王邦俊

王邦基　蕭以禮 雲陵縣知縣

祝成才　周希國

張道明　吳昇 福建道御史

李志亨 樂平府推官　周朝泰

余元亮　董儀 同知

樂真　蕭洧 商城縣教諭

張禕　鄒奇

王吉　鄒淵

胡進　蕭時正 荆州府教諭

盧鑑　蕭繼愚 安陸縣教諭

孫裕　蕭繼慶

聞林　蕭銓 長沙縣教諭

熊飛　晏謙 府志作諫 授縣佐

王惠　吳文

熊敏　王昇

蔚　禧　　謝　謙潁上縣訓導
王　定　　洪　清
朱　啟縣佐　胡　鍾
周　憲江西金谿縣知縣　周　相
樂鳳儀　　程思謨七品散官
蕭志儆　　蕭志悌
吳　齡　　王德懋江蘇華亭縣知縣
王德讓　　曾　煥
楊　學　　饒　觀四川重慶府檢校

周　濟雲南布政司理問　方　正
盛　錕官教諭陞川知縣 府志作思　徐　信辰溪縣教諭
李　儲　　韓　忠
張　蓋　　王邦儀郴州學正
葉　源　　樂九成
王　儼浙江武康縣知縣　葉正賢
陳　倫　　項　清河南池州同知
程仲智邳州州判　胡大倫
曾思武江西建昌縣知縣　陳　灝江西德興縣知縣

余大德豐縣主簿　聞　廣豐縣主簿
鄒瀾淵江蘇太倉州通判　王應時江南高淳縣主簿
李本勝陽武縣縣佐　李　宗
李　本　　徐尚敏永州教諭陞山陰縣知縣
涂　敏原州訓導　喻　鈞
周　瓚　　林　玉四川重慶府通判
鎮　本四川仁壽主簿　胡　全思恩軍民府知事
張　彥翰林院孔目任樂城訓導上蔡教諭　張顯榮江安縣知縣
祝　壽四川華陽縣主簿　余孟正江蘇揚州衛經歷

張　羨有傳　祝　鳳
余　兼有傳　王大福
王正敘　　王　渠鄂嘉縣知縣
聞　奇檢校　董　正遂甯縣訓導
胡大亨眉川縣訓導　王德茂學正
龔　相　　蔡惟孝海甯訓導後陞知縣
蕭克紹廣西桂林府通判　蔡惟忠知縣有傳
黃可望承天教授　黃之愚長沙府教授
余　慶教授　余　裕教諭

王棨通志作啟　周玠岳池縣教諭有傳
胡效順四川成都府教授　王來儀
胡漸有傳　胡效華
萬言試松江縣訓導　胡效恭
胡沛江西陝江縣知縣　蔡相衡岳州府教授
萬言書訓導　徐代棟鍾祥縣訓導
蕭繼顏房縣訓導　童蒙吉安徽霍邱縣訓導
祝啓宸河南洛陽縣縣佐府志作宸　張萬善
王棌　胡效祖漢川縣教諭

余可甲咸寧縣訓導　汪之沛臨武縣教諭
胡範昌黎縣縣丞　胡瀛
閻時泰河南武安縣訓導　王沼崇府審理
汪吉舟河南臨漳縣縣佐　歐陽時
汪昆淮府紀善　胡九鼎
李南陽四川寶寧通判　李朝陽湖南道州教授
張煒　聞嘉識安徽合肥縣知縣
胡明睿有傳　王德盛四川峨嵋縣知縣
舒翼四川酆都縣主簿　黃梅廣東鹽運使

王楹　周明謨德安府教授
周子蓮教諭　余一貫教諭
張翼北永州訓導署新田縣知縣舊志作冀　王輝教諭府志作煇
王烶有傳　胡一祥府志作立祥
廖應聘辰州府教授　余祉
王光輔　王光運
周玉　高德厚
朱鳳來　廖讓
廖之鵾常德府教授　張以仁江西金谿縣知縣

張木柳州府知事轉廣東惠州府同知　周環
胡陞然　胡一奇荊州府教授
吳宏武昌縣教諭　聞天河泰安州教諭
張樂宗河南固始縣教諭　王溆
王枟江西貴溪縣縣丞　張蕭
王焼湖南長沙府教授　王燎國子監監丞
張夢甲　張梯
王邦詰　王邦聘
王邦顯大冶縣訓導　李滄

張　瓚　李騰芳
李近貴　胡　湜
胡　清　李奇珍
胡瑞然　胡燦然
胡紹然　胡大德
李宗蘭　胡效節
胡一瑄　張思忠
汪朝汶　胡效謙
胡效務　汪學敏

羅田縣志　卷之五　貢生　卅五

董承寵　匡以輝
匡士彥　汪宏元
汪有元　周　旋

國朝

胡一鉉潛江縣訓導桃源縣教諭陞任常德府教授
胡一濟平江縣訓導陞浙江青田縣知縣　方應星茶陵州訓導
劉一炅有傳　王光範有傳
周光烜湖南湘潭縣訓導　胡闇然通志作闇然
胡全清長陽訓導　涂宗尼

胡淑然　史彥懋
歐陽應旦　歐陽時班
歐陽晟　葉泰明有傳
余　鑑有傳　喻於禮訓導有傳
張　翀湖南桂東縣訓導署本縣知縣有傳　胡起龍
劉朝輿有傳　周錫袞
胡　圻　秦文爍有傳
徐登明有傳　余黃鏞有傳
陳世奇　閔　煋訓導

羅田縣志　卷之五　貢生　卅六

馬其爵　周文蔚
何作聖　劉翼運
蕭　晏潛江縣訓導　徐士敏
林煥騰　胡　鉉
張作仁　徐思源
胡全文　徐乾源訓導
金朝傑　董啟棟
汪德溥　歐陽時雍
熊之聘　朱文順有傳

楊玨　胡師淇
董啟杜　晏一麟
劉餘蔭潛江縣訓導　葉繼詩候選訓導
葉啟柏　張樂河南固始縣教諭
汪有元　胡履業
徐學溥　朱效乾崇陽縣訓導
朱維鰲監利縣訓導　葉名松
胡履本　李一清
程伸　鄒廷幹

汪澤嗣　晏二銘房縣訓導
林衛　蕭熹
閔鍇　閻增彩
田如霖武昌府學教授　何毓珣興國州學正
葉夢翥　匡弼竹谿縣教諭
葉福澤訓導　徐學顯
胡履仁　何攀龍
葉大鵬襄陽府教授　晏文運
郭先庚　朱列樟訓導

李三彩　周文俊
廖封疆　江本坦
周傳杞　周傳樑
周傳榔　張域
秦達舉　秦杏林
董翹秀　廖驄奎文閣典籍
廖封彬　朱文浩
潘之翰　葉松
李一洹　陳新藻

李槐當陽縣訓導　王焜
晏嘉賓　董家元
嚴浩　廖鳳池
閻道鐸　閻瀚
閻增　方洪觀
李光鄴　葉敦鰲
吳佐卿　王邦吉
鄭國俊　金倘俊
楊道城　葉茂雄

廖　驄奎文閣典籍　王用賓

崔曉春　金兆棠

王安申　王兆炳

王枝炳　李力琮

潘焕瑛　楊振達

鄭懋昭　姚燕春

林國楨　李媲庚候選訓導

葉慶蘭　姚佩玉

周紹垣

優貢

匡　鼎乾隆乙卯科候選教諭

潘肇鏞道光癸卯科丁未考補正紅旗教習以知縣用　周錫恩光緒丙子科

例選

明

姚子瓊江南歙縣縣丞　徐　助豐邱縣主簿

張　義馬驛縣丞　胡　祥邛州州判

汪梧鳳四川綿州州同　黃　錦順德縣縣丞

胡明忠唐府審理　汪　儒河南息縣知縣

陳　上徐州吏目　胡　寶唐縣縣丞

胡明誠壽州知事　胡大祥四川溫江縣知縣

汪　衢鉛山縣縣丞　汪慶舟蒼梧縣知縣

鄒　玘永豐縣主簿　蕭　琊荆府奉祀

陳天恕甯波府倉庫　汪秉舟永新縣縣丞

胡明詩清豐縣縣丞　胡　汀四川忠州州判

胡明顯無錫縣縣丞　羅尚賓四川成都府教授

胡　滋四川蓬萊縣主簿　王　棐餘阜縣主簿

胡　沚成都檢校　蕭　珍陝西長安縣縣丞

張　科成都檢校　蕭天和司撥選京衛歷

周元清福建汀州府知府　周洞清江南盧州府知府

周希福廣德州知州　周崇古浙江游龍縣知縣

周　汾江西知縣　周　珙武龍縣知縣

周　瑞六合縣知縣　余　璋任富縣知縣

余　洸蘇州太倉知州　余　灝定海縣知縣

余應爵宛平縣知縣　王　炕滁州州判歷淮安通判

胡　澧河南府通判　胡效義豐縣主簿

汪韶鳳鄱陽縣佐　葉濟陽山西大同主簿

胡效謨浙江布經歷　胡效能浙江處州府照磨
胡效讜雲南府經歷　周鳳翀潛江縣教諭
徐　聘應天府同知　蕭斯和光祿寺署丞
鄒應祥福建大田主簿　葉新陽直隸撫甯縣縣佐
汪之淑吳縣主簿　劉　濱廣海衛經歷
胡一賓江西布理問改雲南都司　蕭有亨武英殿中書
葉一新龍驤衛千總　劉一炎都督僉事
汪之河陽河通判　胡珦然廣東縣丞
汪文鳳揚州江都縣丞　胡一受鹽城武尹

胡一楷慈溪縣丞　匡　代戶部員外郎
匡士聘順天府通判　匡近懷四川府經歷
廖　墑公府伴官　匡翺鳳河南主簿
張　羲山東武定州州判陞山西馬邑知縣
匡敬承官主祭萬歷戊寅勅建碑坊
劉禮高公府伴官　周　杲試用知縣
周　郎鴻臚寺序班

國朝

劉名超襄陽縣訓導　胡師鐸廣東陽江縣巡檢署縣丞

廖鵬萬福建候補州同　李添貴四川蓬溪縣縣丞
廖鎮茂廣西候補巡檢署馬平縣典史
潘光烈廪貢歷署應山大冶等縣教諭
陳瑞琳貢生河南候補府經歷歷署桐柏葉縣郾城等縣知縣
熊第垣增生浙江候補縣丞歷署秀水歸安金華等縣縣丞代理桐鄉縣知縣
王鳳斌附監任直隸南宮縣巡檢
王枝珠增貢署江陵縣訓導當陽縣教諭
王子聯附貢署興國州學正漢陽府教授
廖　新安徽候補通判歷署甯國鳳陽穎州通判盧鳳穎同知阜陽英山鳳陽等縣知縣滁州直

隸州知州穎州府知府
王培榮安徽巡檢署建平縣典史代理宿松縣事
涂　銓附貢試用訓導署監利縣教諭
童紹恢廪貢歷署東湖房縣安陸竹谿東陽等縣訓導
佀立添國史館謄錄　胡履坦兵馬司副指揮
潘彩枝江西縣丞歷署上饒廣豐等縣巡檢餘干縣典史貴溪縣縣丞
張　組選用從九　張　琣山西巡檢
汪添春安徽從九署霍邱縣開順巡檢
陳時清安徽巡檢署滿江縣華陽巡檢

涂　銑府知事保舉縣丞捐分安徽署鳳陽縣縣丞宣城縣水陽巡檢
王階星湖南巡檢　陳　鼎河南從九
祝永清江蘇縣丞　陳昌驥湖南縣丞
屈彤雲廩貢中書科中書　石　磊河南縣丞
陳　典安徽候補縣丞　周駿烈安徽從九
廖雲飛附生安徽州判保用知縣
閻　楷選用縣丞　涂　鋭安徽巡檢
葉思永安徽巡檢　姚汝泗山東巡檢
姚炳章廩生捐用訓導　張紹衡陝西試用縣丞

張　瑜江南布理問署興化安豐廠巡檢
何　翙五品頂戴陝西試用縣丞　陳保昌增貢候選主事
姚鈞鳳安徽試用州同　胡　恕候選巡檢

議敘

屈立添正六品　鄭傳薪州同　汪學珍正八品
熊世炳正八品　王皆捷正八品　劉明傑正八品
羅玉英正八品　李力環正八品　童瑞玉正八品
張連城正八品　蕭士瑜正八品　熊五敬正八品
羅　雲八品　周　觀八品　鄭紀漣鹽知事

熊第均鹽知事　姚雲發正九品　閻承詔正九品
蕭　芬正九品　姚敏功正九品　姚錫齡正九品

例職文銜

明

胡明儒主簿　朱　祿縣丞　周　書縣丞
張　樹府經歷　李　儒州判　胡明著縣丞
汪起鳳　汪鳴鳳府經歷　汪東鳳
周必顯郎署　周文綠州同　周道易臬司吏
周世祥藩司吏　周輔清教諭　周　昺教諭

周文新州同　祝一鏁州同　張　翼主簿
胡效伊　胡效明　胡明新
汪之清　胡　澈　胡　深
王　棠　胡效力　胡效孔
蕭春先經歷　胡　沁主簿　胡效宏
胡效美　張洪陽　程仲信府經歷
王邦俊縣丞　王邦衡　徐千五
汪之道主簿　胡效京縣丞　王大瑞同知
蕭斯露　江　銓州同　胡一定

胡一鶴　汪猶龍　汪遠龍 都使
葉紹春 布司獄　蕭　詵 經歷　劉繼昌
余大光 縣丞

國朝

周洪深 縣丞　蕭雲會 州判　郭聯第 州同
汪之進 主簿　祝永年 主簿　王嘉熹 訓導
蕭　梟 同知　王利賓 縣丞　蕭　晏 教諭
方　錞 訓導　劉之珙 理問　劉餘才
葉中坦 巡檢　李紹錦 縣丞　王　樸

劉維饋 經歷　廖有才 州同　廖　彬
周　錕 縣丞　潘文萃 州同　金朝燦 州同
廖鵬萬 州同　黃正瑞 巡檢　羅大綬 縣丞
唐正材 巡檢　王　饘 巡檢　羅　雲 縣丞
羅焱勲 縣丞　羅茂森 州同　羅勝山 主簿
周尚志 縣丞　周永臣　王渭封 州同
郭紹瀛 州同　朱聯甲 布經歷　羅秩元 按經歷
張　炳 布經歷　潘光斗 縣丞　熊第堦 州同
熊五紀 府經歷　張養芭 州同　張周詢 府經歷

廖　申 鹽大使　屈汝芹 州同　廖晉之 兵馬司吏目
胡履坦 按照磨　黃樹棠 府知事　黃樹楠 州同
姚敦禮 中書科中書　高首魁 按照磨　胡學檄 兵馬司吏目
陳瑞椿 布政司理問　王家驥 按經歷　王茂訓 按照磨
姚四霖 府知事　胡玉華 州同　葉錫寶 中書科中書
葉錫玉 布經歷　黃學池 州同　王培藻 縣丞
屈立朝 布理問　許廷柱 按照磨　蕭功世 州同
王階聰 縣丞　王階喻 縣丞　王炳輿 縣丞
劉鴻藻 按照磨　周慶庚 州同　周　坦 按照磨

朱維鍾 縣丞　李承恩 布理問　周榮綬 鹽大使
周邦魁 州同　周　緒 按經歷　周　楠 布經歷
周聯珠 布經歷　周士濂 縣丞　周階焜 州同
閻　楷 縣丞　閻中孚 翰林院待詔　張　瀅 同知
閻　彬 附生國子監典籍　金星煥 布理問　王煥斌 縣丞
李家駒 府經歷　李光斗 府經歷　方成焜 府知事
黃繼霖 縣丞　童升瀛 縣丞　胡　林 翰林院待詔
陳　經 翰林院待詔　李協中 縣丞　張維翰 府經歷
張祖華 縣丞加同知銜　張寶善 州同　張定卿 按照磨

韓炳勳府知事　王枝珍按照磨　王枝馥府經歷
金景逢光祿寺署正　姚夢飛內閣中書銜　劉森桂布理問
童德芬布經歷加五品頂戴　王步廷翰林院待詔　姚海瀾府經歷
高顯揚州同　姚肇基附貢加中書科中書　潘鼎新縣丞
盧子傑翰林院待詔　周隆瀛按經歷　鄭宏巡檢
鄭紀湖布理問　汪必壎翰林院待詔　鄭翼清主簿
匡士望府經歷　董翹英府知事　姚五紀鹽知事
蕭振庠縣丞　汪必鈞縣丞　方銘烈翰林院待詔
李昌榮縣丞　廖洪椿州同　李聲洋翰林院待詔

高振箕縣丞　王道清中書科中書銜　朱鸞府知事銜

武勳

明

劉　廣永平指揮以殉難給功臣田　周仕聰雲南金齒衛鎮撫復任堅城衛鎮撫
蕭　江貴州將軍　蕭　議廣東守備
羅萬錄四川夔州府總兵　崔爾達陝西西安指揮
蕭斯用汴梁守備舊志府志一作斯和
廖進忠雲南騰越州總兵按舊志原籍羅田遷商城一見商城志今據本家世系祠墓補入
蕭彥和蘄州鎮　胡效彥

劉　寬

國朝

周室鼎累功陞總兵協鎮山西甯武等處兼轄雁門等關都督同知
王光蘭江右中軍守備　李　雄四川千總
張祉保歷任漢中府城固縣洋縣城守
周大英興國州守備　汪榮貴陝西武郎府千總
胡師澤荊州衛千總

例職武銜

國朝

胡履根衛千總　王蓋英衛千總　汪必光守備
葉夢鴻營千總　葉端勤千總　李顯珣千總
廖鎮鳳衛千總　廖　燽衛守備　周世球營千總
陳定元把總　劉因培衛千總　廖玉階營千總
廖封奎守備　熊五雲都司　王皆成千總
陳步雲把總　鄭載高千總　匡　恕都司
匡　聰都司　陳步青把總　汪名煌千總
汪學鏞千總　黃玉藻千總　廖楚雄衛千總
王助南把總　王曹邨千總

例貢

明

汪仁鳳　汪季鳳　張邦問　汪自宜

汪只　汪本潮　汪一鳳　王肇幹

胡大韶　胡玅玉　胡效䌤　胡效信

胡一甲　胡一位　王炳

國朝

郭達附　廖啓芳附　劉鉞附　郭允青附

汪泰藩附　林全金　潘一棟　余延桂

張興訓　潘魁　張其燕　吳宜煥

廖棟　余彩竹　崔純　李鄒

崔員附　何南薰附　李光文　王皆陛

周之進附　方治瑛附　陳從龍附　汪必興增

李旃附　鄭杏春增　姚之杞廩　閻庚鍔增

朱大源增　葉錫垣附　熊韻附　李學明

姚夢齡附　汪浚附　童先福附　黄宗燧附

陳家善附　李聲玉附　周飛鳴附　胡鎭

王慕義附　徐光蘭　王階梯　傅汝梅附

童穎陽　王鳳池附　王枝璉附　方德亮附

李三銓　方煥輅　方煥湖　張定華

程昌達　何毓瑛　何毓璜　廖嘉賓

金心　閻兆科　閻階升　周景濂

周之翰　汪子槐　王家聲　葉茂楸

鄭瑞昌　周光廷　周傳榕　周榮組

周海鯤　周丙烜　樊明哲　汪必璵

汪基濃　匡盛淮　李鴻　李成蹊

汪宏斐　嚴嗣基　張桂芬　關金楷

屈如松　葉福鴻　周化鯤　李師夔

李三選　王立楨　王在藻　羅光國

羅樹藻　劉維鍔　鄧維朗　許耀珠

王新鉞　胡學域　羅燧春　羅景星

曾一鑑　曾大煦　曾道煒　張訓典

余延春　王大經　姚爕元附　張雲錦

徐炳球　李光文　盧啓叙　盧啓復

周紹錫　周紹衣　周傳泌　詹思昺

張養志　張寶賢　張名河　詹鑑銅

許承馥　喻茂林　鄭宗霖　鄭光瀠

廖洪承　趙樹鵠　石心源廩　羅敦寅廩

石念慈廩　黃華附　趙臺輔　江宗海

保舉粵逆擾亂楚疆紳民在籍團練復隨營効力先後邀保文武官職按照品級次序分别開列其外省立功邀保者另列一格以清眉目

文職

潘肇鏞優貢教習知縣在籍辦團出力保遇缺知縣加保以知州遇缺選用奉調甘肅大營攻勦狪逆有功累保歸部候選道賞戴花翎

姚敦禮廩生中書科中書在籍辦團出力保舉藍翎主事員外郎銜奉調出境勦賊克復鄰縣城

池尤爲出力加保以知府選用賞換花翎

廖新辦團出力累保花翎安徽補用知府歷任同通府縣事詳本傳

張組選用從九保舉府經縣丞六品頂翎調隨皖營勦匪出力累保至知府留安徽補用加三品銜賞換花翎曾署霍山縣事

張玨生員辦團保舉府經縣丞六品頂翎加保通判奉調隨營勦賊出力保奏以知府留山東遇缺即補

石磊從九品捐河南縣丞隨甘肅軍營勦逆立功累保同知直隸州升用知府

潘彩枝江西縣丞在籍辦團歷保免補本班以知縣仍留江西補用賞戴藍翎加保知州奉調水師營勦賊立功請以直隸州知州用

閻癸林生員府經縣丞六品頂翎加保通判隨甘肅軍營勦賊出力請加同知銜賞換花翎

陳瑞瑃布理問以通判用加鹽提舉銜

熊五組監生府經縣丞六品頂翎奉調出境勦賊克復城池加保布經歷留安徽補用加提舉銜復援例捐安徽通判解西征餉賞換花翎

林肇崐從九品

劉星烺生員

汪瀾生員以上三員府經縣丞六品頂翎加保通判

聞其政監生藍翎州同加五品銜出境勦賊尤爲出力請以知州選用

李力鋭舉人藍翎知縣復以知州選用

張星煥增生府經歷縣丞六品頂翎以知縣選用加知州銜中式順天舉人選授陝西興平知縣

何廉生員府經歷縣丞六品頂翎以知縣用加知州銜中式本省舉人揀發陝西補用

王培榮安徽巡檢在籍辦團保藍翎縣丞後隨營安徽勦匪出力請以知縣用加五品銜賞換花翎署宿松縣知縣

郭佩蘭副貢捐福建知縣在籍辦團保加知州銜復加捐同知

曾道鈺附生辦團保舉訓導奉調兩江勦賊出力保以知縣陞用後在籍防堵加保以知縣選用

張邦基生員保補訓導後以知縣陞用

陳寶濂縣丞復保補缺後以知縣陞用

胡履坦按照磨保縣丞留安徽補用加六品頂翎代理潛山縣知縣

廖飛鵬辦團保舉縣丞隨禮字營立功保藍翎布政司經歷後在籍防堵保加鹽提舉銜
熊五修監生辦團保府經歷加布政使司經歷銜
朱盛璵監生保府經縣丞六品頂翎加保五品銜
楊力虎監生保州同郎選　賞戴藍翎
朱春曉監生辦團出力保縣丞奉調兩江助勦保加五品銜復在籍防堵加保藍翎
晏楚傑廩生
童先疇監生以上二員均保府經縣丞六品頂翎
姚敦敘監生保從九加保府經縣丞　賞戴藍翎
蕭　樾辦團保從九奉調兩江助勦保府經歷縣丞復在籍防堵加保藍翎

蕭士珂　姚三楠　熊五緍
童邦鉞　秦煇烺以上五員俱由監生保六品藍翎縣丞
楊允鉦　涂一銑以上二員俱由監生保藍翎縣丞
饒正綱加六品銜　饒正常加六品銜　李文獻加六品銜
王藻春加六品頂翎　李楠廷　李師夔
許杞珍　董杏村　匡慶榕
張鵬程　程開坣　祝報春
林肇瑛以上十三員俱由監生保縣丞
方鳳添保從九加保縣丞　李晴波保主簿加六品頂翎　周傳麒監生保州同銜

林肇昕增生保教諭加內閣中書銜
何　珠生員保教諭加內閣中書銜復加鹽提舉銜賞戴藍翎
張　鼎生員保教諭加內閣中書銜選授咸甯縣教諭
何孫曾生員保六品頂翎教諭後隨禮字中營加中書科中書銜
江　樹廩生保教諭加六品頂翎並加提舉銜
葉承恩生員保教諭加六品頂翎復加五品銜
葉爲琛生員保教諭署大冶縣教諭選授通山縣教諭
葉大梅　王炳榮　陳　謨
楊　鑾　歐陽斌以上五員俱保教諭加六品頂翎

鄭懋昭歲貢在籍辦團保舉教諭
周鏡芙鹽提舉銜選授襄陽縣訓導
郭元勳　林丙奎生員　王皆煥三員俱保訓導加國子監學正銜
金殿傳附生隨營保舉訓導　賞戴藍翎後在籍辦團加提舉銜
潘鼎梅　童　烜　屈彤雲　劉雲標
涂　銓監利教諭　余前輝　金　燧　陳瑞琅
王枝馨　葉爲珠　潘彩蕚　陳　錦
王者香　汪守華　王庚謨　胡　森
董春華　朱丙南　羅汝泉　張雲翼

王作霖　匡孫燕 安陸訓導 姚五柱　李道楷
鄧丙暄　胡學敏　王枝瑾 加中書銜 童開甲
葉紹珪　黃文楷 以上俱保訓導
王枝壎　文楚信 二員六品頂翎積保從九品選用
鄭載坤 從九品加藍翎 李力偉 從九品加五品頂戴
陳紹平 從九品以縣丞選用 李秋元 保未入流加保從九品六品藍翎
王盛榮　盧瓊英　涂光第　涂光斗
李學鰲　汪文慶　王家鷺　熊第坤
王皆升　江旭初　涂銳　陳開榜

熊第壤　潘汝霖　汪廷鑑　陳兆馨
吳立倫　趙惠　熊五經　汪寶田
潘彩聯　周駿烈　胡泰雲　高公印
辜樹棠　童飛熊　張良才　汪添春
李兆柯　鄭其泰　陳孟芳 分發安徽 陳廷樞
楊仁和　聞德佑　劉承福　張文運
陳庚　陳維祺　周召勳　葉蕃
董翹英　胡鏡臣 以上俱以從九品選用
涂炯 附生 廖業珍　胡學福　張養賢

詹景懷　胡彥中　張三煃　劉光藜
張三煃 以上俱以未入流選用
王枝炳 廩生 姚夢飛 廩生 張秀林 附生 林國楨 廩生
李錦珠 生員 何炳崙 附生 吳言昌　姚夔元 附生
蕭春華　王祈發 廩生 朱文炳　李賦康
姚廷朗　葉端準　李瑛樓　王澤潤
李聲芳　張世銳　楊應瑞　雷光玉
陳根沃　黃承香　王海宴　江從喬
彭季芳　周冕　王蔭堂　汪哲

蕭雲程　毛紹芝　李兆炳　徐炳琳
姚鴻萬　李廷柱　葉東祥　周曉嵐
李承恩 布理問 葉思承　胡廷秀　何榮梓
楊任國　王懋森　王皆達 以上五品頂戴
陳瑞珅　黃兆台　黃兆龍 三員俱武庠
張紹載 庠生 屈炳然 附生 胡鎮 庠生 王皆選
王安善　王易晉　汪志明　胡學槐
羅瑞蘭　汪學鏜　郭承霖　羅大受
方煥榜　胡克紹　羅及鋒　彭鴻漸

匡琳　石有聲　熊映堂　葉比廉
郭紹汾　何紫垣　葉承雯　潘彩觀
何楷　張星煒　張汝梅　林慶芳
張良木　陳輝藻　張浩　陳鏞
晏紹先　黄鐘　周明亮　郭映焘
方成楷 以上六品頂翎
蔡功興 隨營加保守備 賞戴藍翎　羅廷芳
鄭飛熊　姚定鑫　廖清池　方廷弼
陳朝福　盧士昇　王占魁　廖象元

童瑞玉　潘慶祥　周瑞珠　余子炳
吳啓太　余正順　秦士元　汪三才
王光藻　葉虎臣　潘彩紳　匡守清
郭正乾　晏思盛　徐元鳳　晏得元
滕錦璋　胡中英　姚燕瓊　李光明
王懋修　張星雲　張定宇　萬永明
張江源　汪玉堂　余思哲　王登先
汪炳焘　王愫性　葉蓁　聞雲開
廖福一　張飛龍　龔長橋　王茂文

朱子壽　汪時中　曾赤文　潘世昌
晏福林　何士俊　匡成先　葉封唐
汪廷慶　涂杏亭　葉寶森　王皆祺
王全連　王鼎　郭佑原　劉士榮
汪曙　葉良模　郭錫圭　胡崇禮
江希高　楊才升　潘鼎元　周子成
周世坤　張雲翰　陳廷蘭　趙玉輝
王茂興　王玉昆　張玉祺　鄒汝梅
屈志書　匡紹賓　劉傳凱　徐森

余洪台　董定甲 藍翎　王克舉　余先庚
汪玉林　董翹榮　汪榮安　彭煥藻
晏希炯　王引之　姚增賢　吳康太
楊同發　張永臣　郭廷芝　劉錦雲
汪廷顯　朱錦秀　周炳燊　朱紫
王祈哲　林肇榮　周傳詔　朱桂林
朱長煒　樂學魁　王春榮　張之鶴
胡太焱　江遇福　羅光遠　徐連松
韓得勝　聞廣聚　周裕蘭　陳集朋

高廷芝　胡中觀　王省璵　屈宗秀
李逢寅　葉端浩　李士炯　阮正宇
周蔭培　姚全和　匡炳坤　余全富
吳芝潤　匡紹玉　吳懷忠　匡起造
陳開榜　高得英　章選映　匡大發
胡自福藍翎　賀成泰　周學海　朱宿懷
陳蘭陵　陳匡國　洪春發　匡樹丹
吳燮圻　余鵬翥　李清漣　葉扶棣
匡寶源　余肇輝　余屏　胡得意

王彤生　廖荃

以上六品頂戴

武職

王子雲千總儘先拔補加保藍翎隨禮中營請以守備補用　賞換花翎

廖文謨把總禮中營加保藍翎千總守備銜復在籍保陞守備

張世英　王錦雲　胡載舟

徐邦傑以上四員保藍翎千總　陳文豹加藍翎

童盛煥把總加保千總　楊萬森千總

汪銘鼎　王開甲二員俱加六品頂翎

廖鎮朝加藍翎　周占魁　鄭元英
歐陽鼎　余宏玉　朱占元
傅三元　許鎮軍　徐士林
蕭瑞祥　吳步瀛　劉光模
王定邦　葉紹煃　蕭甫亭以上俱保把總

王奉宇六品頂戴隨營加保外委

張驥　周瑞鑣　王大典
王煥燦　屈名連　陳禮智
王光甲　葉斌　廖鳳翔

張鰲　楊敏知　屈立坤

屈懷宇以上俱保外委

僧月朗隨隊勦賊保舉僧綱司都綱

外省各營保舉員弁

文職

周士濂江蘇候補知府　余光達河南歷保知縣加同知銜賞戴花翎

廖雲飛安徽補用知縣　吳廷桂甘肅補用縣丞　方慶猷甘肅補用從九

羅大綬藍翎知州銜　方業功保從九加五品頂翎

鄭宗僑從九　黃子華從九

方盛滋 原從九銜保藍翎 石心檗 石心權

劉登瀛 以上三名俱保六品頂翎

武職

閻定邦 武童辦團保六品軍功投効昌字營保藍翎外委轉戰皖豫陝甘各省攻勦捻逆回逆出力累保叅游副將 賞換花翎加搏勇巴圖魯名號借補甘肅提標後營都司進勦官長堡回逆受傷克復平凉府縣城池尤爲出力請以記名總兵簡放加提督銜復奏保記名提督積勞病故世襲騎都尉兼襲雲騎尉事詳本傳

余萬明 六品軍功隨隊克復隣縣拔補外委調赴各營帶隊轉戰皖豫陝甘各省累保藍翎叅游副將 賞換花翎給克勇巴圖魯名號進攻河州平毁賊巢請以總兵遇缺簡放

陳登桂 投効湘果營以六品軍功歷勦甘肅回逆出力累保至花翎副將克復堅城請以總兵儘先補用 賞給協勇巴圖魯名號勦誅河州叛逆 賞換噶爾薩巴圖魯名號並 賞三代一品 封典

以上提鎮

趙連科 六品軍功投効昌字營隨隊克復隣縣保舉藍翎千總嗣勦甘肅回逆疊著戰功累保叅游加副將銜 賞換花翎借補陝西高家堡都司臨陣受傷奏免騎射克復城堡尤爲出力以副將留陝西儘先補用 賞豪勇巴圖魯名號甘肅肅清並 賞三代一品 封典

徐定邦 六品軍功投効昌字營保拔補外委轉戰皖豫陝甘各省勦賊出力累保至花翎副將

徐光耀 加總兵銜 李祥豐 加總兵銜 李桂春

金朝柱 金錦林 童定達

廖鎮基 易定發

以上八員俱花翎副將

丁立賓 李時萬 俱副將銜 葉紫成

金同德 胡新烜 副將銜

以上五員俱花翎叅將

楊斌 葉啟貴 王枝發

晏子鴻 汪定海 周瑞鏕

余新發 樂學魁 吳世泰

屈志成 楊宏勝 鄭光裕 叅將銜

魏金明 叅將銜 林玉榜 亦名正榜叅將銜 汪杏林 湖廣督標補用

張錦春 藍翎

以上花翎游擊

余興國 周萬順 徐烈松

朱定安 閻定國 廖鎮元

童虎臣 七員俱加游擊銜 羅連貴 楊金富

張從道 胡義發 喻文鰲

吳春和 余鳳祺 陳德明

劉義和 董守常 雷振聲

方才宗　方朝宗　陳炳元
傅有德　朱錫武　林金元
以上花翎都司
趙永昌　廖同春　吳萬宗
以上藍翎都司
金運貴都司銜　廖並基都司銜　王友生
周祚元留安徽補用　李本炎　劉芝述
陳金萬　汪永興　朱先忍
以上花翎守備

葉佳會　潘慶會　葉明源
余紫雲　史志雄　王如玉
胡中元　黃維興　周隆勝
王才旺補河南汝陽汛　鄧雁福　王廣志
程河清　陳金鰲　潘玉成
劉子述　葉文楷　王藻春
葉紹酉　陳正發都司銜　黃維興
李士品　丁立勳　楊春桃
周錦春　汪從富　汪天賜

李眷佑　熊作霖　彭用明
王瑞球　龔連玉
以上藍翎守備
朱秉恒花翎加都司銜　王大經
以上花翎千總
王朝輔　傅國祥　張雄捷
匡長松　熊有建
以上千總俱加守備銜　賞戴藍翎
王友榮加五品銜　王辛得　許及第

劉士吉　余明高　范平福
李壽元　蕭大發　朱福元
李啟富　鄭世興　李紹興
盧秉乾　王招太　蕭有才
汪義俊　陳萬明　汪好學
葉家良　夏高陞　徐玉輝
丁高昇　廖勝春　金開榜
以上藍翎千總
葉錫鳳　方漁譜　陳金山

胡登雲　周克勝　王麒麟
周金魁　簡洪貴
以上千總
郭席雲加五品頂戴　張炳發加千總銜　王耀先
葉保元　劉雲煥　朱開甲
盧炳乾　文逢焱　羅虎臣
童如彪　王炳臣　涂保昌
晏紫洪　李士炳　閻杰
鄭從龍　廖錦春　汪時潤

王嗣第　江惟旺　徐斯全
李士明　張承賢
以上藍翎把總
閻定慶　姚雲起　江移發
趙觀榜　晏保康　王辛德
閻定元　徐枝瓖　閻叙賓
高秉成　余先庚　王鳳高
吳士耀　王松虎　趙肇雍
胡定元　劉東陽　周長青

李本焱
以上把總
劉雲高　姚錦雲　郭金友花翎
熊大啟　李廷科
以上外委俱加六品頂翎
晏志義　汪正榜　陳孔鰲
王松甫　楊泰興　涂得元
崔家喜　金壽生　晏得勝
余得勝　郭星照　張才善

姚騰榮　葉啟福
以上藍翎外委
陳長源　鄭潤安　聞上達
以上外委加六品頂戴
王用雲　鄒順熙　黃維順
周定海　韓開揚　王立先
趙承豐　周炳程　徐士坤
徐忠林　李明枝　官中貴
葉定元　余鳳祥

以上外委

黃保泰　汪搶力　王瑞球
葉金鰲　鄒裕元　姚虞德
匡春富　葉啟旂　周明愷五品頂戴

以上五品藍翎

潘四美　姚之琛　王三聘
王茂盛　鄭青霞　匡琛貞
高雲青　趙玉輝　傅長有
張春舉　張有發　余化龍

屈占元　陳懷德　鄒捷三
李定忠　嚴森烺　汪正國
汪正發

以上六品藍翎

陳志元　周元愷　汪殿魁
徐本春　周序珍　劉三元
高得勝　余雲鰲　汪鼎雄
汪文先

以上六品頂戴

封典

宋

王世規以子韶貴封燕國公

明

劉應春以子廣貴贈宣武將軍妻汪氏贈德人
周仕信敕授忠良校尉鎮天威烈左將軍樞密院同知國事
周仕聰敕授忠良校尉平蠻武烈上將軍樞密院同知國事
張　立以子義貴贈徵仕郎妻韓氏贈孺人
朱鳳來以子一統貴誥封奉政大夫妻　氏誥封宜人

王永昌以子澄貴贈承德郎晉贈奉政大夫妻李氏贈宜人
王　澄以子德純貴封奉政大夫妻許氏封宜人
蕭　洪以子時臣貴贈文林郎妻王氏贈孺人
張大洪以子明道貴贈奉直大夫晉封中憲大夫妻毛氏贈宜人晉封恭人
汪　洨以子慶舟貴贈徵仕郎妻胡氏贈孺人
蕭　玭以子繼美貴贈文林郎妻胡氏贈孺人
余　梧以子瑞貴贈奉政大夫妻李氏贈宜人
王德立以子榆貴贈奉政大夫妻李氏贈宜人
王德純以子儀貴贈文林郎妻陳氏贈孺人

王　寀以子儼貴封文林郎妻汪氏封孺人

蕭繼美以子譽貴贈奉直大夫妻王氏贈宜人

汪韶鳳以子之洪貴贈奉政大夫妻鄒氏贈宜人

蕭天敘以子魚貴贈奉政大夫妻廖氏贈宜人

王邦伯以子先貴贈文林郎妻胡氏贈孺人

林維藩以子榮貴贈文林郎妻高氏贈孺人

胡效藎以子一賓貴贈儒林郎妻鄒氏贈孺人

廖　鳳以子逢節貴封都御史

胡月光以子大有貴贈文林郎妻駐氏贈孺人

胡大韶以子明通貴封奉政大夫妻傅氏封宜人

胡大經以子存忠貴贈文林郎妻　氏贈孺人

周月楠以孫明瑋貴封承德郎妻王氏贈安人

周　純以子明瑋貴封承德郎妻江氏贈安人

周明瑋封承德郎妻余氏封安人

國朝

周之典以曾孫宝鼎貴贈榮祿大夫妻閔氏贈一品夫人

周　橋以孫宝鼎貴封榮祿大夫妻黃氏封一品夫人

周曰祥以子宝鼎貴封榮祿大夫妻汪氏誥封一品夫人

周宝鼎總兵加三級封榮祿大夫妻彭氏封一品夫人

陳文煥以子之琯貴贈文林郎妻鄒氏贈孺人

何天祜以子昇貴封文林郎妻李氏封孺人

廖啟鳳以孫易元貴貤贈文林郎妻周氏貤贈孺人

廖　煥以子易元貴贈奉政大夫妻周氏贈宜人

閻道銘以子湘貴贈修職郎妻周氏贈孺人

閻道鉞以子海貴贈修職郎妻鄒氏贈孺人

閻道永以姪海貴貤贈登仕郎妻黃氏貤贈孺人

羅憲表以子三才貴封文林郎妻閔氏封孺人

郭一柱以子地鵬貴貤封修職郎妻陳氏封孺人

蕭　杲以子光詠貴封文林郎妻張氏封孺人

程輿柳以子炳貴贈修職郎妻蕭氏贈孺人

郭地煥以孫潤貴貤贈奉直大夫妻金氏貤贈宜人

郭先庚以子潤貴贈奉直大夫妻鄭氏贈宜人

郭振鏞以子紹華貴貤封修職郎妻蔡氏封孺人

廖封湘以子昇貴贈修職郎妻田氏贈孺人

童大樹以孫琛貴貤贈修職郎妻何氏貤贈孺人

余　浚以子杰貴貤贈修職郎妻彭氏封孺人

匡啟鳳以孫慶榆貴贈奉政大夫妻朱氏贈宜人
匡隆泉以子慶榆貴封奉政大夫妻沈氏封宜人
陳上榮以子景程貴貤封修職郎妻匡氏封孺人
陳景程以子瑞球貴封徵仕郎翰林院庶吉士妻李氏封孺人
陳景嶸以孫錦貴封徵仕郎翰林院庶吉士妻張氏封孺人
陳瑞珅以子錦貴封徵仕郎翰林院庶吉士晉封中憲大夫妻龔氏晉封恭人
陳瑞瑃以姪錦貴貤封中憲大夫妻劉氏貤封恭人
陳瑞珠以子鏞貴封奉政大夫妻璩氏封宜人
陳瑞璪以姪鏞貴貤封奉政大夫妻張氏貤封宜人

潘文華以子光照貴貤封修職郎妻鄒氏貤封孺人
潘光斗以子煥龍貴封奉直大夫妻徐氏封宜人
潘煥龍誥封奉直大夫以子肇鏞貴晉封中憲大夫妻欒氏封恭人
潘彩枝誥授奉政大夫以子頤福貴封翰林院庶吉士妻范氏封宜人
高雲龍以子翥貴封奉政大夫妻徐氏封宜人
張士玲以孫文鱗貴封奉直大夫妻吳氏封宜人
張之泮以子文鱗貴封奉直大夫妻許氏封宜人
張文鱗誥授奉直大夫以子組貴晉封通議大夫妻夏氏封淑人
張文鯨以孫星煥貴贈奉直大夫妻章氏贈宜人

張周誚以子星煥貴贈奉直大夫妻藺氏封宜人
何珊以子廉貴贈奉直大夫妻匡氏贈宜人
張一駿以孫鼎貴貤贈徵仕郎妻樊氏貤贈孺人
張二桂以子鼎貴贈徵仕郎妻華氏封孺人
張二松以姪鼎貴貤贈徵仕郎妻史氏貤贈孺人
張大源以孫瀅貴貤封奉政大夫妻伍氏貤封宜人
張楷以子瀅貴封奉政大夫妻隃氏封宜人
楊得添以子道坦貴貤贈修職郎妻田氏貤贈孺人
廖易元知縣陞同知誥封奉政大夫妻鄰氏封宜人

閻增山以曾孫定邦貴贈武功將軍妻羅氏贈夫人
閻道鉛以孫定邦貴贈武功將軍妻胡氏贈夫人
閻同洸以子定邦貴封武功將軍妻徐氏封夫人
涂玉梓以子銓貴貤贈修職郎妻余氏贈孺人
涂玉衡以子銑貴貤贈修職郎妻胡氏贈孺人
周監昌以孫鏡芙貴贈奉直大夫妻胡氏贈宜人
周杏春以子鏡芙貴贈奉直大夫妻潘氏贈宜人
江履道以子學勤貴貤贈修職郎妻劉氏貤贈孺人
江躍龍以姪學勤貴貤贈修職郎妻彊氏貤贈孺人

熊世炳以孫五組貴贈奉直大夫妻許氏贈宜人
熊第堦以子五組貴贈奉直大夫妻聶氏封宜人
張周謙以嗣子珏貴贈朝議大夫妻汪氏贈恭人
張周詢以子珏貴贈朝議大夫妻王氏封恭人
張周綬以子瑜貴贈儒林郎妻陳氏封安人
姚二珩以曾孫敦禮貴贈朝議大夫妻匡氏贈恭人
姚三煥以孫敦禮貴贈朝議大夫妻匡氏贈恭人
姚四渭以子敦禮貴贈朝議大夫妻匡氏贈恭人
聞光元以孫其政貴贈奉直大夫妻陳氏贈宜人

聞輝璧以子其政貴贈奉直大夫妻聶氏贈宜人
童寅以子德芬貴贈奉直大夫妻涂氏贈宜人
方文琳以子鳳添貴贈登仕郎妻周氏贈孺人
蕭成泰以子士珂貴贈文林郎妻潘氏贈孺人
屈汝芹以孫彤雲貴貤贈徵仕郎妻廖氏貤贈孺人
屈立添以子彤雲貴封徵仕郎晉贈奉直大夫妻楊氏封宜人
姚溱以子三楠貴贈修職郎妻徐氏贈孺人
熊世耀以子第垣貴封修職郎以孫五修貴貤贈儒林郎妻鄢氏貤贈安人
熊第垣以子五修貴封儒林郎妻鄢氏封安人

廖申以子新貴贈朝議大夫妻周氏贈恭人
張世堂以孫祖莘貴貤贈奉直大夫妻汪氏貤贈宜人
張鵬程以子祖莘貴封奉直大夫妻沈氏封宜人
閻金南以孫楷烺貴貤贈奉直大夫妻林氏貤贈宜人
閻同淵以子楷烺貴封奉直大夫妻張氏封宜人
童邦鑑以子開甲貴封修職郎妻張氏封孺人
童邦蘭以子先疇貴封修職郎妻琤氏封孺人
何晸以子毓珣貴封修職郎妻許氏封孺人
王思齡以子錫圭貴封儒林郎妻　氏封孺人

周有芹以孫隆瀛貴贈宣德郎妻胡氏封安人
周祚英以子隆瀛貴贈宣德郎妻許氏封安人
陳師以子經貴封登仕佐郎妻嚴氏封孺人
周景燾以子榮綬貴贈修職郎妻龔氏封孺人
姚三楫以子夢飛貴封儒林郎妻王氏封安人
周忠以曾孫聯珠貴貤贈宣德郎妻胡氏貤贈安人
周室昌以孫聯珠貴貤贈宣德郎妻張氏貤贈安人
童之衡以子埰貴贈修職郎妻譚氏贈孺人
汪必先以孫杏林貴贈武功將軍妻金氏贈夫人

汪于闐以子杏林貴封武功將軍妻王氏封夫人
汪杏林游擊加三級封武功將軍妻嫹氏封夫人
朱長樂以子春曉 誥贈奉直大夫妻林氏贈宜人
金景如以子星煥貴贈奉直大夫妻胡氏贈宜人
趙全富以曾孫聯科貴贈振威將軍妻潘氏贈一品夫人
趙國趾以孫聯科貴贈振威將軍妻余氏贈一品夫人
趙思聰以子聯科貴封振威將軍妻閔氏封一品夫人
高　翥知縣加同知封奉政大夫妻鞠氏封宜人
潘頤福於光緒元年 覃恩由翰林院庶吉士加五級封奉政大夫妻鶴氏封宜人

廕襲

熊魁蓮以父五緯難廕給三代雲騎尉世職襲次完時給予恩騎尉世襲罔替
閻敘吉以父定邦立功軍營病故廕給騎都尉兼一雲騎尉世襲罔替
葉爲璜難廕一子入監讀書六月期滿以縣丞註用候銓
王茂椿父培榮　潘振宗父鼎梅
熊魁瓏父五修　許鴻賓父耀南
汪九如父藻　王敘勳父炳榮
傅兆灝父汝霖　蕭廣榮父殿春
徐斯得父炳琳　崔家駒父錦春
徐文奎父邦傑　周德珊父士濂
余善樂父明高

以上十三員均以難廕給雲騎尉世職襲次完時給予恩騎尉世襲罔替

林玉榜　李桂春　李之升
徐羽儀　王如玉　王枝發
周隆勝　陳禮智　范平福
李道洪　汪定海　葉聯輝
易定發　晏子鴻

以上十四員均在大營打仗出力陣亡蒙䘏雲騎尉世職襲次完時給予恩騎尉世襲罔替尚未查辦承襲

余興國以克復平涼府陣亡奉 上諭獎給照副將例 恩加世襲並 飭平涼府建立專祠

鄉飲賓

明

蕭斯露　張　蓋　祝啓宸　蕭天申

國朝

閻時鼎　閔三元　曾一鉅　王一偉

徐鉅　李鍾玉　徐鏞　匡治民
董庭源　周觀庠生　匡公節　李壬復
李勃然　李秩　周光前　劉之亘
姚士典　鄭三重　姚四渭　屈得勳
匡承啟　胡一繼庠生　胡師溥　廖加賢
胡師湘　金國林　廖彌芳　童斯錦
張文漪　潘一棟　汪基洵　何天貴
史啟溥　嚴欽蔚廩生　楊逢期　姚二泳
陳之珍　李應選　姚三煌　吳國利

張體中　王現　汪正魁　王熉
王錦增生　曾生志傳列藝文　張士玲　張士璜
王枝榜　徐重熙　王鎮　晏克明
周有芴　李洞然　周木森　劉五棠
胡文發　童大樹　丁國才　鄭一仕
王南山　陳之連　張明貴　張士遠
汪基洹　汪必柏　李惟發　李春中
李邦遴　李光郯　周昌任　葉原中
汪名燭　盧象九　姚允成　潘文萃

匡齊民　盧煋　匡家祚　胡巍然
胡履喜　王德全　詹好傑　黃逵
黃類玉

壽考附

李必蓁百二十七歲　黃錫恩百一十六歲
李季隆百一十四歲　李必芳百一十三歲
李道壽百一十三歲　姚洵百一十歲
李必泰百有七歲　祝一爔百有七歲
李必取百有六歲　張啟榮百有四歲

吳國利百有三歲　張啟興百有三歲
歐陽繼淑庠生百有三歲　周玠百有三歲
高鳳國百有二歲　李金約百有二歲
李必楹百有二歲　李一富百有二歲
張啟華百有二歲　匡明山百有一歲
許德泉百有一歲　張拱北百有一歲
童金石百歲　張輝山九十九歲
徐枝駱九十九歲　熊子璘八品銜九十九歲
馮三玉九十九歲　朱明恕九十九歲

葉福湖九十八歲　張天浩九十八歲
廖洪容九十八歲　楊朝海九十八歲
潘世友九十八歲　鄭如天九十八歲
李鳳翔九十八歲　鄭宗勝九十八歲
童光烈監生九十七歲　黃獻廷監生九十七歲
文可進九十七歲　姜曾華九十七歲
丁楚源九十七歲　郭元基九十六歲
余鐸庠生九十六歲　許正懋九十六歲
李泗湘九十六歲　傅岳進九十六歲

李大祿九十六歲　方叔照九十六歲
歐陽賢茂九十六歲　雷虔瑞九十六歲
胡四蒸九十六歲　張朝聘九十六歲
張式禎九十六歲　朱宿植九十六歲
周傳人庠生九十六歲　汪必祿九十六歲
蕭會友九十六歲　胡履葉九十六歲
江文煥九十六歲　張式沐九十六歲
姚四語九十六歲　廖書紳九十六歲
毛羽豐九十六歲　廖樂賓九十六歲

詹好傑九十六歲　方成都九十五歲
傅維新九十五歲　許文芹九十五歲
黎成萬九十五歲　張會選九十五歲
童之衡監生工書畫九十四歲　張應魁庠生九十四歲
張耀貴九十四歲　周繼盛九十四歲
李會哲九十四歲　王漢廣九十四歲
李一瀛九十四歲　朱一源九十四歲
高光玉九十四歲　李高翥九十三歲
周邦宗九十三歲　周昌吉九十三歲

王締典九十三歲　王南山九十三歲
王添河庠生九十三歲　余瑞麒九十三歲
周炳若庠生九十三歲　朱北水九十三歲
朱維珍九十二歲　文運翼九十二歲
黃衍眞九十二歲　周隆第從九銜九十二歲
詹來盛九十二歲　丁國才九十二歲
屈萬林九十二歲　姚三德九十二歲
傅啟英九十二歲　張養正九十二歲
葉福澤貢生九十二歲　朱維銘九十二歲

朱文利九十二歲　徐得進九十二歲
朱萬福九十二歲　徐江淮九十一歲
盧之相九十一歲　徐方猷九十一歲
鄂耀庭九十一歲　楊啟清九十一歲
鄭恒傑九十一歲　胡履鰲九十一歲
王雲鐸九十一歲　楊高峯九十一歲
涂國楞九十歲　楊崙工畫九十歲
王植蔭九十歲　吳映堂九十歲
張揚九十歲　張在廷九十歲

涂法璋監生九十歲　王乾坤九十歲
蕭萩元九十歲　葉其正九十歲
蕭香山九十歲　姚二椿品頂戴九十歲
余萬倫九十歲　張式球九十歲
陳士盛九十歲　周世宏九十歲
雷象玉九十歲　張士仲九十歲
傅以彥九十歲　周昌盛九十歲
傅伋民九十歲　傅龍章監生九十歲
張文鰷九十歲　葉茂傑庠生九十歲

周傳柳歲貢九十歲　朱長壎庠生九十歲
蕭鳳翥庠生九十歲重遊泮水　何世厚監生九十歲
林比南九十歲　李南山九十歲
晏五貴九十歲　龔時豐九十歲
黃富春九十歲　生天保九十歲
歐陽鐸監生九十歲　徐得昌九十歲
葉正世九十歲　張邦英九十歲
姚五臣九十歲　姚一梓九十歲
李尙才九十歲　李尙貴九十歲

徐得啟九十歲　龔再華九十歲
何定理九十歲　姚萬里九十歲
潘玉義九十歲　周本森九十歲
董翹榮職銜字小春九十歲　葉福占九十九歲
滕楚山九十七歲　吳亮恒九十七歲
吳國鈞九十六歲　滕楚華九十四歲
李諦懷九十四歲　潘世宏九十三歲
朱奠開九十三歲　文保堂九十二歲
徐長富九十二歲　陳位尊九十一歲

恭逢光緒元年正月二十日
皇上御極
恩詔內開一軍民七十以上者許一丁侍養免其雜派
差役八十以上者給與九品頂戴九十以上者給與
八品頂戴百歲以上者給與七品頂戴一百二十歲
以上者給與六品頂戴百歲至一百二十歲以上者
均仍題明給與建坊銀兩

羅田縣志卷之六

人物志上

宦蹟

士大夫得志一時豈徒詡高官誇厚糈已哉蓋入佐
天子則願為良臣出牧兆人則勉為循吏俾政績炳於貞
石聲名流於無窮張道濟曰去思觀頌來暮聞歌職
是故也志宦蹟

明

程瑩以吏員擢禮部郎中歷官瓊州知府升江西布

政使少喪父事母盡孝繪思親圖朝夕奉祀如生
又置義田供祖祭在瓊成就邱濬於未遇時後為
名相惠政多端瓊人立祠以祀

聞韶成化戊子舉人授石城令才識通明幹辦敏給
防禦廣寇兵食恒足開擴城池至今賴之入江西
贛州名宦祠

王澄字克清正德甲戌進士知番禺縣事興學校均
賦役祛妖僧表貞節政績卓著尋擢戶部郎中時
尚衣太監王振恃寵而橫奪民田產林園澄奏還

之歲省租役銀一萬一千有奇督淮餉值歲饑剖
俸以賑全活不下數十萬人歷河南山西參議皆
清慎粹著能聲參省志及一統志
王德純字一之正德丙子舉人令襄城擢御史出守
姚安剛明正大不事繁苛新楝川書院儒學遷養
濟院意篤士民惠周無告入雲南名宦祠
葛鴟字子中正德辛巳進士授庶常擢刑科給事中
會戶部主事羅洪載以杖錦衣衛百戶下詔獄鴟
與同官安磐等抗疏請付法司不聽出補知府參

楚紀及明史
張明道字希程究心理學發明朱子綱目啟迪後人
年五十成嘉靖己丑進士授都察院都事累官江
西吳江縣紹興府贛州兵備道按察副使歷中
外政績著聞爲一時循良冠
王榆萬歷乙酉舉人知六安州悃愊無華每朔望向
神誓曰愛民不及愛子殃及我子治郡不及治家
殃及我家民感其恩建有生祠入江南名宦祠
蕭魚萬歷庚子舉人官汝州學正遷溫江縣知縣勤

耆飭有奇功入爲工部主事時魏閹柄國魚不爲
屈出爲登州知州清操如水致仕歸卒
高儀隆慶庚子舉人令石埭陞浙江鹽提舉有長者
風歷任多政聲士民咸敬服之
蕭譽萬歷癸酉舉人官河南安陽教諭轉國子監學
正陞吏部司務歷兵部主事員外郎中積文成帙
設義學義倉義塚以厚梓里見李本寧史四書記
胡效臣萬歷丙子舉人任旌德令存心撫字多善政
去任後士民追思不置

朱一統萬歷甲午舉人家貧力學敦品自好後授蘄
科官秦州知州清廉有聲
汪之浹萬歷庚子舉人累官南雄知府所至有政聲
汪吉舟歲貢生性孝友任河南臨漳縣佐廉而愛民
祀鄉賢祠
余洸字楚望貢生秉經鐸有賢聲歷任太倉州牧不
尙歲苛修舉廢墜士民德之
林玉貢生任四川重慶府通判清操不苟人皆敬服
童蒙吉萬歷八年任霍邱縣訓導霍邱文風誚陋吉

力興教化士林效之本潁州府志增入

謝謙成化十六年任潁上縣訓導培植人材一時門下多知名士本潁州府志增入

王先宇思侗萬歷丙辰進士學問宏博識見明通臧否人物悉當任溧陽令戊午分校南闈得士六人聯捷南宮者五陞刑部主事理刑淮安卒於官溧陽士民聞之爲公立祠以祀

國朝順治丁卯湖北學使狄敬溧陽人也甫下車檄王公家傳行述崇祀鄉賢其詞云溧陽生祠人食其

德羅田享祀世仰其型蓋實錄也始先家居時主塔山書院講習敦崇實學從遊者多偉材嘗自題講堂云不解何人呼老塔只因緣我作東山其意殆隱然以謝傳自命矣後果不負斯言

姚子璵天順職員官江南歙縣縣丞歙爲江南劇邑且地近黃山峯嶺險峻奸民每嘯聚其間緝捕撫綏甚爲棘手璵蒞官數載卓著勤能民戴其德

姚灌成化間貢生官湖廣湘潭縣訓導時湘邑學宮傾圮絃誦靡聲灌倡捐巨貲力爲整理由是士風丕振且嚴督教課日以敦本勵學相切劘故湘以南爲舉子業者文章皆有法度可觀實灌之教有以致之也

祝啟宸貢生任洛陽縣佐立身端居官廉後致仕歸行李蕭然終身恬淡

蔡惟孝歲貢生任海甯州訓導才情宏達禦倭寇有功陞知縣父因耄年八旬與其兄惟忠同歸奉養

張翼兆歲貢生任永州訓導以奉委提兵勦賊陞鹽紀卒於任

徐志亮拔貢生任山東武城知縣清正有聲擢南京東城監察御史祀鄉賢祠

胡汀例貢生四川忠州州判處己廉行政惠士民皆感誦之

周明偉字白石恩貢生初授晉江縣丞轉江陵縣佐陞廣東始興知縣以文章爲吏治民敬奉之所著有焚餘草未傳

劉濱例貢生廣東廣海衛經歷以才守推重署四會縣事多善政士民賴之

周楫景泰癸酉舉人歷官清慎奬進士類周恤貧乏所至有聲

蕭洪景泰癸酉舉人恬淡清介三任學博所得俸資分給諸生中之貧乏者自置產業分給諸弟姪後子時賓時臣皆青年鄉魁同科

國朝

黃惟鍛明拔貢生

國朝官廣西右江道尋擢貴州按察司僉事兼管貴陽兵備道時黔疆甫定政務殷煩鍛廉正公勤宣布

善政所至官吏胥役悉遵法紀民咸德之

徐熙明字子甯順治辛卯舉人官湘潭教諭陞汾陽令寬賦減刑丁外艱服闋補永新令從征南蕃辦理糧餉屢著軍功因勞成疾遂致仕歸

程達康熙己酉舉人任桃源教諭遷隨州學正陞荆州教授性謹厚勵清操士風丕振

周光垣字勝木歲貢生任湘陰縣訓導捐修學宮士苦差役力請得免時吳逆叛據誓死不屈隱居終老

羅三才字汝參拔貢生任四川開縣知縣清廉有政聲士民德之有傳列藝文

張翀字羽中由歲貢生任桂東訓導師道自任士習丕振

喻於禮字存魯歲貢生任藍山學博講課不懈鄰邑士子亦就正焉

胡一濟歲貢生歷平江訓導龍陽教諭陞南城少尹轉龍游縣佐陞清田知縣居官清正愛民教士人咸服之

余彌峻字散勝歲貢生任安仁縣訓導有清操至老不渝士人感服書法一以米體爲宗

閔三元以人材授大同府經歷清白自持會

王師征哈爾旦大吏廉其能委運糧餉元會計精密矢公矢慎大吏特擢褒之

陳之琯字正功狀貌魁梧舉止端厚性不甚敏而嗜學數困場屋雖小試輒躓乃益發憤讀書寢食俱廢如是者數年漸增穎悟遂工於文雍正壬子舉於鄉癸丑成進士授山西太原府興縣知縣興爲

簡邑土薄賦少尙沿丁稅餘弊民間生子必呈縣入册胥吏因緣爲奸民以丁累生子多不舉琯廉其弊力禁之永著爲令由是民無棄其子者至今生齒日繁皆曰陳公所活也惜涖任甫六月以文理優通改授安陸府教授去之日囊内無餘錢襆被猶自羅載往者民皆扳轅泣送

晏一麟字勝瑞由明經授宜都縣訓導考課有節士服其教

劉餘蔭歲貢生授潛江縣訓導師道自任士習烝烝日上

胡師清恩貢生任長陽縣教諭以身作則訓迪有方一時誦其文者仰止景行

朱維鰲歲貢生任監利縣訓導品行端方士林奉爲楷模

何昇字晉風天資英邁少爲制舉業矩矱先民以拔貢肄業北雍乾隆丙辰年中順天舉人浙江知縣歷任德清餘姚奉化縉雲象山天台秀水勤敏爲一時冠調仁和政績炳著大吏器重之後調河南湯陰湯陰固南北通衢差役煩疲昇慈惠愛民而才足以濟之甚有政聲年六十卒於任著有步齋文集

胡師鐸字巨川任廣東陽江縣太平司巡檢旋署陽江縣縣丞建書院於司署鼓勵士子

胡一賓任雲南都司訓練部兵卓有聲譽

周室鼎由行伍出身歷任戎行黎人繼叛黔粤搖動鼎設奇制勝直搗中堅以萬人破賊十餘萬邊境肅清由副將累功陞總兵官

王光蘭字南山寄居江右盡力行間擢中軍守備

李雄以西川軍功陞千總周歷戎行與士卒同甘苦故所向皆有功以上舊志

蕭光詠字芳嵒乾隆庚子舉人官湖南甯鄉知縣勤政愛民民不忍欺以不阿大吏被劾去人思其德

廖易元字資菴乾隆丁酉拔貢癸卯舉人官直隸新河知縣性誠樸慈祥視民事如己事民甚德之尤喜培植士類東河總督張公井受業其門賴以成就後爲銘其墓焉

高翥字摶九嘉慶戊午舉人大挑一等歷署廣東澄

邁吳川等縣知縣所至皆有政聲

張文𤅢字藻香嘉慶戊午舉人大挑一等分發山西以知縣用歷署懷仁沁源永和蒲縣洪洞靈石芮城高平知縣岢嵐知州大義同知題補壺關知縣加知州銜所至有政聲在靈石時地瘠民貧舊例按丁納稅胥吏因緣爲奸民不堪擾生男多不舉𤅢廉得其情慨爲剔除民德之爲公建生祠治壺關六年以實心化導不務時名去後民思慕不置充庚午辛巳兩科同考官所拔皆知名士壽陽祁相國雋藻出其門爲當代名臣時服有知人之鑒云入祀山西壺關名宦祠

陳瑞球字韻石嘉慶己巳進士以庶常改官江西武甯樂平等縣知縣其政績見墓志載藝文志

潘煥龍號四梅道光乙酉舉人官河南淯川商邱山東鄒平等縣知縣性恬淡不干仕進年未六十致仕家居值粵逆倡亂捐巨金累千命二子督辦團防鄉人德之其生平政績具見本傳載藝文志

郭潤字蓮墀嘉慶丙子舉人丁丑會試挑取謄錄差

滿議敘知縣授廣西永福知縣潤輕車簡從僅攜一僕接篆後興學校勸農桑卓著循聲時粵匪蠢動大吏知其才調署天河襄理軍務以功遷甯明州知州未行卒於任邑人哀之孝廉張其轆詩有停春父老驚相告扶櫬妻孥尚未來之句

陳瑞琳字九香貢生博雅能詩宗法玉局道州何侍郎凌漢奇其才爲序刊其食古研齋集自少時已名滿江漢間屢試南北闈不售遂援例以府經歷分發河南歷署桐柏葉縣郾城等縣知縣所至卓有政聲口碑載道去之日士民攀轅泣送公亦賦詩留別一時傳爲佳話云

熊第垣字星衢增貢生好學工詩浙江縣丞歷署金華秀水歸安二尹代理桐鄉縣知縣所至卓著循聲去之日士民攀轅泣送著有紫薇書屋詩草遺人清華集

匡慶榆原名一青字星陔夙負文名道光乙未領鄉薦丁未成進士簽分直隸知縣歷署故城隆平等縣卓有政聲補肥鄉知縣蒞任後聽斷明決治理

裕如以弋獲劇盜功保同知升用年未六十郎致仕歸會爵相李鴻章督師東征檄辦營務榆隨時參贊動合機宜爵相甚倚重之時軍餉支絀復調榆經理鹺政於荆襄間榆盡心籌畫北師資以接濟乃以積勞成疾卒於差次時論惜之所著有詩經序註正揩客窗消寒筆記行世

張組字桐封官安徽縣丞署霍山縣事勤政愛民循聲卓著時翁中丞同書駐節壽陽苗逆率衆圍之糧盡援絕勢危甚組舟粟橐金冒死以進竟達於

壽翁喜曰君今之陶士行也吾事濟矣由是士飽馬騰賊不能克事聞以知縣歸皖補用並加同知銜後積功累保知府卒於官

胡履坦字道齋官安徽縣丞署潛山縣事性渾樸不矜苛察民甚安之尋援例捐陞兵馬司指揮歸里卒

張紹春字盐三家貧好學事母克盡孝思中同治壬戌舉人辛未大挑知縣分發甘肅試用爵督左公奇其才委署伏羌縣事時回逆甫靖伏莽尚多春爲綏征輸修守禦士民安堵會潰勇叛圍其城春帥吏卒登陴固守且聲言大軍旦夕至汝輩甘心作賊無死所矣賊猶豫不敢亟攻適援兵四集内外夾擊大破其衆大吏嘉紹春能題補大通縣而春竟以積勞成疾卒於省垣時論惜之

陳景程字雪門乾隆己酉拔貢本科中式經魁官沔陽州學正清潔嚴憚人不敢干以私兩江制軍陸建瀛諸生時程目爲大器教之育之俾得騰達成名尋擢常德府教授致仕家居以截取投廣東香山知縣不赴改中書科中書

郭地鵬字華亭乾隆己酉舉人學問淵博材識精明時邑令姜重修邑乘鵬盡心採輯又創建興賢庄士林皆託庇焉且於西關外捐置瘗地惠及枯骨鄉里無不稱慕後官漢川教諭留意人材諸生受業其門不惟文章炳蔚而其敦品勵行得之教誨者尤多子一元勳中咸豐戊午舉人

潘光烈字有亭幼失恃孤苦力學尤精楷書年十九補弟子員試輒優等提學使有字冠黃鷸之譽遂

食廩餼屢躓鄉闈援例以教職歷署大冶應山所至皆得士心解組後杜門不出頤養天年年七十精神矍鑠尙能探大堂鹽堆諸勝著有習舊編文稿秋中十二吟草行世

潘光照字朗垣嘉慶甲子舉人揀選知縣四試春官不第改就教職授襄陽教諭稟性端嚴人不敢干以私接見諸生惟以敦品厲學相切劘嘗自署其堂云地控荆襄喜多士風流依舊輕裘緩帶里名冠蓋願羣公日下又乘駟馬高車可想見其一時

培植士類厚望無窮之雅意生平喜吟咏著有自怡詩草及襄陽游草行世

閻海字晴皐嘉慶甲子舉人春官不第館於都相國昆弟皆從學焉既官應城訓導甫至即勸修學宮城郭凡孝義節烈足感發人心者無不表揚之以爲一邑勸教諸生以敦本崇實不尙浮華每歲就學者廳舍不能容造就甚衆後擢翰林待詔致仕歸主講義川書院師範端嚴士林欽之

童埰嘉慶甲子舉人官安陸教諭寬厚慈祥疎節濶目諸生愛之畏之咸服其教

閻湘字蘭坡嘉慶丁卯舉人官江夏教諭並監理勺庭書院敦樸嚴毅日進諸生而訓之彷先正胡瑗經義治事諸法秉鐸數年成就甚夥

江學勤字經畬嘉慶丁卯舉人四上公車不售道光乙未選授江陵教諭到任後按月開延課士造就人材一時稱盛與荆南院長萬籽崖爲文字交贈詩有弟子尊胡瑗先生似孟公開筵月張會講藝日懲棠之句其推重如此及告歸鄉居輕財重義

遇有鄉曲鼠雀之爭以理譬解務使相安無事士咸引重焉

楊道坦字履平嘉慶戊辰副貢生官大冶教諭湛深經術爲文有法度可觀在任七年教士以誠儒林戴德咸以維持道脈頌之

程炳字午亭嘉慶庚午經魁官武昌教諭性沈默好學爲文思力精深風骨遒上直追鍾陵黃岡諸人勤懇不倦諸生經其指授者無不醉義忘歸

廖昇字月吉嘉慶戊寅舉人官利川教諭教導諸生

誠懇周摯有本有文利川士風爲之稍振
王鳳斌附貢生任冀州南宫縣尉鹽河縣丞居官嚴明處己予惠存心曾奉委修新河堤口工堅料實絡不虛糜一洗河工陋習民感其德
王枝珠廩貢生權當陽教職清廉有聲嘗捐廉修理黌宫士林咸欽慕之
陳瑞琚字雨玉道光乙酉拔貢生官應山縣教諭和厚溫雅諸生執經問業者無不各得其意以去琚自少時已負才名嘗南遊洞庭有月來水氣全湖白烟際君山一髮青之句邑人潘四梅極賞之採入臥園詩話著有春草堂唱和詩草行世
郭紹華字秋丞性淳厚敦孝友苦心爲文上法先正中道光戊子經魁甲辰大挑任光化訓導與諸生講學以修身立品爲先貧士入泮者輒助以資咸豐五年河口鎮鹽局滋鬧聚衆數千謀晼奸民聞風附和時下游髮逆猖獗人皆惶懼縣令欲請兵華止之恐激變也計偕赴鎮約集紳董開陳利害愷切勸諭使衆解散地方得安爭誦其德

潘肇鏞字濂舫博學能文尤精楷法髫齡補弟子員旋食廩餼癸卯受知於督學朱公鳳標以優行貢於
朝考補正紅旗官學教習期滿以知縣用乞假省親値粤匪倡亂辦理團防以戰功保知州選用時陝甘總督楊岳斌宫保督師西征檄入戎幕從軍數載襄理動合機宜同治丙寅丁父憂聞訃泣請奔喪
宫保以時事維艱人材難得奏請留營佐軍務稍鬆再令回籍守制摺内並有老成練達有守有爲是爲營中必不可少之員等語旋卽奉
旨着照所請該部知道欽此其爲宫保所倚重如此以積功累保至道員歸部卽選並 賞戴花翎旋因積勞成疾假歸未幾卒偉器鴻才未竟其用士林惜之
李槐字蔭亭歲貢生官荆門州當陽縣訓導作養士子苜蓿自甘平居教育生徒循循善誘及其門者多所成就品學兼優洵爲士林模範享壽八十有四鄉鄰爭推重焉

田如霖字雨三歲貢生官武昌府教授苜蓿自甘講學不輟未嘗以冷署爲嫌故至今仰遺風者猶頌鐸教於弗諠

石磊字子英少岐嶷讀書負大志喜言兵既就童子試屢躓塲屋廣西賊起衡湘以下大江南北城無堅壘而蘄黃閒尤賊出沒孔道遂投筆倡義旅慨然以捍衛桑梓自任每與賊戰所向克捷時益陽中丞稔其才以布衣保奏從九旋援例得縣佐勷事豫軍將軍穆公圖善素重公名檄赴甘肅協理

營務凡邊塞形勢勦撫機宜千里懸決如指掌當事上其功洊保知府乃因積勞成疾請假歸里遂不起卒年五十有二子四長心杰同治丁卯舉人次念慈邑廩貢生次心權心聚亦克承父志

張鼎字梅丞少好學慷慨有志畧尤精甘石家言及孤虛遁甲之術每有占驗輒奇中一夕仰天嘆曰亂將作矣果有粵逆之變鼎督率鄉兵累與賊戰有功以諸生保擢教職加內閣中書銜尋選咸寧縣教諭既至捐貲倡修學宮日夕經營刻期告竣每與

諸生講學必以敦品植節爲先歷十餘年凡在學者感其德化贈以牌匾羣相歌頌且錄其懿行編入咸邑志歲癸酉因母憂去職家居分修邑乘詳愼將事乃積勞成疾年五十六以卒士林惜之

張珏字玉坡少好學髫齡入泮屢薦未售適粵逆寇境辦理團防累功保至通判並　賞戴藍翎胡文忠公奇其才命襄理李中丞續宜　軍務救援六安州以功洊陞同知同治二年大軍駐無爲州賊衆數萬圍攻營壘援絕糧匱守馬以食珏曉以大義

士卒咸感奮苦戰月餘賊受創遁曾爵相國藩保奏以知府用八年經理安徽釐務供給軍糈不缺奏以知府留山東即補因母老乞歸遽以疾卒偉器鴻才未竟其用士林惜之

詹從驁武舉嘗爲營守府巡查江漢賂遺悉屏積弊頓更人食其惠後請終養致仕兩袖清風耕山漁澤事親以孝聞

羅田縣志卷之六

人物志上

儒林

楚北爲人文淵藪微特屈平宋玉少陵襄陽上薄騷雅下凌漢魏卽茶邨黃公類皆以宏才碩學蔚爲儒宗崛起蘄黃閒邑人士濡染流風經術文章代著聲逸傳曰惟楚有才不虛然矣志儒林

明

何景明字大復其祖從信陽廬墓在羅故大復時居羅鄉人愛之以爲羅人也大復亦曰吾本羅人才聯七子名齊崆峒世之論何李者猶夫論馬班焉事見文集選入藝文志

胡明庶字功甫嘉靖壬辰進士孝友力學尤精律呂皇極二書嘗衍爲圖章分爲句解其所自敘則揭中與幾希以蔽二書之旨惜其書無傳

胡明通嘉靖戊子舉人學本程朱嘗曰主敬窮理可到聖賢不必求新異也幼育於兄事之甚謹同居四十年無閒言鄉薦後以足疾不上公車兄卒撫

孤姪如己子授信豐知縣設法賑饑弭盜有奇策陞金華府通判甫一月致仕家居學者稱東郊先生其弟明書與兄明通同榜文章與兄齊名士林宗之亦官通判

王樸洪武庚午舉人官給事中天資英敏博通典籍讀書窺見本原文如布帛菽粟

王極萬歷辛卯副榜性穎悟讀書一目數行下筆千言立就才堪倚馬惜未壯卒

王煐歲貢生究心理學以持敬爲主讀書不事浮靡講學終身士多出其門

蕭繼美學淵博有濟世才常以扶衰起靡爲己任官惠安縣禦倭有奇功倡明道學士景從之

萬言策經元有才名手錄文集詩賦後學以爲楷模

張會心萬歷丙午舉人才華美贍晚益肆力於學釋毛詩著論文諸則

王煜字東白萬歷戊午亞元少孤力學博洽經史藏書充棟性樂施與

蔡惟忠博洽羣書猶精究於五子暨真氏蘇氏書以

明經授滄溪訓導以建城功陞知縣致仕歸
胡漸博通經史言規行矩後學多宗之會與張江陵
友善後江陵貴盛屢招不至可以想其品概
唐友義鄉薦後不上公車棲遲衡門屢辟不應成化
元年奉詔辭曰老將釐矣補報無日安敢受詔自
號多雲老叟從祀鄉賢祠
張彥歲貢生官翰林院孔目究心理學篤於天倫
王焯舉人清操自矢誠樸不欺人多感服
周玠歲貢生岳池縣教諭賞奇嗜古不與爲諸生時

及解組優游林下百有三歲目力精健猶工小楷
蔡相衢歲貢生岳州教授古風道貌藹藹老成爲士
子圭臬
張蓋歲貢生爲一時文望手不釋卷行止端詳屢舉
鄉飲大賓
匡一賓邑庠生性寬厚明季避寇惟負書數十卷率
子弟夜隨月光讀之輒涕泣成詩
王邦懷讀書嗜古樂道安貧縱筆千言頃刻立就年
踰九十猶手不釋卷

余瀛學有本原絕去浮靡輕財好客後學之問字者
屨常滿焉子彌綸己卯孝廉能讀父書
徐重謙少孤貧母童氏苦節教以力學遂潛心經史
閉戶著述敦品自好從遊皆名下士邑令李雨霑
李成紀常造其廬子熙明孝廉
朱正振字叙九邑廩生明季寇亂廬舍盡焚父爾且
避兵猶袖卷課其讀因博極羣書性不耐舉子業
酷好詩古文詞搆別墅涉趣園著有亦山詩草
王固純少力於學諸子百家推見本原不爲尋章摘

句撰文最多人皆頌之兼精翰墨常佐白公禦賊
有奇功
匡琳玉廩生本方姓正學先生裔孫學問淵深品行
端正素有大志甲申之變思陵殉社稷琳玉倡舉
義旗趨赴勤王旣知時事不可爲遂北向再哭解
其衆棄衿隱於山中搆別墅博覽羣書每爲詩詞
以自適晚年自塑遺像至今猶存
國朝
嚴欽謨字賡盛邑諸生學問淹雅品行端方訓戒子

弟務期敦本務實力屏浮夸處大事尤胆畧過人
國初流賊蠭起謨倡捐募勇堵捕鄉人賴以保全
蔡客逵涉獵羣書學問淵博尤長於古文所撰志銘膾炙人口一時藝林名諸生若張思明劉繼元胡來賓胡節張大鳴張人鵬蔡芳日與講學不輟惜淪落不遇著述亦不傳至今尚論猶數稱某某邑之才士焉

蕭雲青字敵士潛心經史尙氣骨慎交遊後學多宗之

劉一煌姿性頴慧沉浸書史援例入太學生卒困棘闈遂怡情山水吟咏無虛日篤根本厚風俗教子弟有法蓋文行兼優者邑令林公時造其廬相與唱和云

葉泰明讀書立品屢薦不仕嘯歌終身

劉朝興博學有經濟才士多出其門

林煥騰字孟詞秉性純厚通敏嗜學行文典雅直追二陸義利之辨最嚴邑大夫心儀其人自講學外罕見顔色子四奎塏嘉善埜皆爲邑名諸生執經之士濟濟盈門邑人雷天鐸少貧困曾就學卒得登第館選實賴其力焉其造就學人多類此

胡鈜字鼎峙鄉先達功甫裔孫少英敏及長淵博凡守身傳家皆自讀書中來遊其門者恒多自好之士

余大新敦品力學鄉里倚重
國朝定鼎奔叩柯軍門呈請兩縣招安全活億萬爲保集鄉民無侵奪之患子袁庚亦能以文章經濟繼乃父志邑令白公嘆曰余氏父子其後必昌後果騐

閔爆端方自立閉戶潛修浸淫典籍不輟寒暑咸以大器目之惜享年不永子孫繼起皆俊髦人謂讀書之報

周邦士字自貴幼孤苦事母孝貧而好學文名藉甚一時撫軍林公及郡伯于端清公目爲偉器子孫亦克繩其武

余羕力培根本順父母篤同氣博涉古籍不尙浮華成就後學者衆人稱爲迎山先生

雷天鐸字次閎性英敏抗志希古倜儻不羣康熙丁酉戊戌聯捷成進士選庶吉士文章爾雅足爲後學矜式

秦之鐸字勝木九歲能文十二補諸生其大父文煒以學行受知楚撫延之教授遭夏逢龍之亂沈於江其父基亦諸生以哀毀卒鐸孤貧事母孝苦志力學康熙己酉中拔萃科肄業太學大司成以楚材目之歸益耽經史富於著述尤喜闡揚節孝自號楓廬先生

劉之珙博學能文工詩應舉不第以西域助駝例議敘得經歷不赴任優游林下嘯咏終身

朱文會字禮在知秦州一統之裔孫也少孤母秦氏撫之成立敦品力學中雍正癸卯副車甲辰舉於鄉學先躬行書居敬窮理以自佩爲文醕潔啟廸後學子維鰲字立峰能讀父書性謹厚藹然善氣迎人乾隆辛卯歲貢任監利訓導整飭士習培植學校士服其教咸謂鹿洞遺風猶存

徐乾源歲貢生任興國州訓導博學能文才識明敏與修省志

葉自成拔貢生資敏悟學淵博文品醕潔後學奉爲楷模

廖棟字隆起貢生性好學嫻吟咏詩格大類中唐所交皆名士一觴一詠有輞川洛下之風

余淮字晴川少孤貧事母孝授徒有年盡心訓誨乾隆丙子巳中經魁以策中二字誤改置副元邑令王延主講書院成就後學甚衆

周應昌字本先少好讀書爲文窮幽抉奥日夜攻苦

得咯血疾尤不倦先是邑文運弗振掇科者甚少老師宿儒皆爲奪氣昌以少年奮志獨期必售乾隆戊子舉於鄉兩赴會試抱疾入闈已得復失歸以疾卒士林惜之

秦潤累世皆業儒家貧讀書不輟持身端厚教人以窮理盡性爲主家無長物惟積書以貽子孫貧不廢學人咸推之

劉一炅字召黎歲貢生善書法苦心披吟所著詩文後學多傳誦

徐登明字菽子歲貢生沉潛經籍鄉里子弟多所成
就
王光運字乾行歲貢生講論以端本善則爲要閉戶
齋居人罕識其面
陳世奇字懷樸歲貢生性澹泊家故豐處之若布素
惟閉戶長吟敦天倫之樂事
王光範字樸子歲貢生澄心汲古平情與人鄉鄰爭
訟者恒畏其知
余鑑字公恂歲貢生性謙恭尤嗜學舉動期以古人

爲法
余鏞字呂煌歲貢生家甚貧茹茶啜茗燃松脂照讀
終身洒如也
喻於義字達士拔貢生年未弱冠列諸生肆力詩書
學益淵博皓首猶兀坐靜室不輟披吟
郭綸字對庸天性孝年十二體弱多病父愛之甚恐
其攻苦致疾遂援例入太學肄業及年十五自嗜
學晝夜讀書不輟父母歿泣血三年哀毀骨立服
闋三入北闈兩試南闈皆不售年逾四十猶讀書

山寺後理家政置祀田以贍族人
葉繼煌字廷輝邑廩生英姿卓犖歲科試冠其曹比
長學益進端莊嚴肅終身無惰容掌教書院邑先
達多出其門四川李廷陽受業成進士族有鬻子
者三人皆贖之拾遺金必還其人
汪廷易學問淵博文章醇厚教人子弟悉有法日與
二三老成講論不輟尤長於易圖畫悉得真傳
李鄴字經列邑增生幼穎異嗜學不厭能文善詩酒
丰神磊落飄然有古人風入闈數膺房薦卒以諸

生老
葉敦舉字朝選號謹齋性純厚好讀書以窮理爲務
以收放心爲要善事父母先是父母年逾五十無
子嫡母朱脫簪珥娶閔氏生舉兄弟二父年七十
染危疾舉方及冠禱天願減年以增父算後父果
年逾八十事嫡母盡孝養嘗建祠置祀產捐渡濟
人座右遍書箴銘立功過格以自警年四十三不
見知於世而卒
董化鵬字方茂邑廩生好讀書日夜不倦工文章門

下遠來者衆

傅二桂字賢宗邑庠生家貧閉戸窮經史著有四書芻言未及行世以諸生終

汪封字自公邑諸生篤志好學與一時知名士相友善日以讀書談理爲務

高矜字萬宗邑廪生端莊嗜學訓誘後進多成令器

方三錫邑庠生貧苦力學文詞淹博閉戸自修鄉里以德器重之

匡四皓邑庠生博涉經史才識遠大太史果園靖公

常器重之著有同人立業篇口吟手披至老不輟

朱效乾字元若歲貢生潛心積學授崇陽訓導疾作未任卒

王烱字僖牧邑庠生性穎悟讀書寒暑不輟雖屢空晏如也

王楪字衛石邑諸生博極羣書善行草書愛積晉唐法帖日臨摹數則問奇者無虛日年逾九十猶嗜筆墨不倦

王文美字漢錫邑庠生厚重簡默閉戸潛修臨歿時

未嘗絶咿唔生平樂施與鄉里有貧之者輒傾囊以助之

李採字且勲邑庠生少孤奉母教刻苦力學喜積書窮年披閱耄時常手一卷

李德錦字襄圃拔貢生父賓友性純篤喜讀書明大義尊師課子悉有成法德錦體厥志勵行積學垂老益篤執經者恒濟濟焉

闕喈字孔書歲貢生性傲岸博洽羣書爲文廉悍耄猶披吟不輟

李一清字象乾歲貢生性淡定善啟迪後學居恒喜讀書暮年含咀如少時

廖杞字封夏讀書植品少入武學非其所好就監生應鄉試殫精舉子業垂五十年文最幽雋不遇卒

周旵字演成歲貢生沉潛理窟著有聚腋講義未傳

廖煥字瑶璋少孤力學有隱行以疾不赴試杜門課讀恬淡寡營臨終遺訓以兩言曰毋賤彼以貴我毋重物以輕身

蕭名成字德眞甘貧嗜學築茅舍數椽環堵不蔽風

日讀書其中與竹韻松聲相唱和不干人以私
朱維練邑諸生幼聰頴咸推國器好古敦行不爲勢
利拘惜年三十卒
金啟洛字書源邑諸生治經沈潛入理學有本源可
式泮廱
汪教浦邑諸生質最魯讀書不避寒暑老而彌篤
金玉字振宗邑諸生少孤能讀父書苦心孤詣家無
長物而臨財甚介
晏二銘字兩箴歲貢生學問淵博造就後學皆有矩

範選房縣訓導未任卒
朱維銘字鼎三嗜古力學年九十一手不釋卷
以上舊志
汪文就邑庠生夙飽經學言笑不苟生平教讀諸生
講明四書奧義旁批精詳鄉里重之
葉炳蔚優增生德性純粹伯兄湯獻中年失明蔚扶
掖周至甘旨必豐友愛季弟秀畦尤篤居家塾四
十餘年來學者諄諄教誨先品行後文藝熟於小
學及先正格言鄉里有爭者引數條爲解釋某兄

弟三人分產幾搆訟蔚至其家責以手足至性感
泣相讓其居鄉大都類是咸豐甲寅兵燹蔚感懷
云愧無門下三千客空有胸中百萬兵壽八十終
彌留時猶誦正氣歌不輟云
張大熬性剛正酷嗜詩書生子四均業儒雖貧不廢
學後皆入泮尤好施每製藥拯時疫次子學優有
父風刊惜字文警世凡修橋梁建宇藏優輒首其
事鄉里爭重之
吳士魁乾隆己亥副榜英敏積學爲文湛深於經胎

息於古墨藝至今膾炙人口
余杰字文山乾隆戊申舉人揀選知縣丁丑大挑二
等授竹山訓導後家居授徒數十年成就甚衆
王雁題乾隆甲寅副榜敦崇實學不慕榮利所爲文
章亦淵懿醇雅卓然可傳
吳翰章邑諸生品行端正學問淵深家居授徒三十
餘年門下多知名士尤工書法以歐柳爲宗至今
猶有寶而藏之者
周傳柳髫齡游泮屢試優等學問淹博居家授徒從

游者衆閻海程炳兩孝㢘皆出其門年九十餘猶手不釋卷耄而好學鄉人欽敬

周傳樸質敏好學童年以縣首游庠邑侯徐公甚器重之乾隆癸卯房薦以額滿見遺從游者多游泮卒年七十有九著有體仁堂文集待梓

周傳杞自少精心字學以顔趙爲宗乾隆庚戌歲試學使茹評云文氣充暢字冠八學後書益工

匡鼎乾隆乙卯優貢生性情渞樸學問淹雅爲文力追先正受知於學使初公彭齡以大器相期許後

屢躓棘闈遂絶意進取授徒江漢間成就甚衆古進士龍其尤著者也

匡人瑞歲貢生品行端正學問淵深爲文力追先正卓有明大家風範家居授徒成就甚夥邑進士匡星荄其最著者也

晏文運字元炯歲貢生精通經史循循誘人一時英俊多出其門

晏文鼎字錦舒事父母至孝奉養盡心年三十失偶終身不娶髫齡入泮屢膺房薦未售精撰四書秘講增補發註題鏡待刊教讀數十年門下多知名士生平行誼卓越邑令趙振清深爲推重每云錦舒有非公不至遺風子楚傑克承父志好學能文尤精韜畧佐邑令彭公仲芳勦賊卓著奇勲以廩生保府經縣丞加六品藍翎皆鼎之教也

王謙字益甫號又亭優庠生幼貧不羈材及長博通經史寢饋諸大家故爲文皆有根柢一時爲藝林冠時論皆以大器期之惜不永年

張周訓字小圓嘉慶戊寅副榜爲文精於義法根柢

盤深家居授徒裁成甚夥

余養元庠生端方和易岡邑有貿易獲僞銀者不能還鄉元憐其被欺以己銀易之居鄉率以孝義教人授徒數十年皆沐其化工書法善畫蘭所遺筆跡嗜古家多寶之

崔曉春字素三歲貢生性情恬靜經史貫通好詩古文詞年逾古稀輒吟咏不輟

楊鑾字錫環庠生好讀書不干外事晚年以詩酒花木自娛

鄭國俊字百美少貧父使牧牛常喜聽塾師講論或失牛所在俊不知也塾師嚴桂齋奇之曰孺子可教使受業且資助膏火焉後登明經鄉里至今猶樂舉之以勸學云

羅汝泉號西漁郡庠生腹笥淹博嘗勗諸生曰讀書能將聖賢言語體之於心見諸躬行方不愧爲眞讀書者著有韻錦左傳詩經待刊

江本坦號怡亭歲貢生性恬靜潛心經史家居教授成就甚衆尤工書得晉唐人遺意睹古家珍藏之

陳謨號虞門邑增生少英敏能文及長學究百家著有四書辨異待刊

姚鳳梧郡庠生品行端方學問淵博經史而外兼通水經廣輿記諸書生平著作最富兵燹後散佚無存前邑令王同治嘗造其廬題其額曰望重儒林

孫濟川字波臣恩貢生幼失怙事母孝家貧嗜學筆耕爲業未嘗一日遠離尤友愛諸弟所得俸金必分畀之教人循循善誘知名士多出其門

潘廸號啟齋儒士家貧力學博通經史目所流覽皆手許之爲文邃於理境雅不喜時調故屢試輒蹶遂賚志歿學師孫荔山撫棺慟悼輓之以詩有云大器期晚成叢蘭竟於邑君歿我何望返署無顏色又有一點朱生淚盈盈又向君之句

李學勳字琠璋邑增生品學俱優邑侯孫湄延之課子其鄉人有構訟者密賄勳解說勳正言責之即託故解館歸里

嚴茂宸邑庠生英敏嗜學涉獵羣書夙稱淹博雖家無儋石晏如也鄉居授徒嚴憚勤懇學者多所成

就焉

何聲遠字正嶽邑庠生天性孝友學問淵博里中寒素者不受修金且助以膏火無不樂其成就

文光詠字廷爵儒士家貧好讀書以授徒爲業子弟願列門牆者詠不受修金里閈樂其成就

周傳璪字晃文儒士學崇根柢不落餖飣蹊徑數奇不遇築家塾於宅旁遺子一經尤喜扶植後進得其成就者甚多子慶成領同治丁卯鄉薦族中俊彥咸出其門經師人師鄉里推重

郭先庚字巽亭歲貢生好讀書爲文出入經史自成一家言五膺房薦未遇遂淡於進取家居訓戒子弟惟以躬行實踐爲要里中從學者多所成就子潤領嘉慶丙子鄉薦選授永福縣知縣卓有政聲皆庚之教也

董翹秀字觀濤歲貢生家貧嗜學筆耕自給築草廬於宅旁教授生徒皆有法度寢圖饋史怡然自樂年八十猶手不釋卷

張學海字春江郡庠生沈毅嗜學家無擔石讀書自

鳴山中時與風月爲鄰絶不干與外事有古人安貧樂道風教諸弟與子皆有成法弟學優學彬學洙爲邑名諸生子紹春同治壬戌舉於鄉官伏羌知縣皆海之力也

余標邑庠生誠篤自持言笑不苟里中佻達之子標善爲化導俾習尙日端故一時奉爲師表

童光俊字輝周邑庠生家貧好學年二十餘鬢斑斑白嘗把卷沈思誤飲滌筆墨水盡碗許不之覺肄業義川書院每山長据皋比講解經義或少倦命俊代之諸生環聽者以百計尤嗜易學齊得喪自識數奇絶意進取晚年著有易經解及課幼草待刊

王鳳文字彬如郡增生敦品力學鄉里奉爲楷模屢薦未售賫志以歿邑令方公輓聯云人向世情推長者我於古道見先生

劉雲程字鵬九郡廩生品行端方學問淹雅屢膺房薦未售家居授徒務先器識不沾沾於尋章摘句一時成就甚夥著有匯參講義正指待刊

何永德字道全儒士性穎悟博通經史爲文不倚時趨因伯兄早世絶意進取家居延師課讀每朔望必肅衣冠拜之其尊敬如此子孫曾爲邑名諸生以團練擢保教諭人以爲尊師之報云

葉爲珠字星聯邑廩生枕藉經史學問淵深諸名宿皆以大器相期因屢試秋闈不售咸豐四年値粵匪亂邑侯彭公倡辦團練珠勤理其事屢著功績擢保訓導未仕後以積勞成疾卒偉器宏才未竟其用士林惜之

田瑞麟字唐陬邑增生官武昌府學博如霖孫束身圭璧砥厲廉隅克繩祖武爲文有奇氣以屢躓棘闈淡於進取鄉居教授邑知名士出其門者甚夥鄉鄰欽名宿於弗衰

蕭被本字樸園邑庠生書法鍾王中年絕意進取以詩酒自娛至今藏其墨蹟者珍同拱璧

蕭斯字秀峰郡庠生悃愊無華學宗濂洛善成就後進知名士多出其門

何興發字秀榮儒士工書繩趨矩步喜扶植人材里

中恒稱頌之

周振鏞字佩蘭邑諸生敦孝弟礪廉隅爲人外柔內剛取予一介不苟教讀數十年學問言行堪爲坊表

朱列楷字賢樹邑庠生品學兼優足爲人倫模範

朱列楣邑庠生性情渻樸篤好詩書謹守卧碑不履公廷繩趨尺步士林皆奉爲楷模

陳瑞琨字竹坪邑庠生爲文稟經酌雅力宗先正性尤嚴憚方正居覆船山里中桀黠不逞之徒率皆斂迹有王烈陽城遺風以襄辦團防薦擢訓導

廖騶字方雪歲貢生博學能文喜吟咏詩宗玉局好游覽凡遇名勝多有留題著有介生樓詩集待梓

葉偉道光壬午舉人揀選知縣平生好學深思力敦實行不慕仕進家居養親課子怡怡如也嘗一就春官試不第後遂不復出焉

陳昌綸字凝甫道光甲辰舉人官內閣中書爲詩人陳九香哲嗣天姿英敏博涉經史幼工制藝尤好爲詩應童子試有句云烟雨隔江詩人畫雲山到

楚氣都奇楊星珊太守極賞之後隨侍梁園北渡黃河覽太行王屋諸勝心胸益廣詩境益高中年尤邃於史漢八家爲文浩博無涯涘高者希蹤遷固次亦出入韓柳歐曾閉長洲陶閣學樑壽陽祁相國嶲藻嘗愛其詩文嘆曰凝甫不愧名父子也年未五十賫志以歿惜哉所著有量齋詩鈔无行所悔之室文鈔行世

熊五緎字素卿性聰穎博通經史弱冠補弟子員旋食廩餼益攻舉子業爲文皆有根柢屢膺房薦末

售賫志以殁士林惜之著有秘英齋文集棣華樓詩集

胡鎮字樹棠邑庠生其父胡淑身有聲庠序鎮克承家學勵志窮經文章有根柢訓誨子弟率以務實存心相切劘姪秉中髫齡入泮得力於鎮居多鄉有不法者親爲勸導皆立改前非時稱正人焉

陳家濂字癸溪恩貢生博通經史爲文力追先正授徒於里門下成就甚夥

葉自振邑庠生學問淵深博通經史家居授徒以敦品勵學爲先不屑屑於尋章摘句一時遊其門者皆奉爲儒林模範

嚴以禮字儉生儒士學問淵深文章華貴屢試不售遂以吟咏自娱不求進取父母俱年九十餘家貧中落或勸其遠館自給禮曰吾父母年登耋耄啜菽飲水可盡其歡且親在一日卽當侍奉一日何能依人作生活盧擲庭闈日月耶晚年危坐一室手不釋卷簞瓢屢空晏如也同治三年粤匪竄境禮戲題云漫勞車馬問吾廬兄弟相逢禮數踈寒

士家風無別物只存新舊數函書其風雅類如此

張寶成字琢齋咸豐壬子亞元天資英敏好學能文著作甚富壬戌大挑二等選授利川縣教諭未赴任卒

張宗麟號角山邑廩生品學兼優詩古尤爲一時冠著有抱慧居試帖行世

張世倚邑增生性情誠篤寢饋詩書恐屛外務家居授徒成就甚夥

張紹載邑增生保六品頂戴性情誠篤品行端方鄉里無不欽服邑侯彭公嘗稱之曰老成練達

閻翔鸞字景雲邑諸生力學能文咸豐九年以性理論冠八屬時巡撫胡文忠公率兵駐黄州學使俞以論質之胡公擊節歎賞謁見時公以館閣期之並餽厚資其器重如此惜不永年

匡芬字采芹邑庠生精易理年八十餘手不釋卷胞侄慶榆受業成進士

童光煒字登平性孝友好讀書不求聞達爲文出入經史成一家言著有味秋堂文鈔尤精於書法教

生徒以躬行實踐爲要士林咸矜式焉年逾八旬
卒
童之衡字湘帆上庠生小試拔前茅未售赴北闈膺
鶚薦亦未售遂絕意進取善丹青法尤精草書遠
近珍藏之以子琛貴　覃恩勅封修職郎
徐樹表邑增生文才敏捷矢口成章經史百家悉窮
源委是以學冠羣儒教被多士至今鄉里咸稱頌
焉
石心耑字俊卿邑知名士幼聰悟酷好詩書爲文卓

有根柢當時皆以大器許之學使賈小樵奇其才
拔冠童子軍入邑庠旋以丁卯舉孝廉公車北上
至許州疾卒著有紫雲山館詩集待梓
葉福泮字芹軒積學未遇老年尤精意詩書著有學
庸集講發明經學奧旨卜宅羅井旁與友人王鳳
題郭地燠等唱和連篇深得林泉佳趣
王之松字秀峯品學純邃前邑侯王珉纂修縣志松
襄其事書法酷摹顏柳得其神韻藝林奉爲墨寶
羅思義上庠生性端重博通經史至老猶嗜古不倦

徐鏞優庠生嘗捐貲助修　聖宮貫穿經傳馳騁古
今著有綱鑑策要周易五行斷並纂輯萬氏醫科
當時咸推博學後舉鄉飲大賓
廖暉吉儒士家貧力學文章具有經濟工書法得歐
柳體屢拔前矛數奇未遇慨孀慈衰老遂不遠遊
以筆耕佐甘旨兼資給兩弟德行文學儒林以爲
矜式

羅田縣志卷之六

人物志上

忠烈

古人有言曰君子生以辱不如死以榮死生之於人大矣吾羅自忠宣公抗節而後聞風與起代有義人而捐軀命授項踵敵愾同仇則以粤逆之亂爲最彙著於篇所以明人臣之大節亦以發潛德之幽光也

志忠烈

陣亡

元

余闕 傳詳藝文志

明

劉廣邑多雲鄉人洪武中以軍功授指揮僉事守永平邊騎入冠廣親率四十騎禦之於城北力戰死之事聞於朝賜祭葬金陵紫金山詔令原籍給功臣田二百畝與其戸丁看守廣父應春墓勒碑墓前 碑文載藝文志

張正福勇敢善戰正德六年流賊趙瘋子掠黄州等處竄羅田太守胡定命福統鄉兵追擊福與弟正顯姪友舜友珠攻賊壘馘賊首八深入受困福死於陣弟姪俱戰死胡公撰文祭之載藝文志

蕭斯和邑貢生譽之子授光祿寺丞流賊破羅田不屈死之巡道唐公遺祭賻匾

王爋字安定號少參中天啟丁卯科鄉試任洧川縣事以清廉方正陞河南監軍道告歸時縣令白公倡修水旱二城安定襄辦其事保聚鄉邑全活甚衆甲申之變安定盡室南遷道遇賊率家丁與戰

不勝死之妻汪氏殉焉

崔爾達任陝西西安指揮適闖賊冦西安達登陴拒戰叅將王根子内應城陷全家遇害 載明紀輯畧

余爾綸崇禎己卯舉人授浙江仁和教諭告歸流賊冦羅田綸攖城守禦城陷死之

周文華胆畧過人時流冦千餘竄白馬坳華率衆拒之獨持長刀手刃賊十有八自辰至午不少卻卒以衆寡不敵被執不屈死

胡效素邑庠生崇禎十二年流賊竄縣屬江家埠邑

令白乃忠命效素率勇禦之失利被執賊知邑令有貂居花馬擁效素至城下遙語守陴兵與我馬即釋效素大罵曰死便死耳馬不可得也賊殺死

國朝

熊五緯舉人咸豐四年八月二十一日蘄水縣陣亡有傳詳藝文志

張賢林邑庠生咸豐四年十一月督勇攻賊於英山城被執林罵不絕口賊剜其腹裂其尸倍極慘毒

余煌儒士咸豐四年十一月督勇陣亡

蕭守先儒士咸豐四年八月督勇蘄水雲路口陣亡

張立志胆畧過人每戰慣以雙刀陷陣賊憚之咸豐四年八月十五日破賊蘄水土門中砲陣亡

涂道選儒士咸豐五年二月初五日督勇陣亡

郭映瞠武生五品銜咸豐五年八月十七日同子楊和壻李時蔭督勇於蘄水戰敗陣亡附祀武昌縣昭忠祠

屈飛鵬武生咸豐五年八月十七日蘄水陣亡

徐廷元儒士咸豐七年四月十九日蘄水張家塝督勇陣亡

羅杏紅從九咸豐七年六月十二日督勇陣亡

金鋭能文未遇咸豐五年四月督鄉兵攻賊於蘄水團陂不勝陣亡

楊力虎國學生秉姿英敏倜儻有大志咸豐四年賊竄羅田邑令彭仲芳退保多雲鎮時力虎偕聞其政招募丁壯倡起鄉團力襄厥事既而攻克英山蘄水等縣大小十餘戰皆身先士卒所向有功保以州同選用旋因積勞成疾卒

方升昶儒士咸豐八年三月初八日督勇商城佛堂坳陣亡

徐子夔儒士咸豐八年三月初十日陣亡

閻人勤儒士咸豐八年三月十三日臨陣被執不屈死之

王培榮縣丞署安徽宿松知縣時賊屢來攻榮督團勇防堵間出奇計破賊松邑賴以保全咸豐九年隨官軍駐定遠賊四面環攻城陷遇害

徐思賦監生咸豐十一年二月督勇陣亡

屈正揚邑庠生咸豐八年三月初十日督勇陣亡
金景增邑庠生咸豐十一年八月二十二日督勇禦賊於滕家堡陣亡
周士濂知府奉江蘇巡撫薛煥札委帶勇進攻太倉州同治元年四月十九日與賊接仗衆寡不敵力竭陣亡
潘鼎梅字燮卿庠生候選訓導好學能文慷慨有大節同治三年賊犯羅田督勇迎戰遇害
王炳榮字華舫庠生保教諭加六品頂翎咸豐八年二月二十二日督勇攻賊英山陣亡

葉爲璜字渭溪舉人同治三年六月臨陣被執罵賊不屈死之
崔錦春國學生同治三年五月督勇禦賊於尤河壋陣亡
熊五修字禮臣監生爲人豪爽有才辦理團防屢立戰功歷保府經歷加布政使司經歷銜同治三年五月禦賊於官亭山兵敗死之
徐炳琳監生同治三年五月督勇禦賊於中界河陣亡
崔家彥儒士同治三年五月督勇禦賊於尤河嘴被執遇害
李鍾靈邑庠生同治三年五月二十八日督勇陣亡
郭承霖監生六品頂翎同治三年五月二十八日督勇陣亡
汪藻字文卿邑庠生同治三年六月督鄉兵禦賊陣亡
許耀南監生同治三年六月督鄉兵禦賊陣亡

何敬之儒士積學未遇同治三年六月率勇禦賊於花銀嶽力竭被執不屈死之越數日殮其尸見襟上有詩云縱非罵賊死却勝從賊生生難破賊贍死定追賊魂
胡新烜從征陝西以功歷保參將加副將銜同治六年二月十五日福州陣亡
葉觀瀾邑庠生同治三年六月督勇陣亡
傅汝霖監生同治三年六月督勇陣亡
徐羽儀監生同治三年六月尤河嘴督勇陣亡

李之昇從九同治三年六月在本境陣亡
蕭殿春邑庠生同治三年六月紫雲臺督勇陣亡
徐邦傑武生藍翎千總同治三年六月督勇陣亡
匡春富五品頂翎同治三年八月在蘄水陣亡
葉聯輝邑庠生同治三年八月督勇陣亡
㞬大璽儒士同治三年八月二十三日督勇陣亡
㞬從虎武生同治三年八月督勇陣亡
閻定邦字協臣咸豐間從征河南甘肅屢立戰功歷
保記名提督同治九年十月因打仗受傷卒於軍

照提督陣亡例　賜䘏有傳列藝文志
楊斌游擊　王瑞球守備　潘慶瑞守備　胡載舟藍翎千總
高保元把總　王嗣第藍翎把總　余四元外委　吳元年外委
以上同治二年蘄水陣亡
汪定海花翎游擊　蕭大發千總　黃保泰五品藍翎　陳懷德六品頂翎
葉虎臣六品藍翎
以上同治三年甘肅陣亡
余興國都司游擊銜照副將例　賜䘏平涼府建有專祠
廖文謨藍翎守備　吳春和都司　王炳臣千總　李士炳把總

劉士吉千總　魏金明游擊加參將銜
以上同治三年平涼府陣亡
陳正發藍翎守備都司銜　王煥榮外委　楊太興藍翎外委
以上同治三年五月尤河嘴陣亡
喻文鰲都司　陳金鰲守備　葉明源守備　汪榮鈺守備
金壽生外委藍翎　汪搶力五品藍翎　李定忠六品藍翎　蔡功興千總守備
以上同治元二三年河南陣亡
傅有德藍翎都司　丁紹安岡籍　徐忠林外委
以上同治三年陝西陣亡

丁立賓花翎參將副將銜　李貴春花翎副將　易定發花翎副將
金運貴花翎守備　方朝宗都司　陳炳元都司　李本炎守備
陳萬金守備　葉佳會守備　胡中元守備　劉芝述守備
丁立勳守備　汪天賜守備　王招太千總　徐玉輝千總
方升亭千總　胡登榮千總　葉保元把總　丁大有岡籍外委
以上同治四年甘肅金積堡陣亡
李眷佑守備　王麒麟千總　陳金萬千總　陳金山千總
陳志元六品頂戴
以上同治五年甘肅陣亡

林玉榜游擊　王枝發游擊　晏子鴻游擊　汪從富藍翎守備
王如玉守備　周陞勝守備　葉文楷守備　葉有才千總
汪義俊千總　汪好學千總　葉家艮千總　夏高陞千總
晏崇洪把總　尹錦元
以上同治九年甘肅金積堡陣亡
王藻春守備　王耀先把總　李壽元千總　張炳發藍翎千總
丁高陞藍翎千總　余朋高千總　范平福千總
以上同治十一年甘肅陣亡
金開榜千總　楊斌藍翎外委　汪文先六品頂戴　王瑞球五品藍翎

以上咸豐七年黃岡孟缽橋陣亡
許吉第千總　李啟富千總　簡洪貴千總　陳文虎外委
楊敏知藍翎外委　鄭宗友藍翎外委　崔家喜藍翎外委　鄂捷三六品藍翎
以上咸豐十一年安徽陣亡
咸豐四五六七等年陣亡勇丁邑令彭應鯉於咸豐七年詳報
姜鶴齡　孔興堯　陳開勳　李明芳
吳正輝　王三錫　裴應連　熊五瑞六品頂戴
王東雲　王安慶　汪席純　汪榮波
段作村　汪廷祿

以上咸豐四年蘄水陣亡
王茂墀　葉為珩　熊五敦六品頂戴　何保江
余艮慶　辜鳳亭　王茂亭　王功恒
以上咸豐四年在本境陣亡
周正興　程以彩　陳國進　李清吉
戴景華　郭明松　李採勤　徐金鰲
周祖德　裴得有　黃得興　陳太順
趙承林　廖封義　胡賢念　胡得喜
王長昇　鄭三德　方魁一　張載堂

汪己卯　周學純　萬鳳玉　樊永富
盧啟中　彭四美　項顯爵　王大有
周武全　王丹廷　周廣蔡　李時德
王太和　劉開俊　張書懷　羅杏發
王錦林　李道順　李紅萬　張志德
周鳳敖　胡足兒　龔錦堂　汪連璧
孫義源　萬名富　王秀之　汪庚富
錢在義　涂德宣　汪思興　龔洪秀
李春發　潘得勝　田金義　胡學富

龔元林　周學貴　周傳宗　葉從興
王秀枝　張再堂　李清鰲　高雲升
張學連　萬鳳鳴　張鳳林　張國祥
李大發　葉長發　尹春發　閻進元
徐廣財　汪邦雄　熊光楚　黃學高
葉光楠　張廣富　葉慶元　王時發
朱紫茂　段春奎　徐盛蘭　黃五綫
張希五　王永明　詹榮封　林　錦
晏象坤　晏象楚　童先楷　李衡善

胡首先　劉芝山　童先誠　張得勝
林學文　周萬祥　童萬選　李子實
童品秀　李先愷　何應起　丁錦林
胡大茂　孫翠春　陸慶福　王丹桂
張明富　晏思傑　張迎春　胡秀章
吳四時　姚士敖　姚文發　姚得青
鄧金明　張保成　王克俊　尹正學
徐錦林　汪春富　鄭席彬　傅廣太
匡大貴　鄭必貴　汪添琳　汪兆興

汪自成　汪耀東　葉馥秀　汪義發
姚有名　汪漢廣　程里仁　汪添球
方可象　朱仕興　方勝啟　方仁珍
方理萬　葉艮善　方宏見　張得貴
匡金保　匡鳳雲　段有富　閻同敍
葉茂幹　王啟才　張映昌　張寶成
胡春和　陳二德　黃鳳敖　鄧金台
王佑祥　王炳松　楊廷福　王傳名
盧成章　程玉海　徐炳南　聞廣才

廖封榮　徐其生　方榮彩　張老七
汪天林　葉福秀　段作才　陳里仁
方勝起　王立松　蕭芝虢　周隆福
龔祚興　方秉均　彭勲儉　僧定餘
周遠明　饒啟發　徐林瑞　王時際
陳三元　葉興旺　陳得元　朱萬和
胡中艮　汪恩宇　鄧金和　王宋興
朱世純　朱占元　石萬年　錢春發
易洪啟　周開榜　張同興　王榮椟

蔡金容　蔡有元　袁宗福　詹大海
何十兒　周省器　詹雲風　錢文炳
劉輝甲　汪啟太　李得時　孫正乾
魏魁元　王長太　林上珍　許廷應
樊永才　徐得勝　李道遠　羅三喜
張瑞林　李春富　朱三楷　何宗勝
華慶祥　徐宗遠　陳四宏　羅福喜
周勝采　李復太　張光福　張福升
萬鳳先　陳三懷　何有元　周祚福

江林魁　程有貴　童國富　吳得元
鄭長耀　黃鳳聲　黃得名　田明月
葉正旺　林瑞麟　徐景材　黃萬里
朱正太　洪　升　徐春桂　江希珍
朱又存　晏大樹　汪清漢　胡鳳侶
王得富　周能全　王丹亭　胡學志
徐煥玉　徐金聲　林明輝　劉輝南
丁錦春　蔡天元　周祚樂　李春明
劉七兒　胡秀華　童增喜　龔名遠

李子時　童萬明　王廷六　汪椿福
段四德　徐啟道　江天球　汪啟祥
匡乃兒　方全美　葉啟珠　方可相
汪世發　鄭宗賢　方裁縫　葉世榮
鄭保喜　匡時雨　姚有名　汪庯滈
方能剛　陳玉春　蕭萬發　方正常
王萬先　程友富　嚴廣發　祝全興
楊榮寄　余永得　傅天才　張啟元
劉立命

以上咸豐四年蘄水縣陣亡

王開榜　黃聯緒　李理台　童金銃
汪文龍　張時發　周啟才　王萬順
周廣勝　廖春林　劉作賓　屈餘慶
王本英　鄧松烈　涂義榮　閻秋浦
郭陽和　李玉德　劉永隆　胡慶昇
程明揚　閻人和　鄭宗升　萬春玉
萬正國　潘清福　黃仙蔭　潘能興
葉耀南　許雲耀　張雙應　陳意高

黃一福　晏五祿　涂光連　涂義全
涂光勳　周禮順　周登朝　許廷志
周文康　徐超羣　周錦山　朱和尙
王榮宗　李廷魁　李廷華　晏福照
胡忠彥　張義才　周榮福　尹隆福
嚴元宗　吳光咏　蔡世玉　樂　進
涂光烈　余光禮　陳厚瞻　熊景懷
周廣才　楊太發　郭培原　胡長原
易保浚　李開榜　王玉奇　王選明

鄒立賓　祝有志　匡啟發　嚴洪興
葉永盛　郭聯魁　晏以敎　徐正興
夏士檢　葉南三　葉啟友　張四海
陳永茂　徐芳猷　王順太　李多義
左在發　李承順　余玉春　李登貴
汪順交　裴應奎　周元傑　黃春輝
李永全　黃道立　朱正太　劉開進
黃禮升　黃明富　王炳松　周有儉
樂榮升　裴世愛　尹錦雲

以上咸豐五年蘄水陣亡

王豐斗　閔春望　李耀榮　楊　義
江世容　張朋興　呂光烈　徐煥雲
林朋輝　熊萬發　魏金林　王　福
王炳雲　張養恬　劉正江　潘學彬
王守法　江天喜　鄂守國　匡延生
張三勝　王齊慶　陳有周　姚思恕
高春貴　歐陽世應　歐陽才萬　王錦春
張玉富　高耀雲　汪榮武　李雲秀

余萬雄　黃十五　歐陽海　雷德明
鄒宗祥　李景夏　李景讓　余有興
匡盛設　萬加富　李百瑞　李景雙
王天瑞　王蔭葵　周盛禮　鄒大貴
王長貴　張儒志　張純旺　胡應滿
張廷弼　葉錫聖　張天和　劉續元
汪添德　汪宜發　周聯楷　匡蜚聲
彭六清　董守丙　董守文　董守巡
董身映　董守槐　董守登　劉在春

劉維莱　劉在德　姚全恒　汪榮華
樊久貴　匡福田　匡大松　葉必興
葉慶元　匡利仁　匡啟迪　匡盛森
匡啟宗　王宗義　李三瑞　周永吉
匡啟義　藍時來　周隆元　匡愷悌
匡純元　姚克勤　匡寅賓　匡金斗
匡子席　匡得禮　匡永太　匡太合
黄太富　匡會兒　匡高升　姚四傳
姚懷寶　姚五音　夏有貴　鄭春先

鄭恒書　鄭恒興　鄭翠書　鄭彥奇
張養高　徐義志　彭金榜　徐勝先
江正有　李雲友　李百利　胡遠慮
鄒立賢　李景先　鄒大金　鄒大生
周先友　周彩堂　王玉學　張富春
明海珍　童秀艮　楊才義　李東海
王老二　陸光前　童德成　童先喜
汪天佑　羅啟國　汪天朗　李學道
潘應發　柯得才　王春元　王壽春

熊五岳　程正發　汪理純　高傳久
王楷智　程佑啟　潘應元　晏六兒
王文田　洪啟才　李有富　鄭春發
李太平　袁正興　劉正洪　潘太和
曾映雲　許隆魁　潘封應　汪光東
鄭和兒　陳孔富　李長福　張世高
晏萬發　包士容　楊枝南　陳長華
蕭文泰　劉在華　楊至人　毛春發
陳兆金　吳志貴　方楚勝　熊九河

陸得勝　閔成立　余光禮　張以宏
葉艮友　張養堂　張啟富　董克讓
江名才　匡盛友　王瑞林　雷春旺
張美尚　張初其　張心誠　張世席
傅人耀　鄭裴玉　胡百亨　胡百奇
鄭宗善　汪榮先　匡大銘　傅東喜
余啟福　胡百琦　王秀榮　周春太
雷春茂　段遂風　徐元義　段楚興
畢濟時　劉生立　樊永發　李源苻

葉四起　樊定清　樊篤朋　匡大年
汪開雲　江名聲　匡盛發　李錦霞
詹必興　趙春元　鄒宗水　胡興發
雷虔全　雷坤紹　許杏林　匡人恤
雷坤年　雷英友
以上咸豐五年在本境陣亡
晏思齊　葉青　盧立成　方品元
廖恒吉　李保酯　瞿大元　曾福華
陳曜林　聞金榜　晏光進　王成法

黄昌達　匡盛祥　高善美　高名差
僧得勝　江名才　葉九法　李能高
李道全　鄭世長　王祈正　周隆興
匡玉松　華金聲　匡大興　葉清起
周守和　鄭載道　李大表　葉揚禮
汪有芝　盛正興　盛正旺　胡復成
彭舉成　張金枝　饒良善　藍有財
余脚兒　張廣名　張世名　余開發
張世有　張世湖　徐春名　張敬亭

張青山　張清元　王庚辰　余春發
李長興　張春華　蕭正興　蕭得安
周遠琦　張登發　詹雲才　鮑新太
以上咸豐七年在本境陣亡
咸豐八九十十一等年陣亡勇丁邑令潘亮功於咸豐十一年詳報
潘慶玉　雷希順　雷青雲
以上咸豐八年外省陣亡
陳儀萬　董升恒　姚起武　陳高升
周高富　周興順　王保貴　張廣發

趙廣興　唐維元　張瑞祥　張得順
周慶壽　徐學勝　文天才　涂高主
以上咸豐九年外省陣亡
涂士海　徐登楷　涂立剛　汪立岡
陳萬福　廖正順　王鳳林　魏文華
金正財　陳開發　鄭鵬翥　梅敏智
余邦朝　涂高桂
以上咸豐十年外省陣亡
葉芳遠　朱炳輝　趙全德　徐明富

胡忠義　徐楚成

以上咸豐十一年興國陣亡

同治元二三等年陣亡勇丁（邑令王臣弼於同治三年詳報）

周定愷　胡有發　毛恩進　周立興

李祥順　張炳元　周得元

以上禮左營勇同治元年潁州府陣亡

鄭首成　徐彩蘭

以上貞右營勇同治二年蘄水縣屬陣亡

晏全暉　朱勝朝　劉光彩　匡志元

何錦其　王清坤　陳飛熊　李瑞東

郭得元　李連元　賀隆興

以上毅桓營勇同治二年麻城縣陣亡

楊永昌　陳必安　朱元福

以上親軍營勇同治二年麻城縣陣亡

潘仕元　雷清成　朱成先　李賢舉

許全福　劉勝台

以上同治二年本縣陣亡

王志美　周致鰲　鄒如梅　甘炳基

葉應元　余科貴

以上禮右營勇同治三年麻城縣屬陣亡

石朋彩　田金玉　黃炳雲　何耀春

張煥宗　張祥雲　張金萬　張金台

張長順　鄧崇德　楊西獻　雷雲照

晏炳然　金月桂　丁運至　汪告化

歐滿喜　金向牙　汪成全　金家驗

丁名洙　金殿懷　葉長青　金瑞珍

金蘭桂　陳周發　金利明　徐恒健

潘章堃　潘寅亭　蕭寅書　朱若林

丁小孜　許敦厚　徐世芳　鄧全喜

蕭耀霖　瞿天才　黃祺祥　余世和

周隆奇　盧升宏　何十兒　蔡金連

周重其　洪尚賓　鄭宏升　李世宏

丁名起　金訓鼎　歐書傳　歐庚喜

汪功友　汪鳳美　史萬懷　史萬興

胡有志　汪錦林　金懷玉　歐嗣來

邛九皋　楊琮達　楊琮理　楊琮朋

楊琮球 楊琮保 楊烈友 金啟萬
胡景祥 聶南炳 金傳舉 金仁雁
徐八愷 王紫桂 王守發 陳學詩
陳祖旺 徐時利 歐永取 丁同雲
胡五合 毛科主 金訓春 歐書貴
汪功岐 丁一敖 金忠義 金景雲
黃克容 江應連 張啟萌 張奠奎
張保佑 項二漢 汪瑞林 胡廷蘭
吳普喜 蕭志誠 涂有漢 匡呈瑞

余新天 徐神賜 李昌雲 蕭揚潤
江得意 徐八松 王汝霖 滕枝發
王春堂 潘歡樂 趙勝瑞 程時順
許皆發 王乾太 王南波 陳三愷
王乾福 高宗應 王名發 程士懷
周祚興 童十五 童丰才 方朝柱
陳有元 陳孔惠 汪賢主 朱維台
樂學海 何耀宇 涂士典 涂士敖
胡忠應 胡秀江 汪正茂 汪正發

朱光明 朱長福 朱長祿 朱長典
朱雨全 徐雲豐 汪紹輝 汪紹興
胡五祥 胡忠貴 雷金玉 王金連
朱光全 邢先發 周龍奎 胡春容
孫顯廷 孫德興 孫德雲 孫春元
孫清吉 徐永太 王成德 陸成宗
黃瑞兒 王見福 王萬海 汪邦林
汪邦富 胡秀傳 胡末男 方廣才
陳裕義 尹東璧 熊第金 陳廣才

陳先科 宋春和 李四全 張開榜
胡志道 胡朝秀 唐魁朋 江敬明
徐永福 張輔國 孫顯年 周遠有
鄂序揚 趙仁術 閻滿喜 嚴錦太
張錦堂 胡萬崇 張得成 李坤華
李國艮 李天華 程文德 匡從春
方聯芳 曹能選 樂恒太 樂訓丹
徐得鳳 徐長松 鍾永發 林秀章
楊永發 何封爵 楊均儒 林合鳴

何正茂　匡高發　晏芝美　王家英
歲和泗　李鳳山　黄科發　高慶升
葉大成　張邦應　陳保平　趙應之
汪士朝　周達富　張得勝　周達第
朱苟兒　袁老六　徐廷取　王有祿
王永和　周天祿　曹世金　徐承翰
張獻九　陳青牙　陳三貴　羅雙奇
張榮茂　田榮福　王應龍　陳得懷
陳秀雲　蕭景福　鄭金富　蔡長林

胡福貴　胡學文　蕭景發　段致和
陳大清　劉開甲　嚴祥興　周鳳鳴
周在貴　劉萬發　周隆煥　劉友春
江學早　蕭思中　蕭應春　胡學榜
周祚鋭　劉耀龍　鄒八喜　余金玉
羅雙祺　王雲福　羅雲茂　高應龍
陳重雲　鄭賜福　蔡長琳　胡富貴
劉燭照　李敦朝　陳永富　龔華普
龔鳳池　徐永和　徐思喜　徐春勇

徐雙喜　高應升　高先枝　蕭洪永
蕭正盛　方春見　文應貞　蕭士崇
馬春得　蕭仲義　高傳貴　蕭高松
高培先　徐本義　徐本奇　徐明得
徐朝富　陳傳友　陳士和　鄢心順
鄢名勝　鄢永義　涂登雲　涂在貴
陳元吉　陳士元　張金山　徐九春
徐曾兒　徐東發　徐正興　李炳元
樂長發　金　堰　葉士元　蕭早生

蕭發兒　蕭萬高　汪如二　蕭揚明
陳元寬　胡宗有　吳福祥　蕭先台
蕭四喜　蕭壬寅　蕭顯得　蕭曾發
葉釆蓮　胡耀雲　王嗣翰　蕭學章
金朋萬　蕭必有　胡三槐　呂應敖
陳賢主　秦德量　秦耀祖　李勝才
丁廣春　陳光煥　陳高興　陳效友
陳芳芝　閻序順　金訓元　蕭秀傳
孫正興　樊三元　李新照　葉祥林

李景秀　李采鳳　李祥雲　賀青選
李應奎　洪仁保　李雨岳　李永茂
李永進　李漢福　姚學賓　姚學儉
姚學義　李南賓　葉雨名　楊思永
李雲起　王萬益　何開景　林占魁
何中喜　徐朝順　徐乾堃　高應主
江一品　徐從志　蕭應廣　徐廷英
高應順　高宣華　張啟發　劉雁林
徐從禮　王秀章　余朝安　胡廷主

徐兆烈　徐定國　盧升逵　盧啟壽
張國梁　匡音雅　羅萬福　張兆蘭
陳瑞林　魯和林　魯長瑞　胡自升
胡首名　胡　嚴　王保書　明立興
丁名典　蕭全和　丁錦春　潘邦進
蕭勤義　胡彩平　秦上文　周恒山
吳鈌兒　余宏仲　羅士名　彭宗年
嚴定元　萬二梅　萬年海　萬學堂
雷坤崇　雷坤域

以上同治三年本縣陣亡
鄭啟貴　陳有富　林啟才　李應貴
汪正元　王成彩　朱長華　吳世貴
黃長春　余萬福　屈名盛
以上同治二三四五年均在外省陣亡
城内陣亡勇丁
晏清明　晏六歡　袁正發　李太平
魏　喜　楊　義　匡大銘　許　順
張從兒　段應林　李德成　許昌全

尹星兒　錢喜生　許昌雲　陳雙兒
劉申命　周傳宗　周開榜　高　升
張得壽　汪榮祿以上咸豐四年
張康富　葉立行　陶順喜　楊冠羣
方冀林　蔣泉波　金士舉　朱殿坤
周　念　黃聯緒　楊正興　徐　松
歐陽紳　葉祿章以上咸豐五年
涂啟後　尹錦雲　王萬順以上咸豐六年
葉錦源　鮑清泰　詹有生　朱既望

胡中興　葉聯魁　董雲慶　戴景華
易二義　陳永庚以上咸豐七年
汪三才　史維清　潘尊氣　胡中元
潘紹成　童金魁　葉紹酉　劉春生
李金元　李士昂　李清吉　金元意
雷英雨　陸神賜　黃廣發　童少欽
以上咸豐十一年
晏占魁　周考山　晏五松　余正順
以上同治三年

各區陣亡勇丁
得勝里局
涂德香　盧成章　盧思進　汪庚富
汪錫榮　徐啟時　裴登喜　僧慈明
僧發萬　樊明友　盧如春　盧啟信
以上咸豐六年
葉起祥　龔宙文　龔宙煜　龔宙鐙
以上同治元年
汪錫珠　涂三準　李道忍　余履平

汪錫傳　余耀遠　甘炳吉　朱三楷
朱三松　朱三椅　樊孔昭　涂道遵
李顯陽　程楚江　程敦福以上同治三年
靖逆局分局　君子里
汪啟泰　李大志　劉正紅　萬芝雲
閻同淑　閻同浚　易得友　張再堂
張中慶　張世青　張世鎬　張世高
張中元　周映得　周萬祥　周學梓
周起才　李有富　王秀芝　王七香

張中孚　張中澤　王香祥以上咸豐四年
閻同淀　王銳祥　裴德才　胡慶昇
夏士儉　潘文成　張錦堂　楊貫之
閻人發　閻同亥　閻同格　萬正國
閻秋甫　劉永際　王七銳　楊春發
夏學純　劉勝瑚　劉永龍以上咸豐五年
張興仁　張太富　閻同直以上咸豐六年
劉升見　魏春容　葉東升　劉貽春
以上咸豐七年

易德雲　徐似海　徐悟生　劉勝見
張興倫　易泰發　閻八壽以上咸豐十一年
徐錦秀　裴貴兒　徐枝越　閻大坤
閻八理　閻如惠　閻八智　金長發
王易祥以上同治元年
裴楚成　沈保奇　萬全應　裴有元
徐煥亭　劉鳳廷　黄世風　徐維先
李道大　宋艷琳　萬連升　余鳴高
徐定太　蔡錦春　余延壽　張學雲

張興旺　張孝大　張泰奉以上同治四五六五六七等年
永清局
葉錫富　張三順以上咸豐四年
樊定清　樊淵潤　樊永發以上咸豐十一年
葉錫祥　樊篤誠　樊永善　胡春和
以上同治二三等年
武衛局
李在丙　李自聰　劉在秩　李時因
李道乘　李金堂

以上咸豐四五六七等年
李在譜　李在渙　李之昇以上同治三年
南集義局
李時英　郭宏義　郭揚和　張六東
葉茂意　汪榮炳　黄聯殷　黄聯崇
李明全　李道凝以上咸豐五年
李士賓　郭細保　藍永林　藍家發
藍家宇　郭職爲　賀學炳　賀同楷
周隆喜　周祚仁　周傳先　段益定

江必發　黄科士　黄聯槐　周治國
周名揚　周勝義　李在榮　郭春松
黄保泰以上同治三年
忠義局
李雲友　毛謹財　李星台　江斗南
李明蕊以上咸豐六七等年
張興怡　李昇雲　樊慎清　葉初意
楊名聲　毛和尚以上同治三年
河東局

汪莘懷　許廷瑞　高朋選　高節助兒
高上遐　汪理純　程正啟　高明舉利見
熊五賓　熊五瑞　陳國俊　高正興
陳明揚　張錦堂　程正發　郭紹華金友
伍國祥　祝永富　郭有志以上咸豐四五年
石明顯　曹名昇　程正順　高宗映
高接喜　高族宜　高恒貴　高癸邜
趙名貴　陶名萬　劉勝才　許吉祥
許　海　徐永和　張玉奇　許保全

林肇貞啟材　王正坤　周傳容以上同治二三年
友助局
王丹桂　聞三元　聞三清以上咸豐五年至十年
葉家河局
劉輝南　汪錦春　王啟富　汪天泰
汪廷獻　張貴喜　童德成　童耀蘭
劉春華　閔盛立　聞勝坤　熊靈芝
陸勝德　劉寅亮　劉肇慶　李廷高
程有孚　李光勝　程其義　劉在榮

劉宣亮　劉在巽　徐東雄　程正財
張應林　高耀雲以上咸豐四年至十一等年
劉光遇　僧大興　潘雲在
馬郁保局
劉雨順　羅承先　程永寬　胡文主
以上同治三年
鳳凰關局
葉錦城　葉宴林　劉　續　葉光春
劉會海　葉燕林以上咸豐八年

葉添德　葉添信以上同治三年
劉泰運　胡新盛　劉有法　饒詠昇
葉春發　余耀運　張全福　胡文台
陳本恕　陳禮智以上咸豐五年至同治三年
東集義局
張廷弼　王玉學　張從品　張美尚
張養利以上咸豐四年
尚義局
汪榮芳　程禮義　方人玕　李雲秀

汪榮祿　方文和　方高明　方人釗
方高德　方雲彩　方宏高　方宏茂
以上同治三年
永安局
汪金發　張養信　張世容以上同治三年
備衛局
鄧金銷　姚懷寶　鄧响銀　鄧雙貴
姚四齊　姚四榔　姚秀春　匡太和
匡永太　王高陞　匡子會　匡子德

黃春富　匡金斗　匡孫信　匡金保
匡寅賓　匡永吉　傅人燗　姚連升
匡舒兒　匡孫全　方大貴　姚啟武
姚有勛　方大志　姚普兒　方必貴
匡人兒　方細洛　傅人依　鄭傳廉
鄭宗法　夏有桂　匡三喜　姚虞暉
姚全恒　方延生以上咸豐八年
匡永槐　匡永椿　匡三順　姚春利
姚春標　鄒國重　姚有技　匡孫德

以上同治三年
靖氛局
張詠高　李景春　李太奇　匡四喜
胡達慮　鄒倫參　鄒大生　李得愛
鄒國艮　郭應啟　鄒立賢　李景夏
王天瑞　王應葵　周成禮　李百瑞
李百利　萬騰貴以上咸豐六年
胡高明　匡盛芬　鄒大美　郭亮恒
吳庚巳　王安松　王有泉　傅天喜

吳立印　段登雲　匡盛志　匡大會
匡啟衢　鄒得印　匡啟容　匡盛發
匡盛設　李學禮以上咸豐七八兩年
朱元泗　匡啟訓　匡盛磐　湯中元
湯長會　姚五松　匡慶兒　李百球
吳永富　吳福先　鄭永發　胡子學
以上咸豐十一年
葉松茂　鄒心悅　郭時發　郭守法
鄭斐章　張如龍　王有義　鄒復順

胡子起　王祈貴　胡百恩　余望生
鄒立虎　鄭盛如　徐永璧　董守法
以上同治三年
保和局
鄭乙未　謝定元　汪榮先　佳增全
熊雙喜　佳大賓　佳盛和　王祈美
以上咸豐六年
鄭載興　鄭宗行　佳啟利　鄭傳聞
葉秩叙以上咸豐十一年

助衞局
楊德義　毛生獵　董克讓　張養高
徐紹和　彭金榜　鄭恒建　鄭秀奇
鄭世鳳　鄭本善　鄭恒書以上咸豐六年
張養清　張永興　張義興　洪志遠
洪輝典　郭士淸　胡顯元　董占光
董占明　董年發　董兆海　董煥章
余士和　余金炳　余春發　左立成
左承槐　徐啟發　徐勝啟　李道容

李榮有　陳能寬　陳兆金　劉應祥
彭映林　鄭盛太　周金樹　鄭光宇
葉榮華　鄭洪昇　鄭永富　鄭奉淸
鄭懷德　鄭懷才　鄭永吉　鄭春林
鄭思義　鄭思忠　鄭維宇　鄭篤祥
鄭能山　鄭金滿　鄭永高　鄭世壽
鄭天祿　鄭篤遠　鄭登鳳　鄭登吉
鄭斐然　鄭斐珍　鄭斐彩　鄭恒章
鄭致祥　鄭錦春　鄭金利　鄭義興

鄭錦鳳　鄭篤仁　周令儀　周令孝
周春祥　周隆江　周隆太　周祚和
周隆漢　周隆喜　周祚明　周隆淑
周隆耀　周隆歡　周隆運　周邦興
周祚容　周錦發　周紹衣　周金林
周金召　周茂才　周春容　周必興
周之華　葉錫勳　葉爲舟　葉爲楚
葉榮煥　葉新宇　葉東亮　葉全修
葉金棠　葉金成　葉金明　葉兆春

葉兆豐　毛春陽　毛金鳳　毛長青
毛金槐　毛金玉　毛祖賜　毛春林
毛金義　毛文才　毛信輪　張秀枝
張秀林　張彥榮　張啟榮　張德春
劉福元　劉懷禮　熊玉田　熊永太
彭能照　湯啟元　湯占魁　瞿行才
沈玉彬　楊大亨　鄭明宇　張春蓮
毛思俊　董興發　鄭得勝以上同治三年

信義局

方德瑞　廷一枝　廷飛昇　葉慶元
廷大嚴　鄭伯生　汪保勝　方大虞
汪有能　呂邦朝　汪有易　汪見存
以上咸豐四年至九年
廷永清　廷大餘　方德厚　方啟意
汪有宗　廷遇兒　汪如之　葉揚全
葉清鉞　葉揚琮以上同治三年

保全局

方愷悌　方純元　方福田　藍時來

方盛祥　姚克勤　張長春　王定義
方啟義　周隆元　方盛森　葉艮德
畢濟時　方啟志　方啟廸　方啟松
方四喜　方大全　方大喬　方子枝
葉應順　栗耀華　李長興　張春華
方春和　方緒興　姚五聰　方癸酉
夏艮旦　方啟造　胡自福　藍榮華
方大益　朱存仁以上咸豐六年至十一年
方盛志　李高貴　方啟祚　胡正富

傅長林　方希禮　方四一　李廣泰
李長泰　夏金鵬　朱元貴　朱德貴
以上同治三年

義勝局

沈世法　劉在華　江明才　鄒得早
劉生立　李有璧　樊秀雲　董守文
董守近　董身蔭　劉在德　劉七萬
董守登　董守槐　周傳樂　李立志
左祖蔭　周隆波　沈重牙　劉福兒

左三喜　王奉琳　李源茂　董守本
劉在鼎　汪大發　李在位　董守初
董月明　周得春　毛春起以上咸豐四年至十一年
董守保　汪跨兒　汪太兒　樊從兒
周玉春　周傳詩　徃盛祿　董守善
周錫星　劉林兒　李有慶　董道清
董守能　董身景　張世祥　周荆顯
方慶安　李象玉　董守典　樊三元
樊承祿　樊十元　劉生模　劉在夏

黎應雲　周學貴　周品元　周漢宗
李在志　汪大祿　樊祖蔭　徃盛察
徐春榜　董道凝以上同治元二三四等年
四義局分局土門坳栗子坳木子店
晏光典　聶楚書　童邦富　吳士龍
徐召富　余文耀　余学修　張金才
林學文　李承福　程從禮　汪五常
呂光照　董啟貴　吳賀林　胡先甲
陳孔意　張新會　吳起發　徐顯章

以上咸豐四年至十一年
程學純　樊篤友　孫胥謨　伍順桂
郭升秀　陳開元以上咸豐四年至同治三年
宜林菴局分局萬全局　萬清局　庫全局　蕭家堰
陳有州　葉茂春　欒志有　丁長年
朱盛望　泰大順　蕭佑兒　丁利名
胡存德　鄢順章　汪學江　蕭得勝
鄢順列　程實洄以上咸豐四年至同治三年
鄢如意　李瑞東　蕭自兒　陳三春

崔萬春　蕭揚韻　蕭志成　崔慶有
崔龍雲　涂彩容　蕭揚文　吳晉喜
張金山　李枝剛　蕭長發　蕭秋連
王富兒　汪荒兒　朱維台　朱光裕
何科瑞　何第慶　蕭繩武　蕭成英
蕭早春　蕭德成　蕭邦興　胡忠馨
王爭氣　蕭壬寅　胡忠霞以上同治元二三等年
上石源河局分局望助局　鍬轆局
項科富　周廣才　王科兒　王第兒

汪文爵　雷坤台以上咸豐四五等年
袁墨貴　王家貞　汪學魁　王禮安
以上咸豐七年
胡乙未　雷英閏　僧如懷　張漢宗
胡學文　胡學洪　張啟明　張殿奎
項二漢　汪寅生　汪廣富　汪掄立
胡狗兒　張得雲　胡志道　鄧從發
晏文進　晏丁巳　胡告化　張艮弼
以上咸豐四年至同治三年

下石源河集義局
周義元　周傳福　周槐拜　方自然
張春發　涂士林　許廷志　胡舜祥
周漢廣　周錦山　方自云　張雙蔭
周開兒　周傳松　汪邦雄以上咸豐五年
朱鴻吉　周有志　伍國祥　汪邦煥
王安顯　王安東　伍順貴　王冬生
許映元　徐枝連　李康林　郭大才
葉嘉會　郭連發　郭元發　汪天賜

黃正義以上咸豐二年至同治五年
高志友　汪習興　朱長焱　涂義貴
徐三發以上咸豐二年至同治五年
尤河嘴局
楊五生　汪先發　丁石磙岡籍
方楚聖　毛輝遂　金訓春　胡六桂
歐陽書貴以上咸豐五年至同治三年
東衝畈局分局　雲山局　車潭局
朱青雲　王枝春　徐得楷　崔傳璨

高德彰　朱海春　朱盛琪以上咸豐五年至同治三年
平湖局
雷明德　晏七其　晏六遐以上咸豐四五等年
黃緒德　黃克容以上咸豐四年至同治三年
方家衝局
徐盈喜　唐九和　唐集賢　唐本重
閻永和　方旺喜以上咸豐四七等年
石獅坳局分局干城局
唐本淡　周振軍　蕭名榮　蕭名蘭

李芝讓　徐枝山　童萬和　蕭名海
蕭名芳　蕭名壽　蕭名疆　蕭名恕
劉祖賜　劉新甫　程昌壽　黄科應
嚴宏秀以上咸豐四年至同治四年
雙鳳坳局分局　柳林河
龔獻章　林雲高　王文席以上咸豐五年
徐應端　黄光元以上咸豐八年
胡中名　胡中揚　鄢春亭　鄢濟川
以上咸豐五年至同治五年

福地橋局
廖洪範　文光富　尹志學　廖鎮強
范乃康　王賢文　徐能麟　廖鎮顯
廖宮瑞　廖鎮乾　廖爾蘭　廖洪珖
廖業讓　廖洪壽　程九兒　程應宗
魏九如　林錦春　嚴近貴　廖鎮仕
嚴維屏　王春和　廖梅桂　廖洪顯
廖士義　廖洪慶　王洪順　尹常發
尹新喜　廖望喜　廖錦先　廖三元

周傳德　朱丁酉　徐能麟　廖春林
以上咸豐五年至十一年
廖業綬　廖洪湛　廖三喜以上咸豐五年至同治三年
屈家嘴局分局　向志局　向義局
嚴洪恭　潘長春　廖洪志　吳萬進
屈名均　江家盛　文海元　文豐喜
李先其　潘金元　僧墨生　林昌厚
徐存制　鄭德順　馮老七　廖洪烈
屈志大　徐存保　嚴光斗　嚴光順

廖鎮綱　廖鎮瑞　廖鎮雅　廖洪淼
蕭耀輝　文豐有　潘省氣　潘益周
吳萬玉　潘封榮　文豐德　文　海
文乙卯　文錫三　潘封太　文豐盈
文義豐　屈志義　屈名桂　屈名福
馮克明　馮普慶以上咸豐四年至同治六年
友助局平鄉馬驛坳
唐洪昇　張慶祥　徐兆甲　朱維高
徐枝逵　徐大勳　余新發以上咸豐五年至同治六年

紫雲臺局
胡長元　鄧　材　朱聯輝　徐楚榮
徐本清　徐本有　嚴光詠　嚴廷貴
蕭大成　蕭大寬　蕭大立　嚴光盛
嚴光歆　嚴光泰　嚴國傳　方喜林
高培堂　高文秀　朱秋桂　蕭大義
張　四　蕭大寅　蕭利太以上咸豐五年至同治三年
五虎局滕家堡
方榮珊　方榮珂　方煥湘　方榮光

蕭功祥　方全太　方全福　陳人富
方煥來　方煥彩　方存喜　方榮富
劉正榮　彭定高　沈賜榮　僧犁雲
方榮前　方煥義　方銘遠　李家連
李家喜　陳科貴　方殿顯　方升連
以上咸豐五年至同治二年
簰形地局分局　永清局　勤勞局
彭純儉　徐林瑞　朱汝蘇　朱宿庸
朱列謙　關正陞　劉國炳　彭春美

盧興朋　劉慶廷　周德政　葉志友
以上咸豐四年至同治四年
戎睦局余家坳區
毛成材　龔傳華　聞輝典　唐有元
孫起貴　傅春慶　傅鳳宗　周彩雲
彭起堂　彭五兒　廖正發　李長福
周立鰲　周紹吉　鄭和兒　陳孔富
方魁益　周步鰲　周國泰　廖封義
王朝升　鄭三德　徐奇生　徐麟瑞

聞廣才　林鵬飛　僧定如　徐光禮
徐益友　張久堂　余開湘　吳宜輅
廖天賜　吳順喜　廖封求　李桂喜
吳有意　吳志貴以上咸豐四年至同治二年
兵農局分局　村農局
周天秩　徐景林　徐報喜　潘大來
鄭耀先　嚴生成　朱有名　周祿遠
周蔭遠　周遠爲　廖洪義　嚴有諒
周遠瞻　周遠聲　尹大膴　嚴曾慶

周逵績　周三德　周席珍　周金魁
周志鰲　周高富　周元愷　以上咸豐五年至同治三年
松子關局
文宏志　林永清　李昌風　以上咸豐八年
銅鑼關局
余良能　金景福　陳德松　金運壽
以上咸豐四年至同治四年
清恒區
吳立身　李學琪　胡太茂　汪永越

王本福　王本道　程殷略　熊金臺
熊光楚　王酋智　洪起貴　王文田
王全喜　潘應和　呂文英　孫義源
孫枝葵　趙文丙　王二　王見豐
陳慶林　王文義　李家成　汪立志
潘文茂　以上咸豐四五六等年
友助局　多鄉
何光友　晏六朋　蔡翠雲　劉老四
潘映祥　詹城登　張光炳　詹城輝

趙春元　胡中元　詹從龍　以上咸豐五六等年
張得成　晏占魁　晏志華　晏錦彰
張勝得　胡友發　盧長青　周春林
以上同治三年
保安局
童先乾　童增喜　胡秀章　龔明達
張迎春　程福慶　周敬才　周長庚
王學純　蕭金愷　蕭金照　匡連芳
以上咸豐四五等年

李成舉　周大發　童聯映　張煥典
王玉　童先和　童德麟　王曉如
潘映祥　晏禮雲　李新發　高玉貴
劉長林　潘有象　閔燕志　以上俱隨官軍營陣亡
楊科舉　趙得元　文定邦　方品云
周有志　范年升　宋春隆　丁高陞
胡中元　方洪海　潘玉成　朱年發
涂保昌　涂文學　以上同治九年
守義局

童楷　張會兒　楊廷福　劉學探
晏象坤　晏象莚　胡首先　王丹桂
萬瓊尉　劉方盛　晏火兒　童秀艮
以上咸豐四年
連鄉局
童萬選　李之詒　李之讓　李之清
李恒善　李齊華　楊洪山　余尚義
趙本元　董開甲　童開玉　晏立鰲
晏藻林　李仕優　王仕慶　董義方

羅田縣志　卷之六　人物志　忠烈　五十二

以上咸豐四五等年
李學直　李學輝　王咸林　鄧如意
周意隆　周行貴　詹奉生　朱元善
李之芳　楊鑒餘　趙昌國　王有炯
鄧斯富　鄧勝奎　趙光奇　王光用
周天進　王雙和　吳宜瑞　何高陞
劉開甲　鄧煥仕　鄧力興　鄧開春
王皆祥　張金太　李壽元　以上俱外省陣亡
張喜兒　周天秩　黃四喜　鄧德兒

童先富　以上咸豐六年
晏五美　項懋友　王其順　以上同治三年
聚英局
張名富　周傳保　晏思傑　晏立賢
胡登雲　項春元　項春華　項明艮
項明相　晏興發　晏和尚　項辛喜
項元喜　張煥林　李誘兒　張亨林
晏六美　晏喜林　晏祥輝　晏丁酉　張利吉　王有祿
知方堂局

羅田縣志　卷之六　人物志　忠烈　五十三

黃昌壽　裴應連　劉光德　段四見
羅虎三　張書成　劉光燦　王五元
周有儉　黃付身　黃昌志　黃昌康
汪勝交　徐會謙　黃起富　李春三
樂榮貴　周原傑　周艮弼　裴應奎
以上咸豐四五等年
王丙松　王錦鱗　楊制元　李錦霞
王瑞林　汪秀榮　李道順　王安成
王成發　張登成　李從本　劉雲煥

韓應昌　張正富　李輝揚　鄭從龍
張太應　黃昌賜　韓科蕎　韓登愈
以上咸豐五年
河東局大河岸
周連魁　王丹亭　徐斯魁　徐春德
段春奎　程玉梅　徐慎南　張富貴
周立興　汪雙兒　王枝梅　汪雲開
鎖春發　張清和　祝祥興　王明南
程以彩　張揚春　張時發　程國俊

羅啟鳳　宋國芝　周聯愷　周會兒
周立高　徐斯裕　葉志友　周蘭馨
瞿瑞琳以上咸豐四年至十一年
周光欣　閔奎敘　王枝發　徐斯義
以上同治三年
河西局大河岸
余定祥　周鳳鰲　龔永林　王永清
以上咸豐四年
周彩堂　周先有　李耀雲　閔春望

周春太　龔保兒　王茂宸　辜見槃
辜建樂　張中澤　周學禮　程全太
周林樹　潘能興　周慶禧　周世能
聞勝坤　蔡峯雲　段釗朱　范光烈
童增華　黃添富　朱有得　葉光輝
王太和　祝碧峯　黃鳳鰲　張泰富
詹從龍以上咸豐四五等年
張中元　童永貴　王永明　王召棠
程鳳江　龔元慶　王廷福以上咸豐十一年

高名貴　黃科發　黃維天　鄧應和
童光明　李鳳山　王立鰲以上同治三年
仗義局
張錦城　張煥彩　張國楨　許皆朝
張應華　胡鳳羽　許躍龍　王連愷
王太平　王皆鋭　王奇海　胡鳴鳳
許耀雲　張養恩以上咸豐五年
陳保奇　曾祥瑞　張光南　張邦應
張養春以上同治三年

協和局

王克進　鄭廷南　鄭廷石　王映紅

許文在以上咸豐四年

范起賢　鄭宗德　余雁禮　王保貴

方文發　方勝美以上咸豐五年

王正常　王掌生　周清吉　趙奉鸞

鄭宗發　鄭宗祥　許廷樹　許德華

余應和　余名海　周復興　王繼宗

王羣錫　許魁發　王怡春　趙十全

趙雙全　趙奉奇　趙百全　楊普元

以上俱在外省陣亡

傅家廟局

潘瑞林　蕭桂林　陳開發　鄧遂其

趙選廷　王宗林　許杏林　雷尚友

羅洪先　周祚鼎　周又兒　王合兒

黄云友　嚴宗友　周族鼎　趙昌銘

蕭乙未　蕭功魁　丁景林　蕭功祥

潘開甲　蕭廣財　王永茂　周迎春

裴保國以上咸豐五年

閻順天　何應起　徐士奇　鄧祥安

徐昌華　唐爲垣　潘章望　潘文祖

以上同治三年

江家鋪局

李東海　王義存　楊才義　楊　義

楊榮宗　王豐斗　王孔莫　鄭芝春

鄭芝松以上咸豐四年

傅林玉　嚴祥友　嚴在坤　嚴元宗

吳光詠　王新應　楊逢春　嚴嗣瑢

李傳富　劉方進　周得意以上咸豐五年

蕭春富　蕭耀林以上同治三年

柳樹鋪局

江天奇　許耀枝　汪賢良　周美才

李在寅　汪文舉以上咸豐五年

汪文勝　趙應芝　許秀和　汪良賢

以上同治三年

跨馬墩局

周福秀　周世懷　周有炬　汪合元
周五全　周佑發　周稱兒　胡占魁
周汝和　黃光進以上咸豐四年
蕭思中　蕭慶春　江學卓　劉有春
劉躍龍　周祚鋭　周隆煥　劉春富
周在貴　鄒八喜　胡學榜　胡學行
周彩雲　王廣才　王乃福以上同治三年

石柱山局

張慶傳　余開福　江天珠　許文在

江希琥　周傳福　李春明　彭祚發
江希珍　周傳耿　僧月朗保舉僧綱司以上咸豐五年
王光茂　王光瑩　洪清洛　彭祚富
王光宗　江天正　江天顯　瞿世達
以上咸豐十一年

毛家河局

王金鳳　洪周學　洪禮仁　洪仁秀
胡德喜　胡賢彥　鄭啟佑　鄭啟道
毛成才　徐本友　徐乙未　洪定桂

楊敏外　徐立綱　周立敖　周兆吉
以上咸豐七年
楊德修　楊德榮　楊德朝　楊二見
余隆發　高三鳳　洪寶兒以上同治三年

九資河局

羅士明　廖正富　李艮富　陳泗洪
洪昇　蕭枝浩　李長久　朱佑存
徐春貴　黃萬里　朱宿樂　龔祚興
龔祚咏　陳三槐　陳奇發　陳三福

張金德　廖鎮邦　廖和尚　陳秀階
胡中林　胡興發以上咸豐四年至七年
田定清　趙金福　嚴定魁　彭月喜
于國棟　楊兆祥　陳大清　徐十兒
何秀林　陳全兒　文德昌　胡興志
蕭建遠　毛成材　陳德枝　廖洪富
徐仁義　鄭啟貴　陳子升以上同治三年

天堂寨局

蔡金容　何省氣　朱萬和　詹大海

鄧淸華　何十兒　袁從福　王順太
黄玉堂　周有志　傅天祿　王之全
陳二德　陳二容　華慶祥　陳德楷
陳送兒　蔡以元　李善英　蔡守元
陳德揚　陳丙申　陳連喜　童國富
周隆奇　葉新旺　張相升　楊應舉
蕭典南　曾長兒　周醒氣　陳義思
徐玉輝　黄十二　鄭長耀　葉枝秀
詹大元　陳心哲　王春朋　黄克厚

周慶元　方天珍　以上咸豐五年
蕭景發監生　陳秀雲監生　陳德懷　許中和
瞿天才　鄭另賦　鄭天受　蔡金柯
蔡雙兒　余大有　徐大元　余善貴
李彩芹　徐有品　鄭花子　詹啟順
陳德元　黄祺祥　蕭壽兒　以上同治三年
石壁冲局
李善揚　廖正富　徐得進　江東喜
羅雙喜　胡忠良　胡忠林　胡興發

李良發　何老大　李良八　方太生
王立宗　羅　海　羅大霖　羅爭氣
以上咸豐七年
余金台　方洪科　李正奇　周隆福
李士玉　余有全　陳奉見　李善約
李士禾　余春槐　李善仁　周魚兒
李士咏　李貴有　余善元　鄂老四
羅現雲　王禮彬　鄂全紅　高太順
以上咸豐十一年

李士兒　李善喜　張德順　熊順遂
王太平　紀照兒　方榮期　葉福盛
蕭長仁　葉義泰　蕭長明　廖正邦
李善連　余　順　李復善　王順太
以上同治三年
湯河局
王東榮　王安慶　黄玉林　姚德淸
姚士鰲　姚文發　王枝桂　潘從福
李保國　趙南桂　姚科覺　姚聯叙

姚石泉　胡光達　許福春　朱占魁
張全元　張世池　姚芳春以上咸豐四五等年
王皆啟　趙應青以上同治三年
附外籍在縣屬陣亡名目
王熙敬前知縣同治子　趙振家多雲逖撿恩溥子　彭俊賢知縣仲芳姪
陳大順廣東東莞人　彭老五廣東順德人
朱春福　王瓊瑞　宋五席　王騰貴
孫得奎　毛金玉以上黃岡人
石翰卿光山人　李仙峯麻城人　李必勝麻城人　何明福廣濟人

郭立美　郭立鑾　郭立親　華東和
袁元意　徐有文　王洪升　王三應
王兆南　袁在郊　郭庚元　郭立興
郭五元　華起祥　彭嗣商庠生以上俱蘄水人

羅田縣志卷之六

人物志上

殉難

明

胡一銘字大鵬邑庠生崇禎八年二月初四日偕妻朱氏並幼子避難山中途遇賊被執罵賊同死

鬬死

胡昌然性剛直素有膽畧崇禎末賊犯羅田昌與賊

王邦衡字養默廩生崇禎十六年為流寇所執子鯉

字翰伯亦廩生聞父被執奔賊所願代父受戮賊並執之遂均以罵賊死

王文宏字可久年十二入泮十三食餼流寇突至被賊執不屈遇害

江萬琮字集一邑庠生時賊勢猖獗琮督鄉民築林家坳獨龍井寨防堵崇禎辛巳賊乘黑夜突破其寨之西門琮偕叔庠生江有翼死之

匡龍昇　匡榮顯乾隆四十一年

寻祀鄖陽府昭忠祠本通志

葉欽明庠生明季流賊之亂沿鄉焚掠其父常學督率居民築堡於大羅山賊屢攻不克適其子欽明偕弟庠生暹明運糧入堡賊偵知於中途攔截執之二子俱不屈遂禁錮其地土臺中越日以火焚死

陳守芬儒士博通經史尤精易學宏識遠志特異庸流平居教子弟以節義每云儒者讀聖賢書當識忠孝事一旦臨大節毋苟且偷生以貽後世譏故隱居不仕時與杜茶村相往來嘗過訪未遇有詩

云茫荷鋤曠悵心目去年良會今誰屬春郊草長春花香蛺蝶雙雙起寒絲後聞闖賊陷京城果絕粒不食卒

方應尊字省叔邑廩生沉毅嗜學嘗構讀書臺於宅旁甲申賊陷京師尊聞變踉蹌登臺望燕雲痛哭閉門面北危坐不食而卒妻胡氏殉焉鄉里哀之光緒元年縣令管貽葵採訪事實悉尊本支之嗣飭尊族屬捐資置產議立族人方觀風爲奉祀生詳請給予頂戴春秋祭祀用昭忠節

國朝

咸豐四五六七等年殉難士民邑令彭應鯉於咸豐七年詳報

張大銀監生 熊蓋芳 裴春華 高鳳翥
楊貴 潘和清 張雲超 葉長青
涂之紀 朱義和 葉瞽目 毛艮弼
匡鳳堦 晏五松 汪彰宇 阮時連
金家桂 劉仲芳 喻一高 畢明發
楊建元 潘光湞 呂芝蘭 僧映悟
葉滋藎 童象太 李曾應 潘乾彩

金仕舉 祝二元 徐東富 楊細好
高雲路 詹瑞松 袁德 王開太
周隆彥 周廣朝 楊正興 胡訓陽
朱殿安 徐廣元 賀楚鰲 黃聯緒
羅乾幹 詹楚雄以上城內
余株監生 李協中 程興懷 汪是榮
葉意清以上得勝里局
葉端藻監生 郭時萬 葉兩倫 李祥甫
欒大海 葉春桃 李大標 馮楚利

鄭見喜（以上南集義局）
鄭明達　匡啟章　王豐人　王永泰
王安堵　魏綱明　袁文載　方人柏
王周義　王人達　謝三智　張世元
王安亨　鄭宗彥　王祈保　王太交
逵東朝　王廣成　吳耀富　吳耀貴
王首先　王安譜　王安傳　王祈才
鄭思志　逵文啟　藍時豐　鄭載德
鄭見發（以上保和局）

汪德朝　鄭顯照（以上備衛局）
逵大會　匡啟庸　胡楚儀　吳時有
張中讓（以上望助局）
張呈秀　張意兒　胡華明　胡華照
余和尚　葉友兒　李石寶（以上東集義局）
張書祥　胡時發　鄒大剛　董逑昌
鄭隆春（以上保和局）
林永泰　孫許應　晏長發　萬奉玉
尹大杜　徐永安　閻海中　閻元四

徐永富（以上靖逆局）
汪必取　汪廷吉　汪廷珍　汪天進
汪成林　汪必興　汪秀章　汪必恒
汪紹基　陳正發　張勝祥　汪添志
汪席東　汪添華　張東八　周時泰
葉逢春　鄭二漢　汪秀玉　葉玉懷
周國仁　方元兒　陳正財（以上石礄鎮局）
張希齡（文童）　張保元（以上靖氛局）
葉紹復　晏朝獻　葉鳴泰　方廣載

涂勝坤　涂勝黄　熊有德　徐厚占
周懷邦　周義元　王榮發　黄鼎三
高文啟　余有先　童廷隆　周勝喜
金文義（以上栗子坳局）
徐曰千（文童）　童兆達　楊起貴　方永慶
徐利貞　涂如意（以上下石源河局）
金家發（文童）　金家齡　史春容　袁四麟
胡二義　歐圓折　歐層巒　朱士金
汪景山　歐與立　鄧魯坤　方楚萬

歐陽光榮　歐陽光楚　歐陽光發　歐陽應理
歐陽文義　歐陽世珠　歐陽嗣芳　胡龍光
丁貴福岡籍　丁爲名岡籍以上尤河塆局
楊尤高　楊景和以上平湖局
方雲錦庠生四義局
同治三年殉難士民邑令王臣弼詳報
蕭占春武生　童開玉　龔得普　張大順
胡廷蓼　張光遠　李映春　王廣興
葉全元　徐至成　潘寅書　周兆興

閔奎席　周得紳　周得秀　閔秀春
閔山林　祝時太　周保珍　祝長發
王皆聰　王耀元　王錦純　王漢杰
王定太　王金鳴　王廣勝　王枝茂
張鳳南　張獻書　張文義　鄧維天
鄧廣勝　余保江　余有義　余金秉
余三元　王如海　祝玉林　祝連科
程金萬　程春和　程景春　胡應發
雷才兒　周和兒　程起耀　趙思明

趙進德　趙三台　潘文學　潘學儒
潘光前　李光榮　詹世榮　黃春才
潘金榜　李鳳山　徐義興　胡獻瑞
趙長春　蔡國華　蕭茂坤　滕　和
童梁臣　童漢宗　胡有殿　胡東林
童興崇　呂朋主　晏新發　晏連雲
劉方元　劉方德　劉學志　蕭復有
匡四保　匡履坦　匡賢名　匡天順
廖業廣　童超第　童理位　何高升

王太爻　李紹楷　李學洪　晏開太
童再舟　童開太　呂映洲　劉高魁
劉品秀　陳登傳　趙春發　余道鏵
張九邛　童大保　韓舉維
城內各甲殉難士民
涂　朋　簡如意　黃潤科以上咸豐三年
晏月四　袁卸德　黃先揚　汪　發
胡光魁　楊　四　王開太　徐二元
陸得勝以上咸豐五年

葉紹江　高長齡　周五喜　晏五魁
黃光照　胡名善　葉錫福　余在林
羅洪恩　鄭官齡　羅錦秀　胡蠟官
黃蠟官　胡秀珉以上咸豐十一年
李三太　許祥燾　李多才　葉　春
詹桂珩　晏五紀　高雨椿　詹廣才
胡萬章　童開元　鄭錦堂　徐士賢
潘煥瑞　潘煥桂　潘煥壽　涂光祖
沈利貞　陳百川　瞿臣生　蔡隆順

楊新兒　楊以貴　楊以海　楊以福
葉曾源　史羣占　逵德潤　李聯陞
張時元　胡隆發　徐入元　查慶林
喻廷有　劉勝義　劉長興　郭啞吧
聞錦國　陳正興　葉啟明　葉兆源
余善炘　涂玉階　何和暢　劉得兒
李金玉　彭大興　羅　松　段仕焜
黃科濟　黃世瑶　僧應峰　熊萬益
何和侚　馮浚源　王海春　楊兆先

許掄魁　趙依獻以上同治三年
各區殉難士民
得勝里局
葉茂珪　瞿進賢　李道宏　盧啟唐
盧天開　朱四煥　朱四照以上咸豐五年
余玉封　李德崇　汪秀棠　汪蘭堂
李在德　張萬福　汪煥垣　涂二超
李鳳彩　李道宗　汪永發　胡宗得
胡宗達　胡詩捷　胡詩元　胡宗禮

胡宗義　張玉奇　張玉堂　胡宗維
胡太順　王永福　胡時茂　胡太年
盧錦成　盧永貞　盧錦榮　盧瑞鰲
盧瑞雲　盧必昌　盧族華　汪錫斌
涂從宜　龔宙煥　陳金秀　余九元
徐應發　徐年生　涂至剛　涂至中
涂春和　涂賢珠　程宏達　蕭長生
徐富山　徐玉山　陳高柱　龔雨才
王義順　王象明　王太和　涂永遂

涂永佑　涂三椎　涂歡樂　涂謹宣
僧漢松　胡紹宗　徐萬江　徐祥梅
胡來發　胡祥勝　徐克進　張炳耀
朱問盛　朱雙桂　王高尚　黃七漢
李道芝　葉學海　陸如意　劉奶兒
葉秀彩　汪錦堂　葉茂堂　葉錫明
葉來旺　張愛生　方立成　張宏遠
葉連應　葉茂階　周守魁　羅永祥
羅永發　羅永安　羅玉華　王正恒

王永秀　王天意　胡朝安　胡秀書
熊啟元　余應選　余清泰　余士萃
程應斌　程春發　程錦堂　程金林
程必賢　程清灝　易保臨　易冬生
盧明溯　盧旺得　盧開甲　胡大鴻
程太寬　胡書耀　胡書年　汪惠方
汪運安　甘節兒　汪金鰲　汪俊選
汪宏德　汪錫勳　王松茂　郭義
王嵩雲　盧文鉞　盧文鋭　盧添才

楊應亭　楊雲華　盧巨旺　余紹箕
盧疇書　盧啟祿　葉東友　徐顯揚
徐成舉　盧士福　盧奉璋　盧應銘
盧承宗　盧名達　盧名耀　盧榮貴
盧光誠　盧光遠　盧超羣　朱三棟
朱三棕　胡宗應　胡平安　李道垣
李在天　李在開　李顯朝　王智恒
王永秀　王添才　黃有剛　劉賢潤
袁麒麟　周文定　葉茂辛　胡乙宏

盧文鏈　余士朝　余廷選　盧遂風
盧世榮　盧世華　盧世智　盧昌時
郭啟富　郭永見　郭全義　王巨椿
王秀發　王定祥　涂友兒　王寶成
黃七兒　汪四喜　盧時萬　盧宗珩
盧得萬　樊淵掾　樊明富　王象正
王杏林　王右發　余二茂　余光佑
王寶林　胡履霜　張萬盛　朱雙貴
王冏兒以上同治三年

靖逰局分局君子里
張中全　蔡世志　蔡興榮　秦宜泰
朱四煥　劉襲泮　閻同樂以上咸豐五年
張世祖　李文遠　張榮太　張興高
張永胥　張太保　張太興　張世玉
陳朝幾以上咸豐七年
喻開策　許福太　童光春　胡長春
何國海　樊明春　樊永發　樊永八
許財源　樊旺兒　徐永青　郭開運

張士鰲　張中濟以上咸豐十一年
徐志春　裴六財　裴永恭　裴永信
裴時兒　裴恩兒　裴永玉　夏有德
李順銀　喻均陶　喻雙慶　喻八鈞
樂瑞采　徐大受　聞學華　萬世有
徐枝順　萬世風　林起萬　王金泰
戴正愷　劉兆華　魏萬青　童鳳旗
余前勲　余在秀　余士海　余復生
余鳳先　秦宜和　瞿保　劉鳳彩

劉於望　劉彥祿　胡學玉　王長發
童義兒　徐錦發　胡興尚　朱三河
胡學揚　胡學炯　胡忠林　徐十忠
雷才高　宋七元　宋五梁　宋六竹
宋六炯　宋五祠　宋元佑　王六方
王七洪　萬二杰　萬年方　瞿正興
瞿正遂　徐玉林　徐之列　李在貴
裴宗獻　裴元法　余席華　余輝藻
余楚善　裴和尚　張金明　涂春林

涂道長　涂三意　夏春富　夏正發
夏傳富　程學成　胡紅升　瞿大興
張錦秀　胡學詩　胡學書　胡中和
張會兒　樊慈順　樊慈貴　周朝成
高傳貴　毛貴兒　周心元　程尊應
王萬青　王金龍　高癸卯　高時兒
潘文茂　余輝業　閻長春　張世喜
張炳耀　張春喜　萬芝蘭　李文銳
徐道志　高耀雲　徐金才　徐金明

王廣載　高長貴　陶艮有　胡秀艮
樊成高　孫之愷　孫長年　孫應先
樊成豪　王彩雲　徐桐華　徐文達
李華廷　汪華春　張章槐　張永康
徐九如　李雲發　余雲林　張燮生
閻順青　徐士玉　李鳳詔　秦鳳鳴
劉禮祥　瞿一保　余爲玉　裴宗兒
裴多生　胡懷玉　張世泰　汪長發
汪愷兒　張瑞玉　張周謀　張正申

張世雲　胡學禮以上同治三年
永清局
樊明遠　樊篤齊　樊篤福　樊篤發
樊篤善　樊篤本　樊誠與　樊永有
樊永洪　樊篤輝　樊永宗　樊明義
樊明趾　樊明習　樊永運　樊永傳
樊永福　樊篤先　樊永近　樊篤盟
樊明傑　樊篤序　樊永懷　樊允宏
樊永久　樊允發　樊景春　樊正望

樊海兒　樊秀春　樊成法　樊光照
樊春柏　樊普照　樊米照　樊明富
樊克勤　樊六生　樊春照　樊喜兒
葉端仁　葉義朱　張聖瑞　張二光
張二猷　張保林　張三勲　張四義
葉錫元　葉錫玉　葉錫珠　葉錫貴
葉茂書　葉端富　葉艮義　葉艮安
葉紹先　葉紹堂　葉誠意　葉春萬
葉逢春　葉茂璜　葉茂珠　葉錫茲

涂玉階　葉錫珍　葉錫珩　葉錫書
汪舟旗　汪長發　汪起鳳　汪永有
葉錫城　葉道賓　李在坤　葉茂枝
孫東彩　孫芝秀以上同治三年
武衛局
李啟聖　李君義　李明安　鄒洪正
于啟雲　郭孔言　郭公平　郭祥漢
郭佃愷　賀永華　李德全　于長久
李得華　李啟發　李有義　李春喜

李正喜　李巳亥　魏光勝　葉占榜
葉振青　李在見　李迎春　李正桃
李玉懷　彭明揚　李喜兒　李南賓
李士起　李五喜　李星照　李金儒
李雲奇　李雲啟　李在原　李永茂
葉勝和　葉桂兒　李志勝　葉雁彩
李彩鳳　李祥雲　李南水　葉永華
李呈祥　李友志　胡千發　葉正時
李用志　李高明　李東秀　李玉秀

徐金鼎　徐士霖　徐士超　徐金城
徐士義　李玉堂　李友文　葉高朋
李高照　李永興　葉新發　李顯烈
葉茂盛　葉錫高　葉錫能　葉錫福
葉錫雄　葉錫英　葉端成　李坤海
李坤洲　李坤望　何明望　郭良善
葉魁萬　李金玉　李道岸　李金鳳
李金容　李連修　李祥華　周新祥
周蓋君　葉三喜以上同治三年

南集義局
李光和　李學履以上咸豐五年
郭熠榆從九　郭右原六品　潘彩彝監生　朱四美
孫富有　孫高照　孫本善　汪隆周
汪紹發　汪登鰲　汪學炳　汪有堂
汪魁炳　汪優喜　汪文杜　葉大緯
葉勝茂　葉錫煉　葉庭安　葉福茂
葉福均　葉茂鴻　葉壽茂　周隆祥
周傳聲　周祈義　周新國　江遠柔

江五福　江鳳泰　江鳳高　段永麟
段一正　段芳順　段芳桃　賀德普
賀全喜　賀學連　賀學書　賀玉學
胡發貴　胡永發　范翼高　范翼相
龔三鳳　龔四德　樊時美　李載福
李在忠　李朝高　馮禮端　馮禮坤
馮殿春　馮明秀　馮明禮　馮明山
馮明興　馮明湖　王啟仁　王明仁
王安喜　王安和　王安意　王祈旺

王天雨　周隆旺　周祚志　周祚彩
周祚位　周永章　朱四熊　張五才
朱望棋　張五倫　張六成　張啟華
張五南　張長順　李明利　李樂利
李樂祿　李光亮　李大貴　李學優
李道蓋　李道岸　李道概　李習才
李有年　李有翼　李在璣　黄二智
黄科順　黄甲第　黄甲福　黄甲壽
黄甲奎　郭清明　郭志仁　郭光喜

郭光蔚　郭殿鰲　郭國祿　郭紹江
郭祥瑞　郭祥吉　郭致中　郭學榮
郭三連　郭繼明　郭光翼　郭大志
郭光楣　郭雪映　郭節林　葉茂寅
葉茂節　葉錫璜　葉錫琚　葉天甲
葉艮有　葉秀林　葉秀椿　葉茂春
葉福壽　葉祥泰　葉祥成　黄聯層
黄大福　黄起孝　黄世迎　黄科志
黄科連　黄金槐　黄甲書　黄連志

黄連意　黄科竣　黄科發　黄科福
曾富榮　徐鵬程　程志學　陳五祿
劉雲映　藍家利　韋奉春　鄭己丑
洪老二　朱四涓　李道安　黄春學
李大標　馮楚利　汪錦堂以上同治三年

忠義局

李道煦　李道煌以上咸豐七年
葉茂源職銜　李新彩　李格意　李春香
李普應　李義聖　賀得普　賀九富

李志雁　李廣才　李應學　李萬順
李福春　樊高宇　樊仲秀　樊篤文
樊允吉　楊寶亭　楊步雲　樊長俊
李恒吉　李勝春　陳永青　樊學楷
毛奇用　葉萬興　李映奎　賀善元
賀道賢　姚佑美　姚明富　李春品
李春華　李意旺　孫以柏　賀學朝
賀金山　賀太鳳　賀時泰　賀青選
賀同高　賀順興　李道如　賀祥發

李紹貢　李有祿　王文華　王士美
王廣義　王二意　王三意　樊元吉
賀從福　賀秀南　賀有成　王全意
以上同治三年
河東局
程清蓮　王枝發　閔月桂　汪十一
林肇熬　石祥昇　郭遂邦　石祥興
郭景山　程三陽　程秀茂　程煥章
高承遠　郭如興　石祥有　高金富

高明遠　聶得豐　高宏亮　郭朝宗
郭登元　周傳富　甘惟富　樊福元
徐光勝　張啟富　吳高主　陸癸酉
熊柯田以上同治三年
友助局奉鄉
沈禮松　沈禮楷　林開榜以上咸豐十一年
葉錫圭　李輝眞　何陞連　樊廣坤
袁守全　蔡文成　李輝利　李輝揚
陳士奇　陳士坤　胡自天　沈禮朮

沈義洪　樊席普　胡永明　胡壽春
夏用文　楊文才　胡學簡　胡長春
童先濱　胡太來　汪永祥　劉彝材
劉彝效　易愛兒　易鳳才　聞二富
聞三發　劉勝福　葉永祺　童耀南
許掄元　潘士恒以上同治三年
葉家河局
洪高翥　歐陽雲聯　歐陽世彩以上咸豐十一年
劉在德　張金全　歐陽書進　劉廷名

郭理廣　周天賜　周首魁　周官賜
劉在乾　徐斯曾　高長清　程其禮
張二列　盧世德　聞三進　趙榮春
龔必第　劉楚珍　張一遠　徐枝喬
盧金萬　高宣德　張世山　汪錦綉
張一德　劉壽徵　歐陽典興　高宣林
劉步陞　王皆俊　劉典輝　伍太和
張得意　何德元　朱又存　劉在寬
劉巨鰲　劉炳玉以上同治三年

馬郁保局
林肇義 王楚堃 葉彩章 張掄魁
葉暘春 葉揚清 胡紹宗 胡廷富
高明才 樊秀書 王雁雲 李明恕
李大富 龔楚賢 程杏林 李輝先
羅勝祥 羅五奇 劉恒義 程雲顯
汪榮義 汪榮福 潘廷福 潘廷祿
潘彩卅 何楚華 胡文主 朱長江
丁名揚 程學兒 程有力 程楚材

何楚發 胡成王 胡鳳翥 樊廷龍
程回春 程勝友 胡長有 高長富
汪泰山 尹金全 潘三鳳 羅雪亮
潘宗暘 胡道宗 葉朋熬 葉耀先
程奎興 朱大鑒 李大福 以上同治三年
鳳凰關局
葉　琳 葉五喜 葉機匠 葉丙元
李登舉 童國華 童國巨 葉永揚
葉端登 張丙元 葉耀材 葉廷有

劉宗道 葉錫學 張儒泰 葉錫葛
葉進用 葉良材 熊玉周 熊序然
葉芳林 葉春發 葉永能 葉士幹
葉啟楫 葉興和 葉華泰 高惟寅
余福暘 葉士其 余良先 劉國相
周錫祥 李復先 葉巳邨 潘概元
葉有義 高傳松楷 劉福移兒 方得名
劉一東曙子 樊未兒 葉有先 潘文獻
汪德兒 陸旣和 陸鳳鰲 劉京周

葉錫壽 葉寶萬 葉端玉 李廷照
葉爲友 張丙余 葉端琨 張　四
張　六 葉爲貴 鄭丙福 葉文翰
鄭大友 鄭榮儉 鄭昌銑 鄭宗意
陳枝春 熊文玉 熊雙曾 張義和
葉殿華 葉錫愷 葉尚質 葉玉山
葉思良 葉文來 葉純玉 張位高
張純心 張自林 葉添康 張儒亮
余光明 葉添升 劉伯魁 王長發

葉金貴　夏三　葉學鰲　胡有書
李士三　胡有富　余萬春　葉華名
葉呂範　張同林　葉士貞　余頁升
余春喜　張坤元　葉錫琳　陳士河
陳士傑　陳士足　陳枝雅　葉錫衡
陳枝驎　陳枝箴　陳枝敏　陳枝惠
葉端源　陳枝祠　葉啟析　王其利
王學進　葉初佑　王應槐　王枝喜
葉得先　葉長壽　陳士陽　葉知輝

葉有懷　葉端廷　葉在聘　陳士朗
葉三和　葉煥章　葉得發　葉長齡
陳枝煥　余雙貴　方啟韜　葉學懷
曾四海　葉錫仁　高蘭斌　余天順
葉祖元　葉錫行　葉錫禮　劉開甲
劉秀枝　余榮富　葉揚茂　葉錫信
葉錫超　劉揚名　陸學富　劉利賢
葉錫楷　鄭十二　余茂林　葉茂盛
葉丙能　葉錫玉　葉丙其　葉茂桐

葉勝友　葉正光　葉端祥　方金全
方必德　方玉秀　葉端珍　王長林
葉有德　葉端彼　葉端齡　葉四元
王祥八　陳純渚　陳純彩　陳士馥
陳士祺　葉端豐　陳洪宗　葉朵雲
葉啟明　葉金光　葉金德　葉永德
葉新喜　葉悠喜　葉祿喜　葉悅兒
姚光宗　葉書思　葉進昇　葉同興
葉辛丑　葉艮華　葉唐照　葉名橋

葉在周　葉添信　葉其政　余登雲
余善念　余朝棟　李瑞秀　張剃頭
高啟友　僧道興　葉潤珠　葉賢仕
劉萬枝　周星月　劉九珠　劉象賢
葉賢儒　余榮華　劉尚選　葉錫謀
葉登發　陸旣清　周寬遠　劉禮懷
葉端意　葉景城　葉遠濟　葉曰恭
葉楚珩　葉周盛　葉端瑚　葉立明
周奉圭　葉九成　葉又照　葉錫輝以上同治三年

永安局

張連貴　張寶元　張希林　張啟富

張瑞安　余萬全　汪四海　饒後華

葉太頂　鄭佑先　張世爐　張養棣

張以義以上咸豐五年

張躍龍　張昇財　張錦林　張儒鼎

匡春秀　張天貴　張福起　張福高

張代義　張申華　汪俊之　張崇安

張崇太　汪建昌　張養其　張養忠

吳有朋　葉玉成　周聖德　葉慶會

張養明　張有財　葉華德　張華貴

張恒書　葉九思　葉九成　葉端啟

嚴華得　張連玉　張德普　張養連

汪天約　汪雲啟　汪西京　汪廷佑

汪長喜　汪金彩　陳盛州　匡克類

汪漢江　汪長兒　南在名　張明義

張明選　張五元　張如意　張元兒

黃宗枝　饒後成　饒後福　饒後相

饒後琦　饒後琳　黃萬枝　張支林

匡仁和　張必發　饒家賓　楊春明

宋陽軒　饒能貴　葉在友　汪艮玉

汪名功　汪雲祥　汪雲金　汪雲才

汪雲揚　童玉堂　童先發　章世萬

汪廷貴　饒正華　方盛桃　宋士託

張世奇　王安順　張儒敏　張宜發

匡春和　王得義　熊能朝　李正坤

李金雲　趙世柏　汪合意　汪廣書

張思玉　張儒貴　熊南學以上同治三年

尚義局

汪錫其　匡文恒　汪廷祥以上咸豐八年

汪志明保舉五品　陳盛友　陳盛德　方文尊

王保周　吳永青　吳金玉　葉端品

葉加治　葉端青　方文茂　方大發

方文義　方文騰　方大貞　葉艮發

段作兵　匡端林　張楚善　方言勝

方言盛　方金達　方金禮　方漢松

方丙能　葉艮深　方春昭　葉錫懷
方明寬　郭雲台　方春媚　方春早
方仁美　方本立　葉子容　陳慶八
張養吉　耶鳳照　方入學　方寶玉
方雲學　方寶全　方人瑞　汪廷舉
葉錦全　葉金玉　王友朋　汪廷樹
伍修得　張吉志　胡百朋　陳萬全
方人祿　方有尊　方金玉　方騰蛟
方文定　方鳳祥　王博學　王保州

吳才美　方德興　葉華翔　葉彩明
葉和尙　汪先春　汪榮舉　汪丕一
汪玉高　方高明　方人釗　方高德
陳起旺　陳起寅　陳起樂　陳起瑞
陳起新　陳盛財　陳盛祥　陳盛珠
汪九思　汪自宜　汪秀朋　汪席儒
汪隆望　葉孳成　瞿廷魁　瞿德峻
汪必貴　葉清季　陳盛祺　葉貴兒
葉艮恒壽　葉汝奇　葉啟玉以上同治三年

東集義局
張世義　張世啟　黄金秀　張學珍
李啟發　王雙貴　葉艮六　張儒雙
張世浚　張世瑚用　匡全恒　張養興
葉　孳　張養第　張有義　張義周
張世恒　張杷榮　張再和　張金雲
張養熙　彭立本　萬有富　張羣饒
趙大昇　張煥早　程云福　張召基
張錦雲　張必有　王玉書　張平成

張養氣　張從秀　張養瑚　張純長
葉錫乾　葉春揚　張世德　葉茂秀
余和順　張順意　王錫昌　張長兒
劉鳳林　汪得時　張養培　張青松
張世隆　張又兒　張儒全　張十四
瞿廷魁德峻　張用時　張養和以上同治三年
備衛局
鄭盛達　方洪高　方秋艮　匡隆昌
匡孫茂以上咸豐七年

匡勝祥　匡懷章　匡顯廷　匡保太
匡推兒　匡細和　匡春喜　匡邜兒
方庚寅　伍佑兒　伍昆玉　方善才
匡汝成　匡細牙　匡經典　匡長久
匡孫惠　匡興文　匡金容　匡太和
匡安念　匡入泮　匡入光　匡續兒
匡正清　匡接志　葉錫祿　鄭高朋
鄭永發　匡全榮　方隱榜　方高風
方邦彥　鄭載洛　方榮發　方大進

方啟華　鄭元福　吳榮先　姚月奇
姚元達　姚有明　姚有理　姚永興
姚榮耀　姚有組　姚啟才　朱錦章
姚衡文　姚隆海　吳光祖　朱長達
朱盛宗　朱學全　胡學達　安金懷
安永義　姚五祓　安祖興　姚禮叙
安省氣　方大全　李全志　方盛欣
姚有琇　姚有明　姚有瑶　姚有豈
姚有業　姚純志　姚學珍　姚四焜

姚四迎　姚五甲　姚五旺　姚五塽
姚三海　姚四枋　姚春利　姚春照
姚五垣　姚五梓　姚魁殿　姚有忠
姚奎璧　姚四述　姚龍光　姚五就
姚有棫　姚有程　姚有枝　姚有濡
姚有厚　姚象敷　姚有宮　胡子州
匡子美　姚光發　姚必高　姚登名
姚有洛　鄒芳遠　吳東樹　姚景耀
匡慶　姚有銓　姚有爲　匡五生

姚虞望　姚虞順　姚虞美　姚虞廷
匡四存　匡子鰲　匡子高　匡顯廷
楊合興　姚鳳梧　安元喜　安全學
安和兒　姚全義　匡孫達　匡子富
姚虞意　姚全忠　姚啟后　姚虞喜
匡孫厚　匡孫望　匡孫湖　匡孫意
匡永達　匡孫才　匡孫久　匡孫松
姚四璉　姚三洛　姚三河　姚有滔
姚五鍵　姚四澗　姚啟珩　姚學義

姚五禾　姚四稿　匡啟發　匡永發
匡丙戌 以上同治三年
請氛局
虛盛道 監生　李香樹　李景能　李秀豐
李正喜　王天耀　鄭明發　吳際會
李廉美　李百進　李景惠　李百壽
李百淮　李福三　李景正　李百奇
虛啟棟　胡達慎　傅天秩　傅春義
張蘋藻　劉榮耀　劉長生　劉殿元

李春旺　左顯昇　左成錦　劉長喜
傅才高　傅才安　傅智啟　傅人林
傅才興　傅金祥　李廣才　段慶雲
余啟華　虛啟元　虛啟亨　虛大林
虛大富　虛大勝　虛大珍　虛大珠
虛年喜　胡心誠　胡長友　李印福
李印中　葉克承　葉高也　葉啟煌
葉有青　葉克明　鄭篤元　鄭篤樸
鄭成玉　胡達福　胡達恩　胡達成

胡達祥　胡子槐　胡子楊　胡子椿
張世選　朱興隆　傅金利　匡永祈
王善榮　王聲振　胡家太　鄭長準
陳福堂　李松木　鄭裴富　鄭裴長
余如意　萬世槐　鄒永茂　鄒立富
虛盛文　虛盛心　李百隆　虛盛淮
虛盛玫　虛盛玲　虛本源　虛啟章
虛盛渚　虛桂林　虛盛忠　湯東好
湯祖喜　李石寶　虛啟誠　虛倫制

虛盛莢　蕭廣才　蕭汝霖　虛啟潮
虛盛世　吳太原　吳際恒　吳繼繩
吳開太　吳豔祿　吳雨春　吳滿望
吳殿安　吳長生　吳時富　鄭祖恩
鄭漢朝　鄭榮生　鄭兆達　華錦懷
虛殿立　虛盛太　虛啟英　虛啟芳
虛啟智　胡楚槐　胡啟富　李正型
李正友　鄒宗貴　鄒大望　鄒岸登
鄒金雲　鄒耀祥　鄒得興　鄒昌全

鄒大岡 鄒仁義 鄒國榮 鄒立旺
鄒雁題 鄒繼全 鄒宗運 鄒春芳
鄒宗驗 鄒宗達 鄒心驥 郭文煥
鄒春楊 鄒丁未 鄒力全 王天正
劉在福 鄒興耀 董賢芳 董丙萃
鄒定遠 李能高 鄭隆春 鄭玉書
鄒力友 鄭細奇 王五福 吳太豐
萬秀升 萬心田 萬名海 李孝思
李有朋 鄒長發 匡啟垣 鄒成利

胡世魁 鄒自立 鄒成家 鄒艮元
李璉美 李順連 ⿷匚圭雁鳴 ⿷匚圭心喜
⿷匚圭啟霖 華金安 楊仕照 ⿷匚圭啟筧
⿷匚圭啟筎 ⿷匚圭盛紀 ⿷匚圭盛釗 ⿷匚圭盛犖
⿷匚圭本信 ⿷匚圭本忠 ⿷匚圭本智 鄒均安
徐本鉞 徐永瑞 徐兆開 徐勛遥
嚴元文 吳太元 吳繼承 吳雁祿
吳興富 吳大燒 鄒仕和 ⿷匚圭盛錮
⿷匚圭啟圭 ⿷匚圭盛鉛 ⿷匚圭大願 ⿷匚圭大管

⿷匚圭大漢 ⿷匚圭啟勝 鄭兆遠 鄒宗典
吳際恒 吳殿安 ⿷匚圭惟清以上同治三年
保和局
鄭宗宇 鄭隆賢 吳壽貴 鄭載道
姚佐湯 方連九 鄭潤身 王恒士
袁耀廷 謝家裕 李雲泰 王祈據
謝傳宗 鄭雲路 王安祚以上咸豐七年
鄭傳紀 鄭永天 鄭世元 鄭傳福
張純望 吳祈山 匡隆福 王人信

王寬仁 王安堵 王安保 魏芳蘭
⿷匚圭啟進 ⿷匚圭啟奎 ⿷匚圭啟貴 鄭傳耀
鄭五才 鄭紀昌以上咸豐八年
王祈楫 王安意 王安富 王祈耀
王祈灝 鄭紀增 施懷仁 熊順喜
以上咸豐十一年
謝紹蓁 謝克紹 謝心富 吳啟先
王友貴 陳必正 張全明 黃陸楊
藍順慶 藍柔玉 吳耀富 吳耀貴

丘啟鳳　丘啟泮　丘啟純　王恩南
王安利　王祈發　王秀春　王祈鵾
王祈雁　王尚質　于振翥　王永太
王全進　王周禮　王春福　丘東朝
汪召友　章明富　鄭宗義　鄭宗璜
鄭載福　鄭光蕙　鄭載青　鄭承志
鄭秀鈞　王全光以上同治三年

助衛局

鄭光明　鄭盛庶　鄭盛應　鄭必發

鄭學賢　鄭明旭　鄭耀光　鄭應春
鄭明悌　鄭錦堂　鄭永廣　鄭全宇
鄭學先　鄭學松　鄭金榜　鄭宜正
鄭得先　鄭裴藻　鄭金選　鄭世丑
鄭光成　鄭顯達　鄭朝貴　鄭新楚
鄭篤志　周隆準　周隆香　周祈疇
周光興　周金雲　周芳飾　周芳有
周巨川　周太法　周永照　周永明
周永厚　周長猷　周維旭　周芳藻

周祚德　周祚振　周祚秋　周長佑
周芝連　葉康珠　葉耀宗　葉澤寬
葉萬全　毛信壽　毛信畇　毛信曦
毛文魁　毛云松　毛正興　毛勝明
毛艮瑞　張儒師　張應方　張世祥
董身貴　張霞林　張世利　董煥倫
胡楚興　董身宇　胡子順　胡蔭亮
余士學　胡春發　胡懷耀　余一珠
張云才　余春林　余一藏　余勝彬

左大興　左得勝　左正啟　徐紹曾
徐廣云　徐聯昇　李在潤　李勝啟
李永壽　陳開耀　陳道湧　袁玉春
熊永全　彭金楷　彭金格　彭希高
彭懷清　沈啟龍　沈家興　沈正江
沈玉田　沈慶全　瞿一元　湯曾有
楊枝順　楊曾發　丘啟壽　丘洪潤
丘啟意　潘啟發　潘耀明以上同治三年

信義局

鄭顯照 鄭世長 范時安 傅人紀
以上咸豐七年
呂助行 吳玉寶 汪有枝 汪得朝
汪慶廷 葉清啟 丘啟財 方廷柱
張勝國 張天元以上咸豐八年
傅人書 傅人甡 范時發 汪得勝
汪有道 汪芳規 汪啟幹 汪啟雁
僧明元 呂邦之 呂學成 呂學敏
汪榮學 汪德潤 呂邦基 呂邦慶

呂添德 呂艮廣 汪廷珊 葉鳳林
葉福賜 葉太長 葉應元 葉超海
李在德 李在明 丘太忠 丘啟全
汪云柯 汪有富 汪有發 鄭得林
鄭二僕 鄭長青 王萬年 樊天順
方啟剛 方長生 傅如意 丘永興
汪金練 汪榮華 周玉林 丘啟容
方大全 方奎松 方盛倫 方盛壽
方文勝 鄭國興 方能高 汪全喜

袁耀奎 王廣照 王廣法 王元善
葉揚席 夏新和 夏春和 丘懷遇
丘長青 丘大湖 丘巨川 丘文雅
丘文春 李永義 丘滋宗 丘儀廷
丘文芹 丘文元 丘文貴 丘耀富
傅才烺 傅德兒 張天慶以上同治三年
保全局
陳義富 陳正興 華金盤以上咸豐八年
周長青 鄭名汝 方汝聖 毛九思

石國幹 方正海 方玉階 趙四發
方廣周 方正勲 方啟羣 鄭傳成
方大慶 徐正發 方啟勝 方大鳳
鄭載貴 方登元 方會雲 鄭學美
方大剛 方大廷 鄭懷容 方艮善
方大絢 方大恕 方盛壔 方行參
方啟修 方盛全 方大椿 方啟容
楊枝福 鄭得秀 方啟揚 楊光爵
方大奇 陳長發 張長興 方啟進

王玉明　方大昌　方盛棺　汪月雲
方玉林　方盛全　沈元堃　方大茂
周隆昌　沈前漢　方大枝　陳繼先
沈全枝　方大貴　陳春和　范有學
方啟高　朱元春　葉九輝　方有成
葉錫盛　葉九敦　姚之茂　葉丹緒
葉九揚　姚之味　葉艮屏　葉九恆
姚之發　方大成　葉九耀　石中興
姚爾熾　周第友　姚五儒　范正富

方旺生　方順生　周東喜　胡如意
方悠生　方啟兆　李學義　葉長春
胡子亭　勹盛洛　方啟珖　胡如喜
傅二璜　盛廷漢　葉之富　傅炳綸
王恭朝　葉丑兒　方致祥　胡遠照
葉丙子　王恭福　葉萃和　方啟善
胡子谷　王學文　葉雲耀　胡子富
葉球兒　葉彩雲　王勝元　葉玉顯
葉枝貴　胡子秀　葉彩臨　葉之普

方奉仁　葉長春　陳公華　葉萃容
葉久旭　方克善　朱四十　葉茂倫
方田喜　鄒新發　方大虎　方學周
楊光祿　方大興　胡啟富　方文受
傅春奇　傅學粹　方元喜　方盛久
姚正興　方啟理　傅時春　方殿敖
方能發　方兆儒　楊方文　李學禮
傅人維　李高祥　方啟煇　方大瑞
方三喜　方大珏　鄭學勝　方盛和

方啟霸　方人和　方若清　方學海
藍兆春　傅時富　鄭傳應　方思成
方存喜　鄭伯友　方啟保　阮紅裕
毛滌獻　方啟洌　張秀書　以上同治三年
義勝局
迮大雅　賀家立　董道進　以上咸豐六年
吳時松　董守敏　董道潤　董身昌
董身省　董守成　董守鼎　董道公
董守揄　董道長　董坤霞　董永清

董守棋　董守意　董守萃　董道懋
董守義　董守功　董道濂　劉致祥
劉在增　劉在苔　劉在文　劉惟剛
劉惟琳　劉惟勝　劉亥兒　劉惟朋
劉光潤　劉生麒　劉在啟　劉在峩
劉春彬　劉在成　劉在楷　劉順兒
劉在雲　劉海兒　劉應瑞　劉登雲
劉雲應　劉生旺　劉在富　劉生旄
劉在洲　劉在咏　劉在冬　劉可咏

劉在意　劉勝耀　廷朝容　廷啟森
廷本淮　廷盛時　廷啟坤　廷大順
廷文道　李守應　李源焚　李發棚
李仲勲　李藥林　李發燃　李源泉
余大有　余大禮　余大州　余大利
余登樹　余登雲　余煥明　余佑喜
余有志　余鳳起　余鳳鳴　余鳳朵
余鳳高　余大明　李明濟　李道煒
李道樹　李在楷　李明四　李大旺

李耀陞　李長久　樊秀舉　樊永富
汪大富　汪玉堂　何登榜　何參兩
何登鵬　何四喜　毛佑兒　毛信精
毛春起　毛春千　毛先慶　毛迯志
毛春魁　毛生古　毛生彩　毛春萬
毛信善　毛春巍　毛信恒　毛信情
毛春曙　毛春暖　毛信仕　毛春雲
毛春雨　毛生吉　毛如朗　余春茂
尉啟發　尉本心　尉啟雲　王雲陽

廷啟先　徐光典　徐勲遥　石老五
李道其　左登仁　瞿十五　王祚慶
胡春臺　朱興隆　沈羽豐　張發錢
汪之興　趙五魁　方大本　方文興
葉長順　葉春和　吳立功　沈濟賓
沈春松　毛祥勝　姚有彬　姚有書
尉瑞成　姚學彬　姚四國　劉在其
李大脂　李發葭　李源汎　廷啟境
周春貴　周祚紀　周永福　周秀堂

周起鳳　周慶想　周祚義　周德隆
周慶禧　周慶佑　周得義　周潤身
周寬裕　周慶春　周正高　周明法
周金秀　左承啟　左德化　左登魁
胡應昌　張世亘　何登旺　左應泉
李發樅　汪福傳以上同治三年
四義局分局土門坳栗子坳木子店道貫衛
黃勝海　饒起成　童兆蓮　陳有萬
晏五祿　汪元生　熊第璟　胡月朝

周廣裕　僧文續　陳厚占以上咸豐五年
朱春福咸豐十年
王瓊瑞　宋五席　王騰貴　孫得奎
毛金玉以上咸豐十一年
周德茂　李恒友　汪光全　尹東璧
陳有元　陳裕義　宋春發　宋杏林
張一株　張一玉　陸成宗　孫顯廷
孫胥春　宋五柱　黃煥輝　陳清元
聶之炳　陳回兒　陳洪貴　陳春華

朱坤元　周渫雲　陳學升　吳士麒
吳士進　吳輝建　喻霞兒　喻愛兒
吳高發　李簡德　熊第方　胡癸未
周存燕　何普喜　徐士奇　蕭祥發
王萬有　孫貴從　張芝田　汪名復
胡時貴　胡東兒　胡一敖　何士舉
何金鳴　方廣發　王萬春　吳書馨
孫德興　孫胥清　孫顯謨　林萬春
王開泰　雷豔春　陳孔泉　林萬里

林學章　陳廣志　陳金元　周景春
周永緒　周永紹　陳孔安　王朝庚
方朝柱　程士槐　周隆則　周隆均
周祚鳳　童十五　蕭開從　周雲升
周登元　周致兒以上同治三年
宜林菴局分局萬全局萬清局庫金局蕭家堰局
胡忠勇　胡忠貴　胡忠雁　李盛朋
胡貴安　秦鳳魁　李盛登　李昌琇
徐明珠　徐東輝　徐登元　葉先菊

汪賢主　陳傳有　涂在貴　鄢起順
陳士和　鄢心和　鄢永義　李昌發
李昌宗　涂錫元　葉萬高　蕭揚瑄
蕭大港　閻庚喜　閻人巖　朱長燿
朱長福　陳二列　陳彩鳳　朱長江
陳三均　陳正與　陳賢主　陳義與
陳曉有　陳學先　蕭昆山　朱長淼
朱長典　樂五福　蕭二見　汪文傑
徐八禮　涂義財　涂義與　涂士典

涂錫朋　朱盛喜　朱長雁　朱盛朝
朱盛清　方萬與　方萬太　胡五域
胡忠言　胡五喜　胡五祥　胡忠宴
胡忠享　李勝才　丁廣春　徐定發
徐本槐　徐占魁　金傳進　徐世朝
胡五治以上同治三年
湫鏖望助局上石源河
王永發　王嗣發　王雙兒　汪邦鏌
項名選　胡學聘　程泰樂　吳海林

以上咸豐十一年
胡雲慶　胡漢奇　胡景春　晏禮云
吳士昌　袁行明　袁宗林　童成章
雷太兒　雷雙四　雷巴兒　汪文富
汪文見　董道和　董道云　汪雙全
汪勝玉　汪云貴　吳秋兒　汪廣安
汪貴梅　歐廷玉　歐蒼玉　張世純監生
晏金秀　汪邦佐　晏文華　晏時兒
晏文茂　晏學兒　張致學　周祚貞

王盛典　王以富　周光楚　周啟云
周世華　周金魁　汪光勝　汪永智
汪習康　汪文璜　汪邦魁　汪赤林
汪壬發　汪林高　汪瑞林　汪七僕
汪遲兒　汪慶堂　汪席祥　胡中思
胡一僕　張瑞煥監生　周萬有　張金萬
雷虔達　雷坤棕　雷坤順　汪錦林儒士
雷義廷儒士　張萬松　張祥雲　胡忠讀
張開榜　項祚富　張志學　張保佑

張寶林　張煥宗　張長順　張登榜
張永發　張禎祥　張瑞能　鄧崇德
鄧崇元　晏能才　晏錦雲　晏炳垣
晏狗兒　王珍林　王品國　王仁李
雷雲照　楊西獻　楊華春　楊光潤
董和氣　董和喜　汪文興　汪文照
汪玉堂　汪王朝　汪恒耀　汪文裕
汪文地　汪文童　汪文華　汪文慶
汪文富　汪邦富　胡象鼎　胡忠良

胡忠智　周玉懷　吳海林　吳瓊林
汪雲樹　汪雲香　汪雲林　雷虞棘
雷坤錫　汪月兒以上同治三年
集義局平鄉下石源河
周勝喜　陳開元　伍全元　伍添奇
葉名泰監生　王榮宗　周槐邦　李廷華
李廷魁　葉慶安　涂光勲　涂光廉
涂中元　涂雙兒　涂義和　周祚康
以上咸豐五年

徐金容　許建林　何登順　何順兒
涂禮南　王春喜　王冬喜以上咸豐十一年
孫心元　黃世學　黃業高　許階順
王盛貴　王盛法　王一元　汪文省
徐九科　黃世瑞　黃世學　徐九榜
許廷福　許廷綬　許映坤　潘成全
王廣發　方正爵　姚迎春　周文濱
張正國　李金奎　熊遠香　熊富奇
孫朝貴　陳崇興　黃長春　徐八敖

徐八元　張孔富　涂己亥　胡春洪
王志義　李金魁　王天才　王續兒
黃朝取　涂名海　欒殿照　徐興才
阮金榜　阮金耀　涂金秀　張孔照
周傳名　周祚皇　周履泰　黃長祿
朱登元　李奇玉　周恒年　汪邦珍
汪秀玉　汪玉林　汪清太　汪習貞
王春華　涂崇本　涂錦綉　龔長青
吳勝春　吳朝柱　胡春貴　涂金佐

許成名　許又喜　涂景揚　張狗兒
張文先　張順意　張啟富　張順生
涂洪高　周戊申　方友貞　陳裕前
胡虎兒　涂鳳春　胡全順　胡開榜
汪榮州　汪文炳　汪開榜　黃業高
王又喜　夏利見　孫春崇　李學理
王成璋以上同治三年
尤河鷺局
歐陽嗣淵　歐陽嗣殷　歐陽士俊　歐陽世俊

胡觀寶　歐陽世東　歐陽書映以上咸豐五年
汪兆祿以上咸豐十一年
金元和　金月桂　金錦雲　金榛林
丁際志岡籍　丁今生岡籍　丁時璐岡籍　丁名儉岡籍
汪錦林　陳孔興　王紫貴　楊先春
王成圭　王四喜　王之松　徐長春
徐時利　徐九春　楊慕葵　金易德
金商燦　徐嶢春　汪松梅　汪鳳翔
汪則榮　汪功詳　汪成準　楊烈友

楊太安　彭雲山　金利名　胡有志
秦元生　丁孔學岡籍以上同治三年
東衝畈局分局雲山局車潭局
朱營經監生同治二年
朱長樸監生同治三年　雷來林　晏連三武生
朱祖發　朱祖喜　雷坤須　雷偉仁
雷坤森　雷英鍵　陳建寅　李長秀
李錦華　雷栗木　朱盛修　張漢傑
張永銳　朱永才　朱長青　朱海潮

以上同治三年
平湖局
雷春明　雷長松　雷鉅富　雷清江
楊繼鴻　晏七棻　江成光　江鶴鳴
江廣俊　曹高圭　曹和倘　高啟貴
高得全　胡中意　晏七桂　李萬春
李一海　張勤學　黃春鰲　晏均法
李五全　晏印乾　晏春楚　晏福林
雷坤照　雷坤純　黃繼美　丁道和

雷清璽　雷恒豐　雷英麟　雷恒瑞
雷辛孟　雷鉅坦　雷清和　楊繼湘
晏義春　胡春貴　丁太山　黃有昌
黃會榮　黃金山　黃國英　黃貴元
江太元　江芝蘭　楊遇順　楊庚采
楊尤富　楊五見　楊大慶　楊秀發
劉得富　楊常明　曹五兒　楊太平
楊尤興　楊繼秋　丁道和子以上同治三年

方家沖局

雷富貴　欒名舉　林之讓　林景梅
方國敖　方鳳山　欒永箴　欒永美
欒永坤　曹四華　曹五桂　楊繼相
方四泓　楊永綿　楊尤照　方大合
李應福　方高發　徐黑牙　方鳳儀
徐福香　徐揚海　林應亨　唐四貴
胡學財　李應明　林昌烈　楊存兒
林均和　蔡春台　方子玉　徐普林
周席富　楊宗麟　方文煥　林正彩

林維明　方堯賓　徐本海　李應主
徐本福　李應昇　徐來喜　李應林
陳永發　李祥太　欒太宗
以上同治三年

石獅坳干城局

劉新成　蕭被湖　蕭被秀　蕭被婉
蕭功元　蕭鼎銘　李敦棠　李敦珠
李敦奇　李敦池　李敦蓉　李敦鳳
李敦柏　程起鵬　何登榮以上咸豐十一年

趙決信　蕭被謀　蕭元林　蕭被富
何開國　何開太　何永貴　何丙煃
何科榜　何太山　何登元　蕭名福
唐克寬　雷清源　雷秀華　蕭懷賓
黃甲辰　蕭光普　蕭功午登伢　徐功成
黃守高伢　黃御貴　黃順兒　何登魁
劉守宗　劉守昆　張元禧　嚴永義以上同治三年

柳林河雙鳳坳局

周遠猷　周遠順　周遠祥　周慶其

黃甲春　周慶鰲以上咸豐十一年
龔成魁從九銜　黃甲根　黃國英　龔世耀
龔正主　龔學祥　龔學禮　龔開太
龔開玉　龔元福　龔奠坤　劉新鼎
劉新照　程學全　劉新高　劉逢仁
劉逢禮　劉逢智　晏富春　雷楚國
雷開文　林應琮　林景新　田兆昌
以上同治三年

福地碻局

廖華國監生　王嗣珠儒士　劉朋貴　廖洪濤
廖朋成　廖鎮光　文可彬　文可保
文光議　文光明　文光海　廖封富
廖封炌　廖封迪　廖封遂　廖封進
廖正國　廖生才　廖業發　葉福坤
廖安全　廖祖喜　廖揚囯　廖封潤
廖洪昇　廖鎮海　廖鎮宇　廖富麗
李應雲　程學宗　廖鎮珠　李懷禮
廖國榮　廖廷玉　張正發　周玉蘭

陳占鰲　文豐富　廖業綏儒士　文金龍
廖洪湛　程學林　廖業瑞　程福義
廖霞林　程士彩　廖鎮雲　周昌運
廖洪盛以上咸豐八年十一年同治三年

屈家嘴局分局向志局向義局

屈楚珩武生　屈立金　馮有才　馮仲林
吳興恕　吳興林　金運蟻　金運通
馮普天　馮仁雄　金運斤　胡忠誠
胡忠全　王立富　吳興財　吳世榜

徐萬林　徐德周　江啟前　江啟祥
江啟後　蕭士美　林昌宗　駱春華
駱書順　徐枝新　徐仁喜　徐仁洪
王同春　王占春　周正和　嚴嗣忠
徐耀元　徐存良　徐存順　徐芝瑞
徐仁和　徐德乾　徐德厚儒士　蕭方富
王宇宙　嚴洪壽　林昌華　江傳貴
廖先九　文化南　文光龍　文太來
文太牙　文汝來　文保太　文光焰

朱盛元　李先鈞　李承明　李承中
李正發　江傳松　江青漢　潘封福
潘隆爵　潘隆硃　潘封高　李華豐
李太福　李應普　李承禄　李應枝
李應萬　李應斗　李承發　李承舟
李承利　李承麒　李先達　李應皇
李應農　李應鳳　李承謀　李應連
李高舉　李先麟　潘鳳祥　廖先久
屈汝齡　屈汝載　屈立意　屈志富

屈志裁　屈志期　屈志旄　屈志元
屈名喜　田百歲　朱長發　夏金印
夏金林　夏朝春　夏朝貴　蕭耀宗
余懷德　余奕全　文光和　潘天舉
李承連　李勝義　李承江　潘隆耀
潘封禄　潘封登　潘封保　余世財
李紹文監生　李勝牙　屈立遵　潘萬成
屈立敬　潘春揚　文豐明　廖洪範
余新全　余艮則　余艮明　廖洪達

廖洪德　廖洪福　廖洪春　廖財福
廖天慶　廖洪梅　廖從吉　蕭時玉
潘長生　夏金玉　夏金淩　夏金義
江廷豐　江應朝　江受恒　江生達
江開貴　江傳習　潘輝斗以上咸豐八年
廖洪富　吳興平　吳萬卯　林景達
林景瑞　林昌海　李應財　李友三
李承瑞　李應發以上咸豐十一年
屈志意　屈志取　潘祥雲　廖鎮國

廖聲揚　李承閣　吳興貴　胡忠久
胡忠太　潘天義　林昌閣　嚴洪富
徐存猷　鄭仕貴　吳興年　屈在交
江廷秀　吳萬財　吳萬堂　駱春富
以上同治三年
江傳崧　夏德富　蕭才華　蕭方貴
朱在廷　徐仁楷　徐存翰　徐存貴
徐俊聲　徐存轂　徐存寬　徐之彩
徐俊和　徐存太　徐仁衡　徐德坤

以上咸豐八年十一年

紫雲台局

胡德盛　胡學坤　胡正旺　唐應昇

朱蓋崇　徐文廣　蕭孝遵　蕭永富

唐應賢　江傳照　江傳興　江維章

江維喻　蕭成詠　徐得恭　朱曾喜

徐能貴　徐能敬　徐得華　徐本坤

曾大閑　高宣元　高玉章　高傳梓

高傳遠　朱廷玉　朱占魁　朱九貴

朱映貞　徐朝緒　朱朋發子　徐應鰲

徐應鳳　徐以忠　徐勝江　徐明彩

高傳麒　高培桂　蕭映梅　徐本秀

徐得泰　徐應台　嚴登囝　徐應萬

胡士周　宋顯林　晏三廣　徐能靜

徐乾元　林松貴以上咸豐八年

高崇見　高長有　唐益興　曾興財

朱福興　朱國美　徐立春　高貴囝

徐立雙　文豐全　詹　秋　蕭憂韻

宋三槐　李世宏　高傳正　蕭志貴

高裕有　徐得英　徐得詩　蕭辛未

馬春發　高宣甲　余永合　余士貴

余永朝　蕭士宏以上同治三年

友助局平鄉馬驛坳

方成昱　徐勝從以上咸豐十一年

徐永族　唐魁朋　張榮紹　江啟明

以上同治三年

兵農局

周榮福咸豐五年

五虎局滕家堡

閻同震　閻人青　閻人玐　閻人棫

王楚雄　方周士　方有元　方煥浦

方煥文　方榮照　方榮遐　方榮珠

徐本康以上咸豐八年

蕭名琮儒士　蕭名瑛儒士　蕭功宜　蕭上元

蕭功成　金景旭　邱民楷　金運貴

詹承喜　方緒豐　詹華泰　方煥祥

詹承秀　詹尚志　方榮全　詹承雲
方煥澤　詹承榮　方榮禎　方榮選
吳廷秀　李長春　蕭慶春　蕭正才
陳人松以上咸豐十一年
吳鳳翔　方煥禾　夏玉書　方榮漢
蕭士連　蕭大洪　方渙書　方揚闌
以上同治三年
承清勤勞局韓形也
黃紹玉　周漸達　楊同江以上咸豐十一年

朱潤身　黃國寅　周應和　彭承秀
以上同治三年
元戎親睦局余家坳
彭惟甫　聞德昇以上咸豐十一年
吳善長　張人朋以上同治三年
松子關局
文宏全　文宏濟　李昌興　方洪進
張公貴　曾承和　金承懷　金景貴
以上咸豐八年

文楚傳　文楚材以上咸豐十一年
清恒局
童邦友　胡合泰　胡勝彩　汪承傑
胡學連　徐盛典　張光達　王田元
汪鳳萃　孫萃春　晏開太以上咸豐十一年
劉起元　李學璞　胡學珊　李學璉
王立藻　王立傳　晏光榮　胡枝桂
余三盛　余三朗　余三秀　熊光洛
熊光連　熊翹楚　熊天賜　熊官賜

熊林浦　熊楚發　熊全美　熊朝富
吳楚興　吳楚傑　張祥獻　張祥福
張易元　張金祥　張松廣　詹全得
胡祖賜　胡履魁　胡學書　龔秋兒
孫枝楷　孫洛禮　孫洛才　胡獻瑞
童邦基　童雲發　陳詩舉　吳四起
吳四旺　吳宜德　熊超羣　陳魁元
潘春林　趙應具　易占鰲　熊鳳旗
汪鳳華　汪金元　王皆俊　熊二意

程永高　程四元　程年豐　程太鳳
程啟元　王　五　劉勝奇　趙金堂
王盛世　何三元　汪連科　雷永和
徐揚春　王友度　王秀雲　程鳳兒
王紹曾　孫秀春　陳　大　趙應元
程祖蔭　程　大　汪樂兒　汪昌貴
汪勝次　王漢廣　王立霞以上同治三年
友助局多鄉
胡中清　周祥太　周原太　何富太

趙春發　徐世和　詹金墉　詹金朋
以上咸豐十一年
黃金應　胡中與　胡中取　胡福貴
趙啟才　何成太　何清太　張光久
胡中開　紀光發　邱玉奇　邱象祥
張光厚　龔道垣　陳漢松　張大順
陳林和　龔安喜　張春喜　蔡世用
蔡殿選　張光明　張耀彩　張楚玉
張枝鳳　張枝堂　邱玉堂　邱玉書

詹世龍　詹鳴龍　詹德龍　詹長豐
詹履和　詹履豐　詹伍葵　周從發
龔早揚　李春奎　李三洪　胡清吉
胡步趨　胡興茂　劉交泰　張之勳
張光達　張光炳　王鳳高　劉全友
劉開甲　劉祥興　劉老五　王鳳鳴
陳舒德　胡德有　陳老大　李二杞
李三鴻　李寶純　李國良　李天華
李二梯　胡萬雄　胡其太　晏六富

張長明　晏五黃以上同治三年
保安局
童漢宗　胡鳳華　胡鳳池　胡士玉
胡有殿　胡如意　胡東林　童邦祥
童梁成　龔世學　秦國和　文高喜
朱雁朋　王光德　楊德發　勝良福
胡雲超　胡士玉　雷漢宗　張勝典
胡學意　胡輝地　陳金耀　涂履坦
何友魁　胡學基　胡有典　王秀魁

王永豐　高開發　滕漢豐　滕福喜
王春發　雷廷主　雷添生　范泮水
范炳榮　胡萬從　胡福貴　童先得
童耀祖　程輝第　何戒之　何順魁
楊得發　龔世賢　龔時發　童先楷
龔明義　呂朋展　吳又喜　方連芳
童祥兒　張名玉　張秀山　張錦堂
童興祟以上同治三年

守義局

張春典　蕭福芸　童官保　魏老二
何東盛　項思楷　王元德　方勝兒
童賓鑑　童超第　童禮垣　童邦輔
馮才學　萬鳳海　萬鴈春　萬正發
文景元　文豐意　易光榮　楊光慶
文金斗　童映林　文名敵　易和太
童金品　文坤義　方四寶　童光秀
李茂蘭　晏恒泰　方漢才　周學魁
周親仁　張世英　張一枝　陳詩富

童邦運　張東貴　胡暢兒　童載州
張一壯　童先昌　余咸宣　余光默
吳鳳守　余時貴　晏雁鳴　晏廣發
童賓見　楊光慶　楊東明　晏高明
晏曾應　張有益　魏禮泰　晏　大
李　大　晏紋普　童敵梅　廖鎮敵
王天奇　傅成萬　劉方元　劉方德
萬鳳泰　劉保和　劉高魁　劉高雲
晏恒光　晏連雲　晏興發　楊光主

楊光明　吳文方　吳和太　晏文普
劉學洛　劉學致　晏天福　晏瑞祥
晏連榮　晏連發　晏七拂　晏廣發
晏芝高　項光玉　童邦珊　童先敦
童先賜　童如意　童開泰救母死　童邦鐸
童先榮　方大美　童先兆　童先發
廖業廣　陳書貴　陳秀章　陳七兒
陳幼兒　童四兒　童運奎　周丞和
雷聾子　雷得元　雷坤發　熊光樂

胡中發　周永青　周合林　周美兒

周永順　李照煦　雷進廣以上同治三年

連鄉局

張華山　童恒珠　童金貴　童桂林

呂應龍　呂應周　黃四喜　晏立敖

童曉林　李云華　趙昌樂　李久珍

晏藻林　王漢江　胡康林　李正生

李四傑　李國珍　周興貴　李灼英

陳其安以上同治元年

聚英局

王天奇　晏曉明　項光位　項羣杰

項鳳敖　晏輝族　晏新喜　晏輝田

晏立程　李敦厚　李紹棠　李占鰲

晏山喜　張全貴　胡漢江　王又義

張春典以上同治三年

知方堂局

黃富升　羅啟材　王春輝　韓舉佐

李連貴　劉明赤　李光青以上咸豐十一年

葉雁林　汪隆春　朱江發　王春喜

段玉春　王同誥　閔崇貴　閔崇思

劉光遥　王春懷　王金富　索朝進

李光藻　李金玉　李秀茂　李際泰

李輝藻　王長有　李高升　王香發

葉長進　葉宇貴　羅啟鳳　張得榮

汪國義　王名利　王在忠　王安富

韓登瑾　汪壬辰　汪國元　王榮章

王杏林　王強先　王文秀　王玉春

周同盛　黃修庭　張世恭　周全勝

程辛未　李輝丙　王南勳　王庭選

王安務　王安光　王安御　王安受

張春德　張廷華　周金川　周連科

黃學忠　葉殿選　葉春秀　王安裕

葉宇高　李召品　徐正全　周慶善

余永清　余彬賢　余善德　朱華國

朱用賓　王雲章　李輝羽　韓鳳儀

周雙喜　王庚元　王承發　王安壽

王立德　王長清　王長春　王長發
王長貴　劉紫雲　曾海富　周錦春
王廷選　王平安　葉華春　羅丹桂
陸東發　黃仲喜　劉焰明　張楚雲
周元有　汪長春　汪長有　朱宗茂
朱慶雲　朱二見　祝春魁　沈海元
周有祿　周金田　王五智　張廷華
段顯揚　徐斯美　王有明　王有玉
張啟發　閔從利　宋懷有　王同華

朱得華　朱金元　徐朝貴　王德茂
王勝高　朱興雲　朱旺兒　張坤茂
汪廷豪　汪啟發　萬功獻　葉長秀
姚長輔　張啟祥　王國元　周漢祥
周四友　周雁春　王祥先　沈連陞
沈十六　沈得和　沈自春　韓殿揚
周慶祿　周慶壽　汪耀廷　沈元發
歐定富　周達奎　黃枝春　余善祿
余善楷　余艮木　余善篤　黃昌書

朱得福　王安元　朱坙　王安全
王安進　朱鳳翔　王安祥　朱長壽
王壽喜　朱竹山　樊金明　黃枝松
曾學富　鄭慶雲　韓舉維　張元巳
汪龍春　周隆鍔　周隆鈿　周傳淮
周傳椰　汪昇堂　汪錦堂　朱玉田
張春發　沈德慧　沈德敬　沈自趣
李茂林　沈盛才　汪八辰　沈德宏
周祚椿　朱金鰲　沈德立　沈德心

周春輝　王安璜　張元紀　張秦應
河東局大河岸
王同令　徐斯銳　王皆呈　王皆祥
傅有聲以上咸豐十一年
王階葱從九　王大敵　周鳳翥　王同滿
閔秀春　閔三元　閔春鴻　閔春燕
閔玉樹　吳義和　王春秀　周立興
祝傳槐　汪連春　周達烈　周召興
閔奎習　周有兒　王萬才　周德全

程弓木　黃光漸　閔維洛　閔維得
閔維源　閔從心　閔山林　徐春德
周鵬昇　周漢昌　段漢書　辜金瑞
周見恒　周應和　周保眞　李力槐
李力枝　王彖泰　祝時泰　王飛熊
周德秀　王耀元　王階芬　周德紳
以上同治三年
河西局大河岸
王雲富　李學先　周鳳獻　潘太和

王枝燧　胡常茂以上咸豐五年
王明學　王有爵　周士林　周德興
周恒舉　王金台　周得光　鄧立本
胡德光　趙連昇　王多望　李東發
趙得和　胡常吉　王遂友　周永太
王名學　胡保林　胡雁春　方秀奇
王應奇　王應元　王若艮　龔瑞春
趙連科　童永貴　孫得魁　閔一勤
潘楚傑　胡鳳鳴　祝應昌　祝萬江

王禮信　祝長發以上潘二樹　以上咸豐十一年
鄧應和　周永清　紀章瑞　胡中秋
李光榮　余保江　王錦純　祝玉林
詹長鳳　周世海　詹得龍　黃昌明
黃春貴　胡耀先　高立波　胡祥發
潘學正　喻鳳先　黃隆春　詹禮貴
詹世和　徐金奎　詹禮鳳　詹世隆
周世和　趙易奎　喻步選　喻鳳兵
詹明龍　趙國孝　胡保貞　雷漢松

鄧應和　鄧春林　鄧廣德　鄧維高
鄧維天　吳嵩山　程金萬　程春發
程春和　閔春盛　趙思敬　張鳳嵐同子死
趙思智　張獻書　胡學江　張文義
黃維第　王金明　王如海　余秀發
余有義　王秦發　潘光前　李光榮
童接喜　趙成章　王成祥　王枝茂
王名魁　易丙輝　汪學魁　周鳳彩
周克祥　周代益　汪錦雲　王廣勝

蔡殿選　黃添富以上同治三年
湯河局
張世登　張元顯　張世濬以上咸豐十一年
姚玉渾　陳長春　陳蒼玉　周從義
程學高　程學良　李再喜　姚升奇
周登俊　陳在學　陳得和　周漢雲
王立春　周名揚　陳宗全　張元訓
王天秀　張邦奎　張雅懷以上同治三年
仗義局

蕭奇富　胡首名　胡學福　胡愷先
江希若　江希貞　曾光奇　曾鳳敖
明立興　王寶書　蕭年青　蕭普應
王四有以上同治三年　陳其安定遠縣殉難
協和局
楊老八　陳三菴　匡文發　匡勝美
鄧恒樂　趙海涵　王有爵　許恒泰
許魁發　楊爲學　胡林瑞　王立誠
余登成　段三喜　陳時泰　段連科

鄧垂芸　吳長春　吳元年　楊德懷
楊德恒　楊德奇　趙星喜　蕭志奇
方勝山　余奇才　王六生　趙普發
王石混　潘盈廷　方勝義　滕之發
王善元　王來發　王乾鳳　黃成林
周復興　周善長　姚玉輝　王冬至
王丹亭　王丹鵬　姚五秀　張保書
劉時泰　趙十全　王大祿　趙雙全
王大全　段丙子　吳占魁　高永錫

趙奉奇　楊細和　王一安　趙百全
胡承啟　趙長安　楊爲主　傅有升
王丹發　鄧九思　姚祥發以上咸豐十一年
王南波　趙勝瑞　王廣興　王朝海
王廣友　王巳卯　王保貴以上同治三年
傅家廟局
王士華　潘奇友　蕭天德　滕廷凱
胡才興　許萬明　鄧金科　鄧雁龍
鄧象貞　鄧雁雲　董乃兒　唐九舟

鄧耀財　鄧盛財　鄧光勝　鄧至琄
蕭應蛟　鄧金國　鄧保瑞　鄧文楷
蕭雙貴　鄧士成　王雲富　蕭在元
閻學成　周玉明　黄宗兒　周文選
周高秀　徐昌勲以上咸豐十一年
丁明典　丁景春　潘章純　閻兆印
艮六兒　匡勝義　王老六以上同治三年
江家鋪局
江顯清　江希鴻　江𤍠魁從九品　江學鰲

蕭上國　蕭從發　潘承宗　潘禮法
潘立志　楊枝高　傅相時　傅朝貴
傅善華　蕭全元　張保川　周天才
鄭見名　李順天　楊萬龍　余立志
周連輝　蕭利發　蕭得全　蕭順喜
徐耀奇　蕭省氣　鄭榮貴　唐承容
徐朱喜同子光普死　徐正發以上咸豐十一年
李學元　周庶兒　楊榮才　楊士高
楊德春　楊本貴　楊道同　楊雨能

蕭全來　唐承江　楊建康　吳素兒
周傳曙以上同治三年
梛樹鋪局
江希德　江學月　許奉高以上咸豐十一年
王立朝　劉昌輝　許寬懷　汪必用
汪必炎　汪廷玉　江學高　江學卷
江學文　江文稱　江學藝　江學悅
江學存　劉兆榜　劉萬林　詹有才
江學樂　江天歡　劉錦林　江天麟

以上同治三年
跨馬墩局
周雲華　周有扶監生　胡太珍　周三友
周勝宗　鄭興祥　周容照　鄭興楨
周有來　高東璧　周春義　周新喜
周有才　周有祿　周亮玉　李雲波
唐懷德　陳邱山　周賜德　周賜壽
洪有利　傅守勲　洪文則　周志全
雷春發　朱萬春　胡應文　方克獻

方文金　劉大　高東品　周心太
周金有　胡忠奇　高勝有　周金友
周太靈以上同治三年
石柱山局
周萬全　胡學洪　胡祚興　余起章
余永明　余三珍　余三權　方文光
傅芝蘭　傅先應　傅四應　方秀廷
方金元　方豔明　方云升　方云久
方云國　方肇元　方從德　方永道

方成裕　方克獻　方省氣　周傳福
周慶祥　王輝璧　王光照　王光朗
傅長青　胡中和　胡永昌　周見中
方禮仁　胡高升　周隆道　方有學
余言登　明士榮　方歲運　鄭其祥
以上咸豐四年
張邦潔　張邦馨　方敬忠　方衛萬
葉茂魁監生　周祚興文童　楊懷義　張存德
王克成　余開有　葉式元　周禮學

王志名　余清遠　方相玉　江天富
周遠益　陳從勝　陳從元　張邦科
周天恩　周宗順　周登元　胡友信
余學早　聞翠梅　王象連　周心法
余柏林　藍金龍　周友海　周常清
周友法　周文榜　方天珍以上同治三年
毛家河局
方從修　王文貴　胡應康　葉廣敬
洪有生　洪定元　彭九元　彭奉賢

王文益　王用賓　彭助發　傅光明
高文發　彭文茂　彭有則　彭明揚
周爲之　周爲永　傅顯耀　鄭海棠
金鳳翥　童邦艮　童邦粲以上咸豐十一年
九資河局
鮑輝鶴監生　余開奇　王立功公府伴官　許學儉
王蕩平　陳奇順　于景福　陳二貴
田國均　童先發　胡和尚　宋廷法
葉武元　朱長慶　李光俞　朱名啟

王順德　僧丙照　方文金　王文楷
楊道起　江老大　朱列名　童召康
王茂宗　張九思　張九雲　陳廷弼
祝朝獻　方洪楷　陳隆山　蕭顧工
姜守黄　何有元　祝傑洪　陳廷華
陳啟發　陳宇順　陳二德　陳克敏
陳福順　汪福來　朱廣文以上咸豐十一年

天堂寨局

陳名登　陳永江　潘倘文　周成五

徐位兒以上咸豐十一年
徐能發　周永富　朱萬祿　江太和
余世和　周慶元　瞿天才　黄其祥
胡學發　陳守章以上同治三年

石壁沖局

余明魁　周美元　周龍發　余善云
徐方友　李恒泰　蔡老三　陳三見
李善喜　陳奉見　李士兒　蔡學誠
張三才　張四九　余春槐　徐存寬

補遺

傅家廟局

蕭金林　鄧象貞　鄧澤遠　鄧澤書
王同贈　閻志召　許雁朋　鄧遠鳳
鄧金科　鄧林祥　王雲富　何應啟
以上咸豐十一年

石柱山局

楊六兒以上咸豐十一年
郭立誠　郭立階　郭立富　郭立成

郭時俊　郭應安　王大才　瞿朝雨
江兆奇　江兆林　江兆興　江金敖
以上蘄水籍
劉雙貴黄岡籍

羅田縣志卷之六

人物志下

節孝

明

胡氏諸生蕭玭妻年二十四生子繼美甫一歲夫卒守義教子子繼美孫譽皆舉經魁事聞　旌

李氏孝廉周錦妻年二十二夫亡無子守義奉姑克孝卒年八十事聞　旌

李氏余梧妻年十八生子瑞才僅一歲夫歿守義氏通孝經小學教子成名事聞　旌

陳氏諸生胡效藎妻子一賓甫週歲夫亡氏守志訓孤卒年七十四已　旌

余氏胡效賓妻夫歿家貧守志訓子成立苦節以終呈請　旌表

姜尚忠妻失氏年十八生孩六月夫亡矢志奉姑撫子鄉人有謀娶者姑幾惑焉氏誓守不能奪後姑染瘋疾久不愈氏晨昏扶持奉養不倦

張氏程雲鵬妻年十九生子方升八月夫歿立志撫孤兒勸改適氏憤激舉茶甌擊之孀居五十餘年卒以完節終

徐氏黃綸妻年十七于歸僅半月被繼姑逐綸令異居居二年生一子可行而綸亡姑不顧且欲奪其志媒氏諷之氏持刀刺之事乃止後姑有疾歸侍湯藥無怨言姑歿居喪如禮子可行年二十七氏辟纑賣茶完節以終咸豐十一年　旌

蔡氏張簽妻年二十四夫歿生子恒甫四月父母欲令再適氏斷髮焚夫柩前誓無異志年八十卒

徐氏張義妻年二十三夫歿無嗣繼姑欲奪其志氏泣曰夫舊家子我可改節貽辱乎遂立夫弟美之子撫養成立以完節終

王氏諸生張美妻卽徐氏娣也年二十生二子而美歿以一子爲夫兄後與姒徐氏同志守義人謂一門雙節

熊氏胡某妻年二十夫歿將從夫地下姑曰有遺腹何可輕生且姑在誰爲奉養氏遂忍死越三月生子氏苦心奉姑教子子闇然列明經亦克盡孝道

楊氏段喜儀妻遭流賊亂夫被戕年二十七遺一子
僅三歲矢志撫孤苦節五十年卒
徐氏程詳之妻年二十四夫亡僅一子仲仁氏誓守
義事姑盡孝卒年七十
胡氏王浥溪妻年二十二夫亡服闋姑以年青勸令
別適氏誓死靡他撫子必登卒年八十
蕭氏余文郁妻年二十夫亡守義姑苦訓子成立卒
年八十餘
許氏王必文妻夫亡子甫一歲誓志守義事公姑以

孝稱
胡氏王立妻年二十夫亡歷患難顛沛而冰操愈堅
教子光宇成名卒年七十
閻氏余忠素妻事公姑盡孝姑病禱願以身代割股
爲羹姑病旋愈

國朝

李氏庠生林奎妻奎以應試卒於郡氏年十九遺腹
生子式金氏苦節撫孤事舅姑盡養教子繼父志
弱冠入庠守節五十三年卒

龔氏庠生林銓妻年二十六夫亡家貧守義教子江
水入庠卒年六十五
徐氏庠生林鑣妻年二十五夫亡無子家貧苦節四
十餘年
羅氏儒童李明詩妻年十九于歸甫二載夫歿僅遺
一子氏勵志守節孝事翁姑義撫幼弱甘貧若如
飴學師張褚廉實請 旌有云軋軋機聲歷盡寒風
苦雨淒淒血淚誰憐錯節盤根洵巾幗之完人實
閨壼之正氣學使王以冰雪爲心匾額褒之卒年

六十有四其子宗禧亦爲人端厚好善樂施 旌
秦氏朱世符妻夫卒氏欲從死翁姑以兩遺在泣勉
之氏忍死守義養舅姑以孝歲飢值舅喪鬻産治
喪如禮奉姑孝敬無倦擇名師課子紡績以供束
修長子文魯雍正壬子舉於鄉次子爲邑諸生雍
正四年 旌
王氏庠生周言宣妻年二十夫歿母家憐其少欲令
改適氏聞躍濁池中周人救之池水清三日嘗修
周氏祠祠中古桂復茂撫子漢勳成立雍正八年

旌

鄒氏周漢勳妻年十九夫病篤謂氏曰我死孀母孤兒惟汝是賴氏泣諾及卒氏誓以死守姑老病朝夕具槳啖之子重山早卒媳龔氏節孝亦如姑雍正八年　旌

童氏國學潘二璟妻年二十二夫歿守義事舅姑以孝訓孤及孫以義方長子奎國學生次子貢生孫文萃州同氏年八十六乾隆三年　旌

丁氏國學廖峻芳妻年二十一夫亡矢志柏舟撫孤

成名乾隆三年　旌

夏氏庠生廖榮芳妻年二十一夫亡守義事孀姑以孝訓孤子以禮乾隆三年　旌

陳氏王之濱妻年二十五夫亡勤儉持家苦節四十五年乾隆三年　旌

汪氏方淑美妻年二十三夫亡撫孤成立苦節四十二年乾隆四年　旌

蕭氏劉之勝妻撫孤維錫成名苦節四十三年乾隆十一年　旌

陳氏聞一善妻年二十四夫亡事姑盡禮苦節四十年乾隆十三年　旌

胡氏王文俊妻年十八歸王五月而夫亡以有遺腹忍死守義歷試諸艱遺孤復亡撫姪鋐嗣教之克家成名事舅姑孝嘗兩次割股愈姑病喪盡禮祭盡誠乾隆二十四年　旌

王氏郭綱妻蘄水人原任嘉定州知州王悦孫女年十九于歸性貞靜動必以禮事舅姑能承歡養志夫嗜讀書氏篝燈佐之五夜不輟夫以攻苦病篤

慮無嗣氏勸立夫兄子天松爲嗣以慰夫誓曰病愈生子此如所生倘不諱毋以無子貽憂蓋慰夫亦預爲從死計也夫亡遂絶食姑泣諭之曰舅歿我老病嗣子幼汝何可死遂共寢處自是朝夕奉養姑十年無一刻懈撫嗣子松教養盡道松亦克承母志氏夫亡時年二十八至八十一卒乾隆十七年　旌

孫氏吴承書妻年二十六夫亡守義撫孤流離之際猶以書課子後豪爲邑諸生乾隆十七年　旌

易氏庠生蕭有基妻夫亡遺二子雲青四歲雲肖二
歲氏茹荼苦節課子成名鄉里欲表其節氏謂子
曰我守義豈爲名乎事遂止邑俟林賦有詩以紀
其節
許氏廩生周成璋妻事舅姑以孝聞年二十七夫亡
遺子三俱幼家遭賊破氏茹苦守志教子成名邑
令以節孝匾額嘉之年逾七十卒乾隆元年　旌
劉氏李成錦妻年二十一夫亡生子一家苦貧依伯
氏升儀茹荼課子卒年四十七

李氏夫名失載年二十六夫亡貧苦守義教子周本
允綖有文名年七十猶紡績以教諸孫
劉氏年二十歸李一年而夫亡遺孤三月誓死從之
以姑勸得不死遂竭力奉養撫孤及舅姑歿治喪
如禮太守贈以德昭閫範匾額
周氏王光華妻總兵周室鼎之從妹青年守志節操
凜凜鄉里敬憚
廖氏蕭需人妻夫宦遊於廣病死氏覓骸骨歸葬教
子成名苦節五十餘年

鄒氏庠生胡之玉妻年二十六夫亡幼孤二氏茹苦
守義艱辛備嘗紡績供修脯教子俱入庠孫師瀾
師見食餼曾孫歲貢生履仁就傅氏皆及見之
童氏劉紹泮妻年二十四夫亡無子立夫堂兄邑庠
生青雲之次子丙業爲嗣教之成立苦節四十年
程氏段翰助妻年二十二夫亡守志教子成名翰弟
段元貞妻郭氏年二十五夫亡守義撫子桐山子
亡其媳何氏年二十相依苦守倍歷饑寒元貞胞
弟庠生段利亨妻葉氏年二十四夫亡亦守義邑

令王贈有一門四節匾額
陸氏潘文藻妻年二十五夫亡守義事舅姑孝撫姪
光崧光鼎成立
葉氏潘文凱妻守志十九年卒
陳氏胡履業妻夫遠館事舅姑盡孝夫歿家貧守志
童氏段文濳妻年十八夫亡撫姪爲嗣守義以終
王氏庠生童懷元妻年二十六夫亡撫姪爲嗣守義
以終
滕氏童有達妻年二十夫亡守義教子大業入庠已
旌

王氏尹之珣妻年十七于歸善事舅姑嘗値天雨連緜河水泛濫其夫貿易未歸舅姑卧病危樓前後房屋衝塌氏涕泣依守叱之不去竟得兩全無恙後舅病篤氏割股食之愈三載歿夫復病篤氏又割股救之亦愈百日始歿氏年二十有二苦節撫孤鄉里遠近咸仰壼德

雷氏何靖臣妻年二十九夫亡家貧苦節

丁氏羅一貫妻年二十六夫亡守志教子入庠

魏氏胡師旦妻年二十二夫亡善事繼姑卒年九十六守節七十四年

王氏高明道妻年二十七夫亡紡績事姑姑死鬻奩以葬

羅氏李光祚妻年二十二夫亡善事舅姑撫子成立苦節三十七年　學使以匾褒之

李氏高騰基妻年二十七夫亡教子致錡成立錡亡妻李氏依姑守義十四年亡教孫攀桂入庠苦節四十餘年

余氏徐添擘妻年十于歸四年夫貧遠出謀生氏紡績養子教之成立並敷命尋父卒未歸氏茹苦以歿

晏氏蕭承鰲妻年二十五夫亡善事舅姑撫子成立苦節四十餘年

崔氏蕭成祿妻年二十五夫亡矢志守節事姑以孝教子成立

陳氏歐陽錦妻年二十八夫亡紡績養姑糟糠敝縕三十餘年教子成立

晏氏蕭志義妻夫病割股救之愈三年乃歿氏守志撫孤

閔氏廩生史啟源妻年二十六夫亡守義教子秀楙楙亡妻喻氏年二十六矢志堅貞事孀姑恪共婦職教子全讀入庠

王氏晏三近妻年二十八夫亡守義撫孤

楊氏王一紅妻年二十六夫亡事姑盡孝教子者香入庠

涂氏金孝敦妻年二十二夫亡堅貞守義教子成名有司暨邑人士皆有詩紀其節

李氏監生高致錡妻年二十八夫亡事孀姑孝

潘氏胡熙泰妻年二十三夫亡善事舅姑

李氏庠生葉夢熊妻年二十四夫亡守義教嗣子文選入庠

羅氏葉紹會妻年二十三夫亡家貧守義

晏氏葉崇高妻年二十一夫亡守志撫孤

涂氏晏舜典妻年二十四夫亡竭力事姑遺孤僅七月撫之成立

胡氏晏三槐妻年二十六夫亡家貧守志

金氏徐楫妻年二十七夫亡無子撫姪爲嗣嗣子又

亡氏復撫孫成立苦節五十年

李氏蕭大俊妻年二十四夫亡善事舅姑教子玉麟成名

胡氏監生高騰均妻年二十九夫亡守義撫孤致鉅致鉅亡媳涂氏遺腹生子依姑苦守以憂亡復撫孫年八十餘

晏氏羅二曜妻年二十四生一子夫歿撫孤守志

雷氏何與仁妻太史次聞公女夫歿家貧素明大義勤女工擇師課子龍光入庠

匡氏少許字董宗惠未于歸而宗惠病癩指脫齒落不能自飲食家苦貧宗惠父謂女父曰吾子如是何可陷若女其另擇壻女父諾之歸商之女言宗惠病發必不起且赤貧難依以活女佯諾請一往省歸即從命遂遣之至則修婦道唯謹宗惠病久殘廢肌肉腐脫且俗忌傳染雖父母不常近餘沸一顧女調護必周凡宗惠飲則手捧餅食則手持箸起立則左右扶持以及拂拭浣濯極瑣屑事無不如意宗惠得延殘喘者五年宗惠歿舅姑憐其

苦且少希改適女則誓死靡他父召之歸女不往曉夜紡績以養舅姑立姪戴武爲嗣舅姑歿喪葬竭力家益貧饑寒困苦無稍怨年八十猶存

尹氏程鳴岐妻年二十七夫亡貧無立錐撫幼子二紡績莫給拾遺穗煮野菜爲生計族人强之嫁斷髮破面乃止

張氏廖有金妻年二十四夫亡一子襁褓夫弟幼氏紡績鞠育至於成立苦節三十一年

鄧氏廖啟槐妻年二十二夫亡守義事姑孝撫遺孤

成立
林氏廖啟椙妻年二十八夫亡守義撫孤
李氏廖從欲妻年二十夫亡遺孤僅八月姑與祖姑
在堂氏辛勤事育苦節四十餘年
田氏廖模妻儒士女性貞靜幼嫻女則家素封舅姑
委以內政氏治家嚴整皆有法度夫亡服御同寒
素教二子皆成名
胡氏李以薰妻夫亡事孀姑以孝撫子成立卒年九
十有二

劉氏雷國榮妻夫亡守義撫孤成名
蕭氏廖繼聞妻年二十三夫亡家貧艱苦守義
江氏蕭光誥妻年二十二夫病篤囑曰我無子以父
母託汝氏刺血自誓夫亡堅貞自矢孝養舅姑不
負夫言
徐氏監生蕭光濟妻夫亡守義撫孤
周氏蕭天藻妻夫亡欲以身殉舅姑止之勵志守義
教子光福光泮俱成名
匡氏蕭行魁妻年二十四夫亡遺孤七月誓死守義

撫孤成立
陳氏汪某妻年二十夫亡守義教子顯在成立子亦
事母孝居喪盡禮
周氏監生廖有信妻年二十夫亡守義教子
周氏監生廖啟楩妻年二十六夫亡守義無子以姪
嗣事姑孝性慈惠樂施予
文氏徐之厚妻年二十八夫亡遺孤七月苦志守義
教子成名
蕭氏貢生屈如松妻年二十八夫亡無子守義姑病

曉夜侍湯藥經年不倦
廖氏周玉柄妻年二十夫亡善事舅姑教子成立
徐氏周晨妻年二十六夫亡生子七月氏撫孤守義
子又亡媳閔氏年二十五遺孤歲餘兩世孀婦相
依苦節
李氏周貽穀妻年二十四夫亡守義無子以姪爲嗣
熊氏廖燦妻年二十夫亡家貧甚氏誓志不渝常燃
松脂紡績以事姑
周氏彭柏祥妻年二十五夫亡守義奉舅盡禮無子

以姪嗣
嚴氏彭彩山妻年二十八夫亡苦節撫子成立
鄭氏嚴以正妻年二十八夫亡兄欲奪志氏求死鄰婦救免截髮以誓撫孤成立辛苦備嘗
李氏陳之智妻年二十六夫亡撫子子亦亡媳汪氏年二十一守義如姑
徐氏方淑謀妻年十九夫亡遺孤數月撫之守義
周氏方士懷妻年二十二夫亡撫孤守義
羅氏黄國書妻年二十二夫亡守義撫孤養姑
余氏涂潤妻年二十二夫亡矢志守義艱苦備嘗立夫弟洙之子國幹爲嗣教養成家
龔氏陳復亨妻于歸十日夫亡氏勵志守義父母欲奪其志惟以死誓立姪與麟爲子灌園食力事舅姑曲盡孝道歷盡艱苦
李氏唐永元妻年二十五夫亡撫孤守義
夏氏廖世和妻夫亡家貧守義紡績養姑兄弟欲奪其志氏誓以死乃免
徐氏郭國瑞妻年二十二夫亡家貧守義撫子成立

徐氏丁學陶妻夫亡家貧守義事孀姑以孝聞
朱氏方銘牖妻夫亡無子教嗣子洪利洪孝洪惟洪利入庠
吳氏蕭常健妻夫亡守義撫孤成立
張氏方銘榜妻夫病刲股延三年歿氏年二十七守義撫孤子洪亦刲股救母
江氏陳之瑾妻夫亡子甫二歲家貧苦守義撫孤
文氏李方週妻年二十八夫亡守義撫孤
劉氏廖啟楚妻年二十九夫亡家貧守義
蕭氏朱用玉妻年二十二夫亡守義撫孤
嚴氏朱學賢妻年二十四夫亡撫子子亡撫孫苦節四十餘年
周氏監生曾生進妻年二十五夫故矢志撫孤守節五十九年子炳監生媳涂氏炳卒涂氏年二十九守義以姪嗣苦節五十六年學使王給兩世清操額邑令耿贈繼世徽音額
朱氏文宗華妻年二十四夫亡無子以姪與旬嗣旬亡媳朱氏相依守義
晏氏蕭朝秀妻年二十六夫亡養姑撫孤
李氏儒士廖灼妻年二十五夫故守義以姪嗣苦節五十八年學使王給清節揚徽額

雷氏廖津妻年二十五夫亡守義撫孤
周氏庠生蕭常琮妻年二十二夫亡撫孤守義常自
誓曰孤苦安命但期無愧地下人
鄢氏廖奉妻年二十四夫以勤學致疾歿遺孤一歲
氏守義教子
劉氏廖烈妻年二十七夫亡無子守義敬事舅姑
方氏廖五元妻年二十七夫亡無子養姑盡孝以姪
爲嗣
蕭氏鄢宗孔妻年十九夫亡遺腹生子教之力學

徐氏嚴從五妻年二十五夫亡敬事舅姑撫子成立
吳氏嚴柏魁妻年二十八夫亡敬事舅姑撫子成立
周氏庠生廖允青妻年二十一夫亡生子三月撫之
成立夫弟煒之繼室田氏年二十夫亡撫夫前妻
子成名相依守義
劉氏周兌佐妻年二十四夫亡舅姑歿夫弟遠徙氏
撫一女苦節三十年
余氏監生吳效成妻年二十八夫亡守義撫姑苦節
四十餘年

余氏陳伺忠妻夫亡守義事舅姑以孝稱
余氏吳廷琢妻年二十四夫亡守義撫孤
程氏唐永柏妻年二十七夫亡撫遺腹子成立子亡
僅一孫子婦依姑守義夫弟永槐妻黄氏永楷妻
晏氏皆以二十餘夫亡撫孤守義以程爲法一門
清操相厲勁節可嘉
徐氏張問善妻年二十八夫亡子幼夫弟皆幼撫之
成立子亡復撫孫守義六十年
蔡氏余在泳妻年二十七夫亡家貧苦節

文氏方深文妻年十九夫亡守義撫孤
吳氏文運選妻年二十八夫亡無子苦節以姪嗣
余氏方肆延妻年二十六夫亡撫孤守義
蕭氏林啟鵬妻年二十夫亡撫孤守義五十五年
朱氏周大受妻歸周夫亡代夫終養撫姪嗣
蕭氏周良友妻年二十一夫亡撫孤守義
廖氏監生周桂濃妻年二十九夫亡守義養姑撫孤
成立
田氏廖瑚繼室性賢淑瑚前妻歿已有妾氏歸後待

之以禮瑚歿氏秉節守義妾化之亦相依不去孤
子三教之皆成名
周氏余士儀妻總兵室鼎孫女年二十一夫亡家貧
守義撫子子亡復撫孫苦節三十餘年
劉氏徐雲成妻年二十一夫亡守義撫孤教之成立
張氏汪名沂妻年二十四夫亡灌園自給茹苦守義
楊氏盧文鍾妻年二十九夫亡矢志守義
李氏葉士眞妻年二十二夫亡守義敬事舅姑
葉氏汪鋕妻年二十七夫亡苦節四十八年

周氏監生郭天棟妻夫亡守義敬事舅姑治家以禮
法教子以義方
鄧氏郭天枚妻年二十四一子僅歲餘夫以父被仇
誣憂而死氏出名族夙嫻大義痛夫死於孝誓相
從其父勸止之遂矢志代終事舅姑奉養盡歡無
違顏好施予見貧苦輒罄貲濟之撫孤慈而善教
出擇傅入課讀以慰夫志子地煥以領恩薦候選
孫三二入庠一食餼皆有文名道光壬辰呈請禮部奏旌表建坊
陳氏郭天柱妻儒士女少知書明大義年二十二于

歸八年而夫亡遺孤二氏志貫金石事姑孝敬備
至姑病侍奉三月餘未嘗就寢凡湯藥及極瑣屑
事皆親之未嘗一屬僕婦二子稍長親授句讀雖
出就傅歸必課其勤惰時常稱述夫志激厲聲淚
並下子地鵬已酉
恩科舉於鄉地鴻入庠
周氏郭天椿妻年二十七生子夫亡茹苦持家敬事
孀姑天椿元配有二子氏視同親生長子地燦早
亡無子媳李氏年二十三以姪爲嗣周待李慈李

事周孝相依苦守盡節孝萃於一門云
匡氏方四科妻年二十二夫亡厲志守節事姑孝寢
食不離左右者二十年無稍倦好施予族姻貧婦
多賴之子婦鄭氏孫婦張氏張年十七歸方而鄭
歿時匡年已七十得痿疾扶持賴人張侍祖姑疾
亦如祖姑之養其姑人謂其孝婦獲報無何張氏
之祖姑及舅與夫相繼歿張年二十九夫弟稚子
幼張厲志守義事繼姑撫孤克繩其祖姑叠遭大
故喪葬皆如禮治家有法課子甚嚴自塾歸必使

誦讀紡績於側夜分不倦蓋勵之也子鼎弱冠食
餼有文名舉優行者屢
劉氏生四長妻幼知書明大義年二十五夫故遺孤
潢僅三歲氏苦節治家以儉集詩書課讀子稍怠
即哭訴夫靈乃撻之徐告以夫與已之志後潢補
諸生課之不稍懈由是有聲於庠
葉氏生五麟妻年二十四夫亡守義教子
王氏胡履坎妻年二十二夫亡紡績奉姑詩書教子
陳氏朱效儀妻年二十三夫亡家貧守志

葉氏庠生李上林妻夫亡守義零丁孤苦教子成名
吳氏李偉人妻年二十六夫亡家徒壁立守義撫孤
苦節六十年
黃氏郭維則妻年二十七夫亡撫孤守義
彭氏庠生李郊妻年十九夫亡撫孤守義
祝氏裴國棟妻年二十二夫亡無子以姪嗣苦節三
十餘年
曾氏劉世耀妻年二十夫亡撫孤守節六十三年
徐氏盧汝揚妻年二十四夫亡撫孤守義

龔氏周重山妻年二十二夫亡無子守志以姪嗣
余氏劉四渠妻年二十四夫亡敬養衰姑教子成立
董氏監生周敘五妻年二十九夫亡守義撫孤
汪氏楊一圻妻年二十五夫亡守義無子以姪嗣藜
藿終身
徐氏葉訓取妻年二十二夫亡家貧守義以女工奉
姑撫孤
徐氏胡成梁妻年二十七夫亡家貧守義
夏氏徐佐均妻年二十六夫亡家貧守義

鄂氏李必建妻年二十七夫亡撫孤守義
龔氏郭地奎妻年二十七夫亡撫孤守義
李氏樊勝全妻年二十二夫亡甘貧守義撫子成立
劉氏庠生高清妻年二十八夫亡守義無子立姪嗣
割股救姑教嗣子入庠
楊氏劉之棟妻年二十三夫亡家貧守義撫孤成立
割股愈舅病
楊氏盧重音妻年二十九夫亡持身以禮雖至親不
踰閾教子成名

張氏謝一元妻年二十四夫亡守義撫孤五十年

葉氏鄭四校妻年二十五夫亡敬事孀姑喪葬盡禮教子成立

汪氏張其謀妻年二十八夫亡家貧守義

張氏盧士諶妻年二十六夫亡無子立姪嗣律身以敬勤紡績以養舅姑

汪氏閻道坦妻割股療夫病夫亡矢志堅貞自藜菽麥以給教子讀書

張氏庠生葉敦化妻年二十九夫亡撫孤守義

張氏葉能裕妻年二十四夫亡撫孤守義

余氏劉維銀妻于歸數年夫亡無子矢志守義孝養舅姑立嗣繼祀嗣子又亡志益堅復立嗣雲龍苦節四十餘年以養以教不減晝荻和丸雲龍入庠孫作賓亦入庠

金氏庠生葉彰善妻年二十一夫亡矢志守義姑老得痿病奉養不懈喪葬如禮

王氏匡文燦妻年二十三夫亡貧苦操作孝養舅姑喪葬如禮教遺腹子成立

王氏汪律妻年二十五夫亡家貧守義教子文就入府庠

趙氏涂一義妻年二十一夫亡遺腹生子家貧守義

朱氏匡學玉妻年二十餘守義無子立姪嗣事孀姑以孝稱

汪氏葉乾彩妻年二十二夫亡守義撫孤

陳氏胡廷用妻年二十二夫亡矢志守義事姑教孤

王氏張文會妻年二十二夫亡守義養舅姑撫孤

藍氏汪澤強妻年二十七夫亡家貧守義撫孤事姑

朱氏汪澤滏妻家素貧勤夫力學勤紡績以供日用年二十七夫亡遺孤一歲矢志守義自甘藜藿謀甘旨以養姑

葉氏匡利水妻年二十一夫亡舅姑先亡有欲奪其志者誓死乃止教子成立

樊氏董有楚妻年二十八夫亡矢志守義嘗割股救夫復割股救姑

樂氏劉光興妻年二十夫亡守義撫孤

鄭氏汪名瑜妻年二十五夫亡無子立姪嗣

郭氏汪名璋妻年二十六夫亡無子立姪嗣
汪氏劉四田妻年二十一夫亡家貧食力守義撫遺
腹子成立
朱氏郭世奇妻年二十四夫亡守義撫孤
朱氏鄒如泰妻年二十四夫亡守義撫孤
汪氏鄒有節妻年二十八夫亡守義操作教子成立
劉氏高著妻年二十七夫亡無子立姪嗣嗣子又亡
子婦童氏相依守義撫孫成立
宋氏樊名山妻年二十夫亡守義撫遺腹子成立

李氏庠生郭邦麟妻年二十五夫亡無子立姪嗣勤
儉治家教子以義方
黃氏葉仲夏妻年二十餘夫亡無子立姪守義勤女
工以助舅喪奉孀姑以孝
葉氏李必榮妻年二十一夫亡撫孤守義
賀氏監生李光明妻年二十八夫亡守義養姑教子
入庠
胡氏汪烋妻年二十四夫亡家貧未克葬氏攜子棲
柩側寢處不離竭力事姑鬻衣以養

張氏傅時德妻年二十一夫亡家貧守義
葉氏匡人佳妻年二十一夫亡苦貧守義
張氏匡人儒妻年二十八夫亡遺孤四月有欲奪其
志者氏逃乃免家貧營女工自給撫孤苦節五十
年
胡氏匡人文妻年二十五夫亡撫孤守義四十餘年
張氏匡人鼎妻年二十八夫亡守義撫孤事舅姑孝
鄭氏貢生劉鉞妻年二十九夫亡矢志守義持身以
禮

張氏李登雲妻年十七于歸甫三月夫亡舅姑早逝
矢志守義泣告族人立嗣撫之嗣子又亡子婦朱
氏年二十四相依苦守撫孫成立
盧氏李維岳妻年二十八夫亡家貧守義竭力事舅
姑撫孤成立
徐氏李大端妻年二十三夫亡守義事舅姑以孝教
子成立
段氏熊簡能妻年二十二夫亡守義撫孤
瞿氏李藹然妻年二十三夫亡守義撫孤

李氏胡哲士妻年二十二夫亡遺腹生子其家欲令
改適氏忿欲死夫弟宇士護之守義撫孤
何氏祝二湖妻年二十五夫亡無子立姪嗣苦節五
十三年卒學使吳給額亮節幽芳
程氏何應選妻年二十四夫亡無子立姪嗣苦節六
十餘年卒學使李給額幽貞協吉
李氏王鉞妻年二十九夫亡苦節五十年邑令沈給
柏舟風厲額
王氏胡履奇妻年二十六夫亡守義撫孤

許氏李成武妻年二十夫亡家貧甚舅喪明姑卧病
竭力事奉守義撫孤
王氏周邦伯妻年二十二夫亡守義敬事孀姑
傅氏嚴維第妻年十八夫亡家貧守義撫遺腹子事
繼姑歷盡艱辛
周氏監生王本權妻年二十四夫亡屬纊時生子國
昌孝事舅姑教子成立子亡媳匡氏亦青年相依
守義建坊曰姑媳流芳
王氏李一泮妻年二十九夫亡遺孤三月家貧紡績

以事繼姑教子以義
童氏匡江妻年二十五夫亡遺孤八月家貧姑老紡
績供饍撫孤守義足不踰閾
許氏涂雲灴妻年二十二夫亡遺孤五月矢志守義
奉養舅姑教子入庠子復亡子婦胡氏相依守義
黃氏周國昌妻年二十八夫亡家貧守義勤女工事
舅姑不以飢寒易志
傅氏監生陳鎬妻年二十五夫亡矢志守義敬事舅
姑教子大鳳大元入庠
鄭氏王應周妻年二十五夫亡矢志守義養舅姑教

子成立
呂氏匡朝佐妻年二十五夫亡有欲奪其志者誓死
乃免事繼姑盡養苦節以終族人哀之爲之立嗣
葉氏監生周信妻年二十五夫亡矢志守義事孀姑
盡禮教子成立
楊氏李生桂妻年二十八夫亡矢志守義
鄭氏王崇照妻年二十夫亡守義撫孤子復亡志益
堅持家儉養姑豐族人爲之立嗣

徐氏王崇縉妻縉嗜學氏紡績佐之年二十六夫亡
苦節撫孤以繼夫志
徐氏龔全智妻年二十七夫亡守義撫孤
趙氏許象晉妻年二十九夫亡守義撫孤成立
胡氏張士達妻年二十九夫亡守義子亡撫孫敬事
衰姑艱辛備歷
劉氏童琛妻年二十四夫亡立嗣守義持身以禮
迮氏何之榮妻年十七夫亡無子矢志守義撫姪承
嗣

李氏童士能妻年二十八夫亡遺孤一歲有欲奪其
志者氏誓以死饔飧不繼苦節以終
趙氏張廷魁妻年二十夫亡遺孤一歲家貧守義紡
績以給苦節四十六年
汪氏王一炎妻年二十二夫亡守義撫孤
唐氏王美石妻年二十六夫亡矢志守義事舅姑以
禮教遺腹子成立
周氏李華國妻年二十一夫亡撫孤守義
周氏余介康妻年二十夫亡矢志守義事孀姑孝教
子鳳鳴入庠
黃氏余對揚妻年二十五夫亡遺腹生子撫孤守義
胡氏熊泰名妻年二十八夫亡無子族人逼令改適
氏截髮誓死苦節四十四年
徐氏周在朝妻年二十九夫亡撫孤守義子復亡子
婦張氏年二十八相依以終
胡氏毛廷連妻年二十三夫亡守義無子兩立嗣以
繼祀事舅姑喪葬如禮
黃氏羅品三妻年二十八夫亡其家不能奪志全節
以終

李氏周南有妻年二十四夫亡無子立嗣守義
蕭氏周琴採妻年二十八夫亡矢志守義事孀姑孝
撫孤成立
余氏程象坤妻年二十八夫亡撫孤守義
周氏府經歷王文虎妻年二十二夫亡矢志守義承
順舅姑教子成立
潘氏閔仲朝妻年二十七夫亡子幼家貧女工自給
苦節以終

歐氏庠生閔錡妻孝事舅姑夫歿紡績教子積有餘
穀值歲歉必減價而糶時邑志開雕稟請表揚先
德捐銀十兩以助膏火之費邑令姜以孝誼可風
褒之
胡氏童生陳典則妻年二十七夫亡遺孤僅數月堅
貞自守食蓼茹荼教養成立年六十五得孫亦數
月而子亡撫孤兩世艱苦備嘗卒年七十有二
張氏李孟則妻年二十六夫亡遺腹生子家貧守義
紡績任薪水以奉舅姑

匡氏晏二江妻年二十八夫亡矢志守義夫弟二澄
妻潘氏年二十一夫亡遺孤一匡與潘相依撫孤
姑亡舅染瘋疾臥病九年娣姒奉侍湯藥無怨無
倦
張氏汪安國妻年十九夫亡遺孤數月家貧守義值
歲飢採菜根自茹以米奉姑喪葬如禮
周氏江文昂妻年二十八夫亡家貧無子立姪守義
事舅姑孝紡績以給
盛氏周心鼎妻年二十夫亡遺孤一歲守義養姑訓
子成立
許氏潘河妻年二十八夫亡家貧守義敬事孀姑撫
孤成立
江氏庠生胡世勳妻年二十三夫亡姑周氏青年守
義子婦李氏年二十四夫亡守義氏上事孀姑下
慈孀媳媳亦克繩其志三世節孝人咸稱之
文氏何毓鋌妻年二十四夫亡遺孤二歲教之成立
姑老竭力事之咸豐十一年　旌
李氏胡履桂妻年二十五夫亡矢志守義撫遺腹子

教之成立
閻氏童一元妻年二十五夫亡無子立嗣守義後歸
甯有欲令改適者氏逃歸堅貞自矢苦節四十餘
年
童氏滕天富妻年二十六夫亡家貧自任薪水撫養
遺孤飢寒不渝其志
葉氏徐廷保妻年二十夫亡守義撫子成立已　旌
汪氏王正起妻年十九于歸六月而夫亡立嗣守義
以苦節終

韓氏汪玉彩妻年二十六夫亡遺孤三月茹苦守義女工自給

王氏陳大法妻年二十七夫亡矢志守義撫孤成立

金氏徐雲錦之妻年三十夫亡家貧守義截髮誓志飢寒不渝

江氏周密妻年二十三夫亡矢志守義無子立姪嗣

許氏周效鳳妻年二十二夫亡守義無子立姪嗣

徐氏閔瀾觀妻年二十三夫亡撫孤守義敬事孀姑

楊氏詹華彩妻年二十夫亡堅貞自守治家儉約教子義方

鄭氏董家誌妻周烈女之姑也年二十夫亡守義立嗣嗣復亡遇益苦志益堅清操勁節不愧烈女之姑

周氏汪正祥妻年二十二夫亡遺孤五月矢志守義事孀姑孝侍疾不懈撫孤成立

丁氏胡周美妻年二十一夫亡無子立姪守義持身以禮事孀姑盡歡教子成立

黃氏庠生王國棟妻年二十九夫亡撫遺腹子守義事舅姑孝敬不衰

許氏王世榮妻年二十六夫亡撫遺腹子守義家貧艱苦貞操不渝

童氏趙成洛妻年二十六夫亡撫孤守義

汪氏庠生王萬籌妻年二十八夫亡撫子子亡偕子婦相依守義

李氏鄧金妻年二十九夫亡立姪守義舅病不能行竭力侍養不憚勞苦

李氏丁台位妻年二十七夫亡撫孤守義

劉氏監生許宗著妻歸許未成婚宗著得狂疾氏遂留許越二年宗著亡氏慟不欲生念宗無後遂立姪守義教之成立

鄭氏庠生張台三妻年二十八夫亡撫孤守義事繼姑盡道

羅氏李對成妻年二十六夫亡家貧守義事舅姑以孝稱

鄭氏羅羣斗妻年二十五夫亡守義撫孤

李氏王海騰妻年二十七夫亡矢志守義撫孤善事

孀姑

姚氏監生黃政桂妻年十九夫亡立嗣守義敬事舅姑課子以義咸豐十一年　旌

閔氏吳周樹妻年二十三夫亡矢志守義教子成立

江氏王炳萬妻夫病割股救之年二十九夫亡立姪守義

周氏許宗朝妻年二十六夫亡矢志守義教子成立

江氏王次臣妻年二十六夫亡立嗣守義姑患瘻疾飲食動止氏扶持不懈

朱氏祝雲程妻年十八于歸未一年夫歿遺腹生子卽名遺生家貧甚舅姑年老氏代人紡績以爲供養燈油不繼卽乘月作工酷暑不避蚊蝱嚴寒不避風雪雖形毀骨立而專一守義毫無怨悔舅姑歿經營喪事盡禮盡哀鄰里聞之隕涕咸以孝稱

王氏金名樓妻蘄水人于歸未期年夫歿撫孤一紀而殤哭之哀喪明立姪爲嗣霜雪徧閱西陵鄒太史士驄爲題節凌霄漢以表之

熊氏金其鋒繼室岡邑庠生熊自基女年二十一夫亡禮法自持撫夫前子啟洙篝燈課讀紡績以供薪水後洙爲邑諸生氏年七十七卒學使洪顧以潛德幽光嘉之

蕭氏崔正經妻年二十五生子純甫八月夫亡氏矢冰操事衰姑孝謹義方勗純成明經性仁慈常出所餘以周貧乏卒年五十有八邑有司贈以冰霜矢操額

丁氏朱世燕妻年十九生子文輅六月夫亡勵志撫子受室金氏生子維紹輅亦亡丁泣喪明金年二

十五淑慎其身事姑尤以孝聞丁卒年八十五金卒年六十一有司贈節孝雙貞額

蕭氏何國賢妻年二十四夫亡遺子二歲家貧氏誓死靡他姑太史雷天鐸女事之克孝姑歿依弟諸生蕭夢魁紡績以佐薪水苦節三十餘年

徐氏庠生朱世儼妻年二十六夫亡守志教子文松文柏讀父書文松補諸生妻胡氏年二十六生子維式甫四歲松卒胡堅守如姑奉姑教子維式能文章妻歐陽氏年二十五生子三歲維式又亡歐

氏亦金石其操

金氏陳雲瑞妻年二十六夫亡子四歲家貧甚常煮野菜充飢撫孤成立卒年七十

姜氏蕭德量妻年二十二生子六月夫亡哀毁骨立强起撫孤艱苦備嘗

余氏周次卿妻年二十一生子一夫亡氏誓守撫孤女箴自嫺不輕踰閾至戚非召不入中堂苦節三十餘年

廖氏劉勝才妻年二十四夫亡撫孤漢華華妻胡氏

年二十五生子賜五華歿兩世孤丁姑媳共守廖卒年九十有七胡卒年九十有三後賜五孫皰樽妻龔氏亦節婦樽病投藥不痊龔刲股和藥以進延六日而歿時龔氏年二十八守節四十六年

陳氏王安舒妻年二十三夫亡子德昌甫二歲時貧窘幾無以生氏嫺禮教尤善治家後孫列成均入黌序猶及見之年六十六

劉氏庠生劉仲書女庠生周傳珻妻年二十六夫亡矢志撫孤不墜先業

朱氏雷子傳妻年二十六夫亡無子撫姪嗣矢志守義飢寒不渝

王氏庠生朱維錬妻年二十九夫亡撫子宿澍得兩孫澍卒氏與子婦廖氏相依守義咸豐二年　旌

蕭氏朱宿江妻江病折腰連年牀蓐氏扶持無稍懈年二十八江歿貧苦播越冰操不渝

雷氏崔與階妻年二十四夫亡守義事舅姑孝撫孤成立

雷氏何靖成妻年二十七夫亡矢志守義

何氏崔宗周妻年二十七夫亡矢志守義奉姑撫孤

涂氏雷華玉妻年二十六夫亡矢志守義

蕭氏歐陽金妻年二十七夫亡姑老子幼兩叔亦幼氏清操自持終養鞠撫叔亦賴以成立

金氏熊登枚妻年二十夫亡無子誓以死守立姪世熙爲嗣後補諸生由教養有道

胡氏秦衞墉妻年二十六生一子夫亡贍先承長房諸生臺碩嗣舅姑俱亡氏貧無可依誓不他適贍生母憐其節收而撫之後母歿屋遭水圯遂朽牆

巖巖冬紡績凍餓幾死猶以女紅活其子碩宗祀
賴以不廢
陳氏蕭廷瑞妻年二十七夫亡守義奉姑孝教子斌
成立
劉氏監生周曰旦妻生子傳銧傳銘年二十八夫亡
撫孤成立
涂氏張廷魁妻年二十三夫亡遺孤甫一歲舅姑衰
老氏矢志終養撫子及受室生孫而子亡撫孫兩
世

鄢氏蕭次維妻年二十四生二子夫故貧苦自守姑
病痿三載床蓐起卧賴氏扶持煙湯澣濯竭力終
養先次維承繼叔父嗣姑孫氏亦孀居也氏事之
四十餘年孝養不懈兩盡婦道　以上舊志
孔氏監生鄭三重妻英邑右族夙嫺禮教家素封夫
亡諸子皆幼治家馭下嚴而不苛節而有度康熙
六年歲大旱飢餓者相藉孔氏慨然曰積穀遺子
何如濟貧遂率其子國學剛發廩穀五百餘石以
賑活人無算鄉里至今頌之其子與孫入國學補

諸生者二十餘人
已　旌節孝
陳氏儒士聞運輝妻　王氏庠生童有懷妻
李氏儒士聞吉第妻　張氏儒士童有虞妻
何氏儒士祝哲士妻　張氏從九葉炳文妻
李氏庠生葉夢熊妻　方氏儒士聞楚俊妻
周氏儒士胡履順妻　張氏儒童石慶龍妻
朱氏儒士聞楚璜妻　王氏李文炳妻
王氏胡學坡妻　羅氏葉夢點妻

江氏庠生胡履標妻　周氏儒童林澤祥妻
王氏儒童童光鐸妻　李氏儒童童光耀妻
王氏儒童晏三近妻　葉氏汪澤兌妻
廖氏儒童朱宿澍妻　葉氏儒童張國仁妻
晏氏儒童葉夢羔妻　童氏胡明泰妻
郭氏儒童葉文瑜妻　呂氏王鄒賢妻
汪氏袁學書妻　陳氏姚三模妻
汪氏葉添才妻　李氏監生胡開泰妻
童氏儒童文舒妻　劉氏儒童張維翰妻

黃氏儒童高雲靑妻　涂氏庠生蕭文鳳妻
王氏佾生葉文壇妻　余氏黃甲會妻
許氏儒童明學峻妻　余氏儒童黃科祥妻
樊氏儒童張一駿妻　楊氏儒童羅二儀妻
王氏葉釗章妻　裴氏儒童王國鏞妻
商氏方宗勝妻　劉氏儒童蕭學浩妻
江氏庠生周克昌妻　陳氏儒童童光虎妻
王氏儒童童啟繡妻　張氏儒童黃開玉妻
羅氏儒童周昌麟妻　張氏儒童王枝柏妻

熊氏儒童余璧妻　蕭氏王立溢妻
程氏儒童潘廸妻　晏氏儒童祝榮貴妻
高氏儒童郭昌義妻　曾氏儒童李華年妻
徐氏祝鳳彩妻　蕭氏儒童周有韶妻
李氏儒童徐大序妻　涂氏儒童余席珍妻
李氏李賦純妻　汪氏童邦元妻
[illegible]氏周祚傑妻　張氏涂二義妻
劉氏儒童童邦翰妻　雷氏儒童童邦林妻
盛氏周有愷妻　余氏儒童張世珍妻

徐氏儒童李道崇妻　鄭氏祝克明妻
張氏監生王言妻　潘氏儒童蕭霖妻
金氏辜建榆妻　張氏儒童葉敦寬妻
陳氏文有輝妻　李氏儒童葉毅善妻
徐氏儒士朱啟繡妻　許氏儒童傅昌耀妻
盛氏庠生葉復愷妻　金氏徐楫妻
張氏庠生葉敦化妻　盛氏周新鼎妻
鄭氏庠生[illegible]文捷妻　李氏胡履烈妻
金氏庠生葉彰善妻　王氏知縣何昇妻

黃氏儒童葉仲夏妻　汪氏儒童葉乾采妻
方氏儒童王人俊妻　余氏涂德滋妻
何氏儒童傅必達妻　王氏劉五榮妻
張氏儒童鄭紀達妻　胡氏儒童蕭泮水妻
蕭氏劉五柳妻　朱氏王添浩妻
王氏童大奎妻　胡氏從九江文斌妻
楊氏蕭被明妻　趙氏童邦勤妻
徐氏儒童周魁妻　陳氏周昌藻妻
[illegible]氏儒童姚四勳妻　方氏匡與仁妻

匡氏胡丙泰妻　李氏儒童葉復渭妻
葉氏儒士高洲妻　蕭氏儒童唐永蔭妻
唐氏儒童朱維先妻　葉氏儒童張泮遠妻
余氏儒童方涣才妻　劉氏儒士蕭祓楷妻
金氏胡泰來妻　段氏匡盛世妻
廖氏儒士楊道基妻　夏氏儒士蕭功遐妻
田氏儒士蕭名芳妻　蕭氏儒士鄢朝榮妻
唐氏儒士蕭功秀妻　文氏儒士鄢緒强妻
周氏儒童廖封州妻　周氏儒士廖鎮鯤妻

張氏朱會銘妻　周氏儒士黄鴻廣妻
彭氏儒士聞雲安妻　周氏儒士童二海妻
楊氏儒士朱宿芳妻　田氏儒士廖鎮殿妻
晏氏儒士雷志純妻　陳氏庠生盧臺妻
魏氏潘彩繩妻　劉氏儒士蕭學浩繼妻
李氏儒士廖洪程妻　余氏儒士林應珪妻
鄢氏儒士蕭士璜妻　陳氏朱啟宣妻
葉氏庠生李上林妻　葉氏郭地鸞妻
胡氏徐學賢妻　王氏潘鼎彝妻

蕭氏儒士方涣漣妻　朱氏儒士方涣瓊妻
李氏儒士林景福妻　何氏傅二嫄妻
蕭氏儒士文宏燧妻　王氏葉啟滄妻
蕭氏儒士徐思中妻　段氏鄭紀發妻
魏氏匡孫側妻　孫氏儒士吴承書妻
田氏儒士吴士璜妻　田氏儒士吴志科妻
張氏儒士吴宜發妻　李氏董家炳妻
彭氏儒士聞輝策妻　許氏劉勳妻
童氏劉紹泮妻　祝氏黄類顯妻

王氏張二仁妻　萬氏監生韓映春妻
張氏監生汪紹妻　盛氏王允敷妻
童氏王皆億妻　晏氏祝四鼇妻
胡氏辜紹英妻　黄氏王茂誥妻
胡氏監生張煥如妻　余氏王立常妻
夏氏儒士陳大湘妻　匡氏胡顯秩妻
王氏胡金臺妻　童氏王立球妻
楊氏詹廷英妻　周氏童二梅妻
王氏童遠揚妻　周氏童啟奇妻

童氏晏五采妻　陳氏庠生童賢輔妻
匡氏童啟中妻　黄氏拔貢何光洛妻
胡氏宣德郎周有芹妻　胡氏庠生周楚魁妻
黄氏周榮昌妻　張氏黄甲盛妻
張氏周室昌妻　明氏江學敏妻
方氏周有訓妻　傅氏張克需妻
史氏李一徽妻　周氏李之光妻
晏氏李學豐妻　方氏周祚杰妻
王氏童春芳妻　汪氏王正啟妻

曾氏胡致中妻　盧氏儒士童先峯妻
張氏從九葉煥妻　周氏童士文妻
王氏姚文華妻　眭氏姚三煥妻
王氏姚五人妻　伍氏姚五祜妻
鄭氏庠生匡鼎達妻　朱氏汪文蔚妻
涂氏儒士葉茂薰妻　葉氏汪澤理妻
李氏監生葉茂煦妻　方氏儒童潘文鳳妻
熊氏儒士余德然妻　汪氏朝議大夫張周謙妻
王氏廪生童炯妻　董氏儒士張大錢妻

葉氏庠生盧兆鼇妻　閻氏朱宿楨妻
胡氏蕭用賓妻　晏氏儒士盧士縠妻
匡氏儒士姚五聃妻　周氏儒士江雲軒妻
楊氏監生秦金城妻　趙氏余世芳妻
葉氏儒士高登瀛妻　晏氏歐陽連妻
何氏儒士盧士傑妻　張氏儒士李道銓妻
江氏儒士周隆榮妻　周氏儒士張文璧妻
周氏儒士蕭祓瑛妻　祁氏何世珮妻
熊氏儒士余國安妻　劉氏張國鏞妻

郭氏葉端津妻　沈氏庠生張學洙妻
葉氏張國仁妻
金氏儒士胡泰來妻
王氏匡人俊妻
已故未　旌節孝
吳氏儒士嚴兆松妻年二十七夫故守節五十九年
學使李給冰臺婺煥額
楊氏庠生廖中嶽妻年二十六夫故守節六十年學
使王給節孝可風額

張氏儒士黃科魁妻年二十三夫故守節四十七年
學使王給砥節懷清額
汪氏儒士李開榮妻年二十六夫故守節五十八年
學使王給淑節幽芳額
蕭氏儒士胡師恕妻年二十七夫故守節六十五年
學使王給清節揚徽額
羅氏儒士閻同山妻年二十六夫故守節五十七年
學使王給砥節懷清額
金氏儒士閻同信妻年二十二夫故守節七年學使

王給清節揚徽額
朱氏儒士曾榮煥妻年二十六夫故守節三十六年
學使王給砥節懷清額
邱氏儒士丁明榮妻年二十六夫故守節四十七年
學使王給節孝揚徽額
李氏增生周傳槃妻年二十八夫故守節三十年學
使王給砥節懷清額
周氏儒士廖啟明妻年二十三夫故守節五十二年
學使王給節孝可風額

李氏嚴丞蘋妻年二十七夫故守節四十年學使王
給勁節幽光額
林氏方文玖妻年二十五夫故守節五十四年學使
孫給節孝全貞額
廖氏監生周平妻年二十九夫故守節三十二年邑
令趙給志凛冰霜額
蕭氏程甯溪妻年二十夫故矢志守節三年不食卒
蔡氏程祺炳妻刲股救夫年二十九夫故守節二十年
劉氏田燻公妻年二十三夫故守節四十二年

張氏胡學富妻年二十九夫故守節三十九年
張氏高雲權妻年二十九夫故守節五十一年
周氏張大哲妻年二十八夫故守節四十年
晏氏高光諺妻年二十二夫故守節五十三年
楊氏儒士羅大廷妻年二十六夫故守節二十四年
張氏儒士朱慶雲妻年二十四夫故守節四十年
徐氏羅乾德妻年二十九夫故守節三十一年
汪氏羅啟宗妻年二十八夫故守節四十年
胡氏監生何登珣妻年二十九夫故守節三十一年

劉氏歐陽賢法妻年二十八夫故守節四十年
李氏董家炳妻年二十六夫故守節四十五年
葉氏董宜覲妻年二十四夫故守節五十年
汪氏廷大旺妻年二十四夫故守節三十二年
黎氏董厚鍾妻年二十一夫故守節五十三年
唐氏李元臣妻年二十六夫故守節七十二年
傅氏李秉鈞妻年二十夫故守節二十一年
鄧氏汪添鼇妻年二十三夫故守節四十五年
吳氏鄭仕旺妻年二十二夫故守節五十年

郭氏鄭鳴皋妻年二十五夫故守節四十六年
王氏徐懷德妻年十九夫故守節五十八年
王氏葉應運妻年二十七夫故守節二十四年
葉氏鄭紀蘭妻年二十四夫故守節五十一年
閻氏劉大楷妻年十八夫故守節十八年
沈氏庠生葉錫珽繼妻年二十九夫故守節四十年
鄭氏張養瑞妻年二十三夫故守節四十四年
羅氏余義賢妻年二十一夫故守節五十五年
羅氏高文光妻年二十五夫故守節五十六年

鄭氏劉周向妻年二十八夫故守節二十九年
祝氏高光麟妻年二十九夫故守節三十八年
王氏監生張炳妻年三十夫故守節三十年
江氏劉作幹妻年二十夫故守節六十年
湯氏汪榮淮妻年三十夫故守節五十四年
祝氏監生余鈉妻年二十六夫故守節三十七年
葉氏儒士汪添健妻年二十九夫故守節二十九年
金氏儒士汪添樂妻年二十二夫故守節五十一年
程氏儒士童鳳泰妻年二十八夫故守節四十一年

胡氏張世濬妻年二十九夫故守節五十一年
沈氏張之翰妻年二十五夫故守節十年
匡氏張大賓妻年二十九夫故守節三十一年
葉氏汪澤寬妻年二十九夫故守節四十八年
朱氏汪澤龍妻年二十六夫故守節四十四年
張氏汪萬堂妻年二十五夫故守節十七年
程氏王五登妻年二十二夫故守節五十年
童氏監生盧鳳翔妻年二十八夫故守節四十一年
涂氏盧占鼇妻年二十八夫故守節三十年

瞿氏盧世守妻年二十三夫故守節三十年
徐氏庠生盧澍妻年二十二夫故守節三十六年
徐氏盧文聘妻年二十四夫故守節十四年
徐氏盧文藻妻二十六夫故守節三十二年
閔氏朱二濂妻年二十夫故守節三十五年
潘氏盧文越妻年二十九夫故守節四十四年
季氏李必榮妻年二十一夫故守節六十六年
范氏張中慰妻年二十七夫故守節三十八年
余氏程祥善妻年二十七夫故守節六十二年

朱氏閻人垓妻年二十一夫故守節十七年
徐氏陸正奇妻年二十六夫故守節四十七年
李氏裴爵元妻年二十八夫故守節四十二年
徐氏監生葉茂炳妻年二十九夫故守節四十三年
邱氏龔首魁妻年二十九夫故守節四十三年
朱氏郭元鍠妻年二十四夫故守節五十四年
廖氏郭思豫妻年二十九夫故守節四十二年
金氏庠生葉彰善妻年二十二夫故守節四十四年
張氏賀能高妻年二十四夫故守節三十六年

毛氏賀湯聘妻年二十九夫故守節四十一年
郭氏葉福喜妻年二十八夫故守節五十二年
胡氏聞三杰妻年二十六夫故守節四十六年
徐氏黃科保妻年二十三夫故守節三十年
吳氏聞三元妻年二十四夫故守節四十三年
厓氏姚應賢妻年二十七夫故守節五十二年
李氏姚應達妻年二十八夫故守節五十年
張氏姚一瓊妻年二十五夫故守節四十三年
朱氏姚一珩妻年二十六夫故守節五十五年

胡氏姚二相妻年二十五夫故守節四十五年
李氏姚三兆妻年二十九夫故守節三十七年
王氏張周譽妻年二十夫故守節五十年
王氏萬友德妻年二十七夫故守節五十三年
張氏儒士劉鶴聞妻年二十八夫故祖姑及姑皆孀
居氏堅心守義敬奉終老卒年六十八歲
孫氏廩生熊五緎妻年二十七夫故守節二十年
張氏劉仲琦妻年二十七夫故敬事孀姑撫子成立
卒年五十有二

徐氏胡師潤妻年二十九夫故翁姑俱歿養子成立
守節五十六年
周氏張翼妻年二十一夫故守節十四年
閻氏周勝先妻年二十二夫故守節四十四年
陳氏周登榜妻年三十夫故守節三十三年
王氏周朝錫妻年二十六夫故守節二十六年
王氏周吉慶妻年二十九夫故守節二十八年
周氏張紹訓妻年二十九夫故守節三十九年
王氏儒士李光臺妻年二十六夫故守節四十七年

江氏徐式黙妻年二十二夫故守節四十九年
李氏王本周妻年二十二夫故守節六十六年
張氏李一英妻年二十夫故守節十年
王氏徐樹位妻年二十一夫故撫嗣子大楷成立氏
年五十一卒楷妻姚氏年二十八楷亡撫子枝麟
成立氏現年六十三麟歿媳石氏年二十八守志
世稱徐氏三節
李氏王立甚妻年二十六夫故守節五十八年
馬氏王鎔妻年二十一夫故撫雙孤成立守節六十六年

駱氏夏紹信妻年二十九夫故守節二十二年咸豐八年三月初十日遇賊被害
王氏周聯貴妻年二十七夫故守節三十五年
潘氏王階墢繼妻年二十二夫故守節十五年
張氏王皆謨妻年二十四夫故守節十五年
蕭氏胡泰熊繼妻年二十二夫故守節三十八年
王氏胡泰丙妻年二十九夫故守節三十年
王氏胡泰洛妻年十八夫故撫遺腹子守節三十年
朱氏李廷取妻年二十八夫故守節二十九年
吳氏趙國麟妻年二十一夫故守節四十四年

姚氏龔遠祿妻年二十六夫故守節三十四年
余氏汪學仁妻年二十四夫故守節四十八年
王氏儒士劉彥妻年二十九夫故守節三十一年
王氏姚三朱妻年二十三夫故守節四十四年
周氏陳乾乙妻年二十八夫故守節三十七年
易氏姚三浩妻年二十九夫故守節三十四年
周氏陳憲章妻年二十五夫故守節四十四年
黃氏姚五坤妻年二十七夫故守節三十三年
潘氏王立德妻年二十四夫故守節十八年

趙氏張本楷妻年二十二夫故守節五十八年
王氏陳蒼棖妻年二十九夫故守節四十七年
黃氏王立成妻年二十五夫故守節五十二年
程氏黃錫祥妻年二十七夫故守節三十三年
王氏蕭德仁妻年二十八夫故守節四十八年
江氏王本仁妻年二十夫故有欲奪其志者引刀自
絕乃止守節五十年
何氏王大昇繼妻年二十一夫故守節三十三年
王氏異宗王立幹妻年二十一夫故生子甫七月撫

子成立守節四十五年
周氏王本華妻年二十一夫故守節四十七年
祝氏王本成妻年二十三夫故守節四十四年
蕭氏高攀桂妻年二十夫故守節二十九年
陳氏蕭用賢妻年二十四夫故守節五十一年
陳氏黃顯秋妻年二十三夫故守節五十一年
姚氏王立琮妻年二十三夫故守節五十年
周氏張敎妻年二十二夫故守節二十一年
周氏鄧朝選妻年二十五夫故守節四十二年

滕氏趙世鈺妻年二十夫故矢志守貞繼姑目瞽氏
孝養至老不倦苦節六十九年
江氏儒士許國棟妻年二十七夫故守節四十八年
徐氏儒士王茂鋑妻年二十三夫故守節三十三年
江氏儒士許文謝妻年二十八夫故守節六十四年
王氏監生晏樞妻年二十九夫病割股以療夫故奉
姑撫子守節五十三年
唐氏王階添妻年二十七夫故守節五十年
張氏董厚俊妻年二十九夫故守節三十二年

程氏陳光玉妻年二十八夫故守節四十一年
周氏鄧綱妻年二十九夫故守節三十八年
許氏丁方茂妻年二十五夫故守節四十八年
周氏張賓賢妻年二十八夫故守節四十八年
余氏周永佑妻年二十六夫故子憲幼嫂金氏早卒
遺姪屏亦幼舅姑祖舅姑均老氏仰事俯畜備歷
艱辛苦節三十四年
李氏周立賢妻年三十夫故守節三十四年
蕭氏周立植妻年十七夫故遺孤稱氏苦心撫養授

室後媳又卒遺孫一𠯈教之讀書督課甚嚴至老不倦守節六十九年卒其夫弟妻丁氏亦青年守志世稱周氏雙節

李氏監生周振鷺妻年二十四夫故守節三十年

黃氏周力耕妻年二十四夫故無子家貧立族子承祧苦節三十四年

廖氏文龍章妻年十九夫故撫孤守義苦節十一年咸豐八年三月初十日遇賊同子死

沈氏徐存志妻年二十九夫故守節三十八年同治三年九月賊至氏闔戶被賊焚死

王氏周承贍妻年二十七夫故守節三十六年

楊氏周克勤妻年二十六夫故守節三十年

汪氏周一瓊妻年二十四夫故守節三十六年

黃氏監生周紹濂妻年二十四夫故守節三十年

李氏周祚有妻年二十四夫故守節十七年

陳氏儒士周祚瓏妻年三十夫故守節二十二年

王氏周傳喜妻年二十九夫故守節二十年

王氏周祚禮妻年二十九夫故守節四十五年

王氏周隆泰妻年二十四夫故守節二十八年

張氏蕭必貴妻年三十夫故無子爲夫弟娶妻復給田四十畝爲生計後生子立爲嗣苦節四十三年

周氏許廷經妻年二十九夫故撫孤成立尤好善常戒人勿溺女貧難養者助以資全活甚衆守節五十一年

江氏周隆榮妻年二十五夫故立子承祧守節三十六年

李氏樊廣才妻年二十六夫故守節二十二年

周氏黃文普妻年二十一夫故姑老家貧紡績以佐甘旨撫遺腹子成立守節三十二年

李氏周祚先妻年二十九夫故守節十九年

姚氏周文禮妻年二十九夫故遺孤一教養成人慈嚴兼盡守節四十年

毛氏周若交妻年二十九夫故守節三十二年

張氏鄭必顯妻年二十夫故守節四十六年

江氏儒士周禮祥妻年二十五夫故守節三十四年

周氏盛金燕妻年二十九夫故守節四十三年

蔡氏周祚蘄妻年二十夫故守節五十年

江氏周祚茂妻年二十九夫故無子立夫兄子爲嗣守節三十九年

明氏周祚浩妻年二十五夫故守節三十年
蕭氏周隆院妻年二十八夫故守節十九年
潘氏嚴文賓妻年二十七夫故守節五十五年
羅氏余新楚妻年二十八夫故守節五十年
黄氏蕭廷道妻年二十九夫故守節六十七年
蕭氏周梓妻年二十一夫故遺孤二夫次弟橋妻李氏年二十四夫故無子撫蕭氏次子爲嗣後夫幼弟林又故妻趙氏年二十撫孤守義世稱三節蕭氏守節六十七年李氏守節四十四年趙氏守節四十九年

蕭氏周啟利妻年二十三夫故姑老多病孝養不倦守節三十一年
周氏江文萃妻年三十夫故守節五十六年
張氏王學富妻年二十三夫故守節六十五年
彭氏楊道照妻年二十八夫故守節五十四年
蕭氏周祚勳妻年二十夫故無子有勸其他適者氏翦髮自誓立子紫元甫二齡撫之成立計守節三十一年

嚴氏周祚林妻年二十六夫故守節三十年
鄭氏周祚元妻年二十九夫故守節十九年
周氏傅遇主妻年二十五生子甫三日夫故計守節十五年
傅氏鄭啟珠妻年二十八夫故撫孤成立計守節五十一年
李氏周祚湘妻年三十夫故守節三十年
丁氏周鑑妻年三十夫故守節五十年
蕭氏周啟亨妻年二十二夫故家貧有勸其改嫁者氏以死自矢守節四十二年

胡氏江文蔭妻年二十三夫故撫嗣子學綱成立守節二十七年
林氏監生江善言妻年三十夫故孝奉翁姑撫二子文芹文絮成立守節三十九年
劉氏江文脈妻年二十三夫故守節四十年
鄭氏江漢廣妻年二十九夫故食貧撫子夫叔年老目瞽迎與同居供養不懈守節十二年
明氏鄧釗妻年二十五夫故守節六十五年

周氏董厚浩妻年二十六夫故奉翁教子茹苦含辛守節二十二年

趙氏雷萬秀妻年二十七夫故紡績營生撫子學詩成立守節四十二年

周氏江學洌妻年二十九夫故守節三十七年

陳氏許耀麒妻年二十六夫故子廷學甫一齡撫之成立守節三十九年

周氏生員江本濂妻年三十夫故撫遺孤成立守節四十年

曹氏江洪巡妻年二十夫故撫孤成立守節四十年

許氏監生劉長恒妻年二十九夫故守節二十九年

周氏江文棟妻年二十七夫故守節五十五年

周氏江文貴妻年二十四夫故遺孤甫二齡撫之成立守節五十八年

易氏羅在位妻年二十七夫故守節五十三年

羅氏周昌齡妻年二十二夫故守節三十七年

沈氏許文玉妻年二十二夫故撫遺腹子奇爾成立守節六十二年

陳氏羅光士妻年二十四夫故守節五十四年

羅氏職員張紹裘妻夫病刲股以療年二十九夫故守節十九年

程氏徐楚江妻年二十八夫故苦節七年同治三年六月初五日遇賊攜子女投塘死

周氏張國妻年二十九夫故守節六十九年

周氏胡文啟妻年二十四夫故守節四十七年

王氏李善林妻年二十六夫故守節二十六年

周氏方賢禮妻年二十四夫故撫遺腹子能元成立守節五十九年

洪氏王之璧妻年二十四夫故守節五十八年

許氏江希樸妻年二十一夫故守節四十年

周氏余善鐸妻年二十一夫故守節五十九年

余氏王文交妻年二十八夫病刲股以療夫故子瑞芝甫一歲撫之成立守節五十一年

周氏庠生張邦蘭妻夫病刲股以治年二十四夫故守節五十七年

鄭氏庠生張士位妻年二十九夫故守節五十一年

蕭氏張邦鐸妻年二十八夫故撫嗣子成立守節二十五年

王氏洪有華妻年二十八夫故撫嗣子成立守節三
十三年
周氏王之喜妻年二十九夫故撫嗣子成立守節五十一年
劉氏楊啟彬妻年二十九夫故守節五十八年
徐氏余利貞妻年二十九夫故守節三十四年
徐氏余善科妻年三十夫故撫嗣子成立守節四十七年
徐氏周魁妻年十九夫故守節六十九年學使王給砥節懷清額
龔氏徐明書妻年二十四夫故守節五十六年
高氏王之文妻年二十九夫故撫嗣子成立守節三十二年

胡氏儒士周鈞妻年二十七夫故守節四十六年學使王給節孝可風額
羅氏王文述妻年二十九夫故守節四十二年
王氏徐明盛妻年二十二夫故守節五十二年
胡氏張邦綏妻年二十三夫故守節三十三年
汪氏陳之璠妻年二十一夫故守節四十一年
李氏監生童德星妻年二十九夫故守節十五年
王氏陳開見妻年二十六生子未一月夫故守節五
十三年
汪氏林應廣妻年二十六夫故守節五十一年

余氏方鶴鳴妻年三十夫故無子立子承祧守節四
十六年
王氏葉茂遷妻年二十九夫故守節四十年
鄂氏周慶榮妻年二十七夫故守節二十八年
林氏楊敬止妻年二十九夫故守節五十二年
朱氏毛榮信妻年二十三夫故守節三十年
王氏黃可義妻年二十八夫故守節十年
陳氏庠生張孔電側室年二十夫故與正室葉氏俱
青年守志苦節五十年

傅氏高光棟妻年二十二生子甫七日夫故撫子成
立苦節六十二年
胡氏高光材妻年二十四夫故守節七十二年
袁氏王四湖妻年二十六夫故守節三十四年
周氏王三梅妻年二十六夫故守節三十九年
蔡氏高漢松妻年二十八夫故守節四十五年
余氏高天理妻年二十九夫故守節五十五年
李氏胡全銜妻年二十五夫故有遺腹族某利其產
欲強嫁之嫂黃氏為匿於室持杵以禦遂全其節

越數月生子苦節五十四年
晏氏龔仕學妻年二十九夫故守節五十七年
童氏程祺炤妻年二十九夫故守節六十七年
童氏程泰全妻年二十四夫故撫嗣子成立守節五十二年
晏氏程清鍌妻年二十三夫故守節十三年
徐氏胡一覽妻年二十二夫故守節四十八年
項氏劉大棕妻年十九夫故守節三十一年
童氏方大曾妻年二十四夫故守節三十七年

李氏晏五常妻年二十七夫故守節二十八年
楊氏晏鵬章妻年二十九夫故守節二十年
晏氏萬啟鳳妻年二十八夫故守節六十年
汪氏張荩茂妻年二十四夫故守節六十二年
余氏胡師渻妻年二十七夫故守節三十年
趙氏胡全錦妻年二十四夫故守節三十八年
汪氏胡泰安妻年二十四夫故守節六十年
晏氏李二綉妻年二十八夫故守節三十九年
朱氏李力榮妻年二十六夫故守節四十三年

傅氏項光順妻年二十六夫故守節五十七年
童氏監生晏士林妻年二十九夫故守節三十五年
晏氏滕賢利妻年二十四夫故守節三十九年
蕭氏滕之屏妻年二十九夫故守節四十四年
童氏趙啟龍妻年二十七夫故守節三十三年
楊氏趙昌大妻年二十六夫故守節四十四年
周氏潘文斗妻年二十夫故守節二十八年
王氏張永楷妻年二十夫故撫遺腹子泰元成立守節二十九年

滕氏熊第埰妻年二十七夫故守節三十年
傅氏趙昌光妻年二十八夫故守節二十一年
滕氏嚴永福妻年二十三夫故守節六十二年
陳氏鄧廷漢妻年二十三夫故守節三十四年
祝氏鄧遠明妻割股救姑年二十八夫故守節三十二年
葉氏李勝朝妻年二十九夫故守節四十六年氏祖姑張氏姑朱氏均節孝學憲王贈三世清操額
楊氏蕭恒銘妻年二十四夫故守節四十九年
徐氏唐永貴妻年二十七夫故守節三十八年
嚴氏周啟宗妻年二十八夫故守節四十二年

欒氏王立道妻年二十八夫故守節四十三年
童氏程萬雲妻年二十八夫故守節五十二年
潘氏陳大麟妻年二十九夫故守節四十年教子成
家甘貧守義
蕭氏朱相庚妻年二十四夫故守節七十四年
熊氏王明倫妻年二十五夫故守節五十七年
胡氏王家喜妻年二十六夫故守節三十九年
王氏涂義上妻年二十七夫故守節十六年
熊氏朱列梁妻年二十四夫故守節五十九年

陳氏雷一浩妻年二十四夫故守節六十年
晏氏王士進妻年二十四夫故守節五十三年
丁氏金友植妻年二十四夫故擬以身殉娣姒知有
遺腹力阻乃止旋生子傳綖晝荻和丸曲盡其禮
守節六十八年
徐氏金元愷妻年二十五夫故守節四十七年
朱氏金星瑞妻年二十二夫故守節六十七年
金氏歐陽賢錦妻年二十四夫故守節五十三年
涂氏歐陽世萱妻年二十七夫故守節二十八年

夏侯氏歐陽世熙妻年二十七夫故守節三十九年
徐氏汪一輪妻年二十三夫故守節五十七年
袁氏汪文亮妻年二十六夫故守節四十二年
金氏朱文輅妻年二十四夫故守節三十六年
丁氏朱文英妻年二十九夫故守節四十六年
崔氏徐榮松妻年二十三夫故守節四十一年
丁氏崔龍燦妻年二十六夫故守節五十年邑令方
給霜肅冰堅額
蕭氏朱宿陛妻年二十八夫故守節三十二年

雷氏朱宿棠妻年二十七夫故守節五十二年
朱氏雷志學妻年二十八夫故守節四十八年
劉氏朱長蔚妻年二十六夫故守節二十八年
蕭氏崔龍運妻年二十九夫故守節三十年邑令贈
有心堅金石額
汪氏雷坤璵妻年二十八夫故守節四十二年
楊氏高啟鑑妻年二十七夫故守節一十五年
張氏楊道達妻年二十五夫故守節四十三年
余氏方鵬翥妻年三十夫故守節四十八年

蕭氏胡師傑妻年二十三夫故守節三十九年
羅氏監生周世華繼妻年二十六夫故守節四十五年
王氏候選照磨姚振彩妻年十九夫故守節七年
胡氏徐定安繼妻年二十八夫故守節三十四年
鄧氏周傳珮繼妻年二十六夫故守節二十九年
林氏何永讓妻年二十九夫故守節六十三年
李氏黃維起妻年二十二夫故守節五十三年
周氏黃有趾妻年十八夫故守節六十年
朱氏鄧緒進妻年二十九夫故守節四十六年

田氏廖煒繼妻年二十一夫故守節三十二年
吳氏文一榮妻年二十五夫故守節四十九年
田氏廖洪彌妻年二十八夫故守節三十年
尹氏文可超妻年二十八夫故守節四十七年
程氏廖加益妻年二十八夫故守節四十七年
田氏廖封咸妻年二十八夫故守節三十五年
蕭氏廖封海妻年二十九夫故守節五十一年
廖氏唐文榜妻年二十五夫故守節三十四年
夏氏屈如楠妻年二十七夫故守節四十年

汪氏屈立紀妻年三十夫故守節六十三年
文氏李方周妻年二十九夫故守節五十三年
陳氏黃在時妻年二十四夫故守節五十三年
田氏廖封湘妻年二十四夫故氷霜厲節金石爲心
教子成名計守節四十八年
余氏朱尙泗妻年二十四夫故守節五十二年
周氏徐德金妻年二十四夫故守節三十八年
夏氏徐德奇妻年二十五夫故守節四十五年
胡氏徐存珩妻年二十六夫故守節四十年

李氏吳邦英妻年二十一夫故守節六十六年
嚴氏馮玉其妻年二十七夫故守節十六年痛其子
夭亡夫嗣卒斬抑鬱而卒
朱氏屈志道妻年二十八夫故守節六十一年咸豐八年三月初十日遇賊被害
楊氏周慶棠妻年二十七夫故守節五十六年
蕭氏張維烈妻年二十四夫故守節四十四年
朱氏蕭成訓妻年二十四夫故守節五十一年
徐氏丁之鏊妻年二十八夫故守節五十年
林氏丁明允妻年二十九夫故守節五十五年

金氏儒士丁明新妻年二十三夫故守節六十年
陳氏鄂緒貞妻年二十四夫故守節四十四年
范氏徐之學妻年二十七夫故守節六十一年
楊氏儒士徐本珍妻年二十一夫故守節五十五年
宋氏徐本麟妻年二十七夫故守節三十五年
胡氏徐本意妻年二十五夫故守節四十一年
程氏高燦洪妻年二十八夫故守節五十年
丁氏儒士江先第妻年二十四夫故守節二十一年
丁氏儒士江承鰲妻年二十四夫故守節三十六年

商氏胡泰榮繼妻年二十九夫故守節四十六年
江氏余明書妻年二十四夫故守節四十二年
文氏晏三才妻年二十八夫故守節六十六年
蕭氏方榮材妻年三十歲夫故守節五十四年
朱氏庠生李尙賓妻年二十九夫故守節五十年
方氏詹有智妻年二十二夫故守節六十六年
晏氏儒童陳宗壽妻年二十一夫故守節五十四年
余氏林之玉妻年二十九夫故守節五十三年
周氏詹道溫妻年三十夫故守節五十一年

龔氏胡泰熺妻年二十七夫故守節三十七年
胡氏金景如妻年二十八夫故守節二十四年
熊氏閻敘煌妻年二十八夫故守節十六年
蕭氏生員金景熙妻年二十八生子四月而夫故撫
孤成立苦節十一年
江氏儒士丁明晃妻年二十八夫故矢志守貞撫遺
腹子成立苦節十三年
胡氏文童方瀛乾妻年二十八夫故守節三十四年
周氏徐得恒妻年二十五夫故守節四十九年

金氏徐能儀妻年二十三夫故守節二十八年
方氏徐思誠妻年二十四夫故守節十八年
周氏夏公梅妻年十八夫故守節五十二年
許氏陳人位妻年二十九夫故守節四十七年
趙氏王先華妻年二十三夫故守節三十九年
朱氏周永定妻年二十二夫故守節三十八年
廖氏國學周隆貴妻年二十八夫故守節四十六年
潘氏程祺耀妻年二十三夫故柏舟矢志苦節八年
劉氏周對佐妻年二十二夫故守節五十六年

程氏周蓮源妻年二十九夫故守節三十五年
嚴氏周慶發妻年十九夫故守節四十四年
廖氏周傳森妻年二十八夫故守節三十年邑舉人
廖易元題其楹句云補天得續皇媧石誓水吟成
洌井詩
廖氏國學彭文吉妻年二十八夫故守節二十六年
周氏儒士徐光斗妻年二十二夫故守節五十三年
陳氏丁明鳳妻年三十夫故守節五十四年
周氏余延嵩妻年二十五夫故守節五十年

廖氏儒士丁明重妻年二十四夫故守節五十九年
馮氏詹元福妻年二十七夫故守節三十九年
盧氏張彩雲妻年二十三夫故守節三十六年
周氏張閏瑛妻年二十九夫故守節五十四年
姚氏王立常妻年二十九夫故奉衰姑撫嗣子守節
三十八年
鄧氏王本志妻年二十四夫故二子稺翁姑相繼沒
有欲强奪其志者氏以死自誓乃止苦節四十年
黃氏李應泳妻年二十一夫故守節五十年學使王

獎以節孝流芳額
周氏李二樗妻年二十四夫故守節五十年學使杜
獎以砥節懷清額
吳氏彭文永妻年二十九夫故守節四十七年
胡氏聞鳳池妻年二十八夫故守節二十八年
於氏儒士張孔有妻年三十夫故守節四十年
嚴氏監生張昌駒妻年三十夫故守節四十三年
朱氏余亘鰲妻年二十五夫故守節二十九年
方氏儒士林雨玉妻年二十九夫故守節五十六年

嚴氏儒士馮德曜妻年三十夫故守節三十三年
鄧氏把總余宏玉妻年二十七夫故撫孤成立勤儉
持家守節十八年
魯氏許階屏妻年二十夫故孝事翁姑撫孤成立守
節三十三年
劉氏監生周世鳳妻年二十八夫故守節四十八年
蔡氏王學文妻年二十八夫故守節四十二年
吳氏林之榮妻年二十六夫故守節四十九年
方氏唐光鳳妻年二十五夫故守節三十一年

張氏江受天妻年二十五夫故守節六十年
李氏儒士徐六俊妻年二十四夫故守節五十年
張氏金維顯妻年二十夫故守節六十五年
現存未 旌節孝
尹氏儒士閻同漢妻年二十七夫故現年七十五歲
學使洪給石貞松壽額
文氏儒士閻同厚妻年十九夫故現年六十九歲學
使洪給霜寒松秀額
廖氏李洪魯妻年二十五夫故現年七十五歲

朱氏庠生李尚賓妻年二十七夫故現年八十四歲
嚴氏周慶清妻年二十二夫故現年六十歲
徐氏黃學純妻年十九夫故現年六十四歲
閻氏儒士黃維翰妻年二十九夫故現年六十七歲
黃氏庠生吳用臧妻年二十八夫故現年五十八歲
葉氏胡詩秀妻年二十五夫故現年五十八歲
徐氏熊占鰲妻年二十八夫故現年六十四歲
田氏文童蕭功烈妻年二十九夫故現年五十九歲
李氏張三友妻年二十七夫故現年五十四歲

涂氏張文煇妻年二十四夫故氏誓以身殉姑泣諭
之謂幼孤何托氏勉起奉姑撫幼悉遵禮法族黨稱
賢現年六十四歲
崔氏朱長輝妻年二十五夫故現年六十四歲
徐氏文童崔先春妻年二十八夫故現年七十三歲
徐氏蕭敬止妻年二十八夫故現年六十一歲
阮氏蕭枝煥妻年二十八夫故現年六十七歲
廖氏朱長燕妻年二十八夫故現年七十歲
丁氏汪錦順妻年二十八夫故現年六十歲

屈氏丁楚堂妻年二十九夫故現年七十五歲
丁氏朱列勳妻年二十五夫故現年八十六歲
熊氏儒士晏步鰲妻年二十六夫故現年七十歲
陳氏楊尊五妻年二十八夫故現年七十二歲
曹氏楊繼英妻年二十八夫故現年五十五歲
林氏雷楚發妻年二十六夫故現年五十九歲
樂氏方文朝妻年二十七夫故現年五十九歲
吳氏方森妻年二十八夫故現年五十八歲
龔氏方永龍妻年二十九夫故現年六十歲

閻氏程開路妻年二十九夫故現年七十二歲
林氏蕭功梅妻年二十七夫故現年五十四歲
黃氏周傳斌妻年二十八夫故現年五十六歲
雷氏何登熣妻年二十五夫故現年五十五歲
周氏文童何登榮妻年二十四夫故現年五十三歲
尹氏周傳龍妻年二十九夫故現年六十七歲
葉氏曾長沙妻年二十八夫故現年六十五歲
陳氏儒童廖業芸妻年二十四夫故現年五十四歲
李氏劉新民妻年二十八夫故現年六十六歲

屈氏廖洪範妻年二十九夫故現年五十四歲
徐氏林維仁妻年二十八夫故現年五十三歲
朱氏廖鎮河妻年二十六夫故現年五十七歲
吳氏文春和妻年二十五夫故現年五十四歲
廖氏王嗣亨妻年二十五夫故現年五十三歲
江氏屈懷寶妻年二十一夫故現年六十四歲
屈氏廖洪用妻年二十六夫故現年五十三歲
余氏廖洪興妻年二十四夫故現年五十四歲
鄧氏廖洪貴繼妻年二十七夫故現年五十八歲

徐氏朱長賢妻年二十四夫故現年五十三歲
萬氏知縣廖雲飛妻年二十九夫故現年五十三歲
文氏李其崇妻年二十八夫故現年七十八歲
鄧氏文光訓妻年二十二夫故現年六十一歲
廖氏文童潘學洙妻年二十四夫故現年五十四歲
蕭氏徐仁尊妻年二十八夫故現年五十五歲
李氏儒士徐秩賓繼妻年二十六夫故現五十三歲
夏氏徐仁立妻年二十九夫故現年五十三歲
陳氏周肇昌妻年二十七夫故現年七十四歲

余氏丁鎮仁妻年二十四夫故現年五十三歲
朱氏鄢緒科妻年二十三夫故無子茹荼食蓼立子承宗苦節彌芳清操益謹現年七十二歲
周氏唐一績妻年二十五夫故無子立姪繼嗣敬事翁姑備嘗艱苦現年六十五歲
高氏徐從虎妻年二十九夫故立子承嗣克盡婦道現年八十一歲
蕭氏曾傳暄妻年二十四夫故撫姪繼嗣現年五十七歲

王氏徐應麒妻年二十九夫故現年七十一歲
王氏儒士蕭士熾繼妻年二十九夫故立孫香昇承
嗣氏誨之成立現年七十九歲
朱氏高燦和妻年二十夫故現年七十八歲
潘氏巖光祖妻年二十六夫故現年六十五歲
金氏余新春妻年三十夫故撫孤成立現年六十四
歲
晏氏國學閶人鐸妻年二十三夫故無子撫姪繼嗣
守志不衰現年六十歲

李氏丁鎮緒妻年二十五夫故撫孤勵志現年六十
歲
陳氏儒士閶人棻妻年二十一夫故氏哀號不欲生
姑知有遺腹勸以大義生子繼祀守義不渝現年
五十六歲
張氏方渙然妻年二十五夫故敬事翁姑撫孤成立
現年六十八歲
廖氏金景良妻年二十四夫故撫孤成立終始不渝
現年七十五歲

張氏金致和妻年二十八夫故家貧勵志撫子承祧
現年六十歲
余氏金運選妻年二十九夫故現年五十七歲
方氏儒士吳志文妻年二十四夫故撫孤成立現年
六十四歲
周氏文童余善述妻年二十五夫故現年六十歲
邱氏余善信妻年二十九夫故現年五十八歲
鄂氏文童程開煦妻年三十夫故現年七十三歲
陳氏庠生汪灝妻年二十六夫故現年五十歲

汪氏王同倫妻年二十五夫故現年五十歲
王氏朱大勳妻年二十二夫故現年五十歲
周氏黃昌芬妻年二十七夫故現年五十三歲
徐氏黃長庚妻年二十八夫故現年五十九歲
周氏黃長煦妻年二十二夫故現年五十三歲
祝氏汪慶元妻年二十八夫故現年六十三歲
周氏胡學茀妻年二十六夫故家貧誓不再嫁事翁
姑惟謹現年七十一歲
祝氏王茂制妻年二十一夫故立姪承嗣現年六十

三歲
王氏張盛鴻妻年二十七夫故現年六十歲
蔡氏童邦傑妻年二十九夫故現年六十一歲
汪氏監生段春藻妻年二十九夫故現年六十歲
裴氏周慶芝妻年二十八夫故家貧撫孤紡績自給
現年七十五歲
王氏蕭自逵妻年二十六夫故現年五十四歲
許氏蕭自洛妻年二十六夫故現年五十一歲
江氏庠生張雲緯妻年二十九夫故現年五十五歲

秦氏蕭昌春妻年二十四夫故現年五十一歲
胡氏王皆清妻年二十七夫故現年五十六歲
許氏王枝高妻年二十四夫故現年六十八歲
趙氏黃顯親妻年二十七夫故現年六十四歲
魯氏許階屏妻年二十二夫故現年六十二歲
閻氏王枝翼妻年二十三夫故撫嗣子成立現年五
十三歲
趙氏張喜開妻年二十四夫故現年七十歲
趙氏許廷梅妻年二十六夫故現年五十三歲

潘氏周傳薪妻年三十夫故有欲奪其志者氏以死
自誓乃止現年五十二歲
陳氏庠生江學鼎妻年二十五夫故奉衰姑撫子成
立現年六十八歲
周氏王功會妻年二十四夫故撫遺腹子成立現年
五十四歲
王氏嚴和畹妻年二十八夫故現年六十三歲
劉氏許應成妻年二十夫故現年五十九歲
馮氏陳有力妻年二十九夫故現年六十四歲

張氏周報春妻年二十夫遠貿病故氏帶稚子尋柩
歸里安葬紡績營生教子成立現年五十二歲
周氏江天輝妻年二十五于歸甫六月夫故氏欲以
身殉姑勸止之立姪選青承祧現年六十歲
黃氏王皆純妻年二十八夫故現年七十四歲
陳氏段夢奎妻年二十二夫故現年六十三歲
黃氏王枝焜妻年二十二于歸甫三月夫故姑老病
污穢難堪氏身任浣濯不假婢手現年五十八歲
周氏龔紹江妻年二十五夫故現年七十一歲

王氏余新友妻年二十四夫故現年七十五歲
周氏張世勳妻年二十三夫故現年五十歲
聞氏張邦藝妻年二十五夫故現年七十三歲
王氏彭光逵妻年二十三夫故現年七十三歲
方氏王以政妻年二十八夫故食貧守節現年六十四歲
張氏徐本琳妻年二十八夫故現年五十三歲
周氏王光鈺妻年二十六夫故子甫一齡撫之成立現年五十三歲

劉氏周祚德妻年二十三夫故現年七十一歲
余氏聞式登妻年三十夫故撫子成立現年六十四歲
徐氏王邦恕妻年十九夫故氏痛哭自經救免矢志守貞撫養嗣子慈嚴有法現年六十一歲
周氏李賢萬妻年三十夫故現年五十三歲
洪氏周光潤妻年三十夫故現年七十四歲
周氏余開貞妻年二十九夫故撫嗣子成立現年六十三歲

童氏王光聯妻年二十八夫故翁姑同月歿經理三喪事倍歷辛苦現年五十歲
周氏王文杰妻年二十九夫故現年六十九歲
洪氏周祚顯妻年二十九夫故家貧紡績度日奉姑教子備歷艱辛現年七十四歲
童氏儒士王皆煒妻年二十三夫故現年五十四歲
嚴氏王永發妻年三十夫故現年五十六歲
盧氏庠生羅遵烈妻年二十六夫故矢志守貞現年六十四歲

聞氏羅必明妻年二十九夫故家貧守志始終不渝
陳氏羅起棠妻年二十一夫病刲股進之夫歿守志現年五十二歲
鄭氏羅必元妻年二十五夫故現年七十五歲
周氏羅光藻妻年二十于歸甫十月夫故矢志堅貞現年五十三歲
陳氏楊高桂妻年二十九夫故現年七十六歲
胡氏王清泰妻年二十夫故現年六十一歲
羅氏陳二楹妻年二十六夫故現年七十一歲

許氏洪顯榮妻年二十六夫故現年六十九歲
聞氏胡學易妻年二十六夫故現年五十七歲
葉氏陳省堂妻年二十九夫故現年七十三歲
劉氏胡中椽妻年二十五夫故家貧女紅度日撫子成立現年五十一歲
史氏張勝貞妻年二十八夫故現年七十一歲
童氏胡中岳妻年二十七夫故現年五十一歲
周氏劉立誥妻年二十九夫故現年七十歲
周氏汪再聰妻孀姑曹氏病割股救之年二十九夫

故現年七十歲
王氏周祚麒妻年二十八夫故守節撫子現年六十九歲
王氏余善鋭妻年二十九夫故生子甫兩月食貧守志現年七十六歲
周氏李家富妻年二十一夫故撫嗣子成立現年五十九歲
王氏童先梅妻年二十四夫故現年五十八歲
王氏李三戒妻年二十五夫故現年五十四歲

周氏李一德妻年二十三夫故現年五十九歲
廖氏李壬會妻年二十七夫故現年五十八歲
蕭氏李之誥妻年二十五夫故現年五十四歲
余氏蕭功宏妻年二十六夫故現年七十一歲
王氏劉勝壽妻年二十九夫故現年五十九歲
王氏汪炳智妻年二十八夫故現年五十四歲
余氏盧啟利妻年二十二夫故現年五十五歲
涂氏盧保之妻年二十三夫故現年五十六歲
樂氏胡榮康妻年二十九夫故撫姪爲嗣家貧倍極

困苦現年八十三歲
余氏李必高妻年二十夫故守節現年五十四歲
朱氏李大鏞妻年二十九夫故家貧苦節現年五十歲
范氏黃光潤妻年二十九夫故現年七十五歲
陳氏匡隆平妻年二十七夫故現年六十二歲
葉氏郭昌鼎妻年二十八夫故現年五十七歲
高氏庠生郭維翰妻年二十七夫故現年六十三歲
王氏庠生夏光國妻年二十六夫故以弟光圖子嗣

孝親教子不苟言笑不妄視聽現年九十歲
王氏張世鏥妻年二十九夫故現年五十六歲
裴氏儒士董宜福妻年二十七夫故現年九十一歲
盧氏董守璜妻年十九夫故無子立夫兄守瑜子撫
養成立現年五十八歲
葉氏劉東曙妻年二十三夫故現年六十歲
汪氏高燦者妻年二十二夫故現年五十五歲
高氏汪廷德妻年二十二夫故現年六十八歲
袁氏汪必啟妻年二十七夫故現年七十五歲

徐氏陳大川妻年二十于歸二十九夫故現年七十
五歲
張氏汪榮錡妻年二十九夫故現年六十三歲
張氏汪廷富妻年二十六夫故撫孤守義孝事翁姑
母病刲股救愈現年六十歲
晏氏傅才炫妻年二十九夫故現年六十一歲計守
節三十二年
劉氏毛春槐妻年二十六夫故守節現年六十五歲
張氏方啟富妻年二十夫故守節現年五十三歲

張氏鄭耙芝妻年二十三夫故守節現年八十四歲
段氏汪學鑑妻年二十四夫故現年六十歲
王氏張鼎妻年二十八夫故現年六十六歲
張氏儒士蕭森妻年二十五夫故現年六十八歲
陳氏羅煥章妻年二十八夫故現年五十七歲
劉氏儒士張世源妻年二十九夫故善事孀姑撫子
成立現年六十九歲
甘氏武生歐陽勳妻年二十九夫故矢志守義訓子
忝成立現年五十三歲

王氏供事陳時棟妻年二十九夫故現年四十九歲
周氏歐陽建勳妻年二十九夫故守節現年六八十歲六
郭氏歐陽紳妻年二十二夫陣亡矢志守節善事翁
姑現年四十一歲
朱氏增生涂炯妻年二十九夫故矢志守貞撫子成
立守節十三年光緒元年學政王給操媲柏舟額

孝婦

丁氏晏五樓妻夫病危氏刲股和丸以進越數年夫
以癆瘵終苦節三十餘年

王氏儒士晏思純妻年三十夫故氏奉姑撫幼備極
艱苦咸豐十一年賊至子被擄姑念孫切憂鬱成
疾氏承色笑曲爲寬慰未嘗有戚容迨姑歿氏喪
葬如禮苦節二十餘年

白氏張三熙妻年三十二夫故時家貧姑老子幼氏
紡績度日養姑撫子糠食自甘歷四十餘年始終
不易現年七十一歲巡撫胡給有節孝可風額

童氏監生涂煌妻刲股救姑

陳氏儒童崔家駿妻刲股救母

徐氏文童崔先春妻兩次刲股救姑

李氏庠生許昌蘭妻刲股救姑

蕭氏儒童張世湆妻刲股救姑

䖍氏姚三望妻刲股救姑

嚴氏王丞發妻刲股救姑

鄭氏府庠姚漣妻刲股救姑

嚴氏江學連妻孝事翁姑咸豐十一年　旌

周氏江丞浩妻孝事翁姑咸豐十一年　旌

維氏監生陳思義妻刲股救母又刲股救姑均愈

嚴氏吳士恒妻姑病癱瘓氏左右奉養舉動之二十
六年未嘗少懈

廖胡氏事姑郭氏備極孝養並姑病篤胡悲泣不已割
股爲糜以療姑病

周氏王標妻事舅姑孝姑有繼姑年老卧病氏代姑
且夕侍奉數年不懈

馮氏晏榮陞妻事衰姑凡事能先意承志得其歡心
家貧夫以事羈省垣日久未歸馮典衣易米肉奉
姑自以園蔬充飢姑微窺問之則曰媳巳飽飯矣

有蕭姓者寄居宇下夫婦俱染疾乏食馮分米食
食之並謀醫藥蕭賴以存活戒其子力學課讀午
夜不輟子嘉賓由廩生領歲薦

廖氏曾大觀妻翁病夫婦同割股救

晏氏何介臣妻姑病割股救姑

劉氏蕭繩武妻姑病割股救姑

氏余學儒之母三次割股救姑

李氏樊武列妻翁病割股救翁

樊氏葉泗水妻翁病氏割股和羹翁愈三年歿

黃氏張之澤妻姑病割股救姑

徐氏庠生王光祖妻暨子婦徐氏皆割股救姑

汪氏監生王國經妻姑病割股救姑 以上舊志

周氏傅林福妻家貧奉嗣姑供養弗缺姑病目氏出入扶持者三十六年姑病瀕危氏屢刲股愈之

劉氏蕭桂亭妻刲股救姑

王氏周隆科妻姑病割左股救之後患痿氏竭力服事衣不解帶者十三年

周氏熊禮懷妻年十八于歸明年夫以家貧遠貿甫

一月而姑病痿氏竭力侍養終姑之身三十年又十二年而夫始歸歸後翁故不數月夫又故氏獨處無子茹苦含辛經營喪葬鄰里莫不欽恤

蔡氏汪士洪妻未于歸夫貧且病手足指皆墮氏父母命改適氏誓不從竟歸夫家奉病偕老

葉氏王皆傑妻兩次割股救姑皆愈

童氏晏嗣元妻姑姓嚴氏能曲致歡心姑病篤割股以進姑歿泣喪明

張氏王枝杰妻割股救姑

張氏胡學和妻割股救姑

陳氏周祚憲妻割股救姑

李氏童先淑妻年三十餘淑故無子紡績度日辛苦備嘗時翁年六十患痔漏輾轉牀褥臭穢難近氏殷勤服事歷兩載餘無厭惡心漸致目疾幾於喪明族黨莫不稱其孝焉

晏氏趙世康妻事翁姑以孝聞翁蹇足病臥牀榻者三年氏爲滌除汚垢始終無倦色子三明諸生坊增生坦上庠生朗妻周氏事翁姑亦以孝聞翁歿

曲承姑歡寢處不離姑病典釵珥以侍湯藥年餘未解衣寢淚滴衣袖皆有血痕

李氏周祚學妻夫故無子立學兄祚福子祖詰爲嗣撫養成立時翁年六十姑已逝凡飲食衣服皆氏爲之奉侍族黨皆稱其孝焉

許氏國學生周祚英妻年三十夫故生子隆瀛甫五歲氏教養有法撫之成立尤善事孀姑飲食服御得姑歡心家素豐氏經理出入益臻豐裕一時家廷雍穆人無閒言

廖氏李三益妻年二十二姑與夫相繼歿合柩於野覆以茅適野火延燒及柩氏聞之號泣奔救火熾甚奮身投火中幾斃火頓止棺得無恙人以為誠孝所感

熊氏儒士晏其潤妻年甫及笄嘗侍母病衣不解帶數禱於神願以身代母一夜母忽夢神授藥一丸吞之遂愈于歸後孝事翁姑年三十餘夫故家貧子幼氏典釵珥以供甘旨自採野蔬以充飢族黨盛稱其孝焉

何氏李之諾妻事翁姑以孝聞及歿喪葬盡禮夫叔某年老無子氏迎養之叔頗有積貲氏毫不取給叔歿即傾其資以治喪族黨賢之

李氏優增生葉炳蔚妻事翁姑孝姊姒有七氏能明大義主持家政不避勞怨推甘讓美深得翁姑嬸姒歡年八十無疾而終

晏氏劉雲彩妻夫病兩次割股救之夫歿孝奉翁姑

廖氏監生楊繼洪妻繼姑病割股救之

熊氏余臣賡妻善事翁姑病篤氏割股救之

葉氏余鶴皋妻善事繼祖母委曲承順刲股救姑

徐氏葉香渠妻善事翁姑姑病篤氏刲股救之病愈

汪氏國學生張芬妻事翁姑至孝逮事祖姑病危虔祈方藥調愈

周氏胡咸中妻姑病刲股救之夫病亦刲股救之

羅氏胡升中妻姑病刲股救之又刲股救夫均愈

陳氏胡中靖妻姑病刲股救之

張氏王　某妻姑童氏病重刲股救之其夫弟婦祝氏亦刲股救姑人稱雙孝

徐氏王茂林妻刲股救姑

陳氏周友蘭妻刲股救姑

張氏王肇興妻刲股救姑

閻氏庠生羅遵烈妻刲股救姑

陳氏監生羅正耀妻刲股救姑

沈氏監生羅正發妻刲股救姑

余氏蕭功宏妻兩次刲股救姑

張氏童輝甲妻年十八夫故姑病甚危刲股進之愈

唐氏監生周傳梓妻刲股救姑

徐氏儒士許階昇妻年二十四夫故家貧無子繼嗣

有勸氏改適者流涕拒之與孀姑童氏相依守義

勤女紅以供菽水鄉里咸欽其孝焉

胡氏陳實嫌側室刲股救姑夫弟紹平妻羅氏宗杜

妻徐氏均刲股救姑

汪氏歐陽書緒妻孝事翁姑夫病刲股救愈

壽婦

黎氏李必蓁妻一百二十三歲

葉氏李光實妻一百一十五歲

譚氏羅與選妻百有六歲

樊氏李在其妻百有三歲

馮氏張啟華妻百有二歲

鄭氏周丕爵妻百有一歲

羅氏許伯明妻百有一歲

商氏徐廷隆妻百有一歲

匡氏張泰智妻百有一歲

盧氏程祺德妻一百歲

胡氏張文材妻一百歲

方氏葉金斗母九十九歲

黃氏同知廖易元繼妻九十八歲

徐氏張天華妻九十八歲

羅氏陳聯選妻九十八歲

周氏張國仁妻九十八歲

蕭氏朱相慶妻九十八歲

李氏庠生張明易妻九十七歲

程氏儒士汪名淞妻九十七歲

胡氏庠生江文光妻九十七歲

葉氏李坤山妻九十七歲

朱氏曾象元妻九十七歲

廖氏蕭秉忠妻九十七歲

童氏盧鳳翔妻九十六歲

庄氏姚四鯤妻九十六歲

江氏晏正慈妻九十六歲

蕭氏程時順妻九十六歲

許氏陳大福妻九十六歲

姚氏鄧正元妻九十六歲

黃氏蕭廷道妻九十六歲
周氏文可明妻九十六歲
劉氏方桀名妻九十六歲
何氏童大樹妻九十五歲
詹氏童光烈妻九十五歲
王氏涂法理妻九十四歲
朱氏雷象玉妻九十四歲
田氏廖繡臣妻九十四歲
劉氏方洪瑞妻九十四歲

張氏姚一龍妻九十三歲
徐氏王對耀妻九十三歲
朱氏姚一紹妻九十三歲
沈氏姚三從妻九十三歲
丘氏姚三煥妻九十三歲
朱氏姚四瑜妻九十三歲
雷氏廖鎮興妻九十三歲
汪氏屈立紀妻九十三歲
文氏方銘鼎妻九十三歲

周氏丁楚蛟妻九十三歲現存
蕭氏朱坤德妻九十三歲
周氏儒士童二海妻九十二歲
程氏周富春妻九十二歲
林氏何永讓妻九十二歲
許氏鄭如天妻九十二歲
程氏何應選妻九十二歲
蕭氏胡師恕妻九十二歲
汪氏葉茂容妻九十一歲

聞氏傅世霖妻九十一歲
李氏姚三棟妻九十一歲
張氏姚四皓妻九十一歲
龔氏曹勝質妻九十一歲
周氏黃二琮妻九十一歲
李氏儒士王宇籌妻九十歲
張氏儒士陳景嶸妻九十歲
葉氏附貢生汪泰藩妻九十歲
瞿氏涂一傑妻九十歲

彭氏余浚妻一百歲
徐氏劉大本妻九十歲
王氏庠生夏光國妻九十歲
雷氏蕭榮秩妻九十歲
鄧氏王南山妻九十歲
張氏陳萬朋妻九十歲
周氏鄭方蘭妻九十歲
樊氏葉榮顯妻九十歲
周氏曾興蘭妻九十歲

余氏高光印妻九十歲
董氏葉茂杏妻九十歲
王氏鄧德普妻九十歲
徐氏黄科慶妻九十歲
葉氏陳楚川妻九十歲
楊氏蕭榮進妻九十歲
胡氏葉士魁妻九十歲
李氏文保堂妻九十一歲
晏氏李一瀧妻九十五歲

方姓異宗方氏方銘斾妻九十六歲
張氏江先民妻現年九十四歲
文氏晏三才妻九十四歲
丁氏金友植妻九十二歲

羅田縣志卷之六

人物志下

孝義

百行首孝四端次義士有足不出里閈而能成孝敬以亢宗敦信義以型俗往往一節之懿傳之無窮彙著於篇薛苞王烈之遺風去人未遠也志孝義

元

吳大中字時夫性至孝父疾衣不解帶父沒泣血幾死奉母陳氏廬墓側十有七年母年踰九十無疾卒中終身哀慕事聞旌其門曰吳氏孝子 本通志

明

方雄才以人才擢鴻臚寺卿成祖御書如存孝思二匾旌其門

胡全邑諸生幼時得菓蔬必以奉母友愛兄弟母病刲股肉作糜以進病愈邑令欲以孝聞於朝全自辯無是事乃止 參通志

胡明性湻謹好義尤篤於倫訓諸弟以學治家無私財家庭雍睦人皆義之弟明睿教育多士明通仕有惠政皆性之教也

張羡歲貢生性湻厚有爭其地者讓不較嘗捐資修學宮尤篤友愛弟兄讓產千金不計 參通志

張棨邑諸生幼時即能定省侍父疾以身禱衣不解帶父母相繼卒哀毀骨立廬墓三載兄弟有私鬻其產者不與較妻林氏亦賢林死棨終身不娶嘗拾遺金還失者鄉里閒尤敦雍睦其勗子孫曰俯仰間惟求無愧炎涼處都付不知 本通志

金百鍊邑諸生父母早卒事祖母以孝稱侍疾嚴冬

永夜不倦學憲褒以匾額

汪之達自幼即能承順父母沒廬墓三年人稱爲西廬先生

胡一驥邑諸生割股愈母病邑令贈匾以褒之

江萬紀母早卒哀毀骨立事妻王氏養父三十年如一日會父病侍湯藥兩載不懈嘗與王氏刲股作糜以進夢神告曰憐爾夫婦純孝許爾父延壽一紀事聞表其門

汪瀚邑諸生字長數事母孝嘗捐金全人婚濟困賑

貧爲母求壽

胡培與邑諸生崇禎八年流賊破城其母被執培與力戰奪母於陣母得脫培與竟戰死

胡明濬歲貢生剛直好義人敬憚之建書院授生徒貧者出資助之於兄弟尤友愛嘗著兄弟交警思錄二書以相勗

胡效義貢生豐縣主簿性友愛尤樂施予嘗捐資倡建邑中文昌閣萬魁塔又施粥施棺木修橋修路鄉里咸稱其德

胡效讃貢生授浙江布政司經歷致仕歸輸學前基地開雲路生平好義多類此

胡效讜貢生性好施與善行甚多人嘉其義

胡渤以軍功授指揮僉事生平講信修睦輕財好義人多受其惠以上舊志

董其鑑邑庠生積學有聲明季兵亂負母避深山中適賊至鑑以身蔽母願代母死賊感其孝釋之後與兄弟析產讓其膏腴平時完人婚濟人困鄉里咸稱之子四皆賢幼子庭清另有傳後裔列明經者四人入庠序者十餘人

郭艮甲邑庠生居家孝友人無閒言明季流寇猖獗甲避高鵬山鄉里咸往依之賊偵知率黨來攻鄉人知力不敵涕泣待死甲曰汝輩勿怖吾能掉三寸舌走之遂單騎入賊壘賊酋曰汝來何爲甲曰乞數千人性命耳賊曰以糧畜來宥汝甲曰寨中人掘草根剝樹皮食已數日矣安有此酋曰汝不怕死耶甲憤然曰某怕死某不來矣言訖引頸受刃賊義之竟解圍去鄉人獲全

王坊字第徵少孤事母孝明季流寇充斥坊率其屬避難遇賊與母相失坊追尋被擄賊將殺之忽空中呼曰此子不可殺乃留於營坊思母墮淚成血其夜若有人掖之使行賊覺追之坊匿深谷天明其母及家屬咸集無恙蓋孝之所感於神明云

胡海若豪勇好義明季與雷世顯等建寨於李蟒崖及雲峯山時避難者衆海若出倉穀以食之難民皆賴以全活

王鯉庠生父爲流賊所執鯉請代不許以身殉焉

國朝

詹勝祥慷慨好義明季獻賊之亂祥捐資建寨全活居民甚夥　國初募勇禦寇事聞　賜六品軍功

閣時鼎年十二能卓立　國初流寇擾亂鼎督團防咸獲安集年八十舉鄉飲子汝楨能文　賜御學

徐生明天性愊篤父益謙居邑之平湖鄉伏子嶺歲戊子流寇自霍山攻破平湖諸寨伏子嶺當衝要處時生明讀書城中夜半聞之縋城冒刃奔歸其父已爲寇窘黑夜奔竄顛蹶偃卧崖下生明號泣

尋至背父以行父足傷重恐弗愈封股置湯藥中進之尋愈生年十六受知於提學李保安補諸生嘗捐樹數百株修學宮平時賑貧乏全婚姻育後學善行甚夥

徐鉅生明子事親奉養承歡人謂孝子有子父沒友愛異母弟以父嘗爲貧民輸丁稅因力請當事得丁隨糧派民甚便之後以拔貢授崇陽縣教諭雍正十二年　旌賜父子孝子坊

秦文熾字員九讀書明大義有智畧明季流寇未靖熾設法捍衛鄉人全活者衆後以歲貢選江夏縣訓導未任卒

郭聯第歲貢生艮甲之子幼受庭訓能文章歷練有經濟才尤善承父志事繼母王氏奉養無違王氏初遇之甚薄後愛憐如已出人問之母曰有子如此吾何可異視父母歿喪葬盡禮人以孝稱

胡榮家貧善事親飲食供奉必竭力盡歡母年九十病篤封股以進尋愈

李之乾性至孝康熙四十五年夏大水乾父年八十

有八病卧危樓中乾侍疾不離水大至乾禱天哀號依依不捨比隣廬舍盡付波流死者無算而李氏屋無恙人咸謂孝之所感云

汪時阜字公康性孝友不以流離困苦異其志撫孤姪如已出焉

金鼐有懿行克讀父書不負母訓教諸弟皆成名一時聲望甚著

匡治民字霞舉窮年力學嘗竭死力脫父於難邑令林公舉爲鄉飲大賓且爲序族譜詳其懿行

余黃中性敏嗜學事親盡孝教人有法尤篤友愛人
稱爲人倫雅望
董庭清庠生其鑑之季子平居孝養值流賊破城寅
夜冒刃救父父得脫庭清竟爲賊殺清無子墓未
及封堂姪位南盡廢家貲築馬鬣勒碑以表越數
日南死族人以爲義葬南於庭清墓側
余彥臣善事嗣母母沒臣蔬素廬墓數載不輟邑令
馮詳請撫院唐賜匾曰孝思彌篤
李正芳邑庠生性至孝父卒哀毀骨立廬墓三年不

飲酒茹葷事嫡母喜怒不敢違嘗爲兄病刲股與
姪析居田畝基屋器具一切美好者皆歸姪焉
郭天枝字亭植邑儒士少穎悟日誦數百言長能文
章母沒哀毀骨立亦孝事繼母其父爲仇家誣繫
獄枝就獄奉養寢食與俱不憚勞瘁卒以此致疾
及父寃白而枝疽發背死枝岳鄧光旦任鄖西訓
導爲作郭孝子傳藏於家
郭天松字台見性至孝事嗣母王氏依膝下五十餘
年曲盡孝養後爲母請　旌母卒年八十餘松年

六十餘鬚鬢皓然日夜泣血苫次觀者爲之流涕
蕭熹貢生有才畧好義舉明末寇亂岡麻避難仙女
寨者推熹爲首熹均甘苦立守望卹疾病飢羸悍
衛五載士民義之
葉繼鼎母老病痿不能起鼎左右奉侍數年衣服浣
濯不假他人手母卒茹素三年
葉仲勳字締業性剛直見義勇爲母病劇禱北辰求
以身代母愈持齋三年與弟尤友愛嘗捐修橋路
數十處有因貧鬻子者出金贖之

匡人仁字惠甫母卒弟人義尚幼父怒撻弟仁抱之
號泣父卒每朔望哭輒嘔血死而復甦事後母甚
孝後母弟貧仁出金安集其家仁年三十餘卒遺
孤幼義差長恒母事其嫂子視其孤
葉攀桂上庠生父病晨夕侍寢母歿寢苫枕塊不飲
酒茹葷者三年嘗拾金候其人還之
鄭聯字竹書父早卒事母孝母沒喪祭盡禮兄弟有
六友愛逾常兄子幼孤令其合爨撫之成立析居
之日田產增倍不私分毫與姪四杷共捐田四十

石作六房祀產建祠綿祀
余鑾字會儀庠生篤於孝友傳家有法教子惟以讀書爲本子孫皆能體其志孫杰領戊申鄉薦
郭允青字湴運事父母孝竭力營喪葬廢寢食性坦白濟急不望報受欺不與較總家政三十年置祀田數百石豐祭祀贍族人諸弟皆早逝姪幼青延師課讀皆成名
樊行若力農事親孝親沒茹素三年
鄭仕柏字宗茂性孝友母病目供養扶持九載不懈

兄故撫孤姪如巳子置祀田敬宗族邑令左嘉其善行授田畯
鄭如松弟早卒撫孤姪成立竭力事親喪葬如禮
朱文順字洪宇歲貢生少喪母繼母涂氏病垂危籲天求代獲愈復因風成痿扶持不離左右躬自滌濯七年無倦容雍正元年郡守郭以孝行優奬
周洪深官縣丞性篤孝善事親好讀書隆師友以教子孫成名者十餘人
金啟沃字盛再少孤善事孀母撫幼弟啟溶延師課讀補諸生後與弟析居凡田產之腴沃屋宇之塽塏者悉讓與弟其友愛如此
閻增成字展懷邑諸生性疎放善飲受母戒遂以半月一飲爲度母喜聽書聲增成誦必高朗母病侍湯藥不離寢室猶日夜吟哦以悅母耳母卒寢苫枕塊三年日輒狂走疾誦誦竟輒泣妻亡子幼義不再娶尤疎於財周貧濟困鄉里咸稱感之
嚴肇仁字育萬母病目竭力扶持飲食必親調衣服穢器躬爲澣滌四十餘年不懈母衰多病仁禱天

願以身代母愈至八十有三始歿仁泣血哀毀隨卒
蕭光河字玉書邑諸生性至孝鄉塾課讀有餽遺者必先擇精潔封貯奉母自食其餘
廖有才上庠生存心醕厚尤篤孝友家素裕周貧濟急畧無吝容子孫能繼其志
余蘄字秀川性孝友好施與弟四分析有年家漸中落蘄憐之代償宿負招之同居數十年無嫌族中貧乏者累周給之有負蘄債五十金者值病蘄往

視之其人以負金未償爲歉靳曰區區奚足介意取券焚之其好義如此

尹之奎字兑瑞性端厚尤篤友愛弟早卒遺姪幼奎撫養周至稍長延師教讀飲食衣服視己子有加後姪受室欲析居奎亦樂其成立凡田畝房屋器用惟姪所好雖有債負毫不累姪戚族中有衰落者私給財物不欲人知其天性然也

胡全經字傳猷幼有至性及長孝養益篤父沒喪葬盡禮食粗糲寢苫塊者三年雖服闋每鄉里聚談

輒流涕久之

何恒升少孤依祖母程氏奉養郎能順志及壯授徒里中晨往暮歸定省無閒程年逾八十卧病不能行步升躬自扶持如是者十餘年

高承貴字素仲事父母至孝尤篤友愛昆季之間怡怡然以誠信待人人亦無有欺之者以讀書勤儉教子孫後人皆能繼其志

童大楷邑庠生力敦孝友兄弟同居六十餘年傳家以儉樸醕謹爲務子孫皆成名

王鉉字汝璉上庠生性醕篤敦孝友先是嫡母胡氏苦節撫孤子遠鉉友愛如同胞後遠卒鉉慟甚胡知鉉有至性以爲己子鉉孝養備至雖就外傳未嘗忘定省母病刲股啖之愈後竭力請　旌其於本生父母亦盡孝養歿爲建祠置田以供祭祀子三大福大祿皆國學大壽遊泮均能繼志

涂再瓊字玉斑甫三歲父母俱卒胞兄再瑞撫養飲食教誨倍於己子及長受室嫂歐氏染疾動止需人瓊囑妻易氏侍湯藥愼扶持凡嫂意所向必親

負以往如是者五年不倦瑞之晚年瓊事之尤篤每得食必兄食而後食其居心誠恪待人忠厚皆與兄等長子一錩考授職員幼子一銑補諸生

崔涫字禮風例貢生少孤祖母張氏母蕭氏兩世孀居憂丁零嘗勤施與涫天性甚厚善體親心鄰里有喪葬莫辦婚嫁無資水火災告無不傾囊以助求得親歡大中丞唐贈匾孝義爲先

涂一鏞字齡鑑郡庠生兄早卒撫孤姪名魁朝夕課讀魁亦列郡庠弟一銑姪浩子泌姪孫國梁皆入

庠序悉賴鏞義方之訓生平制藝清醇植品端厚
惟以卧碑自守卒年八十有四
羅啟萬市中貧民無妻負販爲業事嗣母盡孝每視
晨膳乃出歸懷餅餌以進母年八十餘卒竭力營
喪葬悲泣絶食者數日
胡師淇歲貢生父鉉病淇禱於神願以身代父卒哀
毁幾斃母命之食乃啜粥少許三載不離苫次母
卒亦如之
胡師洪鉉三子嗜學能文成就後學甚多尤敦孝友

教諸姪與子無異
胡履東性孝友弟履粱早卒遺孤無所依東與弟履
業履釆皆貧士各以筆耕之資給之業尋卒東與
釆復貧給之並教姪全福成名有聲庠序
胡履樂庠生家貧侍繼母病六載不離卧榻分館俸
助姪讀書成名
潘魁貢生急公義好施與周濟貧乏與兄同居數十
年孝友無閒言隆師友義方教子弟皆成名
陳之仁性孝友弟病親嘗湯藥欲以身代弟沒憂傷

廢食維持弟媳以節撫孤姪三皆成立長姪早卒
撫姪媳姪孫亦如之
陳上啟昆仲三次上榮三上發發早卒從堂弟楚華
均善體先祖書升遺訓力敦友愛啟卒遺子錫封
年六歲榮與華鞠若已子延師課讀俾之成立補
邑諸生榮三子錫朋亦補諸生榮卒華仍撫諸姪
教讀不懈姪景程由己酉科選貢中本科經魁時
華子尚幼聯被合爨五世同居皆啟之教也
陳楚華字宗堯上庠生與兄上啟上榮同居數世友

愛無間兄沒無異隆師友教諸姪成名邑
文廟圮華倡義募修不憚勞瘁教諭張公爲序其事
崔員附貢生醕謹積學尤精於醫以術濟人不受謝
天性篤摯嘗刲股療親病人稱其孝焉邑令方舉爲鄉飲賓
晏奇英庠生母染痿疾不能自食英每以口哺之撫
孤姪如己子
葉瑞事繼母孝母病侍養三載不懈胞兄病足妻亡
子幼瑞與合爨
方應騤事母孝養隆師睦族嘗賑火災施棺木子孫

均敦孝友兩孫入庠

王均家貧遭水災屋圮均侍父不出人救獲免父患哽惟粥可食均亦食粥數十年不易

朱廷和事父母至孝教子孫惟以讀書勤儉爲本後人亦能繼其志

晏同殊字恒泰職員孝順性成好善樂施母年九十餘定省無閒每食必侍母側母食畢乃食嘗於歲之臘一日始周給貧乏以月滿爲率並攜錢千餘分給乞丐生平不履公庭教子孫以詩書毋干外

事卒年九十有八子起鳳國學孫春魁邑庠生

余廷則師鐸余勝瑞之六子也天性孝和生平不改孺慕持長齋爲父母求壽父病劇割股救之愈及父卒哀毀骨立廬墓側並塑父像朝夕供奉自食粥齊衰三年縣令姜廉得其實書繼美中郎四字匾額贈之以風世

汪屏翰儒士汪文璧之子也璧嗜學晝夜不倦遂以攻苦致疾年餘醫藥罔效翰年方十五夜半刲股和羹以進璧食之弗知也旋假寐夢神告曰汝有孝子可延汝壽及寤詢知嗟嘆不已璧疾隨愈鄉里至今猶稱道之

鄭士智上庠生剛之幼子也好善樂施出於至性鄰有閻姓者娶同里葉氏女未婚後葉以赤貧欲攜女遠徙謀生閻亦家無立錐不能留己約期別智聞之立召兩家責止之並予田數畝俾耕種以活閱歲餘婚嫁一切皆智資助其好義如此

姚二泳字廣元立身恂謹處世渾厚非公事不履公庭嘗捐資修登埸坳石橋以便行人邑令王眼選

舉鄉飲大賓卒年八十有四

周邦元邑庠生與潘魁郭允青廖棟李揆友善俱慷慨好義乾隆二十年

文廟圮邑令王詳請改建邦元等倡義募捐卜基修三年工竣洵義舉也

周世華字復旦上庠生遵母命捐田三十四石地五畝造渡船於夾河嘴呂陽城以通楚豫津濟

金國林字曙山上庠生性好施與矜恤貧困嘗於滕家堡要道捐修橋梁

楊紹炯字繼光上庠生醕謹樸誠不私財物歲暮出粟濟貧至孤苦無告者矜恤更甚

廖湖字五和上庠生好施與每歲杪散米五十石絮被綿襖累百平時亦多推解

林式玉於松子關施棺累百貧民德之

王殿颺輕財好施曾周族姪以金復尋以產尤河民病涉颺捐造渡船並募資置產爲久遠計約里中好義者陳堯則歐弼成共捐田五十餘石以成美舉至今行人便之

蕭廷元字守士幼失恃繼毋督責嚴峻元克承順卒得歡心弟析居多割腴田以益之性尤好施嘗以葬地與人歲饑出穀以周急隣里有欲因貧離婦者代贖之俾得完聚

匡人賢上庠生幼締婚劉姓女因湯火傷面形容殘毀劉欲賢另娶賢曰夫婦人之大倫烏可異議後于歸相敬如賓生子三皆成名

張光楫上庠生堂弟光楷姪明萬俱好善樂施値歲歉屢減穀價以濟貧邑令王獎以義重鄉閭四字匾額乾隆五十年邑大飢明萬出所積小麥減價周急蘇者數千人

傅元佑字右人好善樂施每歲暮捐囊金棉衣絮襖粥糜貧人多賴以活有鬻妻償債者出金代償全其夫婦

張光冕少讀書尤嫺醫理每歲訓蒙得俸金悉製藥以療人病概不受謝

匡四德字公節少孤性嗜學好施與每歲解金出粟賑孤濟寡有鬻子於德者尋以多金還子焚其劵

陳士秀慷慨好義嘗偕張文鯨捐貲修棠梨河橋民不病涉

王賢若於九龍坳捐施茶湯十年

周雄邑庠生慷慨好施尤好成就人材貧士多賴其力成名者多

陳泗樹諸生素與周士宏友善宏故貧士病革以幼子鰲託焉宏卒樹收養偕子姪就學九年一切資斧皆樹營給鰲年十七以童子試冠軍爲邑諸生旋食餼列明經樹卒鰲爲服心喪三年令樹長孫

就塾訓誨不倦

晏起鳳字奎東上庠生同職員余蘄者民張柱相稟請邑令左建武聖廟於舊學宮右經營伊始鳳倡捐鉅金以佐工資木料無所出募於宜林菴僧得之復勸趙席玉劉恒山李中馥等各捐水田以資香火鳩工庀材不遺餘力誓於神云旦暮洗心常於水鑑絲毫染指必有天殃故一時踴躍勷事未逾兩月告成

張文鯨字青雲上庠生幼有至性父病篤鯨割股以

進父獲痊嘗與陳士秀捐修棠梨河橋民不病涉

張東魯父病篤割股以進父尋愈後魯病其弟青安亦割股愈之

方元名割股救父又割股救母後母復病弟元章亦割股啖之名子亨桂後亦效之以救父皆痊

張熙寀父病嗝飲食不進割股爲糜啖之遂愈

李元淮字寀川父病篤割股和藥沉疴立起後母患髮疽幾死淮亦割股搗藥療之

龔明溪割股以愈父病父卒三年不離苫次

廖楷廖封才文楚博鄂楚珩俱割股救母

余孚宣父病割股以進尋愈母病亦如之

郭忠廷事嗣母孝母病篤割股愈之每月齋戒三日焚香以祈母壽

葉復伊割股以愈母病後伊病伊子秉脊幼亦割股以療父病尋愈

樊武烈父病割股救之得蘇

張秉殷割股救母

葉應宗割股以療母病

闞得中年未冠割股救母

葉席周父病割股救之

陳連貴母病割股救之

晏二表郡庠生父病垂危表割股以救之乃愈越三年卒　以上舊志

徐學顯歲貢生天性純篤事親務曲意承歡後事繼母尤能左右就養生平潛心經史年逾八十未嘗出入公庭學師孫公嘗贈以對聯云七社人稱眞孝子三鄉士仰古純儒咸豐十一年巡撫胡題請

旌表崇祀鄉賢祠

明學峻年十三母卒峻哀痛盡禮過於成人其父復娶易氏善病峻侍湯藥割股以療之尋愈峻不言母亦不知也越數年易氏卒父復娶童氏張氏峻事之均如生母家貧與妻百計經營所得悉以供養因哀毀過甚年三十五卒巡撫胡公題請

旌表崇祀鄉賢祠

江希洄事父母以孝聞孺慕之忱終身不改巡撫胡公題請

旌表崇祀鄉賢祠

葉敦洄性醕謹潛心學問植品端方尤篤於孝友家素貧洄務謀甘旨日夕供奉數十年如一日巡撫胡公題請

旌表崇祀鄉賢祠

姚一貴儒士天性純篤嘗道遇鬻妻者貴詢其故與之金夫婦得以完聚

姚二儒上庠生性孝友好善時有霍邑軍籍蔡氏家貧寄居羅以漕務無償欲出妻儒傾囊相助蔡氏夫婦得以完聚

姚四學上庠生有匡某子年十餘寄食其家學爲聘匡氏女匡因貧不能自保欲出女學聞知亟迎女來家教養及長爲之合婚並代治粧奩謀生計匡夫婦德之戚族中有貧者學每分多潤寡累至百金曾無吝色

辜寓儁性孝友父耄期得疾手足不仁儁親奉侍六年不去左右父卒兄弟析居儁以家貧產薄悉讓之兄而身任逋負儁稍稽迎養兄嫂二十餘年畢其喪葬

童大本字顯秩邑庠生幼聘茂才李蔚然之女爲妻女十齡得疾及笄弗愈蔚憂之予大本金令別娶本弗受曰幼而聘之疾而棄之不可也遂娶之其後疾愈人謂義夫之報云

余鐸字鳳儀邑庠生幼守庭訓有至性與次弟銓幼弟銘友愛逾常銘早卒孀妻劉氏哲節鐸以弟銓子嗣之撫其成立內外無閒言卒年九十六子庠生登善亦克承父志總理家政四十餘年尊祖敬

宗類多創建教子孫皆有法子株橋俱入成均孫燾中咸豐戊午舉人

葉福澤貢生敦品立學嘗修理學宮創立興賢庄力扶文教晚年尤好施與歲暮嘗發穀賙恤貧人鄉里咸戴其德焉

周昌潤儒士性情誠篤教子孫以孝友爲先條立家規皆井井有法一堂雍睦內外初無閒言至今五世同堂里人皆嘖嘖稱之

李鴻勳字俊生上庠生幼失恃事繼母曲盡孝思勳父豪俠好義不計錙銖里中有稱貸無不慨然畀

之書劵纍纍山積父卒勳恐以追逋貽累悉召其人焚之其克承父志如此晚年尤精醫學廣儲藥餌以濟貧病子四長錫次鎔三鐸皆補諸生四鎬亦援例從九

閻道鍰字金南上庠生天性孝友兄道微目瞽無妻父憐之鍰曲承父志讓產於兄並爲營娶今子孫蕃衍五世同居內外雍睦邑令管貽葵額其堂曰永世克諧

葉原中字原士太學生性至孝父病朝夕奉侍弗離湯藥必嘗以進及歿廬墓三年治家勤儉家道日興五世同居內外雍睦太和氣象藹然萃於一門鄉人咸欽慕焉原中以年高德邵舉鄉飲大賓

郭地煥字星岳歲餘失怙母氏鄧宜人苦節教養年十五補弟子員旋食廩餼授 恩貢生以教職用未就生平稟性剛方遇事決斷鄉里無不帖服創立邑興賢莊採輯縣志不憚辛勤克蕆其事諸子皆成立孫曾領鄉薦者三人其獲報爲不爽矣

葉大鵬字程遠品行端正學問深純年十三補弟子員十六擢廩膳生遂貢成均選襄陽教授以父福澤年濱九十不仕承父志校修邑乘接理興賢庄悉臻美備尤篤培宗祖嘗捐穀百餘石營置祀產子二長聯邑優廩生次偉中道光壬午舉人

葉初成太學生性誠篤終身於人無忤色與兄初舉極友愛怡然有姜宋兩家風尤好詩書迎師教讀里有貧子弟爲助修金子茂春邑庠生迄今雲礽秀起列庠序者廿餘人詩書門第一時稱鼎盛焉

閻河字里潤邑增生天性純孝年十二父歿家貧兩弟海洲俱幼河承母志教督諸弟綦嚴後海舉孝廉擢待詔皆河之力也妻方氏亦善承夫志撫子登榮成立克讀父書篤學力行士林矜式孫申錫亦補諸生人謂純孝之報焉

黄璧字均勝素行端謹篤於孝友一門之内翕如也子一甲魁國學生孫二樹楠州同銜樹棠府知事銜曾孫宗燧附貢生家學淵源雲礽秀起人以爲厚德之報云

黄甲富幼失怙事母至孝母得昏眩疾富與弟甲榮旦夕扶持不離左右二十餘年如一日焉

張明貴字綈選上庠生事親以孝聞與諸弟尤友愛好義樂施邑稱盛德年七十一舉鄉飲大賓

曾之坦號榮崧國學生正直端方言笑取與不苟性篤友愛諸弟早卒坦撫孤姪大艮如己子俾就成立居鄉設義學修橋梁暨惜字施茶諸善事靡不首倡鄉人慕之卒年八十有三

何世振字翼雲上庠生存心寬厚處己剛方最喜周恤貧乏里中王某借貸至數百金貧不能償振焚其券生平善行多類此子珊爲邑名諸生孫廉舉孝廉官陝中大令人謂積善獲報云

何珊字寶樹邑庠生嗜學能文天性孝友嗣母王氏歿珊以試事羈齊安聞訃匍匐歸里憑棺痛哭絶而復甦者再遂得嘔血疾旋卒妻匡氏痛夫哀切誓不苟生念夫弟四俱稺幼無所依慨然曰是予責也遂爲督理家政撫之成人未幾諸弟相繼殂謝匡又爲諸姪及姪女謀畢婚嫁經營周至不啻

己出焉平日好善樂施嘗造棺木製寒衣累百以濟貧乏其善承夫志如此子三長子廉能讀父書中咸豐戊午舉人官陝西咸陽永壽知縣有惠政次子楷以辦團保六品頂翎三子翙五品銜加捐縣丞人謂是父是子矣

文繼桂字齊榮儒士素稱正直邑令王贈以額其跋曰予奉　命治羅邑邑俗樸而民湻夙稱易治近年來風氣少殊急思得老成人望以式浮澆助予不逮庚子辛丑閒因公至滕家堡詢採謡俗得文

君齊榮者年居耋齡性行敦篤居近市屢古道照
人與予訓俗型方返樸還淳之意甚有合焉爰爲
一語以額其堂曰耆英碩德
王志古儒士性耿介不可干以私嘗蚤起拾遺金守
候半日見一人蹌踉而至問之則遺金者遂舉而
還之其人泣謝去
姚大鳳儒士性沈靜好讀書尤樂於爲善里中如瀉
巖路甚崎嶇鳳捐資修理夷若坦途行人便之
閻承詔正直剛方幼失怙撫季弟辛齋成立好義急

公同邑諸紳倡修書院考棚鳩工庀材經營三載
凡院中花木皆其手植又嘗督修萬魁塔邑令趙
振清詳請議叙
張詔字道夫邑優庠生學問淵雅與諸弟尤篤友愛
仲弟周諺亦克承兄志家雖貧性好施與每天災
流行疹疫大作輒偕兄詔廣製藥餌以拯之全活
甚衆後詔子星煥中同治庚午科順天舉人官陜
西興平知縣咸稱善人有後云
閻道永字宜萬五世同居兄弟均敦孝友兄鉞早卒

永哀痛不已佐兄彥理家政延師課子姪讀書多
成名
閻洲字登瀛上庠生少孤母病瘻兩兄俱遠館洲侍
養晨夕無間幾二十年嘗釣魚以供母膳秋冬水
涸魚稀洲獨得數尾人謂有神助云
閻紹嶼榜名鎧字辛齋三齡失怙性穎悟夙承慈訓
早歲負聲庠序嘉慶癸酉以拔萃受皖南鮑覺生
先生知甲戌　朝考覆試　保和殿未備外褂鮑
適下直即以所衣衣之一時有傳衣鉢之語旋里

後奉侍萱闈朝夕承歡如孺慕焉鮑自都寄贈以
聯云和熊淑問標彤煒飈鳳英姿舞彩斑卅年授
徒知名士多出其門暇時旁及星象地學醫卜諸
書並著有斵雲文集綠雲齋詩集
葉茂年字周卜上庠生性孝友存心忠厚與兄析居
財產器用惟兄所欲不較多寡里中有無賴子乘
醉嫚罵子弟憤甚年笑曰天下同姓名者多矣奚
必我罵者後悔造門請罪以好言慰遣之值荒年
必減穀價居近賸朧山暑月倡施茶水近山溪建

石橋一座以便行人邑令劉舉鄉飲大賓未飲卒

葉佐青上庠生有膽畧慷慨好施没後妻汪氏體夫
志捐蓮花林田四十石入與賢莊碑立莊內

葉錫珽庠生字碧田性剛方不苟言笑最重師儒朔
望必肅衣冠拜之族中有不法者憚其知名有貧
不能讀者助之膏火鄉居排難解紛片言可決里
中人咸嘉賴焉

胡履端性至孝父没廬墓三載

胡全錚字坤任性醕樸篤於天倫與兄析居田廬美

好惟兄所取錚悉讓之不與較其友愛如此

胡光泰邑庠生品行端方尤好爲義舉時因學宮後
地勢湫隘曾將住宅餘基捐出至今士林爭慕之

葉福榮號雙岩太學生積學未遇家居授徒所積修
金置有產業析居之日出所有以爲祀產初不據
爲己私生平胸畧過人爲人排難解紛言出而人
皆信服或賂以非義之財榮一介不取尤喜捐資
以成人美一時族黨莫不奉爲楷模焉

葉茂雄號花峯歲貢生純厚性成剛方望重有李某
負雄債日久欲賣媳以償雄急取券焚之俾得完
聚族中老與貧者歲終每發穀賑之有相賙相恤
之義焉壽登八秩無疾而終邑侯王同治輓以聯
云五福備鴻疇真歸蓬島一經貽燕翼榮荷芝函

李與義邑庠生性孝友尤急公好義道光六年嘗捐
地基數丈建修考棚士林稱之

方城字赤霞邑諸生幼孤事母孝母酷嗜書聲夜執
女紅伴讀城恐勞母神朗誦數遍即掩卷待母寢
後燃燈默誦如是者有年母卒喪葬盡禮諸兄早

逝撫諸姪成立雖析爨後館穀俸錢必與諸姪分
用又嘗捐置義地人皆稱其德

方叔炬邑諸生性孝友幼失怙炬克自立堂兄叔美
早逝嫂汪氏撫孤守義有欲奪其產鬻婦害孤者
炬維持不遺餘力越十餘年孤姪成智成立爲母
請　旌建坊石刋恩叔叔炬至今字跡猶存

嚴錫麒幼失怙母丁氏有噎疾每膳必視母食然後
自食否則泣數行下母疾革與弟錫麟佩珩同日
割股以進母没偕諸弟廬墓三年墓前薦食如生

時後弟佩珩病麒籲天請代族人咸稱其孝友云

王淋邑庠生事繼母張氏以孝聞張氏前夫子貧屢告貸積數十金張疾篤瞪目視其前子淋曰毋得毋憶若所負金乎取其券卽榻前焚之張笑而瞑族有鬻子爲僧爲優者悉贖還之有李某聘張氏女巳及笄張因李貧議改字淋力止之出金付李令其完婚

胡淑身上庠生父履科身患癰疾歷八年未愈身日夕調治洗膿血滌汚垢了無倦色事母張氏孝養

彌篤里人皆以純孝稱前學憲贈有節孝可風額

聞連玉事嗣父母以孝聞庶母王氏老病手足不仁玉逾六旬猶親視湯藥其生父吉泰徙竹山時玉尙幼每以不克孝養爲憾請於嗣父將謀迎養命族人雲地往省之雲歸詢知父母均沒復命子迎柩歸葬焉

姚俊幼失恃事繼母孝昆弟四友愛尤篤居鄉遇事慷慨稱貸者立應之積逋不能償者面焚其券族中有因貧鬻子爲僧者俊贖歸之其好義如此

汪宏沛慷慨好義以乾隆五十年嘗捐資捕蝗邑令姜廷銘贈匾額其詞曰歲乙巳余受命來宰義川甫下車過石磯鎭有蝗害稼民甚苦之上庠生汪宏沛獨力救災鳩工捕蝗以麥相易其好善樂施蓋豪俠之所爲而實非慷慨名高者其賦性之仁厚然也彼世之擁厚資遇急難不爲拯救者方斯褊矣爰贈好義額以示優奬並以戒鄙吝勸施捨而爲之跋云

方錫澄事親孝年三十失偶義不再娶居近通衢逢

暑月嘗自給薪水施茶二十餘年無倦色

廖鎭魴字巨淮儒士性純篤最友愛析居後諸姪輩就傅膏火半魴所出凡修設橋渡輒捐資以爲倡率人稱其義

徐錫庚字景林邑庠生學問眞醕性情誠篤友愛季弟適常或勸之析居庚曰弟兄如手足手足全則成人去其一尙可謂人乎此非人道吾不爲也居常有以横逆干之者旁觀爲不平庚視之漠然且曰能自反者當不如是其持身接物類此至今士

林猶稱慕之

何梅字雪莊郡庠生幼失怙事母盡孝家貧授徒慨謝遠方厚聘而館近村藉以歸省寒暑不輟性方嚴以實行教人終日危坐講席無倦容雖盛暑不解衣帶行遇婦人必迂道避之惟侍母則嬉戲若小兒母卒廬墓側有夢親詞云夢裏親如生夢醒親何存但願長夢不願醒嗚呼讀其詞可以觀其孝矣

王鎮性至孝母病篤泣禱於神兩次割股進食始愈

爲人正直誠篤邑令金贈額曰端謹可風繼任彭大令舉爲鄉飲大賓旌其廬曰鄉國儀型

王立臨家貧少孤事母孝母老卧病十餘年臨與妻童氏忍飢以奉甘旨抑搔扶持始終不懈後夫婦年逾七十同日無疾而逝子孫皆列庠序

王鳳翥邑庠生慷慨好義時歲荒有鬻子者翥出金易之旋妻以婢越數年其父來視相見悲涕翥遂焚其券俾偕父歸鄉人義之

王藎英字遠峰官衛千總性慈祥慷慨好義急公收養孤貧甚夥嘗於歲歉值鬻孩者買爲僮長配以婢還僮約助之資遣歸其家

王斌優增生母早卒事父以孝聞父病時斌館邑人張藻香刺史家聞耗徒跣歸侍號泣禱天願以身代刲股和藥以進終不愈父卒斌水漿不入口者數日喪葬克如禮焉

陳瑞珅字慶昇邑庠生豪俠有膽畧好善樂施出於天性嘗嚴寒雨雪道遇湯三僵撲於地解裘衣之湯得不死邑之箭坪崗及東關西關外河堤爲楚

皖孔道崎嶇難行捐數十金修之行者稱便又嘗造棺木累百以給貧者其好義如此咸豐甲寅粤逆躪楚偕弟瑞瑧捐貲募勇與賊戰比輒有功甲子賊蔓境內珅退保熊崖寨鄉人往依之賊偵知來攻男婦哭聲震地有驚墜崖下者珅力救之卻揮長刀率壯士趙春元程四朱福喜等十餘人迎戰斬手大纛賊一生擒賊四餘賊遁去鄉人獲全

陳瑞瑧字慶恒官通判少穎悟好讀書因貧棄儒治生家漸饒裕與兄瑞珅弟瑞璪友愛逾常生平慷

慨好義嘗與修學宫書院並捐貲以助膏火士林稱之先是胞伯大淮早卒子瑞珠孤苦無以自存瑋憐之謀諸兄瑞珅嫂龔氏曰珠弟一寒至此吾輩雖飽食且不下咽召之同居可乎兄嫂忻然遂復合爨榜其堂曰敦義

周杏春字士香恩貢生性樂善喜周恤貧寒遇歲荒則平糶勸分尤多所全活鄉里稱爲善人邑令王臣獬吳鳳笙皆造廬訪焉會粵匪亂團練勦賊每戒同人勿枉殺凡獲逼脅者春必助資遣歸鄉人

某貿於盧江被偵探所獲疑爲賊將就死某官詰之曰汝羅田人知有周某乎曰邑端人胡不知遂得釋及歸踵門稱謝究不知爲何如人也晚嗜醫方遇貧病輒施藥年七十八端坐而逝

王盛榮字新亭上庠生幼聰穎好讀書家貧失怙遂棄儒業治生非本志也事母孝奉飲食服御曲體母意友愛弟盛典及謙教之成立撫姪嗣喆如己子後謙弟爲邑名諸生喆領同治壬戌鄉薦官浙江大令榮培植之力居多榮秉性耿介遇事敢爲邑學宫圮榮亟醵金重修之又增建考棚數楹士子稱便管理書院綜覈精審出入斬斬無分寸私里閈皆推重焉會粵匪亂倡辦團防出力擢保以從九品選用

王盛典字蘭亭儒士事嗣父母以孝聞父先沒家貧無以奉嗣母授徒於里藉資修脯仰供甘旨而自與妻李氏茹蘿糲啜菜根融融如也及嗣母患痰症手足痿痺床褥多汚穢典躬親浣濯十年無倦色生平處己剛方非義之財一介不取中年益澹

泊自甘一以經術啓廸後進如陳錦等皆出其門子嗣喆登賢書人謂善人有後卒年五十八鄉評謚之曰貞介先生

能第墉字維翰上庠生事親篤孝友愛諸弟家無閒言性尤慷慨好義友某嘗借貸百金貧無以償墉焚其券丙辰邑大饑里中有鬻其子媳者墉畀以巨資復得完聚鄉人義之

能第堦字升甫官州同天性孝友不私財利析爨時以祖產分授兄弟堦無取焉時興修書院考棚兄

第均肩其事堦傾囊助之事竣例得議敘堦辭不受歸美於兄撫姪輩教養周至不啻已子鄉鄰咸以爲善全友愛云子二長五組官安徽通判次韶亦以冠軍入泮

涂國楫字濟川事父母以孝聞父早逝母病親視湯藥數年無倦色母沒哀毀骨立喪葬盡禮兄弟三楫居幼事兄如父兄國榜無子楫以子邑增生炯嗣之時兄年九十楫亦七十每事必稟命惟謹其孝友如此生平耿介自持取與不苟尤喜周恤貧乏里人德之

葉自立字卓然上庠生幼失怙恪遵母訓奉養無違及長痛母苦節呈請　旌表贈有節孝可風匾額生平順親信友仗義輕財鄉里無間言邑令趙振清深重之爲序族譜詳其懿行焉

林新甫字友松上庠生稟性純篤父病甫刲股以療之尋愈其堂兄夫婦早卒甫爲撫遺孤適於所生俾獲成立嘗與修學宮增建考棚管理書院勤慎果敢無分寸私庭訓嚴正因粵匪倡亂命諸子襄辦團防長子肇昕保舉教諭次子肇岷擢用通判三子業儒幼子肇洛亦補諸生人謂林氏有子云

黃鶴鳴字程九上庠生天性純篤年十三嘗刲股以療母疾及長伯仲析居兩兄皆中落無嗣鳴家小康復合兩兄同居以長子庠生華嗣長兄以次子國學生世榮嗣仲兄友愛甚篤鄉里咸推重焉

鄭紀漣字居正貢生議敘鹽知事秉性慈祥好善樂施嘗捐林木河田二百五十二石爲試卷費後因水圮復捐錢二百串以修理之士林感其德邑有

貧不能殮者預儲棺木給之並資助葬費其他善事不能枚舉子三長懋昭候選教諭克繼父志亦捐秦家壪鄒家畈水田六十石以補卷費之不足又捐田十餘石爲梁家灘兩河口等處渡田行人便之次懋熊以冠軍入泮三桃枝領同治甲子鄉薦長孫杏春亦冠軍入泮人以爲好善之報云

王渭封號竹村官州司馬生平慷慨樂施里中寒士不能就傅者封助之膏火多所玉成嘗捐金百餘修石礄以便行人咸豐間邑令彭仲芳殉節於羅

羅人爲建昭忠祠封倡捐田百餘石爲香火資其
餘善事不能枚舉
張二桂字馥山幼失怙家貧無以奉母遂廢學治生
計奉養三十餘年如一日友愛季弟逾於尋常弟
二松字漢山亦克體兄志兄沒後撫諸姪如己出
延師課讀凡家政命子三煃理之勿以關白諸姪
姪鼎旋補博士弟子員以廣文保薦入都貲斧悉
出煃手家世孝友皆馥山之教焉
胡學優性最孝親沒廬墓三年尤篤友愛兄年八旬

優亦逾六旬猶恪謹以事之故人皆稱爲孝友云
王玉昆積學未遇待弟最友愛析居後嘗鬻產爲弟
償債子以蕃入邑庠
張大全上庠生秉性樸誠居心仁厚凡族中貧乏者
全每周恤之一時人皆戴其德焉
朱紫電孝行純篤父母膳必親炊親沒廬墓三年後
每於小除日至墓廬親烹菽水供奉如生明歲上
元日乃歸歷三十餘年無間
郭天林字濟川父爲仇家誣繫獄林廢寢食奔叩上

臺弗許憤走京師寃白奉父歸養承歡始終不懈
潘之翰號西園八歲出繼嬸母方氏時氏寡翰親役
柴水天性肫摯善慰母心及長家道稍豐奉養盈
腆母沒爲之請 旌建坊以彰苦節生平好學能
文弱冠補弟子員道光戊戌補貢士家居教授多
所成就
潘際雲號仙舫篤學好修性孝謹幼失怙善事孀母
時祖母年八旬衰老臥病雲念母苦節代母日侍
床褥躬親浣濯數年無倦色母沒雲年逾五十哀
毁骨立飲食必薦或遇手澤所存輒悲哀不止

涂鳳翥字竹軒上庠生與兄鳳鳴最友愛後因食指
繁多析爨以厚產讓兄父沒以兄家口重一切喪
葬費皆獨任之兄沒後撫諸姪如己出卒年八十
一歲
嚴浩字邦玉有知人鑒好獎進後學家塾課徒有貧
苦力學者格外體恤親友之貧困者亦周給無已
鄉人至今猶稱盛德云
葉西茂母患痰迷四十餘年衣食寢處茂必躬親調

護母沒哀慕終身

葉子茂西關外被水災嘗捐粥以濟貧

余寅邑庠生母病癲委曲承順數年無難色母卒目夜哀泣喪葬如禮時年僅十餘歲事後母能得其歡心兄弟友愛無間言父有側室子幾不舉寅曲爲保護俾之成立寅子二錦鑾俱庠生敦孝友錦卒其子淮甫六歲鑾撫如己子淮亦能讀父書後中丙子科副榜

童先春字翠華號華林國學生事親孝母先卒擗踊

哭泣喪葬如禮父年逾八旬得風疾春奉事維謹一切服御飲食曲體親心有堂兄弟九人春友愛如同胞居里中排難解紛衆咸服其公允卽鬮讓橫逆置勿與較且歲時周彼困乏以愧之其好義如此子紹悏以貢士歷官東湖棗陽教諭人謂善人有後云

趙坊字茗卿郡增生天性純孝幼時卽能爲親溫衾父沒事母益摯冬月晨起必溫母衣終身無閒生平好學不倦尤以品行自勵惜不永年

周飛鳴字豐亭歲貢生事後母以孝聞於季弟益加友愛季弟乃鳴後母所出其母在時已與鳴析爨後家業漸落不能糊口鳴復招與同居分田產以安其家屬邑令楊知其賢手書瓜分璧合額以贈之晚年家愈豐饒嘗分餘粟以賑飢者鄉里咸稱其德焉

周光禮字煥秩派名永昌國學生天性純篤生母早逝事繼母以孝聞弟監昌出嗣胞伯中年卒諸侄皆幼禮代理家政視諸姪如己子延師課讀俾俱

成立尤輕財好義每歲倉穀有餘必減價出售遇有貧苦時周恤之里中待以舉火者約十餘家惠之及人如此至今子孫蕃衍列庠序者不下十餘人曾孫錦心同治癸酉領鄉薦尤足見積善之徵云

羅光暎字利賓上庠生天性純篤善事親親年老久疾暎侍湯藥必親嘗之親歿喪葬如禮至其處世尤慷慨剛方里中有不平者輒以片言折之族戚貧乏者每解囊濟之故一時皆稱其德焉

王枝栲枝杜性孝友母中年病痿栲杜奉事汚穢親滌出入必負二十餘年弗倦及沒哀毁骨立殯葬盡禮兄弟暮年式好尤篤有伯康君實之遺風栲舉鄉飲大賓

王枝珠字鶴莊官當陽縣教諭事嗣父母以孝母病痿十餘年珠調護曲至負之出入雖汚穢必親躬浣濯妻李氏亦孝姑病嘗刲股以愈之時里中貧者育孩多不舉珠助貧養之且廣爲勸誡全活甚衆鄉人德之

朱長樂字金鵬國學生端謹和易鄉里畏愛之年二十餘以家道中落遂棄儒貿易漢鎮其地風尚浮靡樂力崇儉樸與人公正不欺而人亦不忍欺中年尤篤友愛兄弟三分析有年幼弟後貧不能自存復使同居凡里中困乏者輒推解以濟之子春曉國學生亦克承父志勷辦團練累著賢勞以縣丞擢用並加五品銜

何烈理幼失怙事母孝母老病奉事三年未嘗解衣寢母病革理刲股以進終不愈母沒之夕夢母以杖擊其瘡晨起視之創已愈矣

姚四渭上庠生天性純篤事父母以孝聞平生酷愛詩書延師課讀子輩皆率其教其待人寬和坦易鄉里有貧乏者渭周恤之無德色遇有爭訟以理喻之其爭自平至今猶口碑載道

王背坦祖母余氏苦節咸豐十一年賊至父枝溥負母避亂猝遇賊身被數十鎗狂奔得脫後溥病坦尚幼焚香告天刲股以進溥立愈時謂孝子孝孫皆苦節之報

雷學詩家貧失怙母謝氏訓誨嚴明詩守其教嘗於蘄水路口拾遺金還之失者人謂其善承母志云

余玉字金相拔貢生積學有聲性至孝母沒廬墓三載有白雉旦夕集於塋樹時人異之

詹道恭儒士事親孝尤篤友愛兄早逝撫孤姪成立析產時腴美皆歸其姪鄰里稱之

李善滿性至孝尤篤友愛治家有法五世同居內外無閒言

閻人勷字正坤儒士舉人海之長子秉性剛方嘗夜

宿旅舍有美婦私奔勤正色拒之終不肯言婦之
姓氏其嚴正如此
楊道域上庠生性至孝友父病衣不解帶者三年與
弟道城尤友愛析爨時膏腴之產悉以畀弟鄉里
有貧乏者域爲賙卹鄉人皆稱孝義焉
朱宗傳幼失恃事父恪盡子職父沒廬墓三年七十
餘猶不改孺慕焉
許飛鵬爲人端方治家孝友五世同居邑令張贈其
額曰媲美張陳

周祚興爲人公恕嚴正六世同居家口八十餘人克
敦孝友內外雍睦
詹席聘上庠生秉性純篤尤好施與會隣舍火燬燼
一空聘傾囊相助有告貸者無所吝惜子上庠生
克忠善承父志嘗捐數百金倡舉新昌河義渡行
人便之
曾大文號翊雲上庠生幼失恃事繼母孝友愛尤篤
生平赴義若渴倡文會以迪後進修祠譜以重宗
祊遇戚族貧困者不惜解推妻閻氏孝順温恭克

承夫志里閈咸稱其德子四長道鈺克守庭訓以
諸生積團防功累擢知縣次道植邑庠生三道中
四道隆俱業儒一堂雍睦不墜家聲焉
王枝焜上庠生性誠篤家非素封而好施與族屬貧
乏者賴以舉火從堂弟某無以度歲將攜幼子遠
出焜知之曰此骨肉可令遠徙他鄉乎親攜米數
斗及豚肩餉之俾得完聚時復推升斗焉有戚族
某借貸累百金貧無以償逋券尚存焜謂諸子曰
若輩困乏糊口不暇豈能清宿逋乎悉召其人取

券面焚之
汪立達上庠生三齡失怙事母以孝聞母年八十病
痿不能動履凡飲食湯藥達親爲侍奉十餘年如
一日鄉居周貧濟急排難解紛族黨皆戴其德焉
童邦蘭字益球上庠生公恕和平敦尚孝友尤慷慨
樂施遇戚族貧苦者周給無德色鄉里有爭競事
以理喻之而人皆悅服他如修橋梁治道路不吝
解囊其好義實出於性生云
童先福字柳坪官訓導生而警敏好學工古文父早

逝稟母訓樂善好施出於至性舅氏沒家貧代為殯葬並捐田以保其墓焉同里有趙坊者與福至契坊卒福為撫遺孤割産四十畝以贍之家買二婢詢知有夫一為蘄水高氏子一為本邑姚氏子俱招至團聚予以生業其他施棺木恤族鄰瘞枯骨善行不可枚舉鄉里稱之

龔世球字朝揩上庠生性孝友弟早卒撫諸姪俾各成立五世同居有房姪遠客西陵娶婦而寡遺孤僅一歲女三歲球出貲迎屬扶櫬回籍代為營葬

置産訓誨其子生平扶危濟困大率類是子正元孫學章曾孫傳薪相繼入庠

張邦基字翼亭邑增生性孝友善體親心好讀書每於靜室列書千卷見者不衣冠不敢入生平仗義疎財嘗捐貲倡立義學族里貧乏者輒給穀米棺木道光壬寅及咸豐丙辰大饑基籌貲運糧按戸口分給全活甚衆有負其債者約千餘金不責償妻傅氏亦善承夫志鄉族稱懿德焉

陳根沃上庠生幼失恃事父以孝聞兼篤友愛兄吉門病劇醫云非眞肉桂莫治沃即往漢購得之適風暴舟人不能渡沃泣曰阿兄病急沃何生為竟渡無恙自團風抵家三百九十餘里一晝夜即歸親侍湯藥兄病尋愈咸豐七年春大飢沃入山採蕨並販米賑飢全活甚衆

陳宗杜根沃次子性至孝母羅氏患風症杜親侍湯藥衣不解帶者五載有餘妻徐氏賢亦善事姑嫜里人稱之

羅有鳳國學生忠厚孝謹父母歿廬墓側日夕供奉

如生時里黨咸稱其孝

劉炳如邑增生天性純篤學問淵深老年尤樂於為善道光元年邑侯以耆老詳請 恩錫修職郎優賜絹米

林宗望孝友誠篤好善樂施建茶亭修橋梁捐田數十畝為補繕費又置義地以瘞暴骨鄉里稱之

廖洪任國學生性好善精醫術製有膏丹丸散每濟人不受值歷三十年不倦又嘗與弟荃捐貲修大墈要路行人便之

朱文柏國學生年十八母病刲股以療之

汪秀春國學生父病刲股救治愈

陳師號吉門上庠生篤志詩書尤好行善事道光壬寅歲大飢設法救荒族黨皆賴之

周錦秀少孤家貧事母程氏以孝聞母病秀刲股以救之卽愈

廖洪誥廩生洪訓之弟少讀書尤精醫術父病投藥不效刲股以進尋愈與兄弟友愛甚篤人無閒言

劉光遠儒士天性純篤母右脇患疽遠以口吮之無

難色母復病遠兩次刲股以療之尋愈

汪廷銘上庠生其父病篤銘日夕侍奉湯藥罔效因虔誦經咒禱神刲股以進父病立愈

余振字成九國學生性誠篤善事父母宗族無閒言尤好爲義舉居濱河向祗小橋每當河水暴漲行人苦之成糾眾創建大橋並募造渡船以濟行者至今里中猶稱其德焉

張士遠字孟甫博洽羣書淡於仕進惟教授生徒喜施與事母劉氏以孝聞邑令金兩舉鄉飲大賓邑

孝廉何昇贈有贊詞

晏興富字德魁家貧孝養其父正慈年八十三卒富悉母老傷志惟歛泣於中母素目疾每晴雨必先白遇大雷雨外出必趨歸伴侍母享年九十六終富已七旬餘喪葬悉如禮鄉里咸稱其孝焉

胡萬太性篤實克盡弟道其兄俊太病劇嘗刲股愈之後萬太享壽八十三無疾而卒

王爲美字巨觀國學生幼失怙母青年守節美奉養無違尤篤友愛以弟少不更事綜理家政歷五十

餘年未嘗析居教子姪皆成立内外無閒言

張維泰儒士事父母以孝聞尤篤友愛撫孤姪如己子教之成立里中有貧乏者泰出資貸之貿易數年頗稱豐裕遂成巨族子孫蕃衍至今人稱其德

歐陽勳武庠生誠孝出於天性祖患痿卧病年餘勳親侍湯藥手浣穢溺積久無倦色事父亦如之教子杰成立補邑諸生人謂善人有後云

張炳字明煥布經歷天性敦篤謇謇若無能及遇大事慷慨明决措置裕如里中桀黠之徒見之無不

帖服姪實成撫之如己子延師課讀督責成人中咸豐壬子科亞元皆炳之力也

張鵬程字海秋上庠生敦本睦族好善樂施尤諳於練務居近英邑咸豐閒屢有邊警程捐資練勇堵禦迭著戰功居民恃以無恐擢縣丞晉秩同知銜

張一鰲字占魁國學生與弟士鰲俱天性孝友尤好善樂施嘗捐金搆涼亭一椽施茶水以便行人數十年不倦他如修橋梁治道路不惜巨資鄉里至今猶稱其義焉

楊啟泰字登春儒士天性純篤父晉獻素剛方每當盛怒泰長跪以前曲意承順父爲之霽顏及理家政克勤儉尤喜周恤貧乏有負債不能償者泰取券焚之鄉人稱義焉

晏昌達性至孝父老病家貧無以奉甘旨爲人傭工藉資贍養父卒達每食必薦輒悲不自勝云

周世球嘗千總爲人剛毅有斷排難解紛施貧濟困鄉里咸稱頌之

廖壽國學生慷慨樂施嘗有荒年鬻子者濟以衣食易使收養貧不能葬者卹以殮費俾瘞埋之至今鄉人猶嘖嘖稱頌焉

廖封壇國學生規行矩步鄉鄰有爭者以片語喻之輒解釋於天倫之際融融洩洩有錫類風焉

廖榮楚國學生父嗜學楚髫齡卽就外傅勤習舉子業屢試前矛以數奇未遇逮弱冠父母先後卒楚悲痛幾不欲生嗣是淡於進取朝夕依靈側供奉飲食若親在然每事必關白而後行及葬春秋祭享怵惕悽愴老而彌篤卒年七十有六

傅盛謨字俊民性孝友伯仲無閒言尤慷慨好施凡屬義舉靡不身先倡率里中咸倚賴之家居訓戒子姪惟以敦本力學爲要子汝梅英年入泮姪聯紹亦援例列成均

崔家駿儒士字穆齋稟性純孝母病篤駿侍奉湯藥罔效割股和藥以進母病立愈

聞弼臣性豪邁不樂居施與名每穀米昂價時臣收賤值於正數外益以升斗名曰補耗貧窮多所利賴有相爭不釋者輒出酒食以解之其好義類如

此鄉人常稱道之

周慶珩字佩榮性至孝依依孺慕行年五十猶偕仲季作嬰兒戲以娛母歡族黨咸稱之享年八十有六無疾而卒

朱長壎邑庠生自就傅時卽解孝養先意承志終身不改鄉人慕之

蕭漢杰夙好義舉遇歲荒賑飢甚多咸豐初粵匪擾境避難杰地者衆杰解衣推食初無吝惜人皆稱其好義焉

童墉字春華上庠生性情溫厚心氣和平幼失怙侍奉慈闈曲盡孝養家素貧自甘淡泊必謀甘旨以奉母母年八十墉六十猶依依孺子慕焉至邑之公事若學宮考棚皆盡心襄辦不遺餘力至今猶爭道之

葉敦儒字什俊品行端正好善樂施家素豐每歲必減田租戚族中有貧不能娶者儒出金助之俾成家室一時稱爲善人云

葉錫薰字觀國天性純篤最敦孝友析居之日凡田産器用美好者分以與弟里中貧乏者薰皆矜恤之見有愚頑子弟必開導訓戒使之自新至今猶誦其德於弗諼

胡泰雲　張金詔　汪廷寅

閻道銑　晏五梅　羅紹基國學　葉紹瀛國學

以上俱割股救父

趙海涵　劉光元　張得枝　陳子瑞

陳子琛　陳季芳　林百全　余開震

洪志富　朱正埜　江應祥　張尹達

曾世楷　黃華附貢　黃世榮國學　王芝蘭

朱盛翙　胡位中　胡秉中　徐榮階

以上俱割股救母

洪紹發父病割股救治母病亦如之妻周氏亦克承夫志姑患癱疾周吮之無難色

陳明顯父病割股以救之父沒廬墓三年

方洪道繼母病篤道刲股以救之母病尋愈子秉彝道教之以義方後爲邑名諸生

晏廷粱廩生家貧嗜學性純孝母病粱侍湯藥衣不

解帶者數月刲股以進病旋愈
楊啟賢父病刲股以愈之母病亦然父母沒俱廬墓
三年里人稱孝焉
曾榮基太學生幼精文學屢試前矛以奉嗣祖母嗣
母兩代孀幃不忍離左右遂就成均色養備極周
摯且爲之請旌表母好行陰隲事凡賙卹利濟諸
善舉靡不竭力奉行以全母志孺慕依依終身如
一日焉後基抱病弗愈子大觀媳廖氏亦刲股救
之次子敬心食廩餼孫曾玉立克繼家聲人以爲

孝義之報云
王鋼性至孝母病同妻周氏親侍湯藥衣不解帶者
數月沒泣血三年
童先聲字賓門上庠生性至孝痛父早卒事祖父益
加祗恪祖年七十患痰症凡飲食起居聲日夕調
護歷七八年久無倦色尤好爲義舉家素豐聲綜
理出入務爲寬厚諸佃積欠多至千餘金召至其
家悉焚其券遇里中有急難常解囊以助之又倡
建育嬰貧不能育者雇乳母收養於中月給錢米
全活甚衆至今鄉人猶稱頌之
廖允炎字蘭村居邑西鄉事母極孝母病親侍湯藥
衣不解帶者累月讀書蕭寺中絕意仕進以著述
自娛年僅二十八卒士論惜之
金瑞標號錦川邑諸生負不羈材慷慨有大志性剛
正人不敢干以私好善樂施於地方利濟事以身
先之於里黨中困之者時加賙恤德色不形至今
人頌其高義焉
許彩鰲刲股救父病愈

羅宵烺父歿廬墓三年
易和泰　王枝春　晏五音俱刲股救母病
李睹邑諸生性剛直排難解紛片言可決尤好施與
歲疫捐資置棺木以瘞之鄉里戴其德焉
楊道城字右屏歲貢生蒔桃圃史重義輕財喜扶植
後進食餼後從游益衆不屑計束修並時助寒畯
膏火於戚族有無相通貧給衣食病濟藥餌毫無
德色人共仰爲清白遺風
吳士琮孝事二親終身不懈歷耆年猶以奉事未能

為感子鳳魁太學生善養志季女以貞孝　旌皆
琮之孝思不匱啟之也
曾大艮字顯赤上庠生慷慨有節操侍奉孀母能養
志童時母督課嚴厲或怒責以杖艮怡然受之母
有不豫艮出入扶持晨夕無間嘗因外赆事劇夜
分始入母已就寢艮立門外待且母弗知也母歿
哀毀骨立既葬朝夕廻環墓側不忍安處室廬艮
病篤猶親詣墓前啟墓門省視宗族咸以孝稱之
龔信元封股療父病父歿廬墓三年

秦錦春封股救母
周達珠封股療祖父病
曾赤文宗派傳烺儒士積學有至性事親竭力其父
母嘗寢疾弗愈烺親侍湯藥衣不解帶者四閱月
乃瘳幼受學長兄兄老烺事之如嚴父咸豐丙辰
歲大旱穀米昂貴烺出己粟減價一時利賴嗣以
團練功蒙獎烺自慚遜讓有古人謙退風焉
林毓英上庠生謹慎持身篤於倫理敬教勸學周急
扶危賴其成就者甚夥

葉中組性溫厚傳家以孝友爲宗至今七世猶然同
居門庭和樂鄉里稱之
高傳梅傳家忠厚自梅高祖璨至梅孫裕昌七世同
居雍睦可風
王立賢品行端方頻笑不苟最重師儒每朔望必衣
冠拜禮至人咸推重焉
王安準字立庵太學生事孀母以孝聞與弟友愛甚
篤撫孤姪成立補諸生里中浮澆子畏其知名官
諸不輕取與不苟其剛正如此

葉端林字迎書性孝友與弟偕居無間言年三旬餘
失偶義不再娶里有強悍者以祥和化之嘗捐田
祀祭以綿禋祀長孫啟儒列成均次孫裱華爲邑
諸生
鄭懋昭字德鄰歲貢生居心正大植品端方以督團
防保舉訓導於捐田助邑膏火及施渡田外並捐
修宗譜昆季有三其父以昭居長素積勤勞勸理
家政遺命田產昭得其一兩季分其一析居之日
昭仍鼎列三分友愛無間里中有貧不能讀者寻

以修金應試無藉者助其資斧年荒減穀價歲暮
拯飢寒善行不可枚舉鄉人德之
晏五榮號蔭庭上庠生謹慎持身最敦孝友捐貲保
祖刻送善書族黨咸稱頌之享年八十無疾而卒
徐長富刲股療親
廖春元刲股救母
潘彩恩刲股救母

羅田縣志卷之六

人物志下

列女

古井無雪其波常澄秋竹負霜其節無屈故巾幗之
流不忝丈夫焉昔范蔚宗撰後漢書爲文姬作傳識
者訾之謂其外本內末輕節重才非所以扶翼世教
也於戲紀淑德表貞操可毋慎歟志列女

烈女

明

劉氏幼字姚相未婚聞相歿遂裂帛裹首徒步往弔
至則相已就木矣乃撫棺長號棲相室期年不返有
勸之歸者女厲聲曰夫死安歸鄉人張某欲謀娶之
女矢志不從母家召之歸且告之故謂不從必刼諸
途女乃竊蓑笠蒙之以走張之伏諸途者弗知也女
至姚比登樓以髮挽頸自經死事聞旌之
蔡女諸生蔡容遠之女許余姓未嫁癸未城陷爲賊
所執女斷髮毀容誓不從賊賊婦感其義力保全之
越日賊令紉所拾履女憤曰吾已辦死豈爲賊紉履

遂痛罵賊砍數十刀而死棄其屍於山岡時有胡嫗
目擊其事
董女幼許喻於義未婚聞流賊破城懼不免潛赴泮
池溺死越十餘日面如生後喻以選貢成名感其義
著有哀詞
陶女正德間被賊擄抗志不污罵賊死
國朝
謝女幼許蘄水羅姓之長子女年二十一猶未嫁羅
氏子違出九年未歸其從父與謝謀欲以次子續婚
議已成女知之投河死屍直立水中不仆貢生秦之
鐸有傳載藝文志

王氏幼許陳廷獻年未笄聞獻病篤白父母欲往視
之弗許女涕泣不食乃遣之至則獻已不能起數日
獻歿女扃戶投繯陳氏共救之泣曰夫死義不獨生
生不得爲陳氏婦死願爲陳氏鬼次日卒自經死
周氏周金榜之女幼許董氏子年將及笄董氏子病
女聞之請命於父欲往侍視湯藥父不許請益堅父
審其終不可奪遂許之往既至董氏以未成婚禮辭
女曰此何時而託禮自絕耶自是藥必先嘗食必親
調衣不解帶侍疾累月而董氏子歿女繞棺號哭以
首觸棺血流被面董氏知女有死志遂與鄰媼密防
之女絕粒四日強起一飯謂姑曰女今不死矣顧家
無餘粟何弗遣鄰媼去姑信從之移時偵姑浣衣於
外卽扃戶投繯死視其衣服首飾若宿備者蓋距夫
死實五日云女既死顏色如生人殮時遽回首左顧
夫棺儼不可挽其節烈精誠之固結有足異矣以上舊志
周女周世臣之女幼許姚姓姚氏子無行浪游不知
所終或勸世臣爲女擇嫁女偵知誓從一而終遂自
縊死

余氏余三立女幼字嚴和鍩未于歸而鍩死女往弔
以首觸棺血淚俱流越月嘔血數升而卒
廖氏胡太原聘妻未于歸而夫歿女撫棺大痛誓以
身殉不數月投繯死
陳氏幼字張邦亮亮得癘疾女聞往侍湯藥數月亮
歿女以身殉　旌
高氏監生高學楚女幼字儒童張二歧未于歸而夫

故女哀泣誓不再字越數月鬱結死歸張氏合葬張姓嘉其節以胞兄子爲之嗣女父學楚給田二十畝永爲祀產

涂女涂士雄女咸豐五年二月二十日遇賊被害

張女張顯能女咸豐五年十二月二十日在蘄水瞿家六斗地遇賊被害

童女童邦富女年十四待字咸豐五年被賊擄逼之去女憤批賊頰賊怒殺之

童女童邦富姪女年十六待字咸豐五年遇賊不屈死之

余女幼字嚴永發咸豐八年三月初十日遇賊不屈被害

徐女徐耀其女咸豐十一年二月遇賊不屈死

王女幼許曾學林咸豐十一年遇賊不屈死之

胡女胡連喜女咸豐十一年二月十一日遇賊不屈被害

張女張先第女咸豐十一年二月十二日遇賊不屈隨母被害

劉女劉雲坤女咸豐十一年二月十二日遇賊不屈隨母投水死

傅女英邑傅文衢女衢寄居岳家故女生長於羅咸豐辛酉髮賊突至女兄以疾不能行女負兄挈崖十餘里偕母匿深谷中賊搜得之刃其兄女憤抓擊賊又殺之數日後殮其尸面色如生

傅女傅楚秀女咸豐十一年二月初九日遇賊不屈死

周女幼許陳世彩咸豐十一年二月初九日遇賊投水死

徐女幼許陳功滿年及笄未于歸壻卒女矢志守貞咸豐辛酉年二月女隨父母避難山中一賊突至露刃相向女紿曰勿殺我父母我隨汝下山去不數武投塘死越數日殮其屍面如生

董女董恒盛女咸豐十一年八月二十日女避難於蘄家山聞賊至自縊死

江女江希鴻之女咸豐十一年遇賊不屈被害

涂女幼許徐顯名咸豐十一年遇賊不屈投水死

徐女徐□女咸豐十一年二月遇賊不屈死

蕭女蕭丞吉女幼許何登强同治三年六月初五日賊犯境女避難於細河口懼賊辱死之

童女童恒珠女同治三年避賊於戲子洞甫入賊至强逼之女曰身可死不可辱賊執之女大駡賊以薪焚洞女與父珠兄金堂桂林曉林俱焚死

葉女葉萬川次女同治三年五月二十八日遇賊投水死

郭女郭天久女同治三年五月二十八日遇賊不屈

被害

朱女幼字樊開元同治三年六月初一日遇賊不屈被害

童女童邦富女同治三年六月初二日遇賊不屈死

黄女黄萬才女同治三年七月二十五日在十里鋪遇賊不屈被害

沈女沈學蘭女同治三年六月初五日遇賊不屈被害

童女童三捷女同治三年五月二十九日遇賊不屈

被害

李女李東女同治三年六月初二日遇賊投水死

詹女詹履貴女同治三年七月十五日父並母黄氏遇賊不屈均死

葉女葉萬利長女同治三年五月二十九日遇賊被執駡不絶口賊殺之

汪女汪克昌女同治三年八月二十八日在煙墩塆遇賊不屈被害

郭女郭禮鼇女年十五待字同治三年六月避難山

中賊至女自投於澗賊戈斃之

徐女徐太順女年十九同治三年五月在李券岩遇賊不屈被害

余女余世玉女幼養姑家年十八未婚同治三年隨姑避賊於蕭家坳觀音寺側賊俱擄之女泣求以身代姑賊迫之行女曰俟望姑不見方行及姑遣引女投水死

潘女候選訓導潘鼎梅次女同治三年六月在鋪兵河遇賊不屈被害

葉女葉新喜女同治三年六月在鳳凰關遇害

葉女葉啟富女同治三年六月遇賊投水死

汪女汪習英女同治三年五月二十九日賊叢集女懼不免投水死

胡女胡清吉女同治三年五月二十九日在棠梨河遇賊不屈被害

張女幼字徐斯波同治三年七月二十六日同姑雷氏避難姑死女亦自縊時年十九歲

周女周保全孫女同治三年五月二十九日遇賊投水

死

童女童彩雲女同治三年五月三十日遇賊不屈死

宋女宋五梁之孫女同治三年六月初二日遇賊不屈投水死

沈女沈舜階女同治三年六月初一日在棠梨河遇賊不屈被害

黃女黃萬金女同治三年五月二十九日在銀山寨遇賊不屈被害

丁女丁道和女同治三年六月十四日在虎形地遇

害

蕭女蕭萬林女年十八同治三年五月二十八遇賊投水死

蕭女幼字廖霞珍之子同治三年中途遇賊懼爲汚辱投水死之

程女程起雲女同治三年六月初一日在老虎溝遇賊不屈被害

萬女萬得祿女同治三年六月遇賊不屈被害

皮女皮行次女同治三年六月遇賊不屈死時年十五

高女高海雲女年十八同治三年七月遇賊不屈投

水死

程女程元列女同治三年六月初二日遇賊投塘死

王女儒士王皆俊女同治三年六月初二日隨父避難遇賊賊殺其父擄女女大罵抵死不行賊懼以刀女奪刀砍賊手賊大怒寸磔之

童女童廷瑞女同治三年六月遇賊投塘死

吳女吳如舟女同治三年六月遇賊不屈被害

童女童邦華女年十三同治三年六月罵賊撲水賊

戕斃之
吳女幼字胡姓年十九同治三年五月二十九日遇賊不屈投水死
匡女幼許盛永利之子同治三年遇賊被害
葉女葉永能女同治三年六月遇賊投塘死
方女方得祿女同治三年六月同母避難母爲賊戕女亦投塘死之
李女李克福之女幼許毛先慶同治三年七月二十九日遇賊賊執而縛之女紿曰勿縛我行將從汝賊

釋之至沈家嘴投塘死之
李女李在林之姪女同治三年六月初九日在古廟河遇賊被害
葉女幼字陳馥兒同治三年八月遇賊被害
鄭女鄭德先之女同治三年六月初九日在竹林坳遇賊投水死之
熊女熊延取之三女同治三年遇賊被害
胡女胡中元女同治三年六月初一日遇賊不屈隨母與兄投塘死

朱女幼字樊開元之子同治三年七月初一日遇賊投水死
樊女樊明太長女偕其娣於同治三年五月遇害
裴女裴六才孫女同治三年五月二十八日投塘死
吳女同治三年五月二十九日遇害
黃女黃才萬女同治三年五月二十九日遇害
胡女胡清吉女同治三年六月初五日遇害
喻女喻金明孫女同治三年五月二十九日遇害
徐女徐楚江女年十六同治三年六月遇賊投水死

閻女同治三年六月二十九日在銀山岩遇賊不屈被害
童女同治三年六月初十日遇害
彭女靳水彭塘武女幼字本邑郭祖武同治三年七月女隨母避難山中賊猝至俱執之女紿曰釋吾母行將從汝矣賊果釋其母女行約半里許投塘溺死
方女方銘天女同治三年六月遇賊不屈死
閻女閻同淮女同治三年六月初一日遇賊不屈死
趙女幼許陳永利之子同治三年六月遇賊被害

鄒女鄒宗校女同治三年五月遇賊被害

厓女玉蘭梅女均厓盛鋼女同治三年六月遇賊被害

厓女厓盛鏈女同治三年六月遇賊不屈死

李女李永發女同治三年五月遇賊被害

鄭女鄭丙瀛女同治三年六月遇賊被戕

鄭女鄭正發女同治三年六月遇賊被害

鄒女鄒春生女同治三年五月遇賊被害

藍女藍　女同治三年五月遇賊被害

李女李高仁女同治三年五月遇賊被害

厓女厓文洲女同治三年六月遇賊被害

方女方啟揚女同治三年六月遇賊被害

王女王添才女同治三年五月遇賊被害

郭女郭　女同治三年五月遇賊被害

劉女劉雲坤女同治三年五月遇賊投水死

葉女先秋葉端仕女同治三年遇賊被害

童女長次女均童開榜女同治三年遇賊投水死

郭女郭熠榆之女同治三年六月遇賊投塘死

熊女三姑熊廷趣女同治三年六月遇賊不屈被戕

貞女

明

王女父早卒諸弟皆幼女憫之矢志不字守先人田產撫諸弟成立年九十餘卒皆以孝稱之

國朝

項氏原任浙江湖州府知府漢陽縣項喻女幼字仁和縣知縣何昇子毓璜未婚而毓璜歿氏年方十七聞訃素服奔翁任守志立同宗之子承嗣爲嗣後翁遷任河南湯陰縣卒於官姑年邁氏護柩還羅數年

姑歿喪葬悉如禮後苦節四十三年道光乙酉學使王贈額曰貞操共仰

祝氏幼字庠生史斌斌亡氏年十九聞訃奔史氏哀號不絕聲願以身殉斌祖父母及母泣勸之許遂其志乃誓不歸立斌胞兄庠生尙鼇之子爲嗣尙鼇卒依斌弟廩生尙焜苦節三十七年內外無間言學官詳牒有云奉養白頭孝婦依然靜女恩勤黃口猶子便是佳兒蓋實録也學使王題額曰貞心勁節

劉氏幼字邑增生余寬之子銘銘年十七亡女未及

笄聞訃奔余哭失聲形僅骨立寬以氏年少令家人勸之歸氏曰生歸余否則死耳安歸寬哀之命家人待以禮以次子庠生銓之子昴爲嗣終身無閒言人爭稱之以上舊志

張氏幼字李登雲未于歸雲卒女年十七聞訃奔喪李氏誓不歸善事舅姑以夫兄子廷取爲嗣苦節五十九年

余氏幼字涂三樂年十九未婚聞三樂卒奔喪欲以身殉念翁年老無子乃撫姪道暎爲嗣守節四十四

年　旌表建坊

王氏幼字李光添年十八未于歸聞添病往視越日添故卽變服立姪承祧守貞不渝學使王賜有節勵女貞額

吳氏儒士吳士琮之女幼字廖鐸未于歸鐸卒女聞訃毁妝奔喪遂留夫家矢志養姑學使王賜有守貞全孝額道光十七年　旌

陳氏監生陳家治女幼字李春宇年十九未于歸聞春歿卽衰絰奔喪願留事姑歷三年歿咸豐三年　旌

童氏童二見長女幼字儒童雷一庠年二十四未于歸聞庠歿遂奔喪留夫家立姪承嗣守節三十九年

胡貞女胡任賢之女幼字童光照照故時女年十八聞訃奔喪內衰麻外吉服入門拜宗祖及翁姑畢投吉服火之向靈前哭拜起以頭觸棺暈絕者再姑撫之入請立後以夫兄子啟虎嗣爲女自是不出房闥惟昧爽一問姑安父母遣兄弟來視亦隔簾存問數語而已數年沒家中自女輩外惟入門及盖棺時兩見之咸豐十年中丞胡公奏請　旌獎且贈額曰秋

江比潔

黃氏幼字王皆晉年十七晉歿女奔喪夫家立嗣守貞同治六年建坊

童氏幼字王枝杏未于歸聞杏病篤往侍湯藥杏歿矢志守貞越十年卒

王氏幼字鄧垂獻未于歸聞獻病篤往侍湯藥獻卒女矢志守貞越七年卒

王氏幼字周賢書未于歸夫故女誓不他適守節二十餘年卒　旌表建坊

王氏霍邑王宗沂女幼許鄭雁鳴養於夫家夫歿女年十三即矢志靡他翁病女割股以救之

周氏周啟明女幼字彭姓未嫁彭故女守貞不再字

旌

王氏幼字羅有虎未嫁夫故女奔喪夫家矢志守貞

李氏幼字汪榮漢年十七未嫁聞漢訃至馳歸漢家奉姑盡孝立子承祧苦節五十六年

王氏王文述女幼字周祚成未于歸聞成故泣不絕聲遂往夫家守志姑病女割股和藥以救之

王氏幼字周隆鍇鍇歿女矢志靡他歷二十一年卒

陳氏幼字王枝誨年二十二未于歸聞誨卒遂奔喪留夫家守志姑病割股和藥調愈

張氏從九張瑤皆女幼字儒童周四存年甫及笄未于歸夫故女奔喪夫家以夫胞弟子為嗣矢志守貞承順舅姑內外無間言

孝女附

李女儒士李學膺女年十六割股救父

方女方復興女年十四割股救母

烈婦

明

聞氏諸生胡粹然妻太守蕭魚之甥女為流賊所執厲聲罵賊曰死賊速殺我我豈從賊賊怒支解之氣絕罵乃已

朱氏胡一銘妻崇禎八年二月初四夫婦率幼子避亂遇賊被執罵賊同死

汪氏諸生江之桂妻夫婦遇賊皆被執賊欲殺桂挾氏去氏請釋其夫賊從之氏俟夫行遠奮身罵賊激賊殺死

胡氏貢生王熤妻有子七食餼於庠者三寇亂被執抗聲罵曰爾以我夫若子皆何如人而敢逼我賊露刃相恫意欲挾之氏奪刃自刎死賊衆歎曰此真烈婦也

汪氏孝廉王燦妻夫婦避兵南遷路遇賊夫為賊殺氏被執不屈奪賊刃鬭死

胡氏諸生方應尊妻 國初避兵赤剥崖聞夫抗節自盡投崖而死

丁氏胡昌然妻崇禎末賊犯羅氏隨夫避難遇賊不

屈同死

國朝

何氏開縣知縣羅三才妻童氏增生羅三極妻賊至均與夫奔散誤傳三才兄弟死於賊何與童抱子投林家塘死賊退尋屍猶緊抱其子不能解

李氏邑庠生王煩妻　國初遇賊被擄大罵不屈賊斷其手足死

熊氏閔子卜妻居西關外大水至居民奔避子卜病卧不能徙氏誓死不去率子女集榻前須臾水大至

闔家盡歿

匡氏晏甚玉妻其父母居河南女少育於匡遂以匡為氏歸晏僅歲餘夫歿無子抱夫女弟之子養之族惡逼令他適氏誓以死遂儲毒藥以俟族惡得漆姓金將刼之去氏知之潛逃衆追及氏抱樹而止衆拽之氏泣不舍樹為之拔執氏及門不令入室氏曰勢至此我何能為髮亂容理之入卽服毒籲天忿詈族惡縛至輿中半途謂輿夫曰我死汝等須以屍還晏比至漆藥發死目不瞑以其屍歸晏乃瞑

周氏徐雲龍妻鄉民女也平時言笑不苟以閫德稱及歸徐克盡婦道敬順無違鄉里賢之年三十夫歿哀慟成疾語鄰媪曰良人死不忍獨生且家無娣姒居處不便異日必有奪予志者惟有死耳越數日以幼子託於鄰媪扃戶自縊以救免是夕復自縊死時乾隆五十二年四月六日事

周氏監生蕭光悅妻年二十于歸歲餘光悅歿氏立志從死勺飲不入口者六日姑知志堅防之甚密娣姒咸勸之且立姪常銳為嗣以寬其憂氏佯曰有子

可不死矣防稍懈遂自縊死

夏氏黃甲福一名德安之妻家貧佃田為生乾隆丙午春大飢甲福染疾氏不食典釵謀醫藥甲福死卽鄰里具棺葬之繞墳號哭輒至斃越七日自縊死面如生里人哀之合葬夫右時年二十八　旌

秦氏庠生童大樟妻夫病篤刲股和藥愈月餘夫歿泣不食死

周氏張翼妻年二十夫故氏欲殉夫家人止之越日不食卒

郭氏胡具勝妻姑墮水氏赴救俱溺死屍起手挽姑擘之乃解

胡氏胡孔清女幼字江廷華未于歸其舅姑將徙居英邑氏夫已病欲娶氏同往氏父有難色氏請行遂歸之徙英邑數月夫故氏遂絕食脫釵珥舅姑知氏必殉也防之卒自經死英邑人義之輓詩成帙英邑令何表其墓轉詳請 旌

吳氏胡國良妻年二十一于歸隨夫寄居英邑六閱月夫故氏自經死 旌

張氏胡佩玉妻夫歿有謀奪其志者遂自經死乾隆四年 旌 以上舊志

詹氏文大卷妻年二十夫故家貧恐不能自全安厝夫棺立投水死

周氏屈立省妻年二十七夫故無子悲泣不食逾二月死

匡氏李善慶妻夫病封股救之愈後數月夫故氏遂不食死時年二十四

王氏葉啟謚妻年二十五夫故氏遂自溺死 旌

陳氏庠生童賢輔妻賢輔因拯溺失水死氏痛之以四齡兒託夫弟媳周氏絕粒而死時年二十八

劉氏聞道源妻年二十三夫歿投水瀕死衆救之越旬日卒不食死

姚氏王階熙妻年二十六夫病篤氏焚香禱天願以身代夫歿氏不食死

江氏江學籍女胡學智妻年三十一夫歿氏欲殉之翁姑曰汝有遺腹不可死也氏遂飲泣俟之越五月生女氏遂不食死

楊氏儒士周隆昶妻昶病氏禱於神乞以身代及歿喪畢投水瀕死家人救之越三日投繯死合葬夫右

漆氏汪思賢妻年二十八夫病禱天願以身代及夫歿氏投繯死

陳氏庠生童啟佑妻年二十五夫故氏不食死

陳氏張克鎔妻夫故家貧無子有勸其再嫁者氏剪髮自誓塟夫畢不食卒

蕭氏文宏燧妻年二十九夫故引刀自刺死 旌

周氏英邑金鴻賓妻翁耀遠官雲南武定州知州咸豐八年正月賊陷城隨任一門二十餘口同時盡節氏與鴻賓攜二子投池以殉

御史胡毓筠夾片附奏殉難婦女同治六年

陳氏通判陳瑞臻女都司熊五雲妻同治三年六月初二日避難至簿寨遇賊被刼至方四坳氏佯作導左給賊曰飢甚賊信之往覓食氏赴水死越數日殮之面如生

葉氏貢生河南府經歷陳瑞琳妻同治三年六月初二日罵賊不屈死

郭氏舉人內閣中書陳昌綸妻同治三年六月初二日罵賊不屈死

徐氏文童陳秀雲妻同治三年六月初二日罵賊不屈死

潘女訓導潘鼎梅長女同治三年六月初二日罵賊不屈死

童氏庠生晏以顯母同治三年六月初二日罵賊不屈死

廖氏石自新妻年二十七夫故苦節已　旌咸豐十一年八月二十日偕女艮桂避難月山廟賊至立塘側罵賊攜女投水死

知縣彭應鯉詳報殉難婦女咸豐七年

何氏歐陽仲耆妻　金氏歐陽克昌妻

張氏汪春華妻　袁氏匡鳳堦妻

胡氏李上進妻　王氏鄭金玉妻

楊氏楊泰姑母　阮氏[redacted]時連[redacted]

熊氏徐八鳳妻　徐氏涂光永妻

吳氏喻文獻妻　周氏涂光詠妻

涂女徐士田妻　尹氏黃丙南妻

胡氏徐曰千妻　王氏李金雲妻幼女同殉

周氏涂四杰妻　王氏童達揚妻

童氏涂四和妻　張氏王開泰妻

齊氏徐大興妻　郭氏徐之梅妻

李氏盧永容妻　王氏李長發妻

胡氏瞿啟雲妻　盧氏李春和妻

徐氏盧自順妻　王氏張則萬妻

郭氏馮秀林妻　鄭氏王安撫妻

段氏王祈志妻　李氏張則義妻

李氏郭[redacted]妻　張氏瞿[redacted]妻

傅氏葉[redacted]妻　郭氏李[redacted]妻
張氏周[redacted]妻　鄭氏王[redacted]妻
郭氏葉[redacted]妻

城鄉遞次殉難婦女自咸豐八年至同治三年

何氏劉敏齋妻　匡氏許大廷妻
王氏蕭家泰妻　潘氏楊以鼎妻
李氏吳萬象妻　胡氏葉端仕妻
涂氏葉芹泰妻　王氏史首賢妻
周氏童二海妻　胡氏楊以貴妻

汪氏匡仲謨妻　匡氏晏登第妻
金氏王登元妻　郭氏胡學啟妻
閻氏蕭壁之妻　潘氏朱涂福妻
劉氏晏五桂妻　許氏滕楚瑞妻
黃氏張慎勤妻　岳氏林肇緒妻
童氏余錫梁妻　張氏羅榮照妻
涂氏程名啟妻　閻氏傅杏林妻
胡氏張元喜妻　張氏汪春華妻
程氏馬玉階妻　周氏胡學秀妻

郭氏葉茂鴻妻　趙氏黃聯照妻
李氏何翙之妻　尹氏張[redacted]順妻
熊氏徐八容妻　李氏余德焰妻
王氏從九涂鑑之妻　徐氏胡學璧妻
魏氏胡中俊妻　張氏余彩福妻
李氏余拔萃妻　徐氏胡永順妻
曾氏方立成嫂　徐氏胡學和妻
童氏胡祥友妻　陸氏朱門盛妻
樊氏王金容妻　國氏葉錫朋妻

吳氏葉啟富妻同女投水　程氏葉百祿妻
趙氏羅永和妻　魏氏周凌雲妻
祝氏胡有乾妻　彭氏胡應文妻
胡氏夏鳴臯妻　盧氏余應選妻
葉氏胡太烈妻　王氏汪惠方妻
張氏汪高傑妻　張氏王旺才妻
魯氏郭天八妻同女死　程氏胡鳳文妻
查氏涂廣富妻　朱氏涂萬盛妻
李氏盧文盛妻　盧氏胡詩元妻

徐氏胡詩俊妻　王氏胡宗義妻
樊氏胡宗燧妻　余氏裴宗福妻
王氏盧朝取妻　張氏盧錦春妻
瞿氏李道朝妻　朱氏汪文炳妻
王氏汪蘭堂妻　胡氏余道見妻
莊氏龔國才妻　潘氏盧文鉞妻
彭氏徐高發妻　張氏楊朝輔妻
李氏盧琴書妻　何氏盧淩虛妻抱子投塘
張氏胡庭榮妻同幼子死　徐氏胡庭選妻

張氏胡奉三妻　樊氏李在餘妻
瞿氏李捷廷妻　徐氏余光佑妻
夏氏盧思哲妻　郭氏盧錦城妻
胡氏盧世義妻　瞿氏汪炳德妻
萬氏盧煩[redacted]妻　閔氏徐光勝妻
王氏劉勝才妻　陳氏高鳳祥妻
胡氏熊廷趣妻同子柯田死　潘氏陳永富妻
艾氏祝四海妻　郭氏軍功石玉成妻
胡氏石鵬彩妻抱乳子同死　胡氏周必昌妻

李氏程錦雲妻　張氏龔錦耀妻
彭氏秦松齡妻　李氏程丙和妻
樂氏張正明妻　李氏羅登朝妻
劉氏羅文升妻　吳氏王楚望妻
易氏趙雲春妻　易氏趙春安妻
易氏龔必第妻　趙氏程殿揚妻
張氏聞三進妻　樊氏葉耀先妻
許氏徐[redacted]妻　汪氏張寶賢妻
章氏張世哲妻　王氏張世諧妻

饒氏張崇保妻　范氏張宜發妻
羅氏李永太祖母　田氏周[redacted]妻同子聖德不屈死
饒氏葉九成妻從夫死　張氏汪萬堂妻
匡氏鄭再徐妻　張氏鄭雁春妻
陳氏葉文翰妻　饒氏葉端彼妻
汪氏葉錫萬妻　葉氏方謹訓妻
童氏張儒春妻　黃氏方得祿妻
葉氏汪禮先妻　葉氏陳萬春妻
羅氏童國巨妻　葉氏張義和妻

李氏葉新喜妻　鄭氏葉芠茂妻
匡氏余萬清妻　汪氏李啟發母
潘氏高金鼇妻　潘氏劉雲坤妻
朱氏董翹榮妻　張氏瞿之初妻
徐氏董守璽妻　曹氏閻同波妻
徐氏劉八鑑妻　余氏徐春和妻
陳氏胡忠炫妻　胡氏周秀章妻
簡氏余秀章妻　郭氏喻文華妻
余氏童連友妻　王氏李飛雄妻

徐氏裴永恭妻　吳氏胡五桃妻
吳氏裴永信妻　盧氏李大鵬妻
周氏王應台妻　羅氏王藻春妻
高氏宋豔提妻　余氏童[redacted]妻
李氏胡朝海妻　王氏李宗勝妻
李氏余廷富妻　盧氏李瑤舉妻
萬氏程彩章妻　郭氏徐貞祥妻
華氏李大倫妻　姚氏李期江妻
胡氏裴榮[redacted]妻　胡氏劉鳳高妻

徐氏閻定友妻　余氏胡泰祥妻
潘氏張從儉妻　張氏徐金城妻
王氏夏必志妻　胡氏高朋皋妻
王氏陸鳳彩妻　胡氏張連甫妻
傅氏胡勝宗妻　胡氏裴六云妻
徐氏裴錦堂妻　王氏裴永進妻
程氏高甫成妻　熊氏王淩雲妻
朱氏徐玉奇妻　闞氏喻金魁妻
胡氏劉金遂妻　朱氏徐士多妻

余氏胡泰晉妻　高氏裴朝舉妻
蕭氏黃錦揚妻　馮氏程錦雲妻
郭氏樊秀純妻　許氏樊永揚妻
雷氏葉紀章妻　徐氏陳國安妻
李氏胡太勳妻　余氏葉春發妻
樊氏李紹發妻　余氏胡中元妻
汪氏陳發榜妻　汪氏余庭安妻
樊氏李玉堂妻　孫氏樊新才妻
李氏樊蓋有妻　李氏李泰山妻

張氏李方斗妻　邱氏李兆堂妻
郭氏王東明妻　劉氏庠生李鍾靈妻
王氏李楚雄妻　張氏李紹蘭妻
張氏李習良妻　瞿氏李在育妻
徐氏李力耀妻　瞿氏李志發妻
郭氏朱四灌妻　彭氏葉大緯妻
郭氏朱三元妻　氏葉慶芳妻
徐氏葉錫德妻　楊氏葉福九妻
馮氏汪躍龍妻　郭氏汪承炳妻

樊氏郭懷奇妻　孫氏周隆萬妻
葉氏郭熠榆妻同妻曾氏女一遇害　徐氏郭正興妻
趙氏樊時美妻　童氏李道檝妻
周氏馮明興妻　張氏范翼高妻
郭氏王添籌妻　郭氏藍成德妻
樊氏朱四忻妻　程氏段永福妻
董氏葉茂鵬妻　葉氏李光佑妻
吳氏黃應朝妻　郭氏黃應國妻
瞿氏黃紹達妻　郭氏馮春典妻

葉氏李大愷妻　瞿氏張紹庭妻
匡氏葉茂洪妻　汪氏樊淵海妻
胡氏樊永貴妻　方氏葉端士妻
汪氏樊明道妻　周氏樊春華妻
葉氏樊春照妻　何氏李君義妻
汪氏葉正時妻　陳氏李金儒妻
王氏李道材妻　李氏孔永清妻
李氏葉又兒妻　陳氏葉雁彩妻
氏李文岳妻　氏李以才妻

葉氏李丹雲妻　鄭氏李念典妻
郭氏李金序妻　汪氏李文斗妻
鄭氏葉東啟妻　葉氏張養善妻
王氏張鑒光妻　黃氏周翹松妻
方氏張養興妻　葉氏張容和妻
傅氏葉和連妻　陳氏劉會海妻
饒氏葉[redacted]妻　方氏徐天朋妻
鄭氏庄大才妻　蕭氏段[redacted]妻
鄭氏葉新彩妻　方氏徐會同妻

蕭氏汪邦桂妻　蕭氏徐九科妻
蕭氏方正爵妻　姚氏潘光勝妻
徐氏方二牙妻　徐氏余光佑媳
方氏涂光晉妻　伍氏胡學志妻
徐氏陳秀雲妻　朱氏王志義妻
張氏胡燕玉妻　汪氏王家鐸妻
李氏樂殿照妻　張氏汪廣福妻
楊氏黃復元妻　周氏涂景揚妻
張氏趙晚川妻　高氏李萬華妻

余氏童紹意母　萬氏胡全順妻
高氏李學理妻　蕭氏毛科元妻
秦氏蕭金愷妻　趙氏金彬燦妻
金氏田春元妻　閻氏增生胡紹瑗妾
潘氏胡偉庸妻　熊氏胡榮烺妻
朱氏蕭光楚妻　徐氏汪應發妻
洪氏朱列棟妻　李氏金[redacted]妻
蕭氏胡大成妻　汪氏陳霞順妻
胡氏[redacted]妻　汪氏周世榮妻

張氏汪枝發妻　陳氏汪文楷妻
李氏晏文元妻　雷氏晏文國妻
李氏程祥光妻　江氏雷雲照妻
雷氏鄧垂達妻　黃氏汪邦鎧妻
熊氏胡四炳妻　潘氏胡五璘妻
涂氏汪象明妻　程氏周長發妻
馬氏郭利丰妻　郭氏徐枝梅妻
齊氏徐大鷹妻　尹氏黃世彥妻
王氏童啟貴妻　林氏蕭大鳳妻

徐氏程學才妻　徐氏郭元音妻
楊氏郭元胡妻　齊氏徐大昌妻
胡氏陸成宗妻　胡氏宋六壽妻
李氏吳瀛江妻　王氏夏高翥妻
胡氏徐召州妻　范氏方萬有妻
陳氏王應元妻　齊氏徐國才妻
徐氏尹東升妻　林氏周交成妻
徐氏陳樂德妻　邱氏雷文軒妻
何氏潘煥高妻　盧氏樊淵漢母

周氏王同連妻　劉氏沈聯科妻
王氏沈舜階妻　徐氏胡清吉妻
余氏李輝丙妻　葉氏羅威有妻
張氏監生李光遠妻　蕭氏周慶祿妻
葉氏王保周妻　朱氏王克順妻
秦氏李鳳山妻　李氏汪國圍妻
張氏黃士宏妻　蕭氏周錦春妻
李氏周孔習妻　周氏監生張立業妻
劉氏王枝棹妻　楊氏蕭在元妻

明氏蕭自明妻　蕭氏唐永江妻
蕭氏周保全妻　祝氏許耀第妻
張氏周從法妻抱子投水死　姜氏陳永才妻
李氏周隆金妻　王氏高義方妻罵賊不辱賊裂其屍
朱氏童先發妻　周氏陳春旺妻攜子佑喜投塘死
詹氏陳春和妻　羅氏雷雲南妻
余氏周宇順妻　徐氏彭永吉妻
匡氏楊盛才妻　毛氏彭奉賢妻
余氏洪金遂妻　周氏彭文連妻

陶氏周萬全妻　周氏王輝璧妻
余氏方一志妻　楊氏傅楚秀妻
陳氏周名交妻　方氏余志道妻
王氏周隆雨妻　洪氏余才學妻
葉氏雷英華妻　金氏胡學昼妻
蕭氏朱金春妻　蕭氏朱朋發妻
徐氏高文秀妻　張氏高宣虎妻
童氏嚴光宗妻　吳氏蕭才蔭妻
李氏李建玉妻　余氏潘長萬妻

朱氏潘隆丑妻　李氏潘隆興妻
周氏李在宮母　蕭氏胡忠發妻
徐氏段學富妻　胡氏童宗羲妻
余氏吳國富妻　晏氏童漢宗妻抱子投塘
晏氏庠生程清漣妻　余氏胡中發祖母
汪氏易東盛祖母　童氏胡中發母
余氏吳上賓母　胡氏童秉乾妻
魏氏童新甫妻　張氏童開榜妻
汪氏文坤玉妻　張氏劉啟賢妻

呂氏童時發妻（同子開太死）　童氏劉學琦妻
袁氏徐克俊妻　徐氏盧錦標妻
王氏李道芝妻　王氏葉錫禮妻
徐氏余智懷妻　汪氏李四進妻
夏氏盧啟春妻　胡氏王應華妻
徐氏胡菊喜妻　劉氏王崇德妻
陳氏楊采堂妻（賊至投塘）　李氏丁名梓妻
李氏丁道和妻　楊氏雷恒豐妻（抱子投塘）
范氏江太元妻　曹氏晏朋玉妻

左氏汪福傳母　方氏曹新德妻
蕭氏曹五桂妻　汪氏蕭春映妻
汪氏徐盈川妻　朱氏李敦楚妻
唐氏蕭輝普妻　劉氏李忠寬妻
李氏朱長璜妻　李氏蕭祓爵妻
何氏周傳文妻　胡氏田克灯妻
張氏廖霞珍妻　劉氏熊德建妻
鄭氏簡永安妻　龔氏簡宏朝妻
庫氏徐發之妻　王氏李在林母

葉氏樊泰母　詹氏方銘天妻
李氏何士舉妻　徐氏何甲三妻
秦氏吳雲富妻　王氏段連科妻
李氏趙連貴妻（同子長兒投塘死）　蕭氏王鵬程妻
蕭氏程元列妻　李氏趙芝蘭妻（抱子投水死）
徐氏蕭瑄坤妻（抱子投水死）　蕭氏王茂翼妻
旌　葉氏王皆安妻　羅氏周錦春妻
朱氏余朝海妻　余氏周應宗妻
趙氏周應榮妻　屈氏胡理豪妻

徐氏閔一勤妻　潘氏詹世隆妻
王氏周有兒妻　段氏喻鳳先妻
周氏張文義妻　王氏周德秀妻
雷氏徐枋鎔妻　劉氏王枝[illegible]妻
旌　馮氏王家蓋妻　張氏晏有江妻
晏氏李紹棠妻　匡氏易春奎妻
樂氏周讀易妻　周氏傅永忠妻
李氏羅全忠妻　余氏傅全義妻
余氏詹思忠妻　周氏徐鴻卿妻

石氏潘煥瓌妻　胡氏周傳松妻
胡氏趙思雄妻　屈氏胡祥雲妻
朱氏童先發妻　蕭氏朱長宗妻
李氏潘萬清妻　沈氏李承連母
夏氏李承應妻　高氏潘封衛妻
童氏嚴介甫妻　林氏廖鎮洛妻
唐氏徐雁亭妻　徐氏廖紹興妻
邱氏庠生金景增妻　方氏闞紹宗妻
陳氏方耀廷妻　陸氏孫枝杏妻

李氏何士華妻　張氏汪榮揚弟媳
嚴氏王本田妻　程氏汪遂雲妻
胡氏熊官賜妻　趙氏熊楚發妻
匡氏王枝濃妻　葉氏熊光洛妻
童氏程有富妻　王氏程有貴妻
胡氏蕭士奇妻　晏氏胡步雲妻
樊氏葉雲程妻　周氏詹伍葵妻
胡氏周鳳太妻　段氏胡美元妻
黃氏詹履貴妻　蔡氏龔龍兒妻

傅氏胡鳳池妻　王氏童其祥妻
周氏董國用妻　陳氏庠生童肇虎妻
黃氏匡子敖妻　方氏匡雲林妻
張氏匡學全妻　陳氏匡學仝妻
姚氏朱[illegible]妻　匡氏葉錫福妻
匡氏鄭宗法妻　張氏姚隆賓妻
諶氏安金懷妻　李氏姚大常妻
王氏吳時發妻　匡氏姚羣發妻
朱氏姚四煦妻　夏氏匡子朋妻

葉氏匡隆章妻　方氏匡正名妻
方氏鄭永業妻　郝氏方必富妻
張氏吳榮先妻　范氏姚相堂妻
吳氏安和兒妻　李氏姚奎選妻
方氏姚有洛妻　匡氏姚榮耀妻
曾氏姚洵川妻　劉氏朱高陞妻
方氏吳兆啟妻　雷氏匡四存妻
方氏匡子蔚妻　方氏鄭宜廷妻
汪氏王家鐸妻　方氏董邦昌妻

楊氏方象勝妻　鄭氏姚必高妻
匡氏姚勛桃妻　朱氏安有富妻
匡氏姚龍光妻　方氏姚學時妻
何氏姚春啟妻　胡氏姚純志妻
葉氏姚三志妻　葉氏傅人瑜妻
匡氏傅人海妻　鄭氏姚有枝妻
王氏姚虞彬妻　匡氏姚長久妻
匡氏姚啟若妻　安氏姚炳聖妻
汪氏王意誠妻　匡氏鄒宗枝妻

周氏鄒倘志妻　盧氏鄒倘發妻
王氏匡均璜妻　匡氏張世選妻
汪氏匡大管妻　鄭氏匡大璣妻
傅氏胡元[redacted]妻　陳氏匡喬松妻
葉氏匡三捷妻　鄒氏匡作咏妻
張氏匡本寅妻　湯氏匡倫制妻
吳氏匡輔清妻　賀氏傅志啟妻
舒氏匡盛釆妻　王氏炎興甫妻
夏氏傅[redacted]妻　王氏李永發妻

曾氏鄭召興妻　范氏吳啟發妻
湯氏鄭金蘭妻　陳氏鄭丙瀛妻
石氏鄭丙瀛妻　嚴氏匡金第妻
匡氏胡天祥妻　吳氏李國華妻
胡氏李傳忠妻　鄭氏李慶芝妻
李氏余啟發妻　崔氏鄒國仁妻
鄒氏程世智妻　黃氏鄒均安妻
樊氏鄒瑞林妻　王氏鄒德州妻
胡氏鄒從理妻　王氏鄭學衡妻

李氏鄭三才妻　吳氏方盛春妻
游氏鄭三益妻　范氏余啟福妻
鄭氏汪必久妻　王氏李應忠妻
匡氏李應福妻　趙氏劉啟華妻
王氏匡廷弼妻　匡氏曾春朋妻
萬氏湯隆太妻　鄭氏湯長應妻
劉氏王天第妻　葉氏鄭玉書妻
徐氏王金祥妻　蕭氏萬秀升妻
毛氏王永華妻　嚴氏徐品華妻

嚴氏徐[redacted]妻　張氏鄒心楷妻
王氏鄒高辟妻　李氏張太福妻
傅氏張太興妻　胡氏匡秀峰妻
明氏吳學有妻　鄭氏吳太福妻
汪氏匡品龍妻　傅氏蕭有貴妻
鄭氏吳隆有妻　匡氏張[redacted]妻
余氏周友海妻　王氏許庭起妻
汪氏李孔金妻　石氏藍玉田妻
游氏黃五龍妻　藍氏黃五鳳妻

王氏鄭載溶妻　匡氏鄭紀典妻
李氏匡大元妻　姚氏王錦仁妻
鄭氏王安撫妻　張氏汪元泰妻
段氏王祈志妻　匡氏王安墱妻
萬氏李得才妻　藍氏鄭紀茂妻
袁氏鄭載義妻　劉氏毛定太妻
王氏鄭天祿妻　王氏毛金咏妻
嚴氏徐光義妻　范氏毛玉華妻
鄒氏周春發妻　鄭氏沈秀春妻

劉氏鄭篤連妻　董氏鄭篤身妻
郭氏鄭長青妻　胡氏葉春華妻
劉氏張世安妻　徐氏鄭篤傳妻
劉氏毛高正妻　沈氏鄭金福妻
匡氏洪志遠妻　劉氏洪正江妻
王氏熊玉山妻　王氏鄭必順妻
郭氏鄭金元妻　彭氏謝廣興妻
彭氏徐履厚妻　王氏鄭漢義妻
洪氏鄭洪敬妻　袁氏周太勳妻

左氏金登高妻　李氏毛耀斗妻
鄭氏毛耀華妻　魏氏湯啟茂妻
任氏范青和妻　匡氏范時安妻
方氏吳至保妻　汪氏傅早香妻
洪氏徐殿揚妻　吳氏匡啟容妻
汪氏匡大展妻　方氏汪德從妻
李氏匡暢懷妻　周氏汪協和妻
汪氏葉席珍妻　葉氏李在心妻
高氏汪得香妻　郭氏汪占春妻

葉氏方本初妻　劉氏方盛元妻
鄭氏傅人敏妻　賀氏葉名重妻
汪氏匡寶周妻　匡氏匡金明妻
夏氏匡文州妻　李氏夏利華妻
姚氏周長青妻　陳氏毛九思妻
周氏方大昌妻　董氏方汝聖妻
錢氏傅啟焰妻　王氏方守和妻
王氏方文海妻　方氏藍兆春妻
胡氏方文禮妻　陳氏鄭學健妻

胡氏汪金和妻　張氏汪永發妻
張氏方文利妻　梅氏方應才妻
李氏方盛全妻　王氏葉茂意妻
汪氏方波臣妻　王氏方俊明妻
鄭氏周正興妻　李氏周隆發妻
朱氏張金書妻　匡氏余耀明妻
段氏趙維烈妻　朱氏方啟理妻
劉氏方萬象妻　湯氏方瑞州妻
周氏方啟進妻　鄭氏葉金雲妻

鄒氏楊之盛妻　姚氏方大儒妻
李氏方啟意妻　匡氏傅時敏妻
吳氏胡百安妻　董氏方大瑞妻
黃氏胡鳳聘妻　鄭氏方啟坦妻
呂氏胡興隆妻　姚氏胡百發妻
汪氏胡連照妻　閔氏胡子隆妻
段氏胡百云妻　匡氏方啟善妻
蔣氏胡普臨妻　鄭氏盛錦書妻
李氏葉彩雲妻　吳氏葉彩臨妻

朱氏左鳳廷妻　李氏葉萃容妻
胡氏姚雁鳴妻　方氏汪鳳階妻
匡氏方邦念妻　楊氏朱五桂妻
張氏方文義妻　鄭氏朱得青妻
吳氏何世復妻　沈氏李大學妻
王氏李東意妻　匡氏余[redacted]妻
李氏董道和妻　彭氏劉意雲妻
范氏劉維勝妻　程氏匡啟茂妻
范氏劉維剛妻　葉氏汪錫其妻

黃氏汪早發妻抱子投塘　張氏汪必仁妻
匡氏汪必禮妻　方氏陳起旺妻
葉氏陳起瑞妻　胡氏汪廷名妻
王氏汪學純妻　鄭氏汪東和妻
胡氏匡大福妻　張氏劉在峋妻
賀氏劉[redacted]妻　方氏沈羽豐妻
葉氏陳[redacted]妻　張氏劉維柏妻
王氏劉金海妻　葉氏劉[redacted]妻
胡氏劉維球妻　李氏沈如松妻

郭氏毛祥勝妻　劉氏黎天元妻
童氏劉在祿妻　李氏劉登會妻
周氏李[redacted]妻　王氏李克奎妻
葉氏樊朋程妻　鄒氏樊秀舉妻
左氏汪[redacted]妻　李氏樊文臺妻
方氏汪松茂妻　胡氏劉大義妻
李氏周春元妻　李氏余國隆妻
郭氏董道學妻　沈氏董守先妻
劉氏董守常妻　方氏董道直妻

李氏葉[redacted]妻　李氏董道江妻
王氏董道泉妻　左氏董道正妻
姚氏董文遠妻　劉氏董守文妻
樊氏董守智妻　郭氏劉維章妻
陳氏李坤州妻　毛氏王有聲妻
方氏葉初學妻　[redacted]氏葉廷朗妻
袁氏胡太燧妻　李氏樊三春妻
陳氏李[redacted]妻　鄭氏李之升妻
李氏葉錫禮妻　羅氏葉利川妻

李氏葉賢書妻　李氏葉丹蓮妻
鄒氏毛祥華妻　陳氏李祥華妻
毛氏葉魁萬妻　郭氏馮秀林妻
陳氏張普濟妻　胡氏夏明高妻
余氏胡太科妻　王氏張錫林妻
郭氏喻文華妻同一子一女遇害　陸氏張[redacted]妻
胡氏瞿啟云妻　盧氏李春和妻
李氏盧承容妻　徐氏盧旬順妻
周氏王承秀妻　胡氏葉端仕妻

汪氏廩生江之柱妻　孫氏歐陽貴妻
周氏武生黃兆台妻　董氏潘家蕚妻
王氏李金榮妻　龔氏劉雲松妻
毛氏李新煥妻　胡氏童瑞林母
周氏張啟貴妻　胡氏童先柏母
李氏周孔席妻　范氏孫得勤妻
汪氏方均聘妻　呂氏方文茂妻
宋氏方倫魁妻　葉氏方賢書妻
葉氏方映祥妻　張氏方文才妻

晏氏李召堂妻　蕭氏程元善妻
金氏傅大有妻　李氏王鳳楷妻
朱氏金昌海妻　宋氏監生金志和妾
王氏吳泰和祖母　毛氏洪維典妻
葉氏李超羣妻　王氏張二煥妻
童氏胡其泰妻　晏氏程杖先母
傅氏胡鳳照妻　蕭氏周錦春妻
朱氏王大有妻　余氏趙元意妻
郭氏徐金奎妻　傅氏鄭世發妻

曾氏徐明彩妻　蕭氏徐應鳳妻
吳氏徐應鰲妻　胡氏曾興材妻
徐氏蕭[illegible]妻　余氏廖乙巳妻
范氏庠生許躍龍妻　田氏廖洪森妻
童氏張一春妻　胡氏周合秀妻
童氏吳朝典妻　晏氏胡萬有妻
陳氏張來聘妻　晏氏朱朝宗妻
李氏余良弼妻　雷氏葉燦煜妻
許氏蕭報國妻　張氏胡進豐妻

段氏黃世義妻　葉氏晏紫茗妻
黃氏胡開榜妻　周氏洪大發妻
葉氏劉登萬母　葉氏樊明泰媳
汪氏陳士瑋妻　郭氏葉錦容妻
葉氏陳邦福妻　黎氏劉在成妻
鄒氏鄭月庠妻　毛氏葉陽春妻
王氏監生張炳妻　安氏姚家祥妻
董氏鄭月台妻　賀氏劉青雲母
鄭氏胡應德妻　李氏姚五樹妻

姚氏朱長遠媳　夏氏傅長發弟媳
苼氏傅長發媳　鄭氏湯逢太媳
嚴氏徐庚寅母　苼氏張世選姪媳
匡氏余鳳儀孀　葉氏陳細添母
賀氏劉登旺母　尹氏黃秉蘭妻

附外籍寄居羅田殉難婦女姓氏

葉氏僧塔汎千總陳雲會妻隨夫任咸豐十一年八月賊竄羅境陳公督勇禦之氏僦居本邑楊家岩二十一日賊突至氏罵賊死之

劉氏郭應安妻　張氏郭光培妻
周氏郭光墉妻　張氏郭寶成妻
詹氏郭光域妻

補錄節孝貞烈婦女已詳

周氏張國英妻　楊氏段雲祖母
何氏文童盧士俊妻　朱氏張文蔚妻
童氏王文舒妻以上節孝　毛氏余家和妻
夏氏傅長茂妻　趙氏余正煥妻
楊氏胡春茂妻　萬氏胡開泰妻
王氏許恒山妻　秦氏吳太和妻
馮氏王際臣妻　李氏王有萬妻
胡氏趙楚善妻　柴氏徐枝喬妻

許氏徐斯眉妻　胡氏郭長元妻
葉氏李益林妻　方氏沈時若妻
郭氏董永林妻　匡氏董永青妻
劉氏余鳳起妻　毛氏匡起珠妻
鄒氏劉三鳳妻　李氏黎成萬妻
葉氏胡德華妻　錢氏傅炳南妻
王氏藍兆州妻　王氏周得秀媳
鄭氏葉恩采妻以上節烈　王玉姑王開泰女
蕭大姑蕭茂坤女　郭大姑郭昌女以上貞烈

羅田縣志卷之七

藝文志上

曹子桓曰文章經國之大業不朽之盛事益誠重之矣邑自廷心崛起有元大復橫絶明代迄於我朝才人輩出鴻篇鉅製炳焉與漢唐同風豈不懿歟志藝文

詩 五古 七古 五律 七律 五絶 七絶

浚井 宋蘇軾東坡

古井沒荒萊不食誰爲惻餅罌下兩綆蛙蚓飛百尺

腥風被泥滓空響聞點滴上除青青芹下洗鑿鑿石
霑濡愧童僕杯酒暖寒栗臼水漸泓渟青天落寒碧
云何失舊穢底處來新潔井在有無中無來亦無失

羅田行 凌邦顯

凡獄多在治西先僉憲公諱嗣音宰羅田時獨移於東使受生氣邑鮮罹於辟者仁人之用心蓋如此予客遊於羅竊見羅之人奉祠享祀春秋拜獻如見公焉知當日之善政必有深入人心者是以異世而不能忘也故爲詩以紀之

世降吏治衰治獄盡屠伯鉗網當途張況肯爲避擇
舉世尚青烏耑求巳福澤他人有死生性命付一擲
猗我僉憲公厚德早充積分符楚羅田惓念邑元瘠
民瘼關痛癢煦嘆全保赤更念無知氓圜扉掩日夕
令甲正煌煌生之苦無策囚死可奈何中夜心自擗
意或邀天眷庶其免刑辟人言獄移東生意方滋闢
公曰有是哉舊制今宜易平時廣教化頑讒困絶跡
閉有不率者倘欲脫其阨犴狴亟爲移五流咸有宅

繫者有疾苦殷殷加護惜更望爰書上默佑寬稽覈
已果邀地靈歷來鮮誅磔豈必罪當生鬼神爲感格
古制廟在左生氣凝顯赫青陽左右个昭蘇春拍拍
從茲更福堂天人應甲坼影響或難期我心已可釋
況乃積精誠幽明原不隔一種生物心萬古尚舄奕
誰其紹前型慈祥示蘊藉嗟我今式微低徊慚往昔

玉屏山讀書 陳瑞球韻石

囂臨鬱城市結想在巖陰肆靜山中居岫壑窮幽尋
飛嵐藹圖畫流瀨濺鳴琴蔥蘢春夏交時鳥遞變音

讀書偶有得快活無古今節序倏已更絢綺明霜林
落日遠天盡空山秋氣深瞑坐寂鐘磬瞿然生道心

游白衣閣遇雨　潘煥龍 四梅

出游正嫌孤忽逢好友至夕陽山外紅乘興訪古寺
一路笑語喧客嘲賓復戲林葉間丹黃無限深秋思
曲折幽徑通翛然淡名利雖在城市中頗有山林意
烹茶効殷勤雛僧尙解事惜少白衣人送酒謀一醉
今日氣何燥行道汗流背頭上黑雲來急歸雨旋施
豈爲催詩乎濡筆勝游誌

輓熊甥卧雲孝廉　朱煇藻 翊臣

茫茫宇宙内生寄恒死歸數盡者難强感慨增歔欷
此理本大常猶且涕淚揮况我甥特異命途更乖違
寇盗多蜂起四載猶未已自咸豐元年至四年吞噬若虎狼
避患都如此甥家較饒厚資財棄敝屣奔走歷坎坷
平定難屈指甥計無所之蹙蹙幾瀕危爰爲防堵謀
解囊復奚疑益之以稱貸總期濟所爲蟾圓方一度
三唱凱歌詩出蘄邑三戰三捷胡天卒不弔蘄城忽薪燎
八月二十一日寇船至蘄城外以火彈焚房屋再進兵攻城羅勇千餘人在蘄出力而蘄

勇多袖手旁觀烏能守津要我甥衛　國家佩刀出金鞘奮
臂臨疆場直欲平邊徼無奈勢力孤士卒鮮趨鳧鋒
鏑戕其身壯士悲窮途兼之傷腰脚敗隊疇匡扶罵
賊氣益烈殞命在須臾吁嗟乎起翦與頗牧卓卓軼
同羣細柳號亞夫大樹稱將軍白衣著隆譽黃騶奏
奇勳古今有幾人跂望徒欣欣甥乃矢孤忠蹇蹇盡
匪躬寸心光日月大節撼羌戎舍生以取義綽有君
子風殘魂雖已渺足與上霄通生平試回思英才堪
拔萃十餘賦采芹廩餼亦旋食丙午登賢書預卜爲

國器如天假之年詎無裨郅治舉目乃慘傷憑弔徒
淒涼椿萱俱見背阿兄早云亡脆兄素卿孀妻及弱子此
境倩誰當處世眞大夢客邸炊黃粱赴敵敢捐軀終
當足千古　國典錫鴻恩非同草木腐赫赫身後名
足補生前苦讀書志聖賢富貴皆塵土

刺貓　熊五緯 卧雲

桁鼠適何來穿墉入人室營窟曲且深晝伏夜則出
壓嚙東坡橐詎畏張湯律蠢爾恣憑陵悔不謹穹窒
所忌惟家貍驅除此良策入穴探厥子走險挺其急

買魚聘殷勤按圖辨毛色詎必盡殲旃要當清我側
旻使藉錦茵永教護書笈一食數殞並問價幾金値
初猶奮先聲鼠輩似驚怵豈料久生玩跳梁任超逸
皮閣撲三五盤盎損十七終夜竟掀騰殘骨肆呑食
負嵎彼固然爾毋忝仁德徐徐察其情乃互爲主客
鼠特乞其餘彼飽已宴息主人初茫茫何從辨昏黑
方今多難秋徵調連朝夕小醜尙鴟張遐方懼騷驛
朝廷所匪頒自足供軍實哀此瘡痍餘脂膏剩殘滴

遊雲架山　陳錦雲舫

雲峯高出天上積太始雪我來夏已深寒飈尙慄烈
巖巉虎氣腥路險鳥蹤絶怪石怒攫人猙獰齒牙列
紅泉歕危磴萬古老蛟血峽亂地軸碎壁削天柱裂
兹山信險隘屯砦自曩日廢壘埋荒榛頹垣出遺鐵
天陰風雨昏冤鬼嘯枯骨世運關戰爭人代感興歇
緬思故老言悲腸共鬱結藉草兀然坐百里望超忽
大江墜我前茫茫烟濤濶安得騎白龍飛去水雲窟

別筌舫弟四首　陳錦雲舫

游宦鮮親好相依惟弟兄三載居京華性命同死生

人事一朝異麻衣返柴荆幽州四五月火雲燒太清
飛鳥不敢翔汝有千里行汝行良難已何以慰我情

其二

我情鬱以紆辭家憶疇昨北風吹河梁寒日暗山郭
叔父時追送老淚灑林薄道遠離別難愁多心緒惡
夢寐想音形回首一錯愕

其三

錯愕轉悽悲旅懷當訴誰我羈西曹椽子返天南陲
鳳山竹筍脆義水河魚肥置酒思雲樓春風舞萊衣
南陔白華篇爲我歌其詩

其四

一歌一太息游子歸何日白髮在高堂胡爲滯京國
滾滾渾河流蒼蒼塞雲色欲渡川無梁奮飛身無翼
黃鵠志四海高翥安可得矯首望故鄉心馳大江北

義塚行　陳庚白舫

朝出西郭門時聞播間哭生者轉呑聲死者常瞑目
荒塚何纍纍中有梁侯墓（邑侯梁志仁殉難葬此）憑弔讀公碑
寒煙竄狐兔雜遝芳草迷不辨村徑路斷澗泣流泉

弦月掛高樹枝頭杜宇哀鬼火入林小寂寞野風生
山魈逐昏曉

坐月懷陳雲舫　王嗣喆 吉士

月出萬象清露滴階下白空庭浩若水秋氣生樹隙
落葉日以黃客心日以積芳華惜歲晚山川況悠隔
天末動涼颸懷哉同心客

湯湯行 用九泰全韻　潘頤福 芝堂

羣龍奮鱗爪徑與東溟會劈空歘滃雨翻河轟地籟
平原無乾土莽莽喧湍瀨罔蟓導前旌支祈揚後旆

江岸奔若雷水勢溢湖外巨浪挾風飈石骨相磈磕
山沒露微頂橫如一綫大十日無一晴頑雲堆曨靄
虐霖尚難住遙空濺珠貝舊痕退無幾新漲騰未艾
巴蜀暨豫章首尾受其害中有古荊州被禍此為最
荒田跳耿黽舊圃成茅茷撒網踞峯巔維舟向松檜
怒若萬馬驅杭難一葦蓋傷哉民其魚危同机上膾
鄰翁哭訴我矮屋浸滂沛移居就高阜蘆棚狹如帶
無粟難成炊破甑蒙塵壒典衣得百錢米價騰市儈
饑腸轉轆轤欲向衙塵匄前途泥淖深艱於足繫鈦

葉之蠶首昂絮敗蚫殼蛻餓喉嘯饞涎鳩形甚狼狽
稼穡尚難覓支釜烹蒿藾昨聞鄉老言侵晨事祈禬
巫鼓招晴曦遠逐羲和旝長空鎖重陰隔晝澤仍沛
神兮呼不來疑難決蓍蔡彼蒼雖有心降災毋乃太
不令饜粱肉仍宜寻龘糲傈蟲亦蚩蚩胡使填溝澮
蕩晦蜈甲腥撞盧黿首瀨低噂泥盡淤高岸沙漸汰
譬彼下泉流受之乃曹鄶官長頗仁慈勘災煩轄軑
哀此聲嗷嗷優賑徧洲蜺汲黯行便宜持節發倉廥
鄭俠憫流民新圖為描繪施濟亦云艱詎不勞計會

所恨秋欲盡金風早來兌廬舍了無存尋蹤目已昧
不見舊時田惟聞濤聲汰今年食官粥明年復何賴
有男方躑躅有女亦好娩賣得青蚨千拋棄情無奈
天公耳原聾虛費椒觴酹公門非萬里陌路欒聲噦
豈徒顧目前歲月供玩愒中原幸無事鳴盛鳳羽翽
勿使民失所犁鋤變戈祓災患縱未平澤國雖汪濊
水落會有期撫綏毋懶憒戢此中澤鴻歸路聯衣襘
冉冉麥苗青離離桑葉薈不充魚鱉腸雨師空狡獪
金烏翔層穹光輝勝朱柰江河復故道乾坤條清泰

來秋穡事豐賽神香醃醪憶昔啼饑時扶攜依樹藹
粒粒皆珠玉匕箸勿奢忲

贈聞必軒刺史 其政　蘄州舉人 何　明 雪園

妖雪羃楚天粤獠縱蛇螅大帥撤江防武漢遂沈陸
驛騷近六年蹂躪遍八屬義城彈丸地民氣尚醕樸
談虎色已變震讋但觳觫君聞投袂起大義喻邦族
殺團刑白馬矢志殄青犢觥觥 彭長官倚任作心
腹大小百餘戰賊胃滿溝瀆若論倡義功可以史筆
錄去年苦亢旱長畝無粒粟官軍乏糗糧一日僅一

粥匪君矢忠誠胡然響應速中原方苦兵四境尚流
毒西鄙警商固東隅憂霍六君志在澄清賊勢已局
促何當執鞭弭細與陰符讀 以上五古

題老塔山 邑令 張　琳 崑壁

城東有山矣兀起盤盤百折高幾里天梯石棧斷復
連杳然如在丹青裡羅浮蛾眉久擅名對此端合氣
爲餒憶我甫下車形勝即轟耳竊疑土著人矜誇或
溢美一日訟庭閒無事攜榼招賓共戾止出郭遥瞻
神已爽行行漸逼心彌喜山脚犖确細路逼林際靈
宮露紅紫迴巖叠嶂賞不暇崎嶇誰惜疲兩趾修竹
夾道高參天撲面清芬雜蘭芷野花滿地不知名爛
熳青紅吐蘂蘂百道流泉交瀰漫雙目駭高者懸崖
下瀑如水簾低者漣漪亦藏蝌鳥語嘹嚦短閒長恍
如笙簧迭奏此續彼多情谷口宛相迎巉巖驀見平
如几石壁深刻刮眼明清元字大如斗峙翠影紅霞
映綠旒三五衲子揖堦墀庭前雙桂鬱葱蘢霜皮溜
雨羞凡卉桐作枝柯石作根相傳由漢至今矣滄桑
閱歷幾更秋鬼神呵護無凋毀此語詎必信無訛但

得佳植奚庸訾禪房幽寂塵囂靜崇嶐無弗落眼底
迴廊徑再轉前道傍扉啟鼻鼎忽當面犖律難爲擬
蒼松與翠柏森森密攢指蹀躞迴還登紆曲頻轉徙
訇然中開兩石門天生不用釜鑿改飛巖長吐三丈
餘居然室屋新掃灑噴雲泄霧連窈冥好事點綴憶
前宰亭榭屹立墨痕新閒雲疊嶂名二亭 騰光彩極目
仰絕頂去天不盈尺欲從嘆末由徒自羨杳靄我行
足跡半四方入眼誰堪相比似始信人言其不謬向
來猜疑轉覺悔吁絕喜欲狂呼童忙賫醨平生不好

飲也合醉如泥但憾前人錫名劣老𤫊之稱胡爲耳山靈莫厭風塵吏會須倩好手寫圖形模千千百百本編傳人開嘆觀止

余忠宣祠　黃景仁 仲則

至正國步何倉皇將軍許國軀堂堂生爲孝竟易易耳一死直是張睢陽妖星十丈横軫翼兩淮東西已歸賊龍舒重鎮實彈丸賊畏將軍至傾國裹瘡前後數十戰漸見全城氣皆墨蜂屯蟻聚當平明巷戰殺賊揮短兵賊酋大呼宜得生生當官汝付汝城將軍

戟手指賊語死爲厲鬼當殺汝青萍三尺水一泓去此一步無死所將軍已死殉合門紛紛部曲呼其羣曰余將軍死死君我輩何忍辜將軍從而死者千餘人此千人者驅可戰寍死相從不生叛生得死力死得心將軍才大空古今用之乃副宣慰使國是披猖可知矣斗大城猶守六年百戰身經中三矢真人濠濮提劍來掃清六合浮雲開崇祠遣祭議隆謚碧血靜掩蓬蒿堆靈風何事尚含怒應爲堦前老臣素嗚呼元亡尚有人盡如將軍元可存嗚呼安得如將軍

鄉兵篇贈彭禹門刺史　施南郡守朱啟仁 雲門

彭翁臣節爲羅死羅人環泣留公子大府感動達九天　詔以公子襲刺史移孝作忠宰是邦羅民歡躍爲邊防貔貅十萬一朝練寓兵於農皆鷹揚羅境延袤數百里歧徑叢雜千山裡賊來畏糧礪戈弓賊去力田負耒耜鄉人能戰復能耕處處良民處處兵不僅鄂界守門戶七復鄰域爭孤城賊畏羅民如畏虎挺撻目底無強虜年年血戰非言功誓不共戴報彭父去歲大師克漢江今歲大軍清蘄黃重使楚民

見天日砥柱功竟成睢陽悠悠蒼穹未厭亂皖豫千里嗟炎暵揭竿從賊死可逃誰知仍死良堪嘆妖氛倏又破英山　廉帥分符大將壇指李方伯正是羅民建功日爭看刺史更桓桓不使赤眉侵寸地惟憑黔首扼巖關鳴鉦千嶺雷電掣霹靂飛騰走精銳快刀殺賊不聞聲英疆頓滅燎原勢寰宇豈容畛域分唇齒貴得屏藩蔽英民何不似羅民惜無刺史之精誠官民一心聯一體衆志隱若長城峙吁嗟民心未洽非忠勤邦本不固徒紛紜君不見羅蘄之民乃有彭使

君

熊孝廉歌　　王鴻朗箴甫

孝廉名五緯羅田人甲寅夏賊犯黄州陷羅田君破家聚勇克復縣城遂復蘄水八月二十一日追賊深入因被害余生平至好也詩以哭之

愁雲莽莽鼓聲死彗星下飲長江水夢回慟哭失故人戰血射燈光變紫故人伊誰熊孝廉高才卓犖文武兼龍虎鬱文銳筆健鶺鴒淬劍霜鋒銛粤西有賊肆饕食銜哭城鄉半蕭瑟孝廉忠勇思報　國盡散黄金因結客天狼的皪芒角明霜飛鐵甲鏗有聲身經廿戰勇無敵元戈直指蘄春城豺狼益多路益惡孝廉勇氣十倍作殺賊逕驚一片紅頭顱如雪紛紛落霜角動地聲悲涼敗賊負嵎恣狓猖斜日欲沒戰未已孤軍雖勝身已戕嗚呼天心胡不佑將星昨夜墜如斗男兒死耳何悲爲只惜英雄喪賊手憶昔論交各少年長歌痛飲爲詩篇常願馬革裹尸葬博取骨相圖凌烟那知讖語竟前定血花點點埋幽壍我

欲招魂賦國殤楚些淒涼不堪聽嗚呼如君磊落真豪雄天書褒嘆何豐隆丈夫要當獲死所沙場何必非善終英靈有知氣猶湧願助官軍殲賊種萬人鼓吹奏鐃歌淨洗甲兵長不用

閻將軍血衣歌有序　　邑令　管貽葵向廷

將軍名定邦羅田人少從軍平涼功最著歲己巳會與猶逆戰於涇州中礮傷洞胸達背衣血盡赤幸療治得不死乃以竹筩封其衣寄家人且作書告之曰我歸當啟筩否則毋示人也咸疑爲貴重密藏之踰年將軍積勞成疾觸逆發遂卒於軍家人既扶櫬歸乃啟其筩蓋始知爲血衣也夫世之擁重兵建牙纛者罔不飫金珠挾姬侍肥羊大酒務爲飽身家計而將軍雖身寄專閫數十年戎馬終不名一錢且自分骸骨不歸預以其血衣備爲葢棺物吁其報　國之心可謂誠矣余適宰茲邑柩歸後敬奠於其家具悉其狀因作歌以美之且以俟後之採風者

王箱夜出山鬼號寒、熖、無熖風蕭颸是何神物發光
怪乃見將軍陣上百戰、之征袍血痕斕斑化燐碧義
膽忠肝照顏色敵筍英、風颯颯生見者人人動心魄
我聞將軍二十時短衣袴褶從王師提刀殺賊如快
鶻刀頭亂落無完尸豺牙虺毒森深壘誓築鯨鯢逐
狐豕豈料雷車落半空洞胸幾效公孫死延佗妖雪
飛寒光願以心肝奉　聖皇拚將血肉般西隴留此
衣冠葬北邙黃衫色淺　君恩重他日當爲蓋棺用
馬革難招玉塞魂牛衣且慰金閨夢瞥眼靈旗導鬼
雄一棺萬里生還同豈因薏苡生疑謗今見兜鍪想
戰功將軍雖死血衣在長使英靈露光采不用神符
佩玉麟汗青烈烈傳千載吁嗟乎侍中當車血如洗
霽雲斷指血盈矢此衣此血能有幾留與人間愧青
紫

姜伊蒿邑侯招遊天堂寨和韻　郭地鵬華亭

平生夢想懷五嶽披圖覽記總荒唐道之云遠莫能
至奇境惜不生吾鄉閒居無事暮春節夫子招我遊
天堂數旬陰雨天忽霽疾馳百里履平康山中忽聞

慈君至蒼髩黃髮偕趨蹌鑿險開道來如子脂車秣
馬具壺漿夫子曰止甚毋以我行自備有糗糧晨炊
方抵山之麓時聽啼鳥悅山光半徒肩輿半徒步僕
夫努力相扶將層巒疊嶂從西起依稀千仞未足方
懸崖頑石多奇狀儼排劍戟列牙檣石罅松多大如
拱枝幹參差橫道旁無根雲霧搖碧落細鋪樹杪如
縑緗飛流直下三千尺飄灑白練落銀床踴躍追陪
登絕巘嶂横十里列平岡江南諸山齊俯首兩溪一
綫接渾茫細草如茵作氈席列坐無次飛羽觴刲羊
釃酒歌醉飽石壁清泉沁齒涼酒後忽焉懷往事撫
今弔古心彌長我聞有元傳至正烽煙蒼莽起蘄黃
陳徐負嵎雄茲土山下尚留竊據場星移物換山更
洗我幼猶聞落欃槍山兮有靈不應爾胡爲汙我梓
與桑坐嘆倏聽山靈語君何胸中有井疆亦知膏腴
生稂莠未聞擇地豢豺貘況乃醜類非茲產獸蹄奔
竄自蘄陽猿穴不知乾坤大攀藤附樹相跳梁干羽
方舞已向化於今細故、久相忘方今　仁聖高山奠
司牧盡道有賢良豈伊、易民豈易地耕食鑿飲咏羲

皇我聞此語釋惆悵起立猶忻日未央覽勝窮幽興未盡歸隨杖屨尚徬徨萬家煙火巡行樂佇聽人賡召伯棠

大雪感懷　陳瑞球　韻石

同雲四翳圍窮廬雪花墮地如飛狐市里同聲走相慶來歲預兆豐年符鶴鷺重披不識冷酒酣耳熱歌烏烏忽見簷間凍殺雀毛羽瑟縮手口瘏背人入釜咏殘粒啾嗍日暮哺其雛郊外荒村苦磽瘠頻年薄入輸常租天寒歲暮生計拙橐空無粟衣無襦婦子

枵然塊相對瓊瑤目飽徒踟躕爐空火絕凍入骨涕洟隨下成冰珠造物於人太厚薄銷金暖帳胡為乎軫懷獨憶監門吏急遞直進哀鴻圖

梁公墓詩諱志仁　陳瑞琳　九香

崇禎八年賊氛起羅田一縣彈丸耳長者之境勿加兵賊亦知公政聲美咄哉別枝胡為來歹賊被執殊可哀公死忠貞夫人烈以禮殉之羅汝才廣文吳盧同一死不愧明倫古君子斗大城傾勢莫支少尉聲名附青史嗚呼一城殉節四人同公能殺賊為鬼雄國朝賜謚恤祀典褒忠表墓宜其隆遺墳冷落城西道三尺荒碑空蔓草中有方侯營墓田寒食幾人知祭掃我來瞻拜淚雙垂大節堂堂合立祠如何無數江邊石只刻壽常德政碑

過鳳凰關

我家鳳山側乃在老塔西老塔去天僅尺五慣看峯頂明朝曦東行出郭二十里回頭老塔斜陽低羣峯蒼翠出其上頓刻令我心目迷東者在西高者下幾疑山骨無定棲不知變幻境愈妙守其常格山無奇

我生偏落萬山裏懸崖絕壁長攀躋山中頗苦雙眼臨上山復憚雙脚疲急須五丁一開闢不然要令愚公移

中秋同陳韻石訪城南宋柏　潘煥龍　四梅

城南古寺有雙柏相傳宋代人手澤宋時何歲人何名欲溯根源年太隔秀色遙分天蔚藍濃陰橫覆地幽僻森森挺挺如兩龍奮身躍出滄海碧一龍昂首凌丹霄東縛似嫌庭院窄大風起處鬚髯張儼向青天恣騰擲一龍蜿蜒勢若蟠小拗偶遭雷火阨骨幹

依然正直撐精華早逐光陰積密葉高柯貫四時溜雨經霜聳千尺同聲相應氣相求托形不單影不隻材大真堪作棟梁年深倍覺饒風格未植名山難見知無怪良工不能獲芳姿悅俗易欣賞古貌有誰加愛惜中秋遊人多復多笑語喧嘩紛藉藉我與君從冷處行望見蒼顏手先拍雲中天矯蓋亭亭樹下徘徊情脈脈來時悔未長鑱攜劚取千年紅琥珀願得兩龍共君騎霓裳同作廣寒客

戰城南　咸豐六年三月十二日　潘煥龍　四梅

黑雲如墨天爲低林中鳩婦聲怒啼賊人窺伺偶得閒風狂浪湧騰鯨鯢居民畏賊各遷徙擔囊負笈攜耄倪雨聲淅瀝烟慘淡一步一蹶衣拖泥縣官有膽兼得衆下令如水無敢稽前驅兵少戰再北且戰且退隊不齊賊恃人衆肆追逐我兵困石還據蔾矢盡刄折氣尙壯相持未肯甘傾擠忽然後勁刺斜出怒若猛虎奔如猊健卒疑是彥章裔 羅勇目王子雲 喊聲雷震冲紅霓當先一賊勢凶猛手執大纛光斐縷王郎刀砍頸立斷髑髏血濺聲難嘶更有彭越尤善計 指斬水勇彭心友 敗後繞伏深山蹊賊經挫衄方退走伏兵四面喧征鼙鼙由自作互踐蹂拋戈棄甲東西迷我軍逐寇當者靡直將賊衆同雞封囘城獻馘唱凱曲杲杲紅日升晴霓

題彭杏村 仲芳 邑侯殉節詩　童紹恢　潤生

羅田一城大如斗補葺無人覷羣醜況復猖獗四面攻一木焉能嚴疆守彭公驅車義水來披荆斬棘選良材賊勢披猖窮援急多雲退聚營門開五月出師復羅邑軍聲大振英雄集我公仗劍出大營殺氣冲

霄鬼神泣城南一戰奪先鋒鎧仗鮮明隊伍工揪鬚躍馬橋邊立頭顱落處草凝紅維時恢亦隨公後調遣蘭溪窮賊藪鼓鼙喧天秋月明橫尸塞斷巴河口破竹趁勢下蘄春獅子巖前壁壘新再賈餘勇收英霍不分畛域援西鄰無何刼運換紅羊長蛇連隊度陳倉八陣分排兵力薄從容一死報　君王我讀公詩凡幾遍一字一淚忠肝見 公遇害時靴內有絕筆詩一首 英姿颯爽想生前恍惚叱咤風雲變君不見明季流賊犯羅田梁公殉節一城全 崇禎八年賊破羅田縣梁公志仁殉節 如公智勇

死更烈敢義成仁配昔賢二公行事本同調心香一瓣均堪弔我願旌典請　朝廷義城永建雙忠廟

題崔芬堂（藺馨）邑侯去思碑

咸豐三年賊西走羅田一城成賊藪東粵彭侯起義師非惟善戰尤善守號令森嚴賞罰明出師屢捷窮羣醜賊勢猖狂不顧身彭侯竟倡忠義首二彭相繼領軍機（謂邑侯彭杏村仲芳及侯子禹門應鯉）我公更在二彭後連年輸輓洽民心勦撫機宜欣得手士民踴躍起兵戎提刀殺賊聲如吼公餘課士兼課農待人往往從忠厚寬猛相濟政令行大類國僑歌衆毋無何借寇不長留卸篆琴堂空印綬攀轅祖道遍鄉村長亭遠送一杯酒導揚德澤詎能忘一路謳歌碑在口願將此石比襄陽他年墮淚垂不朽

輓邑侯彭杏村先生　涂銓（衡甫）

黃塵匼匝天冥冥鉦鼓動地戰血腥羅人守陴一齊哭昨夜軍前落大星猰貐噬人北風吼鐵騎飛空怒雷走江龍岸虎下金陵所過堅城如拉朽我侯憤烈起鄉兵親挽雕弓射虜營石柱雲橫高甲積義川月暗寶刀鳴鞬鋤鼓鑄作戈戟布帛裁縫爲旆旌豈有兵符揮士卒祇將忠義激耕氓背城一戰軍威振封狼剸斷猿猱遯誓除醜類靖烽煙胡天不弔埋忠藎杏花時節杜鵑啼寒日無光馬不嘶邪見段公生擊賊空悲温序死銜鬚嗚呼南八真男子報　國丹心惟一死抱頭鼠竄爲何人能無愧我彭使君

見鴟鴞攫鳩有感　葉茂雄（花峰）

鴟鴞鴟鴞爾曷不飛向城陰啄腐鼠淵地腥膻適汝所又曷不潛形幽谷噉飛蚊山邱不見無惡氛胡棲荆棘隱成羣嗟我桑中春拂羽日月新晴爭與婦無端鷙子矢恩勤好藉鵲巢謀戶牖汝何貪饕肆其怒一攫空教毛血朽飛啄呼號正驚惶不念昔時哺養苦爾亦並育同翩翻反遺毒害殊可憐胡爲冒覩同鷹鸇張拳露爪將復前爾不見翺翔往復鳴高巔此強彼拙我心悁鴟鴞鴟鴞爾毋然

鶴守梅花圖　熊五緯（卧雲）

郤恠修翎不飛去翛然獨守梅花樹披圖展玩起太息不覺深情露毫素好花亦無數飄零非復故不如

羅田縣志〈卷之七　藝文志　詩　三

抱此冰雪姿甘與梅花同歲暮風塵澒洞大江湄黃鶴樓前非昔時揚州官閣無人問隴頭驛使空相期嗟乎鶴兮鶴兮爾之生也在空谷慎勿乘軒食人祿當今吳楚方用兵甲士銜枚不肯行

紀異行　崔曉春 素三

甲寅之冬月丙子朔有三朝一陽始越二日兮晡時前無端湧溢池塘水所聞所見及傳聞不後不先數百里行旅方懷皸瘃憂阿誰立沼驗流止驚鷗駭鴨衆初知跳躑鰽鯊及鰋鯉須臾變態怒雷轟巨鼇鼉

贔軒昂起溫嶠犀然牛渚磯天吳舞向蛟宮裏鯤乘海運徙南溟鵬奮天池窮譎詭咸云此日少雲風過穎在山誰所使箇中消息難推詳鼎沸羹湯毋乃是庸流漫與道升沈蠡測休將論泰否殷浩書空豈徒然宣尼亟稱有取耳羲經讀罷悟真詮省識盈虛皆奐理化世但當握其樞機紱早露求諸已平平蕩蕩眉睫閒仍承疏仡循蜚紀

清明後一日感彭公殉節有作　楊鑾 錫環

去年清明防賊兵殺人盈野還盈城今年清明好消息家家麥飯和榆羹可憐祭弔不到處白日慘淡悲風生新塚纍纍舊塚沒故鬼啾啾新鬼哭身填溝壑與賊隣空有夢魂來髣髴紙錢一陌蝴蝶飛强魂毅魄何時歸

飛蝗行　張星煥 丙垣

老農擲杖高原呌童兒揮汗走相報空中如雨復如煙漫天蔽日飛蝗到隴畝經過禾黍空西村遂捕飛向東茹荼食蓼不足惜野無青草安奉公社前撾鼓集父老三三五五皆顛倒共言此事良大難試列其

狀白縣官縣官方諱蝗入境努目搖手禁勿請豈蝗少見而多怪秋來何地無蚱蜢況復捕殺傷天和息爾鉦鼓收網羅吁嗟乎蝗之爲虐猛如虎助蝗爲虐將奈何農夫束手涕滂沱火籤硃票行催科

大雪行　張星煥 丙垣

朔風三日吹黃雲塵埃動地晝氤氳廉纖細雨爲灑潤苔蒼石白暑可分黃昏霰集風愈猛寒氣迸入人骸筋重衾如冰不能寐屋瓦撲窣時有聞曉來開門雪滿眼一洗萬里無塵氛階平徑沒竹樹折漫空六

出猶繽紛繽紛直閲三昏曉平地突然起叩墳天窗
朧合翳光景夜戶洞達犬不猜出門一步行不得灘
爐榾柮煙火薰東村西舍杳無耗老屋壓倒雷砰礮
偎簷凍雀時復墮草舍蝸縮牛與豕遙想巖谷最深
處埋沒定死狐兔羣忽然捲幔見朝日兒童拍手顏
色欣中庭剗削置高榻登榻擁坐就日曬簷前冰柱
挺然立一椽何啻三百斤道途匝月凍不解行人滑
倒如醉醺今年大祲無禾黍蜀米一斗值一纏十室
九室鮮生計兒女典質況衣裙併日一食且難得少

壯負販膂力塵何期更遇此災變仰屋僵臥手足皸
漫謝來年定宜麥眼前安救饑火焚　聖主若聞此
情狀能不宵旰加憂勤胡爲縣官昨報郡依然黠鼠
瑞雪文民間疾苦置不問日坐暖閣茹羶葷行當延
訪白描手圖寫大雪無際垠更寫閭閻困苦意明駝
千里獻吾　君

上巳同熊卧雲孝廉家子書弟游淘金寺用東
坡金山放船韻　潘舉鏞　濂舫

層樓傑閣來游眺煙景頗似瀟湘南艮辰乍過日百
五賞心恰有人兩三佳麗湖山宛入畫風流裙屐紛
如蠶共登古寺作茗戰未得斗酒空增慚玲瓏石洞
水清洌不數千尺桃花潭數聲鐘磬俗慮寂帀岍楊
柳春光酣觴詠雖殊會稽會史漢可接張華談不衷
不惠易諧世學僊學佛難同龕開軒豁目愛高爽論
文真味嘗苦甘得閒半日亦足樂久坐忘歸毋乃貪
更約擕雲玉屏攀巘屐待到重陽堪卧雲有九月偕游玉屏山之約
行行城下且小立回首夕照明僧庵

義士行　并序　陳錦　雲舫

甲寅之歲粵賊破武昌焚黃州勢披猖甚羅
田舉人熊五緯起鄉兵迎擊屢獲勝進克蘄
水守之卒以孤軍無援賊大至戰沒於陣鄉
人流涕曰義士也予爲作詩以誌其事

大江南北煙塵起鐵騎長驅八百里鄂州城破黃州
焚何人號召蒼頭軍熊君慷慨心似鐵大呼殺賊目
眥裂義旗一舉義水清再戰掃蕩蘄春城萬人泣拜
迎道左孝廉老子今活我玉臺風吼山動搖鬼車晝
叫貙虎驕壞雲壓城鼓聲死孤軍拒守城危矣勸衆

退旆公怒嗔丈夫臨難豈顧身開門砍敵日無色壯士死公公死國血濺黃沙虹化碧浠川水照忠心赤

醉夢行 並引　陳錦 雲舫

春深積雨寒氣中人命觴獨酌兀然徑醉醉而夢夢而復醉嗚呼醉夢耶抑非醉非夢耶吾不得而知也作醉夢行

我夢飛去乘長風瀛洲浩蕩扶桑東天雞叫空海水裂島日湧射鼇睛紅紅光紫氣互隱見雲霄擁出蓬萊殿上有萬仞矗立之飛樓下有萬里澒洞之滄流

仙人手把芙蓉朵排闥天閶笑招我坐我七寶牀酌我九霞漿麒麟脯熟天酒香一吸立盡三千觴醉吹鐵笛騎鶴背天孫遺贈飛霞佩紅雲十丈纏滿身玉宇高寒露華墜我欲因之朝玉皇雷鼓吼怒沙飛揚罡風忽吹墮塵網仰首大嘯天蒼茫吁嗟乎人生身世真如寄夢非夢兮醉非醉蕭騷萬古一悲歌雲漢賁騰星斗曬 以上七古

雙柏　明　何景明

雙柏種何歲蒼然盤據深蛟龍猶有甲鶴鸛爾何心月過陰移壁風生响度岑萬年煙霧裏長得護禪林

掃墓

故域西山繞佳城望轉幽松寒迷唳鶴草煖集眠牛不見邱原起空懷霜露愁諸孫時掃謁哀淚灑松楸

蘇子遊赤壁圖

垂老黃州客高秋赤壁船三分留古跡兩賦到今傳落日寒江動青天斷岸懸畫圖誰省識千載尚風煙

過周家寨　郡守　盧濬

野水鳴深谷春山曉氣籠一犁人喜雨到處馬嘶風

日色開新霽桃花散晚紅兒童還愛我騎竹小橋東

玉泉寺　邑令　沈廷楨

遠入招提境東風宿雨晴落紅幽徑滿新綠小池平絕勝投名社何須向化城老僧延坐久忘卻世間情

賑饑遇雨馬上口占　郡守　王輔

四馬春行野孤村曉渡河紆廻田路遠鳩鵠餓民多雨細逼身溼潮平滿目莎天心甦涸鮒何處不恩波

留別士民詩 並序　邑令　王鴻典

余以譾劣署篆羅田視事於閏七月之朔至

十月二十四日卸事來去匆匆實無德惠及
民更何暇興利除弊事而山城瀟灑樸雅與余
迂拙相安去邑之日士民耆老分餞西郊各
潸然泣數行下余亦揮淚而行依依不忍捨
去肩輿中成小律六章誌別非敢言詩第發
於情之不能已云爾

百里山城古秋來倏屆冬未能酬蔀屋愧説領花封
循分安迂拙將勤矯惰慵灰心霜鬢後罄響欲從容

其二

陸地鯨波起艱危到草萊下車逢險歲洗手撥寒灰
蓬華雖初定瘡痍尚可哀寄言新令尹元氣未全回

其三

修築自前代勞同賴尾魚幾家剜骨肉每歲困蒐漁
水勢驚排蕩天心惘拮据金錢須太府爾力尚微紓

其四

雲氣迷終古人言玩太平山深藏鬼蜮地迥落欃槍
自昔蟲沙化於今歲月更吾民守純白莫恨洗難清

其五

城與書廬接山連鳳嶺長秀靈環一邑絃誦集三鄉
地脈無時斷人文以學彰青青衿佩子努力答明揚

其六

解組予今去攀轅涕可收豈無桑下戀難作竹間留
公事嚴程作殘年急景遒殷勤慰童叟雅意若爲酬

題金節婦　　邑令　陳士鳳

萱草今成瑞柏舟舊咏詩能將冰雪性培出桂蘭枝
落日倚門處殘燈課子時幽光流鳳嶺堪作女中師

題祝貞女　　教諭　張增健

一點血誠在憑將未了因曲全夫子業待老女兒身
永夜烏聲苦多年蘗味辛柏舟休見比猶及兩髦新

塔山老隱

一片欽嶔路啼禽引我前山中誰甲子世外即神仙
犬吠殘花塢人耕亂石田不知城市裏蠻觸幾何年

塔山　　邑令　張琳　崑璧

未入清元寺層林畫更神環溪流樹杪積葉散花茵
路以懸崖曲山因過雨新振衣憑遠眺禹鑿淨無塵

別江盂山州司馬

地僻誰堪問柴門數爾過一樽分客袂千里下銀河
雲影天邊盡松濤雨後多行旌如未住應唱步雲歌

瀉水巖　蔡容遠

瀑水晴如雹濤聲晚作雷誰教天漢落驚睹禹門開
萬馬騰空下長虹繞澗迴早知茲壑勝悔不抱琴來

拳石菴　王煜

曲徑草離離蓮宮繞翠微松强飛子疾竹冷落衣遲
破月挑燈補病花倩雨醫磬聲幽入夢佛影對經移

莾崖菴　王光運

一綫纔通路千尋黛色饒鐘聲風自度香靄霧爲招
寂寂猿啼靜飛飛鶴去遙仰攀何所極蒼翠正岧嶢

耳山

婁金星象應秀削兩峯連藤影穿殘月松陰接斷烟
林幽猿夢穩徑曲鶴聲纏當日避秦者不知此洞天

春日遊塔山　余植卓

玉屏春色滿乘興野樽開猿鶴驚人至煙雲戀客來
山窗堆曉翠石徑擁蒼苔觸目皆生意臨風盡醉回

天堂寨　王固統

天遠何年到攀蘿近斗杓雲深生雨脚月小戀山腰
絶頂千峯伏遲春百鳥嬌石痕留古色篆籀想先朝

春江晚眺　朱振

晚眺春江氣侵侵欲上衣暮煙留樹宿薄靄帶潮飛
片水浮天動孤帆泊浪微朝宗滂湃湧無息不東歸

自適　劉一煌

誰快幽山意春來萬象生但能無俗累不必有才掄
一賦十年搆二毛兩鬢陳淸風明月外耆取卽余嗔

玉屏晚眺　王志宣

玉屏高處立薄暮俯山川嶺抱層雲鎖溪流匹練懸
霞光千樹綺暝色萬家烟畫裏閒吟眺吾生有宿緣

長春雙柏　余植嵩

自是參天物千春無改容堅心盟歲月古榦共遭逢
比竹宜棲鳳如松欲化龍亭亭雙樹好夜影月溶溶

義水清波　魏世昌

水勢由東折於西漾碧流伊人褒一字曉浪疊三秋
岸夾濤如雪醪傳玉作甌貪泉何處著義士倚瓊樓

淘金夜月　喻於義

長河橫峭壁寺影隔沙明月掛千峯小潭空一水清
泛舟溪虎嘯飯荒石龍驚漁火星星歇鐘聲過錦城

印臺夜月　蕭雲翮

月到天心處清光滿印臺山平苔作篆蟾吐玉爲枚
近水澄潭曉依樓漢斗迴藤蘿邀朗照紫綬又新開

淘寺晨鐘　蕭光大

精舍藏幽壑疎鐘向曉鳴板橋霜跡印城闕曙光生
歔簾聲初震雞窗聽乍驚勞勞塵逐者誰醒夢中情

南溪觀渡　周文新

山溪競問渡隔岸鶴聲多雨過平添漲瀾迴曲滙莎
半篙油共滑雙槳鏡新磨爲樂同舟濟中流發棹歌

坐間雲亭　周之進

我來亭上坐觸景盡悠然鳥背斜陽下泉飛峭壁懸
拈花開笑口凭几息吟肩千古閒雲在遲遲意不傳

普陀柳岸　汪永鋐

岸柳垂關外清陰護普陀風隨宵磬逗樹帶晚煙過
翠滴高僧衲堤沿短棹波祇林無限境閒看織鶯梭

印臺夜月　徐鉅

沙堤靑作幛皓魄一輪生苔髮成文暗山跟象印明
蟾騰天四角人立露三更相對官衙曉風傳鐵馬聲

長堤煙雨　徐鎣

極盼西郊路迢遙足卧遊煙飛人走馬雨散客登樓
白練懸空下靑波勞石流輞川吟興在彷畫景長幽

天堂積雪　林嘉善

絶巘巒崔嵬天堂境別開瓊花凝石磴凍蕊沒莓苔
日月中峯變風霜永夜厯皚皚霄漢表幾見玉山頹

雲閣松濤　馬孔明

翠蓋連霄漢清音繞梵宮波翻龍出峽枝拂鶴鳴空
冷逼三層閣寒搖萬壑風何人思御李烈烈碧雲中

塔山秋色

山列屏如玉天高宿霧消涼風催木葉爽氣度岧嶤
絶壑千楓醉長空一雁遙浮圖依嶺角猶帶碧雲飄

鳳山春曉　閔煌

得秀山稱鳳朝陽日近人雲霄明義水梅柳吐嶄春
有鳥棲阿閣無風媚遠津琴堂開壽域況又物華新

環巒積雪　閔焜

四面鋇沙積寥天一望同寒光浮嶺外霽色到城中
地列瓊英衞人居玉屑宮環巒淸白彰不受點塵蒙

多雲樵唱　閔佑啟

誰是穿雲客輸樵好自由芒鞋無滑路石磴有淸謳
舞雪千林曉廻風一擔秋翹翹盲刈者逸韻出峰頭

以上舊志

陳家源 離鳳凰關三里梅家洞有義士陳守募故居　郭天錫

翠露斷崖側丹霞流水西竹從幽處密松自古來欹
落葉半藏路淸風時滿溪仙家源不遠未許衆人知

前題　陳之琯 正功

陳家溪水碧谷口春花紅人境通何處仙家儻此中
相攜老漁父去訪避秦翁我本楚狂客來觀太古風

山中秋夜　陳瑞球 韻石

天意促搖落風威夜不禁遙知西澗路葉落萬重深
遠巷吠寒犬空林驚宿禽刀砧何處急淒切歲寒心

雪夜書懷

一別清元寺依依十二年重來詩禮地寂寞夜燈前
尙憶孤山雪親教撲被眠浮雲千里外搔首望燕天

得潘四梅書　陳瑞琳 九香

亂後書難寄殷勤見故人風塵能早退著述是閒身
世事何堪問吾生各有因白頭歸未得愁對濮溪春

哭同邑熊孝廉 五緯 督勇進勦蘄水踞賊遇害
並悼黃安彭主政 宗達

江漢幸收復蘄黃仍可危孝廉光乃族義勇冠當時
身死亦良酷名成殊足悲不須譏暴虎血性屬男兒

其二

不謂生戎馬君堪託死生義能全梓里責未受專城

難免庸流惜行邀郵典榮同時遭慘烈吾郡得熊彭

答陳九香中州寄示感懷詩　潘煥龍 四梅

鬱鬱長爲客烽煙一望多流離身鮮定衰老鬢雙皤
避亂憑芒屩消愁借叵羅親朋多阻隔兵甲滿關河

其二

戎馬中原盛音書遠道來螫人蜂蠆毒啖野雁鴻哀
戰壘聞吹角軍儲仗散財天心終悔禍早晚畫雲臺

門人熊臥雲孝廉 五緯 克蘄水城屢戰皆捷賊
悉蘄州黃梅之黨來攻衆寡不敵力盡捐軀

作此誌慟

破賊功垂就如何惡耗聞握拳知透爪嚼齒定穿齦

慷慨戈揮日忠誠氣薄雲二難相繼逝令兄素卿令我淚

紛紛

紓難家能毀成仁命竟捐科名真不愧史册總宜傳

姑息留奇禍英雄隕少年最憐兒女小膝下毋衣牽

羅蘿村澤南觀察進攻鄂城殺賊受傷卒於軍

中深爲悼惜作此輓之

海内推飛將營中隕大星耿弇兵最勇宗澤目難瞑

浩氣留忠赤芳名照汗青閻摩擒虎替沒後卽神靈

聞官軍收復省城誌喜

楚北盜縱橫連年苦用兵喜收漢陽郡旋克武昌城

百戰功方奏羣兇罪已盈城壕都鏟盡江漢得澄清

其二

氣作三軍勇枯深萬骨哀兵機如破竹春信好探梅

瑞麥迎年秀唐花隔歲開　皇心增悅豫飛騎捷

音來

輓邑侯彭杏村先生　陳　綸凝甫

山邑小無城全憑衆志成賢侯能死事令子兄知兵

羣盜遏中路萬人同一聲由來感忠義患難見民情

其二

入告邀　天恤捐租　聖澤優官能殉　國難

民肯爲身謀保障都如此安全倘可籌道州遺愛在

今見我黃州

陳凝甫舍人招遊玉屏山和韻　熊五緎素卿

世路久浮沈茫茫直到今愛君多道氣愧我托知音

風月少年夢蓬萊他日心所期須努力莫漫賦登臨

秋日山房　葉茂雄花峰

書聲清夜澈四壁助寒蟲瓦撲霜微白盤堆橘漸紅

林飛山色瘦日暮鳥羣空秋信憑誰送驚心塞上鴻

遊塔山清元寺　潘肇鏞蓮舫

兀傲孤山聳玲瓏一塔懸老僧迎問姓古佛坐垂肩

水濶白無際花疏紅欲然斜陽掛林末催客著吟鞭

别春舫兄

秋葉落紛紛秋聲不可聞全家猶寄食遠别况從軍

翼軫纏兵氣江湖逐雁羣附書他日事且復立斜曛

秋日有感　張紹春 益三

陰氣凝西北天心大可知秋風聞葉落山鳥伴人飢
渺渺兮懷遠茫茫世路歧縈憂不自整愁坐卜元龜

題雲蓋山寺　王子聯 叔白

知有雲中寺螺旋九曲登巉崖危挂石老樹古纏藤
恰剩三椽屋惟容一箇僧等閒參偈處心迹與波澄

登枕流石

整衣攀絶壁選翠望層巒山色入秋古泉聲激石寒
乾坤雙眼闊澗谷此身寬日落未歸去西風吹我冠

遊駐鶴亭

躡足雲中寺松聲萬壑連危亭開絶頂此鶴駐何年
一磬落空翠數峰青暮煙凭欄試吹笛遊擬挾飛仙

普陀坐月　葉大梅 笑春

城闕猶餘柳疎疎入水祠露華涼院結秋氣夜僧知
竹圃平侵岸花牆短隔籬何人步明月清與笛橫吹

望玉屏山　張星煥 丙垣

郭外一峰秀巋然如列屏雲從生處白山是古來青
天際露孤塔樹陰藏小亭此中有佳處吾欲寄柴扃

夜宿石獅坳

一徑入深谷暝煙籠四山漸看林黯黯遥聽水潺潺
犬吠知村近人稀覺路閒茆簷燈火出小立叩柴關

夏夜過大塆山値雨

怕逐驕陽熱攜笻夜色催濃雲捲月去驟雨逼人來
趨避竟無計顛危聊復猜須臾衆峰出仄徑滑蒼苔

遊李弇巖　陳錦 雲舫

一徑踏寒碧林深路不迷桃花迎我笑嬌鳥見人啼
樹缺雲常補山高天忽低樵歌何處起斜日亂峯西

東城訪友人不遇

秋草郭門路白沙灣復灣幽人何處去竟日掩柴關
老樹暗孤渡夕陽明亂山徘徊天欲暝煙外鳥飛還

以上五律

石險河　提學 沈鍾

烟煤水繭畫圖開範水模山孰比哉龍正吟時珠乍
噴柱當砥處首重回神劖怪石如人立天放飛濤劃

玉虹泉　郡守 王錫汝

地來倘許卻風超八極滄溟何翅一浮杯

百尺雲巖佛閣前曉山疎葉思悠然岸邊酌酒和清
露石上題詩染翠煙半嶺泉鳴通古澗數峰秋盡隔
寒川西風似欲吹人起去逐騎鯨汗漫仙

雲閣松濤　　邑令　張　琳

禪關深鎖白雲中盡日松濤捲碧空一嘯長鯨疑海
立斜飛片鶴訝帆通影搖銀漢三更月響發滄溟萬
里風聞說陶公耽獨聽曠懷還與我心同

洶寺晨鐘

隔岸鐘聲破曉雲聲聲直透紙窗聞金沙朗映連雲

渡玉露爭流帶霧分聽去自慚皆是我扣之則應獨
逢君清光何處無佳句夜半敲殘更不羣

長春雙柏

亭亭雙柏幾經年蒼翠遙飛色最妍水映清光常掛
月山含遠影漫橫煙冰霜備歷知難老雲露時餐卽
是仙豈有鐵根穿地軸清陰鬱鬱異香旋

義水清波

清波一帶抱城流天外霞飛接翠浮濯濯光騰沈素
月平平靜影泛沙鷗長空萬頃晴如碧夾岸千峰畫
若秋深喜嘉名傳義水斯民直道復何求

印台夜月

萬里天空月迥明印台光起照山城平鋪大纛圖堪
畫遠映層林鏡裏行有酒可邀觴共酌不言成韻聽
無聲煙波四望白如畫犬臥花村夢亦清

普陀柳岸

柳岸連枝帶露榮陰垂千畝普陀名煙光輕鎖朝霞
遠山色遙含落照清渺渺樵歌時斷續離離麥隴任
縱橫游人乘興耽佳句水轉晴波樹囀鶯

塔山秋色

霜清落葉景偏佳林外鋪將二月花虹彩半天欹斷
岸晴嵐一路點殘霞漁歌樵唱遙相續旅雁寒煙好
自斜不盡文章留大地塔山處處是仙家

長堤煙雨

一路平蕪望轉歧迷離煙雨泛長堤溼雲近接山山
合嵐氣遙連樹樹齊野鳥穿林聲未歇遊魚逐浪去
仍遲老農不省詞場事戴笠牽牛唱竹枝

天堂積雪

六出飛來綻曉風環山如練本天工平堆遠岫連雲臼高掛殘叢漾日紅一望盡成銀世界千峯渾似玉玲瓏尋梅還問村前酒樹樹皆花色色同

鳳山春曉

好景乘春鬬物華鳳山佳氣望偏賖層層遠樹皆成錦處處新枝自有花閒聽鶯鳴穿翠柳靜觀燕舞點晴沙可知百卉紛榮日選勝無邊香滿車

余忠宣祠　王冕

赤幟南來擁萬舟丹心北望獨悠悠關東競起追秦

鹿卽墨徒煩縱火牛萬里一城三面敵孤軍百戰七經秋空餘千古英雄淚不盡長江滾滾流

余忠宣墓　鄭元昆

天完兵勢楚吳吞大節孤懸鎮海門七載汗流千戰血三江聲哭一家魂忠心獨壯青山色正氣常香碧草痕塚上未消平寇恨仍留燐火照黃昏

石險河　王鼎

古羅此景自天開險逼龍門亦異哉老樹懸崖星幾換怒濤激石日千回米顛如遇應端拜臼傳何緣得

再來我欲枕流兼礪齒夕陽未可放傳杯

老塔山寺　邑令　呂和鳴

從來不慣穿山徑但入名山不厭深一點照人清夜月千秋知我白雲心浮圖恍浥金莖露蘭若如逢祇樹林此處並無塵到眼好攜柑酒聽鸝音

哭忠烈梁公雙節

報國捐軀為保黎殘疆無計禦鯨鯢匣餘故劍甘同燼葬伏妖狐孰敢迷殤冢九原依父母時艱萬死是夫妻也知有典旌忠烈星羽仙人急具題

過處士劉一煌　邑令　林甲春

山郭車驅半日程主人倒履喜相迎頻年契濶臨風訴千頃汪洋入座傾課讀應知開腹笥敲詩還許作長城山肴野蔌聊堪酌話到中宵夢不成

其二

茅屋簷低萬木垂到來便覺清風吹閉門高枕古今史論世平量大小兒肝膽君真懷道誼迂疎我不合時宜流連夜共空庭立露濯寒塘月一規

甕門關　余彌峻

曾聞陸遜此追曹陟磴梯雲戰轉勞父老尚能傳阻隘兒童亦解說垂橐天堂南峙森虬窟雁塞西横搆鶻巢憑險舊爲戎馬地只今行旅任逍遥

王道山　余植卓

緩步層巒興未闌盈城煙火畫中看林間鳥集人偏靜嶺際雲深夜帶寒松老懸崖山色古竹敲瀑布水流湍到來絕頂危峰上長嘯一聲天地寬

長春雙柏　周易

炎宋培成今十圍交柯接葉共春暉同心一片雲深

鎖偕老千年鶴並飛黛色遠參天混碧霜皮高潔月添輝松梅遺植傳前代何似重陰靄翠微

前題　晏一麟

古柏亭亭排寺院千春滴翠潤雕欄風高五柳偕棲鶴算過孤桐互翠鸞久飫雲霞成伴侶宜教骨格受凋殘老人笑問層崖下衆木何因畏歲寒

雲閣松濤　周炅

佛閣高松偃蓋成最奇天半忽長鳴雄峯遠駕千層浪本性惟憑一柱㯳塵正揮時驚鶴夢龍從吟處應

鼉更禪關參透心常定一片閒雲自在行

前題　龔天秩

幾株松樹擁城隈濤起凌虛閣下排漫倚閒雲天上坐徐聞爽籟靜中來風搖鶴蓋移亭午雨打龍鱗落蘚苔陸地神仙清謖謖張琴一和脫塵埃

前題　董起棟

雲閣深藏萬壑中清風謖謖出喬松將搖翠蓋縈雙闕不墜泉聲擁百重一曲迴風催舞鶴幾番流水起眠龍虬枝慣向寒空吼嘯傲山川古昔同

天堂積雪　周承執

危峰天半雪飛霙積素凝輝萬壑盈瑤島鶴歸新失影瓊林人到共懷清寒侵日色春猶冷白接蟾光夜轉明料是豐年先種玉郢中高曲客頻賡

前題　雷天鐸

矗起奇峰暗曉暾六花凝結凍雲屯林巒滿目開生面印壑平鋪失舊痕四壁寒深珠錯落三春暖照玉絪縕天堂原不爲幽僻殘雪猶堪閬苑論

多雲樵唱　余養元

白雲巖畔翦煙蘿一束肩來發浩歌結伴行行山徑
曲逕衣處處曉嵐多無心唱出臨流水得意吟歸撫
爛柯樹色濆濛回望迴牧人驅犢下層坡

前題　徐維垛

贏得歡情比次歌紆迴樵徑踏青莎不關絲竹聲聲
出別有宮商曲曲和露草霜根雙屐滑雨枝風葉一
肩多高山流水當年意唱入雲霄幾度過

塔山秋色　汪有達

老塔嵬峩一鉅觀清秋景色畫中看雲封石室容常

淡霜染巉崖秀可餐山隱大環邀月白溪流一帶點
楓丹玉屏勝蹟堪千古回首西風興未闌

前題　王如楨

不老青山氣候非霜輕露重變芳菲玉屏架上流丹
膩石塔頭巔籠翠微曉起晴嵐痕黯黯寒深日夕透
霏霏登臨莫厭秋容淡紅葉翩翩雜落暉

鳳山春曉

春到林巒盡吐芳鳳山萋萃擬朝陽九苞快睹叢篁
舞千仞高迎赤羽翔輝覽祇應覯畫閣和鳴可許上

琴堂而今黍谷成花縣五色平分曉日光

前題　李光

淑氣催人踏鳳岡遙瞻春色闘河陽沒晨花放千林
萼繞岫雲生五色祥畫裏溪城開曙景烟中樓閣煥
文章鳴琴自有和風扇高展文翎旭日長

印台夜月　胡師洛

崇台遙望峙巖阿掩映冰輪暮色多影射澄潭凝皓
魄光聯星斗漾銀河苔痕篆就泥封古花徑裝成玉
佩皤誰向晴空開寶鏡長留一匣面仙娥

前題　徐乾源

星河皎潔夜光浮有客凭欄豁遠眸素月正當山缺
上平潭斜貼水西流縱橫古篆明龜蹟隱約纖鱗試
玉鈎長嘯一聲天未曉印川起悟盪虛舟

長堤煙雨　徐思源

東風作意逗前溪踏遍花堤復柳堤山雨欲來人問
渡野煙初起馬頻嘶銷魂帽影鞭絲亂入眼山光水
色迷記取王維曾著筆蒼茫小立畫橋西

前題　劉維鍔

長堤一望障湾流煙雨迷離樹影稠霧鎖平沙垂翠幙雲低古渡湧層樓游絲密護桃花馬淺黛輕籠竹葉舟縱少王維來潑墨輞川春色已全侔

玉虹泉　張明道

玉虹飛下翠巖前便似廬山瀑布然無復危亭如往日祇遺斷礎浥輕煙泉聲自是鳴千古險語何曾墜百川鼓缶載歌聊注目高風尚憶子喬仙

壽臨汝王夫子　余淮

精分嵩嶽卽儒林仙吏依然道學心階茁蘭芽經化

雨帳傳書帶益簪雲芝殞莫遺朱顏換蒲召應先絳甲臨師範汝南依幸邇聊歌下里貢私忱

秋登大霧山絕頂　蕭光詠

耳熟靈峰幾十年今秋躡履縱奇觀環吳山點千螺小塹楚江橫一帶寬紅葉淺深輝下界綠蘿遠近接仙壇老僧更話驚人處時有龍雷繞殿欄

寒食偶題　何昇

低徊客思纔新雨逼勒春愁又禁煙杳路流香今日是綵毬共濟幾時然幽人端續龍蛇句泪子差聯鴂鵲篇且說滿庭官食者明朝賜火卻誰先

淘寺晨鐘　劉維鍔

何處傳來靜夜聲聽從長際倍淒清漫敲璧月沈山寺暗度霜風入錦城雉雊幾番驚旅客蝶迴一夢破殘更金輪無復題佳句幽思翻緣缽擊成

前題　葉自成

淘金古寺夜將分鏜鞳疏鐘隔岸聞豈是景陽催漏箭渾如睇澤散仙羣三千界迴驚晨夢百八聲清淨曙氛殘月曉風敲不盡城中萬戶已迎曛

義水清波　胡師清

莫向桃源別問津長河一派總潾潾絲搖樹漲漁舟曉白映沙灘月色新峽口浪飜梁義郡瀾端光接漢蘄春從茲會得蘭溪馥萬里朝宗不染塵

前題　朱文魯

清波浩浩漲前溪自北經南轉向西鳥過長空時濯影魚游泪底不沾泥名流攬轡將酬志孺子歌纓恰過題莫怪義聲千古重朝宗直與漢江齊

普陀柳岸　王之松

山城一帶碧雲遮柳綫層層入徑斜晴日拂塵催晝
騎春風蹴浪走平沙漢宮搖曳成今古灞岸蕭疎閱
歲華何似普堤千萬樹綠陰團繞木蓮花

前題　　林　塏

一灣新碧倚頭陀接岸垂條多復多翠屬裝成高下
舞綠陰漾出淺深波林間落日明香篆石徑飛煙入
舊柯比似江南風景好沿堤只少雪兒歌

王道漢松　　閔　爔

嵯峨天半聳危峰黯黯雲陰露古松幹老千年傳漢

植枝高百尺陋秦封風生似舞吹笙鶴雨洗疑飛化
杖龍面壁王孫仙已去徘徊舊樹尚葱蘢

玉虹泉次韻　　汪德溥

遙尋飛瀑訪前賢苔壁詩痕思杳然岸落彩虹天欲
雨溪吹銀浪地生煙細哦藻翰留過客徐踏横梁逗
曉川地以人稱風韻古猶疑江上瀨坡仙　以上舊志

偕郭華亭游天堂寨　　邑令　姜廷銘

巉巖古砦插雲間吳楚東南第一關遠眺羣峰皆蟻
垤仰穿高井識龍斑撫時各有當年感即境猶餘夕

照閒狐鼠至今無跳立會逖且作勝游還

贈吳雲舉學博士魁四律並序　　萬承宗　岡邑

雲舉先生羅田耆宿也歲己巳余主講上庸
獲脣司鐸署耶言貌樸訥恂恂有古君子風
嗣君東遙彬彬然世其家學暇輒過從詢知
先生孝友性成榮利不入於心自己亥登副
車後兩尊人皆臻上壽惟家居侍養絕志進
取怡如也東遙又言生數歲而母卒先生洎
今不娶者垂四十年邑人義之采入縣志家

固不豐而性甘淡泊居東皋山中塵跡罕至
顧遠近耳其名爭從之遊今年居八十甫選
一官猶篤學不倦而神愈旺鼎假制義讀之
淵懿渾穆如其人昔吳省齋領鄉舉退爲學
者師陳知柔稱其貌古心古學古文古于於
先生亦云今將解去東遙以詩請因叙其生
平而書此貽之

早歲人誰識此翁卻從臨老見方曈容餐沆瀣辭衰
白底逐桑榆向晚紅世外有評宜月旦坐中無念不

春風時陪杖履行游健得荷忘年是孔融

結宇東皋問俗酺一庭融洩在天倫曾言蘗榜分香日及慰蘭陔二老人息跡處隱非避世安心負米不辭貧幾煩色動毛生檄草履柴車穩稱身

四十年來別鶴吟孤裯終冷憶琴心清修不爲徵蘆絜高義何慚對藁砧已釆輶軒歸邑乘長留圭璧藹儒林松陰竹嶼當時業多少青山載酒尋

老耽圖史瘁生平宦冷何妨夢更清蓬海棗梨爲餌食儒林衣鉢承家聲了看雲水閒身世自結煙霞癖性情閒趁春風掛帆急愁子心跡獨縱橫

送陳生雪門潘生眼垣赴春闈　廖易元柏堂

琴堂小聚酒纔傾又上公車謁帝京萬里風雲今日會三更燈火昔年情子昂才調能驚世潘岳文章早得名師弟淵源關一脈探花期爾共登瀛

贈潘雲麓州倅　文萃

詩人老去與偏豪外事何曾掛一毫繞徑只栽陶令菊壽源惟問武陵桃爲延韻侶迴青盼盡遣塵緣付濁醪多少邯鄲名利客輸公日夕倚亭皋

秋山　潘光烈有亭

靜意㒵從太古還郊頭曳杖愛秋山空青落落天邊杜寶黛纍纍佛頂鬟日色下時飛鳥盡鐘聲敲罷老僧閒如粧入畫重經露明淨看來一幅間

游塔山　潘光照朗垣

能詩敢繼謝公賢著屐尋幽亦灑然山勢作屏青似舊梅花吹笛落何年天生結搆非凡境人到遨遊了宿緣只是塔峰登未極臨歸擡首意纏綿

和四梅刺史酷暑感值秋闈　陳瑞球韻石

逃暑真成百不知扶筇夢斷碧山陲十年未省看除日一映無多檢舊詩甘澍潤人征路盼清風惠我好懷披長林見獵心猶振觸尚憶三條燭盡時

復和潘四梅刺史韻

沉疴乍起轉憐忙又逐良辰閱泉芳此夜月光明分外今年酒債倍尋常笑迎晴爽千家靜新擁團圓一院香老樹著花芬更遠日來風雨未應妨

重九與諸弟集飲值雨

兄弟登高喜正同忽驚涼雨響疏桐十年行腳半天

下千古論心一室中頗賴駒騶娛暇日又聽鴛鈍躓
秋風持螯索共黃花醉縱被催租與未窮

題何大復先生集

弱冠登壇世莫攀文章節義具斑斑靈鍾嶽降崧生
地秀擷廉居讓飲閒明港發源天目水最清洌七子
而還操正響諸孫相繼侍清班卜船久辦鄉先輩何
幸今過大復山先生祖居羅田之卜船山與余居相距二十里

有感東南近事四首　陳瑞琳九香

纔覺軍中有范韓誰令吳楚半摧殘大江南北今如

此古粤東西是發端　國帑虛縻經歲久重臣多咎
見才難堂堂使相先機失恨不根株絕永安
三月長沙不解兵一朝竟拔岳州營揚帆江漢如風
雨故國親朋半死生軍力難支孤重鎮賊氛所過失
堅城如何大隊觀成敗慘絕洪山徧殺聲
妖氛竄又熾江東皖九蘄黃水陸攻退守金陵誠左
計老師溢浦亦無功樓船白下歸羣盜草木淮南誤
八公多少封疆艱一死養癰都是信天翁
破賊金陵又廣陵將軍殺氣自稜稜江流米石應飛
渡天險鍾山可獨憑節度人需唐九道　嗣皇德邁
漢中興東南半壁行收復碑撰淮西我尚能

偕廖方雪家竹坪普陀菴待月

幽人待月月已出古寺遲僧僧未歸秋蟲日夕響逾
急野火林深光漸微一碧涼雲天似水四山空翠露
沾衣夜游足抵承天寺七百年來此樂稀

清明晚晴同友人看桃花至元妙觀

春雨瀟瀟不出門清明人未薦雞豚相尋煙草無多
地如此桃花又一村夜讌何時同李白舊游如夢弔

王孫重來只道元都觀前度劉郎也斷魂

感事三首　潘煥龍四梅

一片煙氛擾太清瘡痍蒿目盼昇平擁兵自衛心虛
怯望敵先逃事豈成帷幄重臣多束手兜鍪武將半
貪生茫茫殺氣何時靖鶴唳風聲日數驚
授鉞專征大將權如何凱唱尚遲延　九重籌策
勞宵旰四野干戈閱歲年誰以心肝酬　聖主共
將仁愛籲皇天請纓自是男兒事惆悵衰齡疾復纏
五等酬庸更勿疑諸公何以答恩施井中蛙伏非難

殛釜底魚游得幾時裴令望原兼將相汾陽身本繫安危武能戰勝文能守送喜天邊露布馳

曾滌生少宗伯督師由湖南岳州至荆州乘勝遂復武昌漢陽兩首郡寄此奉賀

亂離世事不勝悲聞捷今朝喜上眉蕩滌一方消彗孛飛揚千里耀旌旗滔滔江漢澄無極滚滚戈船去若馳破竹勢成迎刄解直趨漳皖莫遲疑

荆襄不幸遘凶災兵燹頻仍劇可哀雲散青天欣復睹戰餘白骨已成堆吹鐃竟唱從軍樂戡亂真須命世才三徑就荒松菊在淵明𧗽宇好歸來

哭何丹溪 桂珍 觀察

詞林何遽本無雙破賊心殷出建幢石勒未經夷甫戮費禕悞受郭循降芳名自合留千古熱血空教灑一腔功業未成身遽死怒聲皖水湧淙淙

黃州收復寄賀許梅卿 賡藻 太守

收向桑榆話果然黃州倏已靖烽煙干戈擾攘欣初定廬舍蕭條亦可憐東去大江仍浩渺南飛孤鶴又蹁躚風淸月白供談笑明歲來尋玉局仙

感懷四首

烽煙欲熄忽陰霾變幻無端攪我懷飛將久無班定遠良謀空負李臨淮謂鶴人方伯爲奸賊已同狼狽當路民仍困虎豺太息行軍何等事運籌帷幄少安排

鑄將大錯豈能支幾日紛紛羽檄馳樂毅城難㮣卽墨顯忠兵竟潰符離毒如蜂蠆應防螫收向桑榆尚未遲自古受降同受敵緣何悞被杜宏欺

天下兵戈久未休風雲慘淡不勝愁世逢多亂難安枕人到衰年易感秋杜甫有詩皆痛哭張良借箸想前籌高牙大纛承恩寵誰把心肝聖主酬

鶴唳風聲了不驚艱難百戰守孤城雀羅鼠掘心仍固鯨戮梟軀氣轉橫拔劍幾回將地斫淩煙一柱看天擎莫云小邑同孤掌楚北妖氛仗掃平

哭邑侯彭杏村先生

報國年衰志不磨公年近七旬 使君大節信嵯峨三宵目明星隕公殉節前一夕居民見大星墜於縣西 萬戶傷心淚雨多慷慨裹屍憑馬革辛勤塡海息鯨波忠魂死後仍殲賊天半靈旌颯爽過

偕陳九香竹坪潘蘭士普陀菴待月　廖騘方雩

黃昏結伴出城去古寺依然障夕暉得句每逆山月
上敲門專待老僧歸沿溪驛路人聲靜隔岸農家煙
火微惆悵夜游清興減承天私願莫教違

李鶴人方伯招集余氏晚甘園即席和何雩園
孝廉韻　潘肇鏞濂舫

疎檽開處對晴巒座上飛觴禮數寬旌旆拂雲花影
動園林過雨鳥聲歡處囊畢竟輸毛遂破賊方今賴
謝安醉倚石欄占象緯參旗弧矢幾回看

李鶴人方伯以感懷二律見示依韻奉和

高吟欲擬謝元暉遠樹炊煙傍翠微蓮幙有緣隨使
節蘭陔違養悵斑衣鳴笳夜聽邊聲急磨盾朝看羽
檄飛一紙傳來詩筆健風前展誦浣薔薇

鼙鼓干戈偪故鄉東山出後祇剛腸蒼生呼作萬家
佛紅旆飛臨千仞岡待挽天河洗兵甲漫論人世感
滄桑艱難轉餉談何易遠計關中近許昌

甲寅同廖丈琴舟先生率勇赴蘄擊賊走之越
日官軍俱至

小醜跳梁誅自易誰教豕突漸猖狂村空祇剩新焦
土鬼哭疑過古戰場霜角曉鳴催陣馬星弧夜閃射
天狼側聞宵旰憂勤切日盼元戎報捷章

得陳凝甫綸書却寄

秋鱗六六來非易千里相貽鄭重看詩酒唱酬時入
夢別離風雨獨憑欄鴻泥嗟我迷行迹雞肋憐君味
冷官君擬就教職綺語齊梁刪盡後定飜潮海擷蘇韓

聞陳凝甫舍人卒於洛陽詩以哭之

才命相妨千古恨如君泡影太匆匆仲宣作客家難

返伯道無兒遇更窮紅葉虛傳西掖詠白楊悲起北
邙風關山迢遞多豺虎悽絕招魂路未通

輓李鶴人中丞

驕將饑軍病已深矢亡援絕痛尤沈銜鬚溫序生前
節殺賊睢陽死後心忠孝公猶存浩氣文章我昔託
知音武昌應似桐鄉戀不待招魂學楚唫

紀事四首　熊五緯臥雲

建陵城黯陣雲鋪慘目沙場萬骨枯烏合縱然無久
計鴻嗷何以慰來蘇曾聞曹沫收三北遠說公孫負

一隅計日欃槍期盡掃捷音敢道是糢糊
盜兵豈止弄潢池飛渡重湖竟莫支設險未聞關隘
據徵兵日見羽書馳官皆惜死民何論將不能師士
可知千里烽煙連楚粤不堪西望大江湄
風檣如陣馬如翰此去長江路渺漫總制坐持千里
節封疆甯用一泥丸冦深敢信殲除易民困方憂轉
運難自古金陵形勝地城門忍作戰場看
幾回按劍涕汍瀾豈獨攻難守亦難半夜妖星驚墮
落滿城燐火儘荒寒吏聞賊至先營窟令恐兵揚竟

罷國一死漫云能報　國忠魂應識　聖恩寬

遊觀音山　葉錫薰 觀國

挈榼提壺逐月行白雲深處訪蓬瀛隔林清磬隨風
度傍澗孤松引鶴鳴老病頭陀丹竈冷糢糊蝌蚪斷
碑橫碧紗籠得仙人句讀罷還令四座驚

館中春夜　張紹春 益三

青燈裊裊坐深帷偶得新詞手自披筆上有花春欲
吐樽中無酒句來遲閒鋪白紙工磨墨寒戀紅爐帶
寫詩低首立成眞格調半天星朗月明時

贈應山東齋陳雨玉 瑞琨 學博　童紹恢 潤生

與君同里復同官花甲同登歲月寬萬里烽煙思避
地滿盤苜蓿勸加餐少陵弟妹天涯隔陳實兒孫道
路難畢竟爲誰幾下榻一樽相對話辛酸

秋日郊行　張星煥 丙垣

新晴一碧抹遙空斷續聲中度塞鴻野岸危橋斜蘸
水疎林敗葉亂搖風尋山宿約徐徐赴樹麥秋深處
處同小憩便駐村店酒聊酬黃菊與丹楓

倚雲樓感興　陳錦 雲舫

西風莽莽萬重愁把酒悲歌獨倚樓山水有情容我

醉乾坤如夢爲誰秋粤江烽火連三楚淮海旌旗暗
十洲今日溫陶諸節帥也應灑涕共登舟

燃燈菴夜坐

十年夢繞白雲岑今夕來尋祇樹林清磬一聲幽鳥
下綠蘿三徑亂蛩吟疏燈似識安禪味靜籟能生出
世心兀坐蒲團天欲曙明河西沒漸橫參

望玉屏山

塔影飛出雲萬重重湧現青芙蓉煙松碧空叫鸞

鶴雪瀑白日懸蚑龍縹緲偶問寺磬響微茫時見林樵蹤古梅作花不知歲探勝吾欲攜吟節

雨後同友人游望江山　涂銑 西園

峭峰壁立暮雲收世外聊爲汗漫遊探勝恰逢微雨過登高嘗見大江流青晴遠映三巴水白練中横一葉舟明日掛帆從此去鳳凰山畔鶴樓頭 時將爲鄂渚之行

和明隱士劉恒甫老龍池原韻　童烜 逸臣

龍去池空冷石泉洞雲深鎖夕陽天春回水色泛翠黛日暮山光洗碧漣林際閒曳阮孚屐杖頭且挂東

坡錢把杯起舞醉明月散髮高歌甯計年

遊五峯寺　葉艮杞 堯卿

蒼茫嶂頂露禪扉倚杖攀藤躡翠微一石倒懸飛雨洗萬峰爭湧挾雲飛劈開蘿徑鶯何在 山腰名黃鶯十八旋 悄立松陰鶴未歸暝色漸低村店遠酒帘半角掛斜暉

重遊五峯寺

記得春風放早梅曾臨絕頂此徘徊奇峰倒影月初落古寺無僧門半開梧葉飛時秋易老桂花香裏我重來羽仙何處空留跡安得流霞醉玉杯

七葉山房偶成

半畝園林處士家此中歌嘯寄生涯過牆粉蝶撩飛絮隔苑啼鶯譜落花書爲課兒温更熟酒因伴客量徐加夜來讀罷南華句月影朦朧透碧紗

洶寺晨鐘　李楷 端溪

諸天寂靜領禪宗漸漸更稀代漏龍近水家鄰黃葉寺滿城僧送白雲鐘一聯詩就殘星落三界門開淡月封此際上堂應未了先生依舊睡方濃

寄協臣弟甘肅二首　閻彬 蔚夫

蒼茫西望玉關遥萬里烽煙塞馬驕壯略竟追班定遠勳名豈讓霍嫖姚雄師釁寇同雷迅小醜跳梁等雪消認得天山遺跡在定多奇績答皇朝

髫年期著祖生鞭此日龍驤屬果然三錫寵膺荆樹貴雙旌人羨竹林賢 叔森皋至營 揮戈瀚海經千里判襟鄉關又幾年聞道褒瘡仍仗劍不清沙漠不生還

雨後登王道山　熊士益 理堂

東風料峭柳絲輕有約青山汗漫行林鳥喚人如得意野花笑客自多情荒亭草綠藏遺碣古寺僧歸趁

晚晴緩步莫嫌雙屐滑枝頭布穀正催耕

九日遊王道山　羅敦寅 秩堂

四顧晴嵐腳底浮名山欣集好朋儔身隨雲路青為界指點松濤綠處流樹老閱人千歲眼相傳為漢松亭高立我萬峯頭上有駐鶴亭豪吟端不謗風雨長嘯一聲天地秋

以上七律

寄李獻吉　何景明

君作梁園客予登楚水臺春風河上柳不寄一枝來

其二

渭水天邊樹黃河日暮流春來千里外知爾故鄉愁

落花　朱正振

不落不成花一任風來掃轉盼是明年期上南枝早

以上舊志

偶題　陳瑞球 韻石

鴨爐香浮几明窗晝絕塵簾帷風影動忽憶渡江人

玉屏山訪友不遇　林丙奎 緯星

雨過巖花落風生澗水忙候人久不至半榻倚斜陽

普陀柳岸　陳鏞 笙舫

依依岸旁柳送盡河干人行人去不息楊柳為誰春

長堤煙雨

晴好雨亦佳長堤罩煙樹黃鸝似勸人攜家此中住

老塔唐梅

月地影橫斜風林氣高潔樹老花亦奇疑是唐時雪

王道漢松

駐鶴亭邊路蒼然見古松時清君始出不肯受秦封

多雲樵唱

蒼蒼多雲山寒日暗山路不見採樵人歌聲出煙樹

鳳山春曉

靈山多秀色鬱鬱氣佳哉曉日閶呵殿行春大令來

印臺夜月

臺上月皓皓臺下水泚泚水月印空明我心正如此

陶寺晨鐘

陶公潭水清水清石骨凍曉寺一聲鐘驚破驪龍夢

何玉泉孝廉別墅賞梅　陳庚 白舫

吟到梅花句花香句亦香萬花都在眼清福屬何郎

燃燈菴訪白香上人不遇

策杖訪禪剎疎林生暝煙白香師不見松竹暮蒼然

題陳才卿副戎秋風訪雁卷子

不堪紅葉落秋思客愁生雁逐湖天遠如聞風雨聲

以上五絶

塔山　郡守盧濬

高山拔起臨無地深井潛窺別有天擬結茆菴出塵世春風秋月送流年

其二

閒渡碧溪臨古寺忽看高閣逼諸天老梅不是仙人骨那得留香幾百年

觀音山

看盡流雲山外山山閒小憩枕雲關分明夢裏聞禪語前路溪光十八灣

多雲山

萬仭峯高一澗寒流雲隨處擁金戟年來我亦無心客不比巫山夢裏看

翠屏樓　張明道讀書處　邑令夏國孝

爲仰高山踏雪苔翠屏樓外一枝梅清芬依舊人何處猶憶寒檠夜撥灰

城頭望塔山　邑令呂鳴和

好是山光滿郭青擎天一柱獨亭亭飛泉勢擬歸滄海還抱城南滙綠泙

石船　王先

介性生成肯逐流乾坤萬古一虛舟安然不怕風波險垂柳多情縮渡頭

石山橋　蔡容遠

石橋横駕石山隈曲水流花注復迴春漲一灣雲錦爛過溪貪看首頻回

七楊衢

庭前栽取數株楊爲愛濃陰護草堂底事昔賢偏種竹垂楊裊裊暑猶涼

多雲樵唱　劉一煌

秋高雲氣護仙關山色朦朧誰往還惟有樵歌天半落聲隨流水到人閒

都門咏黃柑　萬言策

一顆黃柑撲鼻香天涯遊子忽先嘗寿暉寸草思親

日懷橋何緣學陸郎

題烈婦周金榜女董國用妻像　張增健

此身原屬丈夫身百計難消一點真死矣便爲今日事世間多少未亡人

別衙署　邑令金　珻懿文

五載勤民未敢荒今朝謝別出琴堂呼童淨把前庭掃柏有輕塵汚我裳

別學校

羅田士氣日春容敢侈興賢教育功九萬鵬程看奮

發相期總在至情中

又

數載名邦叨愛多臨歧今日意如何黔山楚水原相接莫謂衡陽雁不過

別耆庶

父慈子孝力耕田閭黨相和即是仙此日郵亭不盡意聊書短句誌纏綿

別山川

流水高山逸韻悠數年鞅掌未曾遊今朝幸得離官守又奈歸思擾輿頭

勵十房

忠勤體國不辭難貴賤由來總一般所幸五年無敗事須知皆是衆心攢

自況

利鎖名韁力頓開尋山問水任徘徊笑他八十何多事猶自拋竿下釣臺　以上舊志

懷邑侯張乃望夫子　元英　廖易元　柏堂

非關請謁到公門知已相逢又感恩吾道呼參參授

伋同官猶溯舊淵源　公子芥航井受業門下

普陀菴堤柳　陳瑞球　韻石

裁翦東皇著意新晨煙暮靄不勝春依依竟日垂青眼送盡河干行路人

九日

懷抱無由得好開年年對菊強銜盃何時爛醉茱萸節快作題糕第一回

過家山

繞屋松青間柏黃冬暄藹藹透晴光粉絲一衎明如

雪幻起隣家白玉牆

正月杪口占

鼓簫燈火鬧元正兒女喧嘩耳界清卻喜新年纔過了讀書聲閙紡車聲

春仲同廖方雪驄至夏家莊

七年節屐共躋攀今日重來豁醉顔裊裊晴煙松竹路春風二月翦刀山

筏洲寺觀河漲時隨家君讀書寺中

雷雨洶洶閃電催銀潢動地古城限當門直拍桃花

水可有魚龍跋浪來

過竹坪弟山居　陳瑞琳九香

竹樹青圍屋數間開門巉岏翠屏環阿兄也羨山居樂要有江南平遠山

題四梅花屋圖送潘四梅煥龍謁選縣令

五載燕臺花似雪故園閒卻屋三間歸來翻被梅花笑讀盡奇書又出山

其二

老屋寒香穩結隣尊前浮動十分春可能借我圖中住四樹梅花一酒人

寒食

七年寒食墻銷魂不薦雞豚到墓門昨日白楊田舍酒梨花一樹郭西邨

二月二日東潘丈有亭

二月正當初二日水邊天氣綠煙賖城南有約潘郎老今日城西去看花

聞賊匪七月又過黃州

四方騷動難歸日八口飢寒交廹之聞說吾黃又戎

馬生憎遭際杜陵詩

游元妙觀　潘煥龍四梅

曲曲深深小洞天逍遙散步算游仙道人住在雲迷處註到南華第幾篇

游多雲山　廖驄方雪

萬山壁立瀉澄灘石徑雲封岳色寒知否東南幾天柱可容人作會稽看

谷中屢有元元廟絶畈猶留五岳祠祇惜靈風莽蕭瑟野棉花下臥殘碑

遺廟荒涼九井傍殿前猶自說明皇玉龍自餉龍華客不作清華第二湯

登擂鼓崖　張紹春 益三

孤峰秀拔聳雲霄引我來登第一遭脚力雖窮人已倦前山高更此山高

雪中有感

山色蒼茫水不流夜來飛雪下岑樓可憐傲骨如山竹也向風前一點頭

羅田竹枝詞　潘煥琳 玉彰

百花生日是今朝女伴先期互見邀鬭草纔閒爭撲蝶不辭香汗濕紅綃

端陽佳節沐蘭湯繭虎斜簪助靚粧更爲嬌兒思續命親纒角黍絲絲長

懶陳瓜果向前庭守拙何須更乞靈耶自勤耕儂自織只將耕織學雙星

千門爆竹響聲聲惟有閨門興致清今夜看誰貪渴睡大家守歲到天明

消夏吟　潘煥瑛 蘭士

山館亭亭小苑東讀書深坐綠陰中年來領畧詩人味不到窮時便不工

心裏清涼已自酣不須瓜片又分甘消磨長晝無他事搖曳齊紈讀劍南

步出城西趁晚涼柳堤一帶暮煙蒼故墟寥落人何在（過雷太史故居）池上白蓮空自香

阿兄花滿河陽縣鎮日琴堂靜著詩幾度尺書頻寄我中宵風雨最相思

普陀柳岸　石心杰 俊卿

寺門春掩落花溪楊柳和煙罩一隄行盡綠陰人不見一聲鶯囀畫橋西

多雲樵唱

歌聲遙逐白雲飛冷翠遮來樹四圍回首疎林殘照裏半肩紅葉一樵歸

老塔唐梅

梅花香動小亭隈月靜風清有鶴偎一自相公留賦後年年天爲送春來

王道漢松

入柳宸楓半已摧深山猶見棟梁材濃陰滿地鶴初夢龍吼一聲風雨來

印臺夜月

層臺高峙並山城臺上笙歌夜五更萬點紅燈一輪月游人只是不分明

長堤煙雨

春風芳草綠芊綿十里長隄繞郭邊細雨溪頭荷簑立鳩聲啼出綠楊煙

玉屏秋色

松亭上六角倚雲陲冷翠深藏古佛祠鴉影漸低人影亂青山紅樹夕陽時

望多雲山　　王階炬蓮舫

山到多雲灣復灣最多雲處衆山環長官也愛多雲住不是雲多不住山

登望雲寨　　熊　韻紫卿

衆山環擁一峰尊羅列居然似子孫絕頂松枝更奇特雲濤湧處老龍蹲

著崖巍峙白雲邊蠟屐登臨亦夙緣同伴笑儂腰脚健飛騰先著祖生鞭

傳説茲峰號望雲梁公故事久知聞山靈顧我應增笑親舍承歡卻羨君

遙天風鶴夢魂驚權息耰鋤事甲兵雉堞繞山旗滿谷果然罝兔亦干城時偕同人鳩衆修砦禦寇

當關我亦賦同仇守望頻年借箸籌手挽雕弓追黠虜陣雲如墨落鵾鷂

遊雞鳴尖　　傅德淸

自古登高紀勝遊況偕名士更風流從茲一覽羣峰小擬折花枝當酒籌

其二

呼吸頻通帝座前從教世界閱三千縱無謝朓驚人筆搔首還將句問天以上七絕

六言附

過六賢祠　　邑令　凌嗣音

來也行李蕭然去也行李蕭然今日祠前經過此心不愧先賢

附裔孫追和韻並序　　凌邦顯

閱羅田志見先僉憲公解任詩不禁潸然敬將
原句演成四章志感
來也行李蕭然由來清白家傳亞相乘驄兩世貽謀
惟有成編
去也行李蕭然詩瓢襆被半肩只有些須抱歉清泉
曾飲羅田
今日祠前經過神明道我如何縱使一塵不染還愁
惠政無多
此心不愧先賢暮夜可質皇天今日猶聞尸祝箕騎

百二十年以上舊志

南關望玉屏山志感　陳瑞球韻石
出郭板橋如舊連疇稻舍相望四十年來初服得過
鍾山草堂
其二
鴿立一枝塔影螺旋九曲溪光落日寺門遙見尋思
古樹千章
春晴
晨寒尚餘宿醉乍暖乍試春衣忽詫滿篷風雪堤邊
柳絮紛飛
其二
晴溪看燕弄翦暖樹聽鶯調簧兀兀舟中何事三春
花鳥平章
無題
食鱸每一石粟釣鼇匪獨繭綸五嶽游終欲徧萬卷
家殊不貧
勺庭示子瓛
鍛翼爾今又北掛帆吾亦欲東安能鬱鬱居此故山

萬樹楓紅
庠右居示猶子綸
老屋三間圖史荒園半畝池塘此中有人抱膝祇知
世是羲皇

羅田縣志卷之七

藝文志下

文　賦　記　序　傳　碑文　祭文　贊　跋

白菊賦並序　何景明

甲子九月十四日馮侍御宴集出白菊詠賞囑予賦之蓋以奉賓主之歡洽耳豈有望於榮觀哉

緊季秋之將望予恤夫序次之易代既無暇於遊覽亦索處而寡類接芳隣之招引誠欽志於雅誨廛主

人之投轄肅羣俊而畢萃廼陳秋卉以侑觴冀逸興之可貸咸式燕以延賞異過時而尚蔓喜幽玩以怡情追佳節之莫待豈無得於物觀實有感於斯會猥受簡以紓思庶形狀之具載爾其歲紫莖而上擢應奇荄以孤植葉萋萋其微靄蕚栗栗以寒色中纖縞以自貞羞組綵之外飾承危梁而不傾挺柔枝而益力香冉冉而不繁艷娟娟而稍抑態屢覩而愈妍意凝想而彌極始嚴整而莫褻終溫郁而可卽華不露而已章思欲語而復默神超有而入無豈彷彿之遽得廼若閒館重深高幕虛涼簷蕭蕭以下月庭藹藹而降霜燦爍灼以映夕紛委綴而明廊素娥兮聯裾青女兮駢袂縹輕鬟以雲鬆皎靚質而雪光驂連蜷兮鸞鶴服陸離兮珮瑲信雕容之可赧嗤效顰之不量於是賓倚徙而久竚若耿耿其懷傷釭滅影兮續膏夜就深兮移牀馳留歎於永謝結華思於餘芳允思美之所遇亦旣隱而復揚乃歲律之甫遷慨金氣之何速鳥棲棲而斂翮颷颯颯以驚木悅窮莽於廣隰班紛薄於修陸家已謝於塲野獨宛轉於寒谷甘

苦心於螻蟻等末榦於樸樕雖曠絕以自持胡偃蹇而下伏夕淹雨而泣素朝披烟而委絲羌守操以堅冰徒有容之若玉倘衣袖之是將亦絃琴而可錄吾觀夫懷達人之隱德抱烈女之幽衷詎嬰情於豐華奚移志於始終桃早秀而先萎槿晨敷而暮空苟清白之爲尚曷芳菲之足崇嗟予之不淑兮撫年運而與悲覩茲植之所由懼修名之失時彼斯人之同志吾何俗之不隨迺孑孑以矯激羨草木之所爲偉夫君之超越幸方圓之有持矧諸公之奮奇俱發蹤之

可師顧會合之不偶常寡歡而多離指孤芳而締好剏遊燕以爲嬉誠後期之不忘或有徵於微辭 舊志

石險河

同知 謝朝宣

朝發浠川將之羅田道轉幽谷河渡白蓮厭徑路之崎嶇喜舟楫之輕便問津兮何處壑遶兮窮源東接廬州之鄙西轄齊安之邊石橫絶兮蹭蹬水穴出兮潺湲舟返而物輸人濟而裳褰此蓋天所以限乎西東緊名險而今傳於戲異哉易設守國傳城虎牢吾嘗聞險之名矣晉有龍門蜀有三峽吾嘗見險之形

矣然形勝者名或不彰名聞者實或不著孰若險之專名於斯而雄據者也爰命舟子泝流指壑溪水縈洄似山陰之有約崖石橫擘卽赤壁之可樂聯息千里水湄山脚萬籟生幽孤舟就泊曳杖逍遙可喜可愕波號兮石摧石碍兮波洄無蚌兮噴珠不雲兮轟雷煙霞兮掩映心目兮明開避炎濯風凭高望遠水水山山隨步異狀浪迸而激石欽而崩相崎兮如較相軋兮如傾磊落兮如拳鱗次兮如鯨或相傾而不墜或相較而若爭斯物態之變化類人事之縱橫於是烹茶代酒拜石爲朋有吟風之雅與無繫日之長繩已而歸舟順下林鳥欲投去危卽安他復何求心悅兮有得履正兮無憂見險兮方思知止過險兮豈宜重遊嗟乎羅田之險一方勝跡隱而復顯識者心惻若寘當道自貽伊戚嗟余視險幸當晴日一遇陰晦變怪百出雖心雄萬夫亦不免危慄若憚險阻必欲治平不思托根深固徒殫力而難成或者動搖山脈實足致陵谷之崩騰險在目前隱如勁敵王公恃之以固其域時有常變安如一日君子思之以崇厥

德遇有順逆介焉如存於戲有險而思無險而忽思者常榮忽者常辱我在平地無忽險中人應處險每見成功周除蛟害班探虎穴在昔有光於今爲烈逢險莫避取義成仁未險莫蹈明哲保身險乎險乎豈無從來維時與義易稱大哉載稽郡志名險何年且喜沈公之詩慚無蘇子之篇當時一經目而品題何於此而遺旃無乃身險阻而備嘗口囁嚅而慵言不自我後孰開其先慚無赤壁之筆終有愧於坡仙 舊志

玉屏山賦

陳 錦 雲舫

玉屏峨峨孤峰刺天義川囓其足老塔蹲其巔朝暉夕靄春煦秋煙陽開陰闔氣象萬千張子(梅丞)謂余曰是有佳處盍往遊乎余曰唯唯乃裹行幐掉扁舟泝河而東隮乎山陬邐迤尋澗嶔崎經邱望清元之古寺攀叢桂而淹留(寺外有桂一株)少焉林鳥喚人山僧導客磴險蘿封巖欹蘚積捫峭石之空青躡半天之寒碧則見亭虛宿雲洞邃埋雪虎踞風腥(山半有睡虎亭)蛟盤水裂瀑布飛空不雨何虹電鞭爍白日車豁紅濤翻絕壁雷吼晴峰霧暗迷道煙深聞鐘徘徊斷壑徙倚危

松於是遵往術扶孤筇拖嵐色於襟袖下翠微之琳宮訪李唐之遺蹟增惆悵於西風歌曰梅花開何年梅花落何日美人不可逢笛怨空山月歌響未已張子悄然似嗟似惋鬱伊成篇答曰世事莽浮雲芳華幾塵土造化本無心青山自終古喟薄植之難永悟靜質之有真鍊勁骨以跨俗不溷時而屈信體巖石以偕壽謝山靈之笑人

東坡赤壁賦　潘頤福　芝堂

噫吁嚱壯哉面臨江渚背倚城墉丹皴峭石硜涴孤峰落落笙簫之地堂堂笠屐之容於是騷人挐楂游子支筇尋夢而夜呼鶴伴題詩而壁掃苔封孰不盤供厨筍豆薦田葑泥憶飛鴻之印宮憐磨蝎之逢迄今蓋幾百十年而赤壁之上早屹然有此祠宇之數重無何而銅馬之鏑鳴城陬矣青燐之屑集山樓矣狼煙一縱成荒邱矣鴛瓦長頹逐東流矣農歌牧笛則舊日之清唱低謳也丹楓白荻則往時之桂楫蘭舟也訪神祠而扼腕讀詩帳而生愁亦惟悵椒觴之莫奠而嗟栗祏之誰修今歲客有過齊安外者將以

弔遺阯陟平岡碑尋礫亂菊採園荒俄焉躬至其地則見飛虹連棟虔雉成堂薦芋羹而摻玉飾蜜酒而浮香昔之龜趺剝蝕貍竄踉蹡苔繡將埋之礎竹穿欲圮之牆今則洗餘腥於烽火挽小刼於滄桑洵規矩之再啓紛梁卯與娣黃詢之土人僉曰斯地也燬於甲寅之歲而實重搆於乙巳之秋然而攀藤弔古蠟屐尋幽闢荒墟而草薙分餘囊而工鳩雖以培釣游之舊迹娛吟嘯之良儔亦謂彼東坡者蒼髯垂戟鐵板吟秋合管領夫江上之清風與山間之明月而

永鎮於黃州且夫二公距兹七百有餘歲矣當公之時非不婆憐春夢相遇冬烘然膏以寘而倍耀金以鑄而彌工雖復泥消雪盡人去堂空猶且爇心香於一瓣拓斗室於三弓而以近日之狼奔豕觸炬艷崖紅更能使像摹金煥壁堅碑豐愈見公之事業文章足以空羣馬於北而障百川於東也故赤壁之在江北譬如太倉之粒粟滄海之勺波或蹈爭墩之習或沿釋地之譌然而霸圖電逝歲月駒過誰奠芳醪於天末誰攜麥飯於山阿孰若靈旗閃爍廟貌嵯峨鶴再來而依舊人萬劫而不磨則所謂赤壁者不必屬之曹瞞公瑾而專屬於北宋之東坡今試於菰沈蓮墜之時雲淡霜寒之夕俯仰遙天徘徊往迹舉夫戰艦揚旌騷壇岸幘錚錚躍馬之流作作簪毫之客莫不萬斛沙淘雙丸梭擲惟此巍業之靈祠與夫峥嶸之片石爲樵牧之所不能傷兵燹之所不能阸對斯景也依然壬戌之秋蒼蒼然黯黯然但見月鏡孤懸霜珠遙積四野煙橫半江楓赤況夫百廢俱修良材咸頁黃鶴再峙於江城晴雲齊高於雲霓非復破瓦頹

垣荒榛雜礫蟲吟砌而秋涼鳥啼花而晝寂則此赤壁也亦足緜俎豆於千秋壯河山之半壁時有祀東坡者爲招神之曲詞曰公之靈兮曷附鯨驂來迓兮長江之阼葺文桂兮爲宮雕玉瑱兮爲路神旃兮半露羌紛糾兮煙霧頟庭閈兮重新公之來兮雲輦駐朝飛烏兮暮走兔堂宇森森兮終古如故饗公兮公勿吐爲公侑觴兮且頌公之二賦

萬密齋藥書序　明　呂鳴和

余涖羅三年未嘗得一日讀書自覺面目語言爲古人憎間有一二問業者持帖括進非不欣然接之牒訴倥傯去復不能誌也況復有餘力及醫藥諸書哉丙申秋謁防憲於蘄陽中州趙公曰知子邑有密齋乎人云古矣厥書可購也余愧無以應歸而詢諸邑紳先生嘖嘖稱密齋萬生岐黃名手噪聞於隆萬間今其書恐弗全也余乃益愧夫古人宰一邑一邑之名山大川奇人傑士無不夙具胸中收諸藥籠今瑰奇如許曾不曉其姓字甯不愧得人之義又何以爲地方解此嘲哉乃取其書進其孫達而詢之始知萬

生名全，别字密齋，邑廪生。以不得志於八股，棄而就青囊之業，業輒精，屢效。以其效者誌諸編，文成數十卷，先爲樵川太守李公付梓，一時紙貴三湘。因兵燹後板燬無存，其孫達備藏一帙，置牆壁中，賴以免。凡官茲土者無不知此書，無不購此書，然繕寫告艱。又進其孫達而謀之，搜括錙銖，益以清俸，募梓人，凡八閱月卒工，得卷一十有八。展書而思之，夫醫者意也，意之所至，醫者不自知其爲工，而方已傳於後。然則世之所爲醫書，皆方之積也。今之醫者皆欲有醫之名，欲有醫之名而不得不求乎書者，其勢也。然欲有醫之名而不善讀醫之書，無益於醫，而究咎於書。是書之靈不能益於醫，而醫之名乃能變化其書也。醫而名矣，何難於著書？然世所號一代名手，類執習之所近，業之所傳，頓欲竦一世之人而以名予之。今讀其書何如哉？萬生之爲醫似其爲學，非惟不使人知，而若不敢以名醫自處者，此其所以能爲醫也，此其所以能爲書而可傳也。余讀而服之，詳其著書之意，甯使醫至而名不我追，毋使名至而醫追之者也。吾

輩治一邑，不能有濟於世，則以有有濟於世者爲幸。念今之世，猶有君子其人廣傳其書者乎？以快吾心而矢吾力，穌而刻之可也。舊志

贈大令羅懋三才政績序

宏文館纂修　李僊根

粵稽漢唐盛時，最重吏治，縣吏苟能體恤民隱，才幹不羣，廉節自矜者，或擢爲尚書，或遷御史大夫，或竟拜宰相，史册所載，昭然可考。余總角時，邑之父老告余曰：夔屬開江，每多良吏，唐穆宗、文宗時，有柳公綽、韋處厚、溫造其人者，以名士繼起，皆卓有政聲，迄今猶頌其功德於不衰。久矣夫，貂不能續矣。茲余叨館宏文，效顰太史公之牛馬走，凡故鄉良吏未遑問及，而士大夫自蜀來，無不嘖嘖於開邑羅老父母，云其善體恤民隱也，才幹不羣也，廉節自矜也。當其應選出都門時，曾投刺於余，余瞻其風度吉藹，經濟必高出尋常萬萬，即口碑遜聽，洵有明徵矣。但蜀既久苦亂離，惟夔屬與寇爲鄰，尤爲掣肘，孑遺難撫，等於劇病沉痾，治之者非扁鵲、華陀不克奏功，能於藥石。況開當諸賊要衝，當事者以川北全兵守之，居其間如

扼㾼瘝之項而奪之食則難言體恤民隱矣使數千屯兵有庚癸之呼居民以蹂躪爲患則難言才幹不羣矣荒城再闢撫字心艱若劉邕無北渡之虎趙忭之夜告之香則難言廉節自矜矣乃六載作吏三美俱臻至其性度剛方宦囊如洗非郴公綽之遺風耶重修學宮爲民儲積非韋處厚之善政善教耶大寇迭擾運籌無不決勝俾耰鋤之百姓皆能敵愾勤王非溫造之膽落李祐耶

朝廷嘉乃丕績已著卓異候陞無何邸報猝聞知公堅

意解組余甚惜天下老成之去而憂吾鄉之賢有司難以績紹也遺老云德政在民惟縉紳在史官者得據其實而書之以爲來許法故敢以見之明文及聞之士大夫者郵致其文以爲之序

送張崑璧明府之羅田任序　河南襄城劉青蓮　華嶽

癸巳春張君崑璧之任羅田假道於襄置酒道故者兩日夜半酒酣華嶽子舉巵而言曰今之爲吏者若知之乎厚賕賄以結其長橫科歛以剝其民假胥小爲耳目隱私任其攻發倚胥吏爲爪牙訟獄聽其顛倒稱貸忍及士林括索殃逮商賈犯義而通賂者釋其罪無辜而懷璧者羅以法行同刼盜毒慘蜂螫蓋斯民之不堪命久矣崑璧瞿然而起曰若是其甚哉華嶽子再舉巵而言曰食陳水陸猶嘆口腹之未果體被錦繡尚嫌章身之無華吹竹彈絲繼日夜以行樂樗蒲博賽競祖跣而取勝僕隸盡羅綺主幾臺之無別狗馬厭粱肉人曾獸之不若崑璧乃舉手加額而謝曰吾知所以爲政矣崑璧尊甫先生嘗爲開封守杜坦如侍御揚言於朝曰中州廉能當以張公爲第一君狀貌魁傑丰采可畏愛又頗識道理無紈袴

之習其於財利泊如也吾子往矣豈肯負今夕之所云而自墮其家聲也耶　舊志

石山社捐穀小序　何　最

社倉之制昉自朱子蓋與耿壽昌之常平倉長孫平之義倉同爲救荒之良法所以免民於饑餓流離之苦而使之常相安集以允保室家之道也誠因時制宜當時行之萬世因之而可以無弊者矣我

國家仁愛洽物利澤宏敷兼綜百王之政統育羣生之

命其於積貯一事尤兢兢致意常平義倉之設久已
遍行天下惟社倉之制自雍正四年大柱史楊臨楚
總制兩湖之後始毅然興立倣朱子之遺規而隨地
建設各得便宜然或地遠人衆一遇凶荒每多不足
取給之傷即如中臺寺所建社倉本我里社所共隸
者乃自東關外起上抵長塘坳東至大河西接平湖
縱橫數十餘里民居不下千萬戶積穀不滿三百石
而且管主者不無私親故舊之偏狥出納者不無肥
進瘦出之積弊故每當放谷之期貧民有終朝守候

乞哀竟不得升斗號嘆而歸者及收入時名雖加二
起息竟有暗至加三四者適歲秋報賽之期比里同
社言及其事未免欷歔太息謂大造之一視同仁猶
有雨露未均之感余時殊不自揣拼衆議而謂曰兩
間之氣化不齊人事可以挽回顧特患人之不肯為
耳天下事求人者難求已者易與其遠出借貸受許
多乞憐無益之苦是曷若於我本社中趁此豐年自
相勸貯使取償之甚便且易自有所恃而無恐無惡
之為得哉衆曰本社之比里而居者不過二十餘家

且多耕耘度日僅以取辦衣食並無富室巨族可以
大為捐貲其何能濟余曰不然此不在取足於目前
在觀成於日後但隨意樂捐升斗不拘由此而漸捐
漸積漸放漸貯數年之間可得穀本若干石試持籌
而算之不及十年即可得百十餘石之利以接濟我
二十餘家之緊急豈不綽有餘裕哉董子所謂積少
以成多積細以致巨安見小試之法竟大無所裨益
也與於是衆皆欣然樂就因即各書姓名各註所捐
數目議建倉厫以為收貯即公舉同社中程氏名講

士朱氏字彬士者二人殷實老成主管收放此我石
山社積谷所由昉也若夫貯積大政乃
國家上鑑往古挨之當今定為救荒之良策而此草野
之微蓄不過各圖便益以貯備荒歉期各自保室家
也云耳然而
朝廷設多方積貯之法無非愛利斯民而民又各自為
愛利何莫非思家給人足使豐固豐歉亦豐共樂我
聖天子無疆之福也哉用是里社中屬余為小叙云 舊志

何步齋文集　　饒學曙 盱江

中州宛葉以上當四達之衝士大夫過其地者莫不識其土風之今古吏治之得失獨湯陽非出宿地疾趨徑過止於宜溝不得與其邑侯晉接於皇華行旅間是以昨歲滇南之役余雅聞邑長何侯之善政在人耳目而未得親識其人以爲恨今年冬余同里曾君至與何侯令子俱來因得讀其著作如精金美玉不可揀擇何侯舊以拔萃貢成均遂爲太學名流所艷美如鳳凰芝草以先見爲快其登京兆舉也人咸稱得士盡謂跬步履館閣乃其餘事何侯之以令出

也人咸惜之余獨不謂然學者讀古人書不能布化宣仁偏德於天下亦當分數十百里之地操尺寸之柄以從事於閭井間使生平所讀聖賢書籍不至徒飽無用之儉腹倘徒身作蠹魚生死文字中其與人世之休戚順逆無一足介其心匹夫鄉黨自好之士則無媿矣以云利濟及物則相去萬里也何侯沈酣載帙窺三代兩漢之書俱已掇其精華取其嘉言懿行以自爲法則治道駸駸有古循吏風而又能涵泳其義理採掇其藻采以自贍其文洵天授之厚非人力所及也聞其家塾子弟方付之剞劂以嘉惠來學又以余之使車往過熟聞何侯之善政是皆不可以不書也因序何侯之文而並及之舊志

周濱成四書聚腋序

邑令　金　琦

四子書之有講義也以或問語類爲主而歷來諸先正相繼闡發載籍端行世者蓋林立矣然或家自爲書人自爲說雖理本一而論出萬殊其純雜相半瑕瑜不掩者姑不具論即原屬善本而或以務爲明晰而苦於冗繁好求簡潔而失之遺漏居今稽古之下

每嘆全書之難得也壬子余蒞羅之明年有明經周君自以其手編四書聚腋一册進而較訂於余啟卷視之見其章節分明字句清楚本昔聖賢立言之旨體諸大儒釋經之論多寡協宜指歸畫一於衆講義有璧合珠聯之美無矛盾反側之失不禁欣然擊節曰周君斯編四子書精義畢搜至理悉出聖之經賢之傳多所發明殆所謂釀百花以成蜜集衆腋以爲裘者也周君美不自居但以爲襲述前言罔敢創作詎知述之功較諸作者而倍大是當藏之金匱傳之

後人珍重而秘惜之以爲讀四子書之指南云是爲序

許母羅孺人百有一歲壽序 邑令 張琳

唐元結祝壽詞有南山人不老之句余嘗愛而讀之讀罷爲館中人言曰當吾世而有鶴髮酡顔者出余將錄其詞以相祝焉館人曰祝云南山人不老者以若入踞南山巔居南山洞朝餐南山雲暮吞南山月秋引南山風冬嫌南山雪飄飄然一壽仙在人間故祝以此他何敢余然其言知人不盡如南山人壽亦

不必盡如南山壽此後幾不復作錄詞祝壽想旣而下車義水見四圍峯巒聳立如張古名山圖生其間者得毋有象山之靜而得壽者乎頃之都人士揖余而言曰山之奇特不勝數惟距城七十里許有南山一面爲第一峯余聞其言若有感斯邑也乃有南山地耶有南山地當有南山人有南山人當有南山壽如此佳境盍往觀之而其時猶未暇及也月餘問俗觀風路過其處樹深秀兮騰空起山高聳兮插雲天都人士謂爲第一峯信然少焉南山之陽具衣冠而來者凡幾輩舉止閒靜有儒雅風就而視之乃縣丞光孔庾生光爽庠生光寅宗華諸公余問何往曰祝家太母羅孺人壽問其壽曰百齡餘余便驚喜謂諸公曰南山之壽其眞在南山之人也向所讀祝壽詞南山人不老之句余不敢爲他人祝者今可爲羅孺人祝也時諸公敬謝謝畢旋以匾額請余當題贈曰

聖朝人瑞諸公遂作禮而退余亦陶然得其意以歸

贈匡星芟同年序 李鴻章 少荃

先生余年友也少好兵書博通經史三十登賢書四

十捷進士在官政聲難以枚舉高堂年老終養告歸服闋赴金陵謁余戎幕力効賢勞先生誠忠孝兼盡人也余自克復金陵後旋以賴任等逆嘯聚羣醜蹂躪於豫皖直東之間復奉

詔勦除十數年蒙犯戎馬朝夕奔馳雖身任

國家大事而讀四牡卒章能無將母之感乎在軍每晝不及談心至晚率諸將與先生講論得悉尊大父暨

尊伯皓首窮經尤邃易理先生復善說詩出所著詩經序註正指以示余展讀之下輒笑曰匡說詩解人

頤先生其得安樂侯之遺風歟至其談兵事證據今
古蹕厲風發余與諸將莫不駭服謂先生文武全才
也韓子云用儒雅文字章句之業取先天下武夫關
其口而奪之氣先生有焉在幕數年協心宣力兗渠
蕿殄戎事告成引
見以知府用自顧年高辭不就職遂慨然有南旋志余爲
之序以誌别歌曰英豪間出關名教才經大用成大
效薰心富貴小丈夫萬古不磨忠與孝君蓄道德能
文章七十懸車歸故鄉堂開晝錦人生樂巖巖道範

垂光黃

新建萬魁塔並文昌樓記　明巡撫　汪可受

羅田儒學元大德時建於歸厚坊西山之間傳故總
督鎮守廨舍地背負祝釐萬壽寺而山無巒峯層嶺
頹然洿洳也識者慨其風氣不固而因致疑於射策
科甲之寂寥矣歲萬歷辛卯羅邑胡公達道名效義
者歷官慶遠府幕以清廉督漕豐沛閱輙返初服而
感堪輿之說以興起其木石遂鬻產千金鳩工伐石
獨建文昌樓一座於其處階級𢧐嶭檻楯玲瓏而是
科以來中售者不乏人父疾身禱神佑弟殞讓產年
饑捐貲以迄置掩骼之區拯道渴之苦修遠祖之隴
賑罷路之旅巨細篤行莫容枚舉非江漢岣嶁之碑
所口勝而珉勒而嘉惠學宮尤敦報本樓工甫竟更
樹高塔於獅子山之巔與樓輝映薦紳章縫一登橋
門引領而盼虹霓接天龍象亘地若頓假五丁之力
而補向來七十二峰之缺者此其注意貽麻閣邑沾
被垂諸罔斁寔爲其嗣胤之璀璨顯達而已哉當其
時按臺如趙公文炳史公學遷史公記事督學如俞

公士章熊公宇奇董公其昌府太守如瞿公汝稷潘
公維岳彭公哲與潘公元和縣令尹如王公壽一姚
公孟昭芮公總王公邦翰李公一陽學廣文如劉公
儁蕭公應鳳唐公艮機胡公天定吳公國泰故自萬
歷乙未而迄今日延鄉飲以優崇之者縷縷非偶然
也嘗聞良工之子必學爲箕良冶之子必學爲裘載
稽圖牒羅田所祀鄉賢者數人達道之先人爲明庶
爲明睿爲全居其半而百年之內鍾毓達道孝友馴
雅慷慨慕義名實雙符先後競爽由今而億萬斯年

眺覽斯樓而文光飛燾於霄漢踔踞茲塔而文峰聳拔於碧虛非達道之功而誰功歟邑人士瑰瑋其辭卓举其行緜邈其業藉射策以致身而視國如家視人如我不惟受達道之庇而且會達道之心將人人與皋夔稷契媲媺卽房杜韓富尙難比肩矧郡中宋之余玠里中宋之王韶及近日劉莊襄耿恭簡哉達道之子一鶴學邃而文雄西陵梅公煥郟城汪公元極之侶也嘗與上下千古不第中表相善例得並書

舊志

創立便民房記　王琅

置房便民前人有行之者蓋爲貧難涉訟者設也羅邑民風渾樸頗知安分然其間亦有冤抑莫告籲愬公庭者槪以嬌誣詐訟斥之或亦情冗者藉爲口實豈逕論哉予承乏以來諸凡差喚規以限期按限訊結幾至積案一空而或要犯待質外出患病不無少需時日一値奸役市棍名曰歇家實同殺攘盤飧之資予毋浮計盈百累千嗟嗟窮簷何以堪此署儀門外官宇四所舊屬散役僦居悉飭徙去用以便民兼捐置食息器具聽訴訟者自爲饔飧且密邇法堂時覩讞決庶有感發以滌妄念其管鑰則以門皂掌之請則發去則繳所以不多置房者以便民非以便官仍取案無留滯之意也至若內竊逃奸應行羈縶不入此房而富家巨族不願居此房者聽

舊志

興賢莊記　姜廷銘

羅田興賢莊創始前任張君何興賢乎爾制田取課給諸生科舉資需乎此與無需乎此與之使勉爲賢而已張君既捐廉倡邑人士翕然從令或以施爲或

以公罰或以閑田之無主者經營五載而莊成於是張君調署東陽尋丁內憂未暇善厥後也今年余承乏斯邑邑人士請定章程以垂久遠適張君將歸來羅別余具道顚末相與酌議規條鐫諸瑣珉附於莊所自張君立莊以來邑中登賢書者四人後之加惠士林者從而潤色之羅田之士不蒸蒸日進乎上哉是張君又能成其終矣抑余更有進者三代學皆明倫文行交修乃不愧於賢厥後以制藝設科寓行舉於言揚而名賢迭起有志與起者其明體達用佩實

含華煥之爲文章發之爲事業副國家望增一邑光庶不負張君之雅意也夫張君名元英陝西膚施人與其事者邑教諭張君增健貢生郭地煥葉福澤及紳士潘文萃崔員陳錫封𨸹鼎郭地鵬時乾隆己酉嘉平月某日記 舊志

太乙山記 雷天鐸

英之西偏有山曰太乙其麓蓋扶且王先生書室也余自康熙己丑歲授徒其中前後凡七載山雖不高登之可以望遠兩溪環抱合流淺者空明深者紺碧

過石而齧則噴沫怒號響振林谷有時淙淙若琴聲故其山得水而益韻山半亂松數株盤曲如偃蓋九龍峙前香爐倚後鷄鳴列左文子環右其他諸山之不知名稱者或遠或近若揖若拱四時之千態萬狀不可形似躋巔而望縣治半隱半見似即似離樵夫牧豎歌吟上下點染益工余酷愛之授徒之暇日益登眺以爲常每會課綏步其上廓如曠如大於文思有助雖工拙不計不自知何以援筆立就也是果余之有情於山乎抑山之有情於余乎都不可解乙未歲解館歸里嘗神馳其下即夢寐間猶若陟之而心曠神怡焉其眞於茲有宿緣者矣夫古人寄情山水凡遇名勝輒作詩歌以紀之余雖不文又不甘嘿嘿任山靈笑人因畧書大概以誌不忘 舊志

捐修新昌河板橋茶亭記 閻海 晴皐

道義城而西七十里至新昌河走光汝過英六通鄂沔出蘄春四方往來孔道也山水湍激到此洒出平夷岸遠沙高不利舟楫春秋佳日厲揭哿矣每風霜凛冽冰沙漱齧涉者病之至於伏暑之節炎歊之辰金爍長途火飛征蓋行人觸熱膚灼吻焦未聞拯其

熱惱沃以清涼抑又僃矣居士宗望林先生往歲介其兩尊大人延洪之禧許捐新橋亦旣迭臻耋頤如操符劵歲月遷流永懷罔極思恢先澤並禧將來於橋之南岸馬驛坳立亭一座屋數楹橋板於茲貯焉夏則以爲茶所先生捐田若干用備歲修以綿斯舉工將竣予友蕭子春倩劉子雲鴻以書來具道先生巔末之志拮据之勤囑予爲之記予聞古人有言一命之士存心利物於物必將有濟濟之廣狹厚薄不

必同也視其心而已以今觀之先生所濟者塗之人已耳而先生之視塗人不啻如其身卹勞苦時饑渴節寒暑惟恐傷之其心居何等也且將圖利濟之舉置之周道之旁必傾囊橐劃膏腴挽粟飛芻庀材鳩工吾知非有力者不能也而非有心者卽能之而不暇暇矣不必歷久而不渝今先生非餘於力者顧乃黽勉有無經營終始匍匐赴義若將不及上以光先靈之志下以綿繼序之傳無冬無夏惟其永之豈非利濟爲心古道照人者乎夫世之有力者衆矣人之

待濟其什百倍於塗人而至不可以數計者凡幾矣有能心先生之心者庶幾瞿然而思慨然而興也夫是爲記

再至堂記

教諭　吳長春　漢陽人

再至堂者同治八年義城復建東廨之堂也堂何以名再至予於咸豐壬子由應陽遷義城始至居此焉按廨舊制東倚宮牆西接廡脩儀門內建二祠啓聖居堂左掖廨位面陽厥門西嚮　興文在阼階下坐兑面震堂有三首明倫次修道又次爲思誠凡升堂而入室須自卑而登高其間賓座修潔房舍周環典籍圖書均無沮洳潮濕後有院落與縣署毗連院中雜蒔榴梅桃林桑瓣四時聊可娛目誠廓如也時西署正建四甲而同邑姚君廷儒策軒甫輒以公餘晨昏聚晤卽同居一室不是過焉且一時文武諸生翹首抗足可爲光國利用者頗不乏人晉接者久之私心竊冀以爲此璘瓚之選其將大有造於斯邑也癸丑秋予乞養歸里後漢皐之上賊跡幾遍義城猶未

全擾曾幾何時而學宮成瓦礫也房宇滿荆榛也圖史皆餘燼劫灰也花木祇枯株殘枿也可不惜與洎聞捐貲練勇爲他境倡敵愾同心賊魂悉褫於是攙搶甫清而絃誦之聲復作矣逮庚申奉部選復來偶撿學册見向之具楨幹才備干城用者大半已掇巍科膺薦剡緝緝而莘莘始信昔年所竊冀者實爲今日之左劵也豈不懿哉惟念疇昔之堂已燬於賊禾黍之慨常縈於懷亦越已巳鳩工僝而次第修學舍成而東西列庚午之春予復遷居東廨

因顔其堂爲再至云顧再至此堂者予之幸離合之緣所由述也再建此堂者不僅予之幸剏復之故所宜詳也茲値邑乘告竣僞焉作記以附簡末豈惟是記予往返之顛末哉將以記書齋之規制新廨之蕆成且以記斯邑文運之隆武功之著公忠之鱗集科第之蟬聯用克仰副

盛朝作人之化涵濡

聖教澤人之深因不揣譾陋竊比於李盱江之袁州學記以攄爲其事焉耳若夫方志所載成憲可徵諸昔攟

摭不遺於今

賢邑侯挈其綱諸君子勷其事無駮雜無羼錯闡揚發詡纂修勷成洵足爲省方問俗之資而昭示來茲於不朽矣予復何贅

西學改建記

訓導 李承撰 隨州

從來國家之隆替視乎學校之盛衰學校者教化出其中人材出其中一旦有事忠義亦出其中未有興文勸學而世運不蒸蒸日上者卽一邑何莫不然近時髮捻交訌人材競奮而羅邑忠義之聲甲楚北一時身列庠序宜力戎行膺保舉受恤典者文武已逾百人異途猶不在此數至民團義勇致命疆場則計以數千非聖人之教久爲涵濡有以作其忠義之氣何由致此則學校之所繫顧不重哉羅田學署向分兩處東學書據山南介崇聖祠常平倉之間西學別在山北之趙家衙咸豐甲寅均爲賊燬暨同治丁卯髮捻已平邑令吳鳳笙乃於修理

聖廟之餘規復各署紳董姚敦禮等遂議就常平舊址並買西偏民房移西學於此與東學合中建明倫堂後

爲講堂庶課士辦公便於商酌洵善舉也己巳冬杪西學告竣計門樓一座前進三楹中爲客廳傍爲書室再進則逼於縣科基址祇得兩楹三進小舍三間爲本學内宅憶自連年兵燹民力未完集資鳩工迥非易易而羅田之學宮學舍告成獨在黄郡各邑之先亦可知人情士習皆有急急於學之心故樂事勸功無不輸將恐後將來服

聖教而涵

聖化人材之興起必有駕從前而上者夫豈待有事之秋

而後顯其忠義也哉庚午春予始入署爰誌數語以爲之務庶後之覩者亦知學校之興氣運相關云

西學射圃記　李承揆

學之有圃爲射也古者射以觀德即以游藝文人無不習之如孔聖射於矍相之圃尤其彰明較著者故泮宫選士中多得與中少不與以是爲黜陟之法則學之有事於射也由來舊矣後世文武雖分

朝廷猶有射鵠之舉是文事必兼武備其道亦未嘗全廢至武學改歸文學則武生月課較射尤不可以無

地此射圃之設學政全書所以責成地方官隨時修葺也羅田西學有射圃一區在趙家衝舊學之右學署既移益以舊學基址彌稱宏敞較藝其中愈堪以顯材力閒時則佃人耕種收其微租以供與文祠香燭之費亦古人卽場卽圃之意云爾予恐其久而没爲菜圃也因特著其名而爲之記

日觀軒記　陳　謨虞門

泰嶽之巔有日觀峯焉登其上者下臨縹緲五體欲浮當天雞初唱東望茫茫碧海中霞光滅没隱現倏忽閒赤日一輪從水中湧出蒼蒼涼涼影射無際若遇大風怒號則波濤洶湧日光所照又如百萬龍蛇與海中諸奇怪物攏簸掀騰攫拏吞吐爭爲朝拱拜舞之狀俯仰閒迷離晃炫不可注視此固海内第一奇觀也而非好奇至極者末由至焉矣我族先叔祖學文公於明季由濫石河卜居獨尊山麓登高選勝當山之半得異境焉遂誅茅翦棘闢地爲軒其後爲佛堂其前爲帝主殿歲時祭祀暇更率其童孫㓜子晏遊憩息於其閒而取日觀峯之義名之曰日觀軒

毋亦好奇至極隨地作泰岳觀者與且夫物之廢興成毀至無常也往者崇山峻嶺之上長林古木白露蒼煙無所謂日觀軒也日觀軒之後復爲長林古木白露蒼煙又未可知也故是軒也滄海桑田姓幾易矣而我叔祖謂此吾家故業價而贖之補葺罅漏居然大觀謨嘗與諸族人春日登臨祇謁神像後相與憑軒而坐則初日銜山露氣如洗山花欲笑宿鳥驚飛人海煙嵐彌漫霮靄齊赴山門下望之既久直如身在蜃樓海市中蓋海上奇觀變相又於此閒得之

信乎前人締造具有雅人奇致蹟而修之者爲能光復祖業永存先澤於不敝也夫是爲記

正義衝記

嚴　泳式如

上巳日淡定子柬予曰花事九分九部光三月三盍提青拾翠以暢幽情少焉雨雪越三日風日晴和因尋舊約躡磴采蘭以訪青霄子徘徊嶺際話及嶺下西向地名予嘗聞有董狀元者仕宦而至將相富貴而歸故鄉襲韓魏公故事以顏其堂後人遷居他處而此地猶延稱爲晝錦衝未之自信質之二君淡定

子曰予聞少異先是董某好行陰騭折枝渡蟻大魁天下與宋郊相輝映因名曰救蟻衝青霄子曰予聞又異昔衝內有人儉養其親私積多金親歿取金金變白烏飛去奇而告諸鄰鄰父董某怒曰好貨財不顧父母之養不孝之人毋玷吾鄉也率衆逐之遂名曰逐逆衝紛綸未定童子報舊道旁有蘭予等喜取鋤掘之得斷碑字多剥落惟近上横列祥符元年明道嶺修路碑記十一字明大可觀予乃悟曰三人所聞互異而皆有董姓之人必此地上下當日皆董姓

所居奉行其祖董仲舒明道不計功正義不謀利之訓乃名其地上曰明道嶺下曰正義衝以自箴歟二子曰然董姓則所聞之同也嶺名則所見之實也由人姓嶺名與衝名音義推之則晝救逐皆正字之訛錦蟻逆皆義字之轉無疑也獨是碑之隱久矣今適當予等之考辨而出以正其實神乎異哉

彭公守羅團練記

周鏡芙秋葉

團練曷記也爲彭公作也公諱仲芳字杏邨廣東人以孝廉官於楚咸豐三年歲癸丑公來令吾羅羅之人咸德之如慈父母然明年夏四月粵逆犯羅境公

募勇設防民莫有鬭志是時承平日久民不知兵且無城可守乃退保多雲鎮多雲者邑東北之偏隅也與豫接壤其地多山山險且峻公至後訓士厲兵按圖設險六月賊犯多雲公計敗之賊大遁七月公率勇進勦所過區里諭立團局井井有條賊由是望風靡越數日復羅城公乃清內奸運全策以備之踰月賊果至公躍馬前驅士卒衆大破之殺賊無算擒老酋十餘人軍聲大振公乃撤勇出羅境敗賊於蘄之蔡

家河復蘄水城十月奉旨調克復黃州再復蘄州十一月克復英山城當是時也賊踞金陵分其黨圖楚武昌再陷官軍退守荆州聲勢隔絕楚郡縣十失其九自皖以東賊益猖獗羅故當其衝而公以一羅維楚全局倡團抗拒使皖賊不得長驅來援公或出數百里迎擊之戰無不勝楚賊勢漸弱湘軍由是得以援楚且復武昌大吏聞之嘉羅之團練有法檄他郡縣悉如羅議由是全楚轉弱爲强建義響應吁吾楚肅淸固團練之功多而實則公首倡之力也初公之守

多雲也召士民而曉之曰今賊張兇鋒虐百姓焚掠姦擄蹂躪殆盡彼特其衆實烏合易摧耳爾百姓久不見賊故畏之甚誰無父母誰無妻子顧甘受挾制負從賊之名而不愧耶

本朝愛民如子深仁厚澤二百餘年爾百姓受

國之恩而顧不思報　國之仇耶且賊前犯我我兵衝突賊亦畏遁賊之無能爲此明驗也汝能自强吾團練決矣借寇齎糧不如自保之得也衆曰諾謹誓受命公於是諭列團章莫不有法每選總辦一人曰團總次有幫辦團佐或一人或二三人其團章有四曰立局曰練勇曰經費曰守卡其立局也局列於區即以區爲界或一區兩三局者因其人與地之聯屬界之然後於縣治設一公局以率三鄉各局之總此立局之章也古者不役老幼獨子亦如之至於團練各保身家義貴毋諉故家有若而人盡數入册十人爲一牌牌有長曰十長置旗一五長爲一總曰五十總置大旗一每局通計壯丁若干名總長若干名繕册二分署曰某局練勇册若奉調遠出則由團總揀壯

丁造册呈送毋敢延避此練勇之章也費取於畝羅例畝爲擔田十斛之名議每畝錢五十文穀一斛其出多寡視地之廣狹裁之羅之地田少山多計每區得畝十萬有奇胥由團總淸開造册照章科取以團總佐司其出入本處守卡每名日給米一升錢二十文開仗百文或殺賊或生擒或奪獲器械賞有差費皆出此若奉調提勇公局給工食另有入錢得功牌曰捐欵此經費之章也羅界三省東隣英自六霍入楚經中界西界其[illegible]自東而南而西經英爲迂道自東

而西經羅爲便道故設卡最重若沙坪八山坳水田山夫子嶺等無事稍察責成本區若有警公局檄各協守之局分撥立至一卡有警皆相機救援便宜從事他若東北通六霍則甕門關青苔關兩卡當之北臨商固則栗子銅鑼松子三關卡當之西南與黃麻兩靳比壤則林家嘴尤河嘴駱駝坳仁聖寺數卡當之東南接英太則濛濛山一卡當之此守卡之章也凡此創立莫不有條當是時團總銜公命照章集事咸擇日設壇率衆拜命申曉我公忠義之意衆皆歡

呼感激願效死以報公蓋不帀月而羅與賊隱若一敵國矣夫賊入羅以是年四月蛇行鼠伏獸駭鳥散之衆自若也然公振臂一呼愚懦皆起由是提數萬衆扼喉撫臂堅必摧殺必果凡而士卒奮不顧身是則公之措手於萬難中有如斯也公忠義憤發謀畧深遠外無一旅之援內有政刑之急身經百戰鬚髮皓然往往食不滿簞寢不安席指畫方略扼險制勝賊以爲神嗚呼二月二十日之戰賊蓋欲得公而甘心也而公遂以浩氣完大節也公歿未逾刻公子應鯉率羅人血戰復仇而逆目陳文伯之頭已梟示城西門矣及殮公尸於衣袖中得絶命詩一首嗚呼公誠所謂從容就義者哉繼公牧羅者咸守公法得全羅故軍興雖歷十餘年而羅之團練如一日也然則其團練之法誠可大可久也歟葉忝襄厥事悉其詳至今感公因援筆而爲之記

重修羅田縣學記　潘彩枝 春舫

羅田爲縣界皖豫地僻而山雜騷人逸士足跡所不恒至焉然而風氣渾樸士皆恂恂然翦翦然以禮讓

自飭鄉井之閒牛豕之牧者可不收禾麥之露積於郊野者可不垣而守也江淮不靖劇賊剽掠楚疆勢必道吾邑邑民恒持梃相向斬馘俘醜上其功於大府大府承

詔褒獎之逮全省淪爲賊窟而吾邑以捍禦故巋然獨完同治之初流賊麕集民力不支劘於刃者自戕於水火於縊於藥者踵相望甘之若飴而卒不少屈豈非沐浴於耳目者有素而其師若長之朝議而夕導者固有其方歟我

朝之與郡縣皆詔立學廟祀孔氏左右所列則先賢先儒載在祀典者也而又設之官以董之歲有試月有課文武之材皆出於此雖古之取士以選舉今之取士以文章材勇而其爲教則一也羅雖蕞爾邑釋奠之所與夫講藝之舍栖士之區固與他邑埒而風雨剝蝕則已久矣邑侯吳公鳳笙議重修之以其事屬邑中諸君子莫不奮勵而趨爲之以繩以墨以斵以削以丹以雘自堂而廊而階而門以及學官栖息之地庖湢庫庾不數月而改厥觀計費貳千緡有奇咸

取給於殷實者率應時輸納無肯後者則夫吾邑人之好義而樂於學者可知也抑吾更有慨者自吾之身學之重葺而新者葢屢矣道光二十三年邑侯王公同治聽訟之暇頻以振興文教爲已任嘗以葺修學舍屬余與諸紳耆之在城闔者今二十餘紀王公去任已十閱歲諸董斯役者亦相繼凋謝所怡然食息於世者惟吾與林君二人焉猶得從諸君後督而匠石庀材摯畚以竣厥事又值宙合安謐萑苻歛景覩邑之人士相與以時肄習其閒愈以敦厚廉節相

勸勉可不謂幸歟若夫正心修身齊家治國平天下之事則士所宜講求於伏處之日而師若長之宜朝誘而夕導者莫大乎此而風俗由是而成人材由是而出吾老矣不能不於邑之人士厚有望也前與吾同事者王盛榮蕭芬熊第垣陳瑞璘朱盛璵童墉林肇昕今爲姚敦禮王嗣喆陳墉曾道鈺張鼎朱春曉江樹也庚午九月某日記

重修萬壽宮記

王嗣喆 吉士

同治庚午歲浙西蔡炳榮攝篆羅田甫下車進邑人

士詢及舊萬壽寺闕狀嘆曰此邑重地焉可荒而勿治經云有其舉之莫敢廢也爰諗邑人姚敦禮等從而新之姚君慨然爲已任邑殷室亦樂醵金相助刻期掄材鳩工基址仍舊規制聿新首正殿次露臺左右翼以朝房前臺其門棟杗楔棖甍榱榰闑黝堊丹漆悉如度既成客有進而勸之曰斯舊稱寺背西面東今南其向何居禮曰天子向離出治離南位也有嚮陽之義焉於東乎奚取客又曰曩者中有諸佛金碧輝煌釋子日梵呪於其間今一切屏棄毋亦人其

人廬其居之遺意歟禮曰否否皇上端拱穆清尊無二上茲他族以處此不其傎乎客唯而退夫因革者通變之宜也損益者化裁之妙也從古有爲之士必不爲流俗所拘牽葢所見有大焉者矣今觀姚君因地制宜匪安常匪襲陋尊典禮署曰萬壽宮名正而分嚴其事因而局創而其胸次恢廓即此已窺見一班因述其事爲之記

重修城隍廟記　王嗣喆 吉士

同治歲辛未毘陵管公 貽葵 膺天子簡命涖羅田下車伊始循例謁城隍神甫入廟見夫欹堵頹垣瓦礫狼籍其上僅存正室二聊蔽風雨竊心慨焉急欲起而修之顧未有暇也特念兵燹以來土木肇興歷有年所百廢俱舉矣茲廟也有明之代徽號久隆我朝二百餘年亦崇祀事旱禳而澍神其主之潦禜而縮神其司之疾禬而起神其相之凡一切捍患禦災隱與有土者相倚畀而草萊不薙廟貌無光其何以堪爰於甲戌之冬督率紳耆購材市甎召瓔集斤或因

其舊而補葺之或從其新而更張之八閱月而落成後寢室中正殿前水鏡亭仍其舊也又前爲演劇樓左僧舍右禪堂鼎其新也榱桷瑰麗棟宇深邃抑且寓馬如蹀土偶如訶環列兩序而神像莊嚴黼冕繡裳端坐於牙幢羽葆閒都人士朔望瞻拜軒虆而鼓舞之毋亦嘆我公之締造勤以至歟抑又聞之事神之道與治人相表裏古聖王成民而致力於神非必藉神道以設教也亦謂顯可以對人民者即隱可以質鬼神繼自今春秋肸蠁凜然於賞善罰惡不惡而嚴將遊其宇者又不徒羨我公之經營盡善而益幸境內晏然吏輿讋服人望也抑神君也是役也董其事者潘君彩枝張君鼎余亦勉從其後以襄厥成爰濡筆而爲之記

重修東嶽廟記　陳錦 雲舫

五嶽唯岱宗最尊邃古封禪之辟七十有二家其祀典荒忽不可考漢唐以降則祠主青帝洞淵集云太皞爲青帝治東嶽考校生死鬼神其位次居西南北中諸神上號稱岱宗帝君岱胎也宗長也胎萬彙長

羣嶽出風雨見怪物膚寸生雲不崇朝而澤天下德
廣功鉅廟食宜哉邑東郭外舊有廟咸豐初燬於兵
後幾廢矣邑侯管公貽葵治羅之四年政修人和百
廢具舉相舊趾而新之鳩工庀材旣斁旣塗逾稔告
竣諏吉帥都人士酹其祠余亦獲陪厥後縱覽廟貌
之崇侈仰瞻神像之肅穆以震以愓不懈益虔降觀
兩序泉臺盂池幽魄跧蹕刀峰劍樹鬼齒狠藉黃魔
夜叉之屬鬗其角而谽其牙猙獰睽睢可駭可愕雖
荒怪非法然足警細民之匪心而鞭策焉以嚮於善

也余乃喟然歎曰 公之用力妙勤尅成此勳者意
在斯乎夫君子教人刑政所不及則假鬼神以威之
公亦猶行古之道耳余樂觀德化有成而慶吾羅之
民之得神君也是爲記是役也董其事者爲羅敦寅
涂煌葉紹珪何遇隆陳庚何翔黃華蔣萬茂許正輿
詹鼎順晏醕甫合並書之

重修鳳凰關記 葉艮杞楚卿

吾邑東有鳳凰關不知其創始何時㓜嘗遊其間見
夫舍宇森嚴旁設烽台三座父老爲予指曰此昔武
穆屯營處也厥後侵於蟻火於兵僅餘涼亭半壁棟
欹欲墜非復向時峥嶸狀邑侯管公貽葵巡視邊防
遍觀形勢以爲此關壞也實要衝焉慨然有興復重
關之志任予以重修事斯地也東界皖北連豫自粵
匪竊踞金陵若相國琦善方伯李孟羣觀察何桂珍
幸兵進勦取道關前嘗嘆曰崇山峻嶺不減天塹殆
所謂一夫當關萬人莫敵者歟洎楚撫胡林翼定守
禦法關東五里設遵義卡於朦朧山關北二十里設
循義卡於夫子嶺而鳳凰關遂爲犄角之勢蓋吾羅

之關鍵恒於斯即吾楚之門戶恒如斯也今幸羣氛
殄息歌詠昇平猶憶邑東關防惟此最密我局曾以
關名凡繕甲兵籌齎糧訓丁卒十餘年防堵精嚴使
賊不敢東犯歷歷如在心目間古人有言曰居安不
忘危處治不忘亂又曰孟冬之月修鍵閉愼管籥完
要塞謹關梁思患預防計也 公以兵燹後來羅百
廢重舉即一關卡必悉心籌畫復舊制壯雄觀美矣
備矣時同治十一年歲在壬申仲冬月關事告成是
爲記

金雞井記

葉艮杞 楚卿

鳳凰關外有金雞井焉或曰昔有仙人雞鳴度關汲此井飲遺一金故名又曰初掘井時土人獲一金篆刻雞形故名二説未知孰是第覺其色清如鏡其味美如醅其氣凛若冰霜其功有便於居人有濟於行旅獨惜其僻在山陬與凡井同而名竟莫之達也夫世之阨於時地者獨井也與哉使其當通都扼勝地如武庫青龍見盃城紀石銘洛城有五色氣載之簡編傳於桑葉津津然膾炙人口即不然得一文人學

士寄跡其間投其契好播之歌謡如瞎井以東坡傳石井以錢起著其彪炳人世當何如也乃竟自抱清溪一任行路者之悠悠相覷何湮沒至此予以壬戌中副車厥後不博一第遂悠然有泉石志時與同人遊於關關中人汲此水以烹茶飲而甘冽沁入肝脾得世外味自是或月一至必索此水而飲之意者井之與吾爲緣與抑吾之與井爲緣與爰秉筆而爲之記

余闕傳

元 宋濂 潛溪

余闕字廷心一字天心唐兀氏世家河西武威父沙剌藏卜官廬州遂爲廬州人少喪父授徒以養母與吳澄弟子張恒遊文學日進元統元年賜進士及第授同知泗州事爲政嚴明宿吏皆憚之召入應奉翰林文字轉中書刑部主事以不阿權貴棄官歸尋以修遼金宋三史召入翰林爲修撰拜監察御史改中書禮部員外郎出爲湖廣行省左右司郎中會莫徭蠻反右丞沙班當帥師堅不往無敢讓之者闕曰右丞當往受天子命爲方嶽臣不思執弓矢討賊乃欲

自逸耶右丞當往沙曰郎中語固是如芻餉不足何闕下令趣之三日皆聚沙班行復以集賢經歷召入遷翰林待制出僉浙東道廉訪司事丁母憂歸廬州盜起河南陷郡縣至正十三年行中書於淮東改宣慰司爲都元帥府治淮西起闕副使僉都元帥府事分兵守安慶於時南北音問隔絶兵食俱乏抵官十日而寇至拒却之乃集有司與諸將議屯田戰守計環境築堡砦選精甲外捍而稼穡於中屬縣灊山八社土壤沃饒悉以爲屯明年春夏大饑人相食乃捐

俸爲粥以食之得活者甚衆民失業者數萬咸安集之請於中書得鈔三萬錠以派民間同知副元帥又明年秋大旱爲文祈灊山神三日雨歲以不饑盜方據石蕩湖出兵平之令民取湖魚而輸魚租十五年夏大雨江漲屯田禾半沒城下水湧有物吼聲如雷闕祀以少牢水輒縮秋禾登得三萬斛闕度軍有餘力乃峻隍增陴隍外環以大防深塹三重南引江水注之環植木爲栅城上四面起飛樓表裏完固俄陞都元帥廣西猺軍五萬從元帥阿思蘭沿江下抵廬

州闕移文謂猺蠻不當使之窺中國詔阿思蘭還軍猺軍有暴於境者卽取殺之凜凜莫敢犯時羣盜環布四外闕居其中左提右挈屹爲江淮一保障論功拜江淮行省參知政事仍守安慶通道江右商旅四集池州趙普勝同青軍兩道攻我拒戰一月餘竟敗而走秋拜淮南行省右丞安慶倚小孤山爲藩蔽命義兵元帥胡伯顔統水軍戍焉十月沔陽陳友諒自上游直擣小孤山伯顔與戰四日夜不勝急趣安慶賊追至山口鎮明日癸亥遂薄城下闕遣兵拒於觀

音橋俄饒州祝寇攻西門闕斬郄之乙巳賊乘東門紅旗登城闕簡死士力擊賊復敗去戊申賊並軍攻東西二門又郄之賊恚甚乃樹栅起飛樓庚戌復來攻我金鼓聲振地闕分諸將各以兵捍賊晝夜不得息癸卯賊盡分兵攻東門丙午普勝軍東門友諒軍西門祝寇軍南門羣盜四面蟻集外無一甲之援西門勢尤急闕身當之徒步提戈爲先士卒號哭止之揮戈愈力仍分麾下將督三門之兵自以孤軍血戰斬首無算而闕亦被十餘創日中城陷城中火起闕

知不可爲引刀自刎墮淸水塘中闕妻耶律氏及子德生女福童皆赴井死同時死者守臣韓建一家被害建方卧疾罵賊不屈賊執之以去不知所終城中民相率登城樓自捐其梯曰甯俱死此誓不從賊焚死者以千計其知名者萬戶李宗可紀守仁陳彬金承宗元帥府都事帖木補化萬户府經歷段桂芳千戶火失不花新李盧廷玉葛延齡邱巻許元炎奏差兀都蠻百戶黃寅孫安慶推官黃禿倫歹經歷陽恒知事余中懷甯尹陳巨濟凡十八人其城陷之日則

至正十八年正月丙午也闞號令嚴信與下同甘苦然稍有違令即斬以徇闞嘗病不視事將士皆籲天求以身代闞聞强衣冠而出當出戰矢石亂下如雨士以盾蔽闞郄之曰汝輩亦有命何蔽我爲故人爭用命稍暇即注周易帥諸生謁諸學會講立軍士門外以聽使知尊君親上之義有古良將風烈或欲挽闞入翰林闞以國危璧辭不往其忠國之心蓋素定也卒年五十六事聞贈攄誠守正清志諒節功臣榮祿大夫淮南江北等處行中書省平章政事柱國追

封豳國公謚忠宣議者謂自兵興以來死節之臣闞與褚不華爲第一云闞留意經旨五經皆有傳注爲文有氣魄能達其所欲言詩體尚江左高視鮑謝徐庾以下不論也篆隸亦古雅可傳初闞既死賊義之求屍塘中具棺斂葬於西門外及安慶內附大明皇帝嘉闞之忠詔立廟於節坊命有司歲時致祭云

宋濳溪曰嗚呼闞亦人豪矣哉獨守孤城逾六年大小二百餘戰戰必勝其所用者不過民間兵數千初非有熊虎十萬之師直激之以忠義故甘心效死而不可奪也後雖不幸糧絶城陷以死而其忠精之氣炯炯上貫霄漢必耀爲列星流爲風霆散爲慶雲凝爲瑞露闞雖死而其不死者固自若也然而闞死於君而能使妻死於夫子死於父忠孝貞節萃於一門較之晉卞壼又似過之矣於戲闞果人豪也哉余來江左見其門生故吏言闞事多至泣下者因思見戰守處江流有聲而斷雲落日凄迷於莽蒼間猶足以動人悲思因摭其行事勒於篇以示爲人臣者 舊志

陝西提學副使何大復先生傳 明 樊 鵬

何先生諱景明字仲默號大復山人先世湖廣羅田縣人四世祖太山紅巾亂時徙信陽遂世爲信陽人太山生四子隆一隆二隆三隆四一名海先生曾祖也生祖鑑爲典術有陰德稱於鄉里鑑生父信驛丞後封中書舍人博學能詩號梅溪公生四子先娶盧夫人二子長景韶成化丙子舉河南歷官東昌府判先卒次景暘宏治戊午與先生同中河南鄉舉見官安慶府通判後娶李夫人子二長景暉不仕次即先生者也先生生六歲能對句出奇字日記數百言知

敬諸兄至撻之不敢訴一兒羣兒逐戲即不同羣八歲能文十二歲隨父宦之陝西會甯驛時臨洮守李公聞其奇召置館下甚愛之為延師授春秋其師間出它長兒皆謔笑履師座先生獨安坐說春秋李公覘歎曰何兒麟鳳也嘗盛衣冠束金呼入謂其夫人曰汝視予貴耶它日是子貴奚啻予耶居三年父致仕貧不能還李公饋之車馬集諸官相送郊亭上揚爵酌先生曰吾小友既歸攻治書治書纔九月沁水李御史瀚時按甯調試信陽諸生先生從其兄往試御

史讀其文曰奇才奇才吾未見山川何盛生此人也遂復如信陽觀之已而中經魁報者至先生臥應之人曰汝胡不喜曰吾固知已何喜為也是時年纔十五形貌又小且禿笄也諸王公大人爭負視至轉相負匿府不出所過居人遮蔽弗得進草書日數百張應諸求者一時盡號為神童次年春試以文多奇字覆省卷見除不第入太學市月歸翰林祭酒作詩贈之祭酒贈詩諸生前未嘗有也未冠中宏治壬戌進士授中書舍人奉敬皇帝哀書南下所過地方咸贈

遺犀象珍寶有熊太監者獨復重贈先生皆卻之不受太監大發悟於心曰彼年少能爾吾獨不醜哉遂去職踰年還惟衣書一篋而已後值逆瑾用事知以小臣不能奪諸大臣又多自顧即謝病歸居頃之梅溪公與李夫人同時卒先生哀毀骨立禫祭未成不飲酒不彈琴服除而逆瑾敗當是時諸名節士多為瑾汙者無不被大禍而先生獨超然遠舉天下皆曰見幾而作子豈不高哉已用大學士李公薦復授中書直內閣制勑房經筵官其友北地李獻吉謫江西

之訟衆多媒孽其短莫肯為直者先生獨上書爭之且責楊冢宰詆遂得辨乾清宮災上書陳時政言人事不修天變將復作至詆曰義子某不當畜也某宦官不當寵也因留中不出人為之寒心是時錢監舞權指使百職一日持古畫造門求題先生曰好畫勿汙吾題爾留一年不與一字師御史客死京邸幸臣廖氏者贈之棺先生叱卻曰吾友平生不苟受也豈以死汙之哉遂自出金賻之其勇於為義類如此先是京官非有罪無九年不遷者先生特以危行連蹇

湮滯中書凡十餘年始轉吏部員外乃陞陝西提學副使陝西邊絶胡地緣邊數縣路出胡舊時提學難之皆調試其縣諸生先生曰卽如此是棄之矣竟往試如他縣藍田大旱其山上有泉先生至則登山投祭文泉中須臾大雨商州學地狹旁有王母祠大官家廟州人神其祠先生顧謂守官曰何用祠爲也輒毁之大官家亦不敢怨懟西屬所試諸生奇者悉取正學書院親自督教間出俸錢購所給關中得人於時爲盛今年四月竟以學政勤勞得心疾六月告歸行李蕭然至家甫六日而卒聖朝初服先生乃不汞年爲豈非命耶先生生而神明德量純粹志大行堅學精意遠博物洽聞會理守約究其所造可謂渾成矣家庭怡怡如也交接雍雍如也取予進退間斷斷如也自鵬侍側未嘗見喜怒顔富貴功名不齒諸口平生不持一錢讀書必至夜分以爲常與人講論終日不倦安貧樂道不念家產居官勤事以祿自守復絲毫弗苟受然又好予卒後閲諸囊中餘金三十而已豈可不謂清白君子者哉初國朝去古益遠詩文

至宏治間極矣先生首與北地李子一變而之古三代而下文取諸左馬詩許曹劉賦賞屈宋書稱顔柳天下翕然從風盛矣哉千載一時也嘗曰詩文有不易之法辭斷而意屬聯類而比物百慮而一致殊途而同歸文靡於隋韓力振之而古文亡於韓詩弱於隋謝力振之而詩亡於謝繇此觀之先生之著述可見矣先生通五經尤好易詩其陰陽醫卜天文地理律呂歷數諸家各造其妙所著有何氏集十二論定古樂府選漢魏詩三秦志皆行於世先生生成化十九年八月六日卒正德十六年八月五日年三十有九初配張氏先卒贈孺人繼配王氏封孺人後先生十六日亦卒孺人隨先生周旋甚相愛又能敬每奉飲食必自爲之無不先嘗夜分先生不寢孺人不寢也及先生卒日夜痛哭環柩走曰吾欲死飯粥不呑竟不病而絶嗚呼夫婦同歸孺人之貞志畢矣孺人少先生二年生子三女三今年十月七日將合葬鈞魚臺之北山兄景暉謂鵬曰亡弟素愛子子傳之鵬自幼與先生同里長而從學先生嘗謂梅溪公曰是

子甚解吾有望也及後先生官京師六年至是又五年餘始從事諸文望先生歸一講焉及歸而竟不起傷如何耶方先生病篤鵬與其姪何士門人張詩入執其手泣先生曰死生常理無足悲但吾生多辛苦耳聲尚琅琅然聞之先人云李夫人方娠時夢大紅日墮懷中已而先生生今六月至八月旱卒之日甫歛大風雷雨白晝晦暝先生死大異豈非其關天地不偶然者哉 舊志

梁志仁列傳

梁志仁南京人保定侯銘之裔也萬歷末年舉於鄉崇正六年授衡陽知縣調羅田賊大擾湖廣志仁日夕儆備羅汝才謂左右曰羅田城小易克然梁君長者吾不忍加兵俟其去當取之會邑豪江猶龍與賊通志仁捕下獄猶龍知必死潛導汝才別枝來攻八年二月四日猝攻城志仁偕典史畢思仁教諭吳鳳來訓導盧大受督民守禦城陷志仁持長矛巷戰殺六賊力屈縶抑使跪罵曰我天子命官肯屈膝賊輩耶賊怒碎其支體焚之妻唐氏被逼大罵奪賊刀不得口齧賊手遂遇害思仁等亦不屈死汝才在英山聞之馳至羅田斬其別枝曰奈何擅害長者以錦繡斂其夫婦屍事聞詔贈志仁蘄州知州思仁羅田主簿鳳來國子助教大受學錄廕子祭葬有差乾隆丙申

賜謚烈愍

謝烈女傳　秦之鐸

謝烈女者平湖鄉民謝篤生之女也少字蘄水羅氏之長子羅以刺船爲業其子在外九年未歸謝公以

女年二十有一慮于歸愆期適羅瑁之從父謀於謝云長姪久出無耗存亡未審不若以其弟續婚謝實鄉人素昧於禮遂尋盟且約婚期爲先是謝嫗早亡女主內事維勤父與兩兄愛之甚篤而女性貞靜莊嚴雖至親不敢干以非禮言故其父兄雖與羅謀女未及知也近婚期鄰媼過女笑視女曰姐喜事至女不答意謂羅氏子歸矣媼隨謂曰喜事即日至尚未知耶具告以續婚故女反奔入室媼去女謂父曰媼言何來此何事而可易倘一旦遠遊者歸何以爲顏

耶父曰無庸慮已許之且晚將嫁汝女瞋目吞聲泣不能語是夜父及兩兄共室中操作呼女具酒食女佯諾潛啓後門出有頃其父忽心驚與兄持炬遍索不得卒跡至宅前大河邊觱家潭見女直立潭中呼之不應亦不隨水流去郎之死矣然不知其何以死死何以能立水中不仆也烈女既死里人競傳其事皆嘆息泣下士大夫多爲詩歌以紀之易其潭名曰清風潭嗚呼女子臨節義不苟延遲就能自引決雖詩書之家往往難之謝女生長農家其父若兄非素

能講明禮教者乃能獨存正氣視死如歸若此豈非天性使然歟茲敘烈女之事自聞言至死時僅半日耳所遇何艱爲時何暫而處之何其從容也夫女子之在室宜從父命然績婚瀆倫亂命也不從亂命正其擇義之最精脫令女母在兩兄猶可與言或謝翁與羅謀時即謀及女女必以死誓謀且止即盟定矣使謝翁聞女之言自悟以大義曉羅則烈女必爲羅守而不死乃亂盟既定不從無以遵父命從之又以敗人倫討唯以不能兩全之身付之清流方能全從

一之志不負他日遊子之或歸也矣其舍生取義幾於義精仁熟者之所爲而竟出於一弱女子半日中之所審處此山川秀靈所鍾知舅獨異其百折不回之神固泥沙之所不能瘞埋而狂瀾之所不能推移者也古今來死忠死孝類皆含笑九原獨至於君與父當乖疑之秋斷不能兩全無憾唯有銷形滅性而忠孝之魂卒嗚咽於淒風苦雨之中而不憚後之人慨想其行事即其取義之精而深悲其所遭之不幸觀烈女之自處其亦可悲也已故備錄其事以俟輶

軒之採焉 舊志

夏烈婦傳

金光悌 英山人

羅田油榨坳黃烈婦姓夏氏父廷壽世業農適黃甲福甲福余佃人也婦事舅姑孝伉儷篤甚生一男一女乾隆歲丙午正月十八日甲福暴病死婦仰天拊膺噭然而哭曰天乎余之無罪焉而殲我良人也是殲余也欲與甲福俱死舅姑且哭且諭之毋死且屬諸女伴守之禁勿死婦曰有兩叔在足以事吾舅吾姑吾可死三歲兒六歲女兩叔撫之吾可死諸女伴

守益力婦益不欲不死至二十四日人定後守者少懈遂雉經守者至則溘然死矣時年甫二十有八金光悌曰烈哉婦烈哉婦在周易恒之六五曰恒其德貞婦人吉象曰婦人貞吉從一而終也如烈婦者可不謂貞乎書其事以顔於黄氏祠曰德貞從一并紀歲月云

蕭烈婦傳　江學勤

山居雪霽信手抽案頭書一卷坐松竹小院負暄展視古節婦傳也讀未竟周子有畧適至揖坐而言曰

弟此來緣敝族議輯家乘欲將孀婦節行煩先生搆一傳付梓人問其氏則蕭公玉書之女也問其年則三十有六也余曰栢舟之操必逾五旬方爲輶軒所採且聞生不立傳君固不沒賢嫂之美其如例未符何周子沆吟少頃愀然復言曰傳固有待請以孀嫂節行姑約言之嫂氏丙寅歲歸先兄甚執婦道兄諱有韜天性孝友喜讀書諸老宿稱其能文惜不遇早逝又止一女是時嫂氏哀毁骨立决志捐生亦絶不計呱呱者之生甫六日也因先慈涕諭百端乃勉進水漿而收淚之餘事事復克慰母心先慈益愛憐之今已二十寒暑矣猶唏嘘輒累日沓常戚而寡言夙夜勤苦非歸甯不出門庭寸地弟敬其節憫其勞勸令少閒則曰未亡人所欠一死者爲夫立後計耳今幸有後不勤兒何以得安飽耶又忍視弟婦獨勞於內耶所謂有後謂弟初舉之子承繼先兄名永兒者也余聞而甚賢之不待周子畢其說肅然起立曰即是已足傳矣急拈彤管聊誌古節婦傳尾並題一贊附焉以俟將來補傳贊曰如松心如竹筠隆冬顯出

耐寒身吾可信之於斯人

曾生志傳　閻海

曾公諱生志號懐友子戚榮松之大父也先生幼悟樸有至性勤於作苦謹身節用不貽二人憂年十八而孤即持家計依依慈幃出則竭力躬耕入則承歡菽水時猶未娶也迨至詹太孺人于歸越五年慘遭失恃又四年遽賦悼亡所生子女各一零丁辛苦内外一身族戚憐之咸勸爲鸞膠之續先生卒掉臂不顧方其轗軻疊遭也先生鮮兄弟親伯叔析居遠徙

商居留羅者惟先生一人祖遺屋數椽田數畝慮不
足供朝夕也先生慨然曰有後勿棄基作室稽田豈
異人任哉出是翦荆棘墾萊蕪櫛沐雨風披戴星月
內撫子女外持門祚慭慭懇懇拮据不遑力之所至
氣象漸新行之所成險巇立化洎乎願了子平孫曾
樹立先生優游林下頤養天年杖履所至每課操作
教耕讀訓誡子孫以敦厚退讓矜恤乏困蓋先生之
福澤方隆而先生之精力亦已瘁矣乾隆五十九年
邑侯姜公以義夫採入志乘嘉慶二年又以齒德兼

優詳授頂戴七年舉行鄉飲禮紳士公推選先生爲
耆賓越道光七年先生即世後學官搜羅軼行以先
生孝友端方申詳提學使王公給譽洽鄉評額予爲
稱道弗衰先生雖無慕於時而時譽歸之近聞過其
里者咸嘖嘖稱曰若捐修橋梁若干處創修宇藏若
干處且力建家祠費千餘金不惜雖子榮松爲之皆
先生遺訓也亦足見先生之敦行不怠老而彌篤有
以信於近而孚於遠也先生年八十有四子一諱熙
號允泰能承先志裕後昆年五十七先先生卒孫三

人曾孫七人元孫十餘人世濟其美

論曰士之能自立於時者必有悃愨之心堅貞之節
而後可以歷憂樂均夷險經盤錯而逾厲亨美實而
不驚雖顯晦殊途其致一也以先生之遇觀先生之
行其爲子也能竭力其爲夫也能執義其治家也燕
翼而貽謀其接物也直方而誠信是以跡不出於里
巷而聲施於鄉
國情齒於時玩而行侈於古人非所稱獨行君子積善
餘慶者歟而榮松克以聰聽承之服先疇食舊德宜

蒸蒸而未艾也

翰林院待詔闇晴皐先生傳　陳錦雲舫

先生諱海字萬涵號晴皐黃州羅田人幼負異禀勇
於嚮學制義穿穴六經不隨時好爲高下無事日課
一文嘗言辭章之學有所未暇涵養身心發揮經籍
唯此藝爲宜故生平於制義獨精歲甲子舉於鄉後
累試禮部不第以大挑例得教職官應城者十八年
而先後友教往來南北不下數十年其在中州弟子
常數十百人郭進士樟陳進士鴻壽皆受學焉其在

皖南督學賈公芝巖爲先生甲子座主雅愛重先生命二子從之游即相國鈞堂公楨暨弟太史楲也其在都中館葉舍人雲素家時爵督崑臣公年尚少先生特器重之謂其父曰是兒瞻矚不凡非風塵中物也所以督課之備至後果爲名臣時謂有人倫之鑑云其官應城也應城地僻民陋凋敝不振久矣先生至爲完城郭修學宮暇則進諸生而訓勉之先本行後文藝唯以事君事親治身治人之道相切劘每歲就學者至學署不能容取旁官舍以居之亦盛事也

會遭水災漢沔間漂沒爲澤國居民流離轉徙餓莩相屬於塗弱息呱呱棄草間不顧去先生常爲收鞠之嚴寒雨雪出俸錢貸粟往哺飢黎全活以千計嗚呼先生真所謂仁竺君子鉅人者耶其後以秩滿入都遷翰林院待詔先生曰吾老矣古人七十而致仕斯其時也遂解組歸家居主義川書院講席講評孜孜一如曩時手訂孝行述畧七卷以某年某月某日卒於里第享年七十有六先是先生少孤事母先意承志能得懽心母卒哭泣如嬰兒哀動行路兄弟十有五人友愛甚篤五世同居一家怡怡如也正家之法秩秩如也嘗有句云仃伶九歲憐稱孤兄甫成童弟尚雛媿煞慈烏猶反哺終天何日報勤劬又云兄弟情懷手足同當年共爨今西東支離病骨成吾老願祝常華面面紅嗚呼觀先生之詩者孝弟之心可以油然而生已

論曰自師道廢而士習乖儇巧之徒靡靡然日趨浮薄雖學儷楊班才侔潘陸末矣曷足貴乎先生不亟亟以文自見而言色恂愨出於誠至蘊德懿行模範

里閭所謂有本者如是也經師人師其無媿色也哉

潘四梅先生傳

陳錦雲舫

先生諱煥龍字四梅號卧園其先世爲皖之休甯人明洪武初遷羅遂爲羅田人先生幼負異才出口輒驚其長老年十四補弟子員旋食廩餼以丙子副榜入都考充　武英殿校錄越九年乙酉中順天舉人明年遼金元三史告成　名見以知縣用歷宰河南淯川商邱暨山東鄒平等縣所至皆有循聲而以商邱爲最其始政於淯也淯地僻民陋先生爲修學宮

督考課士風大振蒞治三載官無留事獄無繫囚有慈母神君之譽秩滿調商邱令商邱古睢陽郡地濱黃河號稱難治先生甫下車隄決金龍口濤浪洶洶然吼聲如雷河魚大上城不沒者三板先生躬負畚鍤帥吏卒堵塞之城以完爲出俸錢貸粟哺其飢黎全活以萬計時

朝廷用兵臺灣雖爲孔道戎幹絡繹不絕居民甫脫水患務芟無所出先生悉自購給不以病民暇時與邑人士酹酒論文訪張許戰處斷雲落日憑弔悲涼益覽古傷今感慨係之矣

國家承平日久海內富庶而姦宄不逞之徒芽蘖其閒廬鳳頳亳爲尤甚雖接壤皖北居俗獷悍爲捻寇逋逃藪先生廣設方畧㝡擒其渠魁斬之大吏嘉先生能以聞於

朝晉知州銜行將大用先生而先生則念親老士思逝遄其歸矣家居蒔花種竹環堵蕭然每春秋佳辰率孫雛爲老人壽琴箏酒歌甚相樂也不數歲太夫人歿先生擗踊竭哀寁歲中禮居贈公喪亦如之服闋需次山東會堂邑令某苛斂虐民桀黠者交訌搆煽集衆萬餘人薄其城勢張甚中丞陳公素稔先生才檄之往且曰君去需兵幾何先生曰若輩鬩漕非叛也以兵往則激變矣卽單騎詣治所曉以義治以法民皆帖然尋補鄒平令先生曰是豈不足爲政耶至則擢其秀良鋤其奸猾治理一如洧川商邱時民情大和適大吏某行部道鄒先生供帳甚薄且乏饋給大吏滋不悅至累加誚讓先生慨然曰余安能鬱鬱久居此則解印綬求罷職去歸途覽岱宗梁父諸勝爲

文以記之其曠達如此嗚呼先生真古所謂鉅人者耶近世士君子慷慨自負謂操行潔白無忝古昔賢聖及一行作吏則寡廉鮮恥賄賂公行以苟媚權貴而博取一切高爵厚精者比比也聞先生之風不其赧顏也哉先生品學端邃尤工於詩少時才思清綺雅嗜元白長游京師得曾賓谷中丞吳蘭雪國博陳秋舫殿撰相切劇所詣大進嘗游萬壽宮賦七白松歌蒼鬱古厚秋舫嘆曰韓杜儕也一時傳誦都下其後官中州與方伯林公則徐懽然甚相得唱酬之暇

至出詩集丐爲校讎謂先生曰非君當代誰定吾文者其見愛重若是雖林公之虛懷忘分亦先生之才有以致之也所著書曰四梅花屋集臥園詩話先生甲寅生丙寅卒享年七十有三以次子肇鏞貴晉封中憲大夫復以長孫顒福貴貤贈翰林院庶吉士

門人陳錦曰先生詩人而循吏也余少從先生游登玉屏憩清元寺於壁間讀先生所爲詩光氣熊熊上燭霄漢未嘗不歎爲風流人豪洎壯歲北征驅車出豫充閒見道左有巋然其高者苔蘚斑駁字跡如斗

大可辨識則先生德政碑也詢其土人尚能談曉曩軼事且流涕曰潘父潘父云

熊璞田先生傳

陳　錦雲舫

先生諱第均字景原號璞田行三幼精敏嗜學披覽經史無昕夕間年十九以家累棄儒治生不數歲家頗裕如綜覈之暇每課子姪輩讀書背誦先正名文猶不失一字其博學强識有如此者道光庚寅補國學生嘗兩試鄂垣終不遇士林惜之始先生早失怙恃諸弟穉弱無所倚先生友愛逾尋常侍大父母愉色婉容膳必豐潔家庭之間融融如也其孝友有如此者而猶未足以盡先生之行誼也先生才識過人生平遇事敢爲而尤以培植士林爲急急邑向無考棚應童子試者皆在縣署每當溽暑汗流披面暴雨至則擕箒抱槧走避兩簷下若嚴冬風雪逼人愈甚士人苦之而公益心焉惻之乃創建考棚擇地之僻靜而遠市囂者爲之倡首捐貲邑之人亦勸金相助鳩工庀材越歲告竣而又以義川書院基宇湫隘人材散處絃誦靡聲復改絃而更張之移建於東規模

宏敞今昔殊觀嗚呼先生可謂有猷有爲者矣大吏褒獎以其事聞於

朝賞

恩議敘鹽運司知事旌義也子二長五緘郡廩膳生次五緯丙午科舉人揀選知縣甲寅殉節別有傳

贊曰先生抱偉才俾獲施用於時必卓卓有所樹立乃摧抑之使不遇亦其命也卒克以經方大義訓迪喆嗣俾爲尸臣嗚呼先生之教不亦奢哉

熊生卧雲傳

蘄水縣令劉　綮

士負有用之才而不獲顯用其才爲可惜也旣不獲矣而時會所值激於性天獨肯艱難其身以紓國䘏無所憑藉卒以才顯才顯未已而並以節顯尤可慨也余不知造物之忌才而使不儕於大用耶抑實曲愛其才而成不朽於身後耶蒼蒼者固難測哉余於熊子卧雲而不禁感且悲矣卧雲羅田人名五緯字漢徵余道光丙午科分校秋闈所得士也方掄才鎖院時卧雲文諳根至性英氣拂紙余讀之覺油然神動以爲言者心之聲是生也非獨雄文章抑且負氣

節他日乘時利見必非碌碌隨人者已而卧雲來謁恂恂抑抑望之粹然信爲有養士卜其簪毫上苑黼黻昇平旣乃春明不第策蹇南旋余初官嘉魚次調蘄水卧雲時相過從住輒連旬相與談論古今悉凜綱常大義酒酣脫帽雅好談兵余旣心重之益深奇之班超投筆宗慤乘風將得瞻其遇合焉無何粤西不靖逆燄鴟張咸豐二年賊撲鄂垣全楚震動狼奔豕突直陷江南次年九月賊破田家鎮連檣上竄荼毒靡窮當此之時士不知兵人皆束手惟是倉皇徙

避莫可如何卧雲聞之慨然曰是非所以避賊也我能往賊亦能往不如擊之光天化日之下乃容此鬼蜮横行乎爰集其鄉人爲保禦計擇素有膽識者與爲謀四年春賊入羅或勸卧雲出貲賄賊藉得避其鋒卧雲怒目眥欲裂叱之曰若何言之妄吾豈辱以賂賊者家可毀室可焚賄不可得也乃急捐貲備器械募鄉民曉以順逆之幾教以戰守之法士林英傑鼓而應之而羅之團練起矣驟擊賊賊潰益以羅爲仇眈伺羅屢入屢敗閏七月十二日賊率大隊數千

犯羅三里橋卧雲督勇奮擊大敗之賊膽落余自三年秋解蘄任赴省路塞寓於羅接蘄水任者爲際君亨亦借兵於羅羅與蘄爲唇齒邑余勸卧雲越境討賊解此倒懸卧雲唯而起任之曰討賊義也此豈可以畛域分遂督師八月朔出蘄蔡家河賊迎距大敗之初六日師逼蘄城賊嵎負又敗之賊颺竄蘄城復十五日賊回伺又敗之半月之間大獲三捷意謂此時功難堪矣惜省垣未復濱江一帶上下游皆賊踞二十一日賊由蘭溪蜂擁而至勢甚猖獗卧雲戒師

而出分途剿禦斃賊多名賊敗退合追之賊後隊殊死鏖戰過午腹餒力疲臥雲奮不顧身突入賊隊冀得斬其魁受賊踣傷落馬遂遇害奪獲忠體面目如生余聞之驚顫泣然曰嗟乎嗟乎臥雲之死益爲國亦爲余也向使余不在羅臥雲或不出今出矣功方成而身已殞余獨何心能不悲哉人固有一死誠使臥雲膺顯爵秉大權爛設施持艱鉅卽不幸而死死固其所今乃全才獨抱一命未膺以泉石之身踐戎馬之地毀家未足竟復捐軀彼蒼者天曷其有極雖然抑余所惜者人材也臥雲所伸者大節也賊退後蘄官紳士庶備儀泣奠送柩歸里道路迎祭爭以竹枝掛紙錢雖婦人童孺無不墮淚者忠義之感雖死猶榮迄今蘄人建有忠烈祠列主而祀報以馨香毅魄忠魂庶幾可慰大吏重其事上達

朝廷榮膺

褒䘏有孤八歲崢嶸頭角決其必昌九泉有知洵堪瞑目馬革之痛於身何有乎余雖悲臥雲轉以慰臥雲丹忱未泯青史宜垂故紀其事之本末備輶採焉

熊公臥雲傳　潘頤福　芝堂

熊公五緯字臥雲羅田人其先世以忠厚著於鄉至尊甫璞田先生益刻厲爲善孝友嫺恤里無閒言人以是知其後必有顯貴者已而長君五緘以高等食邑餼公居次亦以丙午舉於鄉嘗驅車入都涉大河瞻岱宗太行諸勝發爲吟咏多激昂慷慨之音同里匡星藝先生素負知人鑒每歎曰光吾閭里者其臥雲乎何翔步勃勃饒有英雄氣也咸豐之初赭寇泝流而上帝金陵截九江諸郡寖淫及楚疆公謂綠營兵備久廢弛欲保吾圉宜仿古守望意爲團練預捐貲庀器械峙芻糧爲綢繆未雨計然之者絕少甚且迂而訕厲之公議旣不見用乃奮筆長吟稍紓其憤激忠義之氣讀公仰止書屋詩集中感事諸作直與少陵北征諸將相伯仲四年寇入武昌薄漢陽疆吏皆抗節死民悉驚潰而黃州亦爲寇竄三月遂分黨陷羅田公率族避難於龔家鋪地距城尚遠寇氛所不及公相其鄉人之好義者誘勸而部勒之旬日得數千人寇聞而來攻公合邑侯彭君仲芳暨諸紳董

以其衆大創寇於石硅山又以經費空乏力捐五百金爲之倡諸紳董亦鳩貲相助於是人愈衆氣愈奮厲遂以七月之季收復羅田縣城寇以其志未逞也且疑新團民兵無固意復由蘄水大舉來犯公合諸同志禦之於城南三里磧寇居前列者手大紅帛纛前萬騎隨之噪呼聲震巖谷公命發巨礮礮然斃其纛寇五羣寇奪氣團兵乘之遂大潰是役也以團兵三千人戰赭寇累萬殲其十之三四傷逃者無算自是寇不敢復窺羅境矣時劉君縈權蘄水甫卸篆未

行新蒞事者際君亨也耳公名知公爲縈同考時所得士浼之同詣公營請偏師復蘄水公亦念以外攘爲內靖卽奮袂請行手劍躍馬二健僕從諸士卒見公行亦整隊隨之行五十里至蔡家河天甫曙寇不爲備猝敗之追勦至蘄水縣城屢戰皆勝踞城之寇奪路而遁後數日寇由他路犯蘄立陣堅猝難攻瑕公部下張立志徒步大呼入陣斬其酋寇驚退立志亦死於礮公斂而哭之慟輟食置奠士卒皆感泣寇憤甚合死黨得三萬餘分數路復犯蘄公挺身出爲

士卒先當是時天陰晝冥濱城山阜草木黝黝作晦色寇礮彈如雨下公足大拇爲所傷猶握劍出陣前往來督士卒戰久之團兵力不支走保羅境二健僕掖公退公麾去拔戈馳入陣左右衝突斃寇數人公亦被數創死時咸豐四年八月二十有一日也閱七日劉際二君復以羅田團兵走蘄水城賊求公屍得於城南雲路口沙中面如生蓋蘄水陷賊者義而瘞之云其家以公歸葬於某所之原嗚呼方公督戰時可以不死公而死公得死所矣獨是當公時吳越皖

楚之交蛇吞豕噬幾無完土公旣以匡時自任所著名將錄囊括古今將畧附論當世之形勢利害瞭如指掌暇亦習擊刺距躍之法馭士卒信賞必罰雖里閭無所私戰必謀合然後出遇危急則引袂獨前士殊死鬭以故屢戰屢捷使公或不死大吏登之薦牘倚爲萬里長城以其法下之諸郡邑俾練民爲兵集兵爲營將中原蝟賊刬平當在指顧何至沸爛十數省糜費至億萬萬緡竭天下之力僅乃勝之而楚北一都會且再三淪爲賊藪哉所以公之死鄉之人號

慟婦孺亦爲泣下而蘄水思其功者哀聲徧衢野且爲位以祀之焉明年大府奏其死事狀詔附祀於武昌昭忠祠諸殉難疆吏之次以雲騎尉官其子世襲罔替

潘頤福曰赭寇之禍海内罹其荼毒患在綠營有額而無兵鄉團有兵而無費公死之後大亂戡平鄉團而外幸得力於召募而召募者皆鄉團中制梃撻賊之民卽羅田應募赴平凉者輒積功至專閫當時半出公麾下噫民團之議公實倡之而不獲睹其效倍

足傷已聞父老言公里居待人無忤色然丰裁峻厲侻悍者咸憚之憶余舊歲游齊曾間登泰山經碧霞日觀傍有所謂丈人峰左壁覶峰較聳雨後巉露秀刻仰視之殆千丈然中隱隱有二字曰卧雲云

廖琴舟先生傳

潘頤福 芝堂

廖公新字琴舟其族自豫遷楚之羅田子姓繁衍至公祖易元登拔萃科旋舉於鄉以恩挑授直隸新河縣公父申援例得鹽大使公兄弟三於次居季幼隨諸兄讀穎悟異常命爲對偶聲律之文輒駕其儕偶公祖嘗顧而笑曰昌吾宗者必此子也公既長於史籍無所不窺尤留心於吏治嘗取古循吏政績錄爲一集暇輒閱之籌餉例出公以通判籤掣安徽安徽東際蘇揚南接豫北與鄂晋爲唇齒郡邑最難治公歷任甯國鳳陽廬州潁州等府同知通判阜陽英山鳳陽等縣知縣所至皆有政聲而以鳳陽爲最鳳介江淮土瘠而民貧賦額素溢驛書交錯於道供億若不暇頻年水旱偏災緩徵請賑援爲令甲官吏無所肥其橐則往往侵蝕賑金公蒞任先懲厥弊値期必

親至局計口而徧給之吏胥屏悚老稚謹呼承綸沛膏饑不爲害訟牒上口决手書剖斷若照聽者咸懾伏有兄弟互愬者以倫理婉諭之卒感激涕出和睦如初咸豐之朔赭寇噬金陵皖疆震動巡撫蔣公文慶稔公才時公卸篆在省檄督辦鳳郡團防規模粗具民賴以稍固大吏叠以書奬勉公方自振厲乃以聞訃回里迨公去皖事日壞皖之人於是愈思公矣既而寇踣黃蹶蘄漸跳及羅羅之人相聚爲兵與寇選戎械峙糧公襄任其事暨吏以戰績上

旨予知府賞戴花翎事平後赴皖權皖撫事者爲唐公訓方久知公能以人地相宜奏署知潁州府事當是時苗沛霖倡亂於潁壽之交環潁而營纍纍相望者苗氏之兵卒也其西北有圩十數鼓而幟者附苗者之所築也淮水澌流巨艦昂然進𨂍揚峨如栗橐崇如皆助苗餉而輸苗稅者也人咸爲公懼危城岌岌且不守公鎮之以靜協和同寮經權並用城賴以全喬公松年繼撫任奏補鳳廬同知復調署滁州滁歐陽文忠舊所治也兵燹迭經白骨蔽野田畝爲萊蔓所

栖遺黎幾塡溝壑公下車後招集流亡教之開墾其穎秀者設義塾以培養之商賈至厚加撫恤荒衢復壓驛政廢已久剔隱疏滯以安以速暇則登豐樂亭名二三父老詢民間疾苦僚屬至者亦集宴於此治績殆過治鳳陽時旋以宿州伏莽未殲調公往署去滁之日士民設祖帳者十餘里不絕至有爲泣下者行至壽州以微疾沒於旅館滁人思其德籲請入邑中名宦祠爲吏議所格遂相與奉公立祀於豐樂亭歲時伏臘每祈報薦蒸嘗焉公子二長雲飛邑庠生安徽候補知縣早卒次雲式邑庠生孫一毓桂聰慧篤於學鄉之人稱竺厚有世德者皆曰廖氏廖氏云

潘頤福曰公爲余祖姑之夫余叔蓮舫公以季女字其孫毓桂以世姻故知公行最詳公性倜儻坦易待人無倨容鄉里貧乏者幸恃公以活或食於其家家道日以落公處之恬如也以公行誼若此治績又如彼宜乎享上壽躋顯秩而遽賫志以沒天道其可測耶然吾聞厚德之報不於其身必於其子孫公之後當有興者矣

閻定邦傳　　潘頤福芝堂

閻定邦字協臣羅田人閻於羅田爲望族登賢書游膠庠者踵相接也獨定邦家世力農至定邦能以武顯定邦十六歲即投筆從戎其戰績奮於楚繼震於皖豫河洛之交而於平涼爲最著方捻寇躪蘄黃間羅田以民團禦之譬如簣土塞隄潰挐畚荷鍤定邦實與其役焉諸總師聞其勇招赴武昌營次累功至守備賞戴花翎轉戰河南忠勇益其儕輩督帥毛公昶熙撫軍鄭公敦謹咸器之洊保至游擊而其奉調

赴甘肅也則自同治二年始甘肅距河南數千里荷戈陸行糧糈恒不接憂渴求澗水不得往往啖生樹葉冬則層冰積雪脛骨僵裂征衣後期凍慄無色至其境畝栖無蔓人煙闃絶殘骸滿原野迄莫辨其爲何骨其艱苦凄險如此諸將卒或道死或逃鮮得達藉第令達疲餓之軀卒勦賊鋒殄定邦雖屢瀕於危無纍志終以全軍至時慶陽涇州十數州邑淪於狪勢熾如也定邦馭軍以嚴信賞必罰拊循士卒與其最下者同甘苦每戰必先登所向輙克前後斬馘殆

以千數梟其著名賊目數逾十大吏論戰功定邦居最補甘肅督標都司督師雷正綰將軍穆圖善總督左公宗棠皆奇其才屢調爲前軍輙破賊由總兵保至記名簡放提督加搏勇巴圖魯名號八年定邦戰涇州飛礮洞胸達背猶裹創督陣歸營延醫視則所服短羊裘爲礮子所穿毛茸茸入腰傷際醫以鐵鋏出之痛絶復蘇呻吟中彷彿有赤面人翼之云定邦自有詩淚滿胸前血染腰股全身珠汗洗鞍韉吞聲不把軍機洩誓作忠魂答

聖朝紀實也嘗以竹筒一寄家中扃鐍固囑勿啟咸訝爲重物也歿後家人啟視則血衣一襲卽受礮時所衣者蓋念疆場事重一旦骨肉餧狼虎招魂虛葬有血衣在噫其志可謂壯矣勦平後督戰不少懈九年以左帥命逐狪至金積堡掘長壕困之歷數十晝夜積勞成瘵創復發以十月二十八日卒於軍次年僅三十有三左帥奏其事得

旨照提督陣亡例賜卹附祀故提督劉松山專祠賜祭一壇葬費銀五百兩事蹟宣付史館以騎都尉官其子

敘吉且世襲雲騎尉罔替定邦臨陣勇敢英鷙然舍卒出謀慮動中機宜待文士以禮扶掖如恐不及嘗駐肅州賊蠭至各營將懼兵寡難支議退守定邦持不可諸營竟夜遁定邦遣卒拾所棄幟分持往空營布之鼓聲雷動又僞造大營兵符使僞爲驛也諜者遺於路賊得之謂我兵衆不果來有五營鈌餉謀變潛約定邦陽以許諾詐爲前驅敵官軍度近大帥營單騎叩壘門告以故請先發制之戮首亂數人事立定甘肅尙燚[illegible]太史家最貧定邦出俸餘助之念桑梓

邑賦臨庠中博士弟子員額素狹懷才之士末由廣進乃捐俸餉二十萬額大吏入奏祈廣文學額二十以四次取盈其數武亦如之得
旨允可余每疾夫世之坐帷幄運謀決算者自以爲駕良平而上之矣迨猝有變故噤口箝手如嬰赤然軍事潰裂職此之由而諸將吏者飲金珠擁姬侍頤指搢紳里黨驕倨無人狀士林每厭道之若定邦者是可傳也已

論曰狥禍烈已應募至平凉者羅田不下百餘人獨

定邦以奇績薦至專閫豈偶然哉余聞定邦幼時讀書輒數行下與羣兒戲以兵法部勒其曹每讋慄寇至祖母年逾八旬艱於步輒負之遠匿從軍後納妻葬母屢假歸然皆未逾歲卽奔馳營次其嗣敘吉生十五年矣未嘗識定邦面定邦在營時有進姬妾者郤之力嘗質語人曰吾祖父及身沐
國恩厚疆事正棘而顧自圖娛逸豈人也哉嗚呼是可以見定邦矣

熊五修傳

王嗣喆 吉士

熊君五修字禮臣世居城內新街余外弟也幼從予遊倜儻有大志每讀及古人節義事必悉心究問甫弱冠以姑丈衰病棄儒入成均親理家政性情豁達好爲豪俠事咸豐癸丑移居於北峯河花銀巖側甲寅髮逆竄擾我境沿鄉擄掠修約集近鄉居民數十人共爲堵禦賊不敢入其境及團練兵起襄辦練務歷著勤勞而於籌餉一事尤不避嫌怨歷保府經縣丞同治甲子賊大股犯羅修督勇禦桒子坳不勝退守主簿寨招集潰勇鏖戰數日賊勢愈熾勇復潰賊

刄之當事聞於
朝賞加知州銜子魁瓏襲雲騎尉恩騎尉世襲罔替嗚乎忠義之氣萃於熊氏其兄五緯死於賊修又死之宜
聖朝之優恤無已也

贊曰生者貴不虛死者期不朽惟節卓愈堅烈永彌篤能無愧忠義之徒雖死矣而自與日月同貞山河並壽

題周白石焚餘草序

明　艾南英

楚之有騷三百篇之變也騷之有卜居漁父後世客難解嘲賓戲之所自始也然則詩文理備於楚矣予少客西陵從李孟白梅長公兩先生遊兩先生皆喜言詩其諸從子姪內至婢侍無不喜言詩者當是時莫不推周子白石無何白石令始興始興之士爲刻其詩文以行世而君以弁言爲屬意其以獎餘名篇得毋存什一於千百如世之不得志者之爲乎夫君非屈氏比也遭遇明聖綰綬分符發而爲文敷陳吏治條晰民隱咏歌太平之風與文學弟子雍容講習

如古洙泗無屈子之不偶而有其文章世之知白石者非獨以其詩文也雖然子賤之鳴琴何與令事而遂爲賢者美談白石之政吾以詩文卜之矣 舊志

吳孝子墓碑　元國史館編修　彭寅亮

吳大中字時夫號愛山其先信之弋陽人也宋建炎年間父季益嘗宰太湖羅田六安州判安慶府事遂宅於蘄陽義城之獨尊山時夫天性孝友篤志經書菽水承歡綵衣致養父七十二寢疾朝夕衣不解帶極力醫療罔瘳不食泣血幾絕奉葬於獨尊山之麓奉母陳氏廬於墓側十有七年夫婦定省溫凊不離左右稍失調護則爲減食母年踰九袠無疾而逝居喪含哀痛逾於昔終身永慕操履慈仁遐邇莫不感動有司具以孝行聞上旌表其門曰吳氏孝子其里人遠來京師述彼累世之孝請記於余余嘗聞之天地之大經莫過於孝虞舜之事瞽瞍文王之事王季克盡其道垂範當時迨我孔聖著之於經大明斯旨繼而孝行卓然動天地感鬼神者何可勝數及乎世道日降風俗澆漓但一行之可稱必殊加於旌表蓋

所以崇風化而振綱常也於戲父母之恩昊天罔極生事愛敬死事哀戚固不足以報其恩於萬一至於移忠於國彰明於世亦人子當然事耳而今爲異悲夫且吳氏累葉忠孝至時夫又卓然可尙挺出流俗永爲叔世之勸朝廷之寵渥宜也余懼世俗之逐流而忘本因推原其說焉若夫衣冠報本道亦強名復何孝之可言哉知此則報親之事畢矣寥寥千載之間吳氏其可以語此

翰林待制奉議大夫兼國史院編修官彭寅亮撰

集賢學士朝列大夫行[illegible]國子監祭酒鄧文原書
翰林學士資德大夫知[illegible]制誥兼修國史曹郁篆額
皇慶元年孟春記

劉將軍墓碑

明翰林院典簿 朱善

洪武十年八月癸亥皇帝御奉天門時有永平衛指揮僉事劉廣陛辭歸葬其父應春皇帝乃曰朕以武功開天下凡將士建立奇功者於其祖父母父母必有褒贈之典以爵寘寘者也今廣既奉喪歸葬宜加碑銘之庶不負忠臣之勞特命臣善述辭以銘之臣

善拜首稽首謹譔云按劉氏譜系出自陶唐所從來遠矣其世居蘄州羅田縣者廣之族也廣祖慶父應春皆服田力穡克勤克儉鄉里稱善人焉應春後以兵亂徙六安因家焉廣自兵興即以軍士屬宣陵侯費良臣麾下臨事不避難以勤謹見信任歲甲辰奉旨職千戶守廬州歲丁未從攻湖州克之移守太倉復調征蘇州率所部摧堅破銳數獻俘馘張氏之敗廣與有力焉隨大將軍下中原於是拔益都定濟南平東昌克棣州河北之民扶攜而至回軍汴梁從宋國公馮勝取潼關再息兵於汴七月從大將軍渡河取衛輝降漳德八月至燕都敵軍北遁遂破永平大軍席捲長虹疾驅勢若風雷不數月間山東西關內外悉皆定矣凱旋命守通州與元相也連戰勝之復從右副將軍趙元上都復守西山從副將援大同與元將軍脫里伯等戰有功轉戰定西勝之已而凱旋命守通州焉洪武四年歲辛亥聖天子以廣積功累勞宜加陞擢乃命以宣武將軍永平衛指揮僉事在職七年戢綏邊境軍民安堵上甚嘉之十年春三月

父應春以疾終於六安訃至廣哀絰哭泣袒踊哀動僚屬本衛爲請於朝其意未達上聞而乃元將驢兒以兵潛入永平界内將斥堠者擒去邊報既至上乃聞之星夜馳驛永平命廣率兵前去追捕廣聞上命至釋喪服披甲胄率精兵步騎千人兼程並進抵所在俘彼州主而歸既還已三日矣其敵將遣騎千數追急將近廣待彼來於是伏銳士於崎嶇草莽間廣數騎緩行其追者見兵甚少直趨而前廣遂勒兵與戰伏兵四起於是俘敵將平章欽察及右丞阿木啟

帖木歹兒參政蠻子等共十六人再戰復生擒平章
安童首目人等其餘獲到戰騎軍民大勝而歸捷音
上聞乃詔入朝遂以八月某日至京師陛辭之日賜
楮帛二百緡俾歸葬焉應春以某年某月某日生以
某年某月日歿享年七十有四以子廣功封宣武將
軍指揮僉事母汪氏以某年某月日生以某年某月
日歿享年四十有五以子廣功追封德人應春父慶
享年八十有三母湯氏享年八十有四應春獨生廣
乘風雲之會際日月之光克顯其先世之陰功豈偶

然哉廣祖父母及母皆葬羅田今又復奉父柩自六
安歸葬先人之側其亦可謂能子也謹奉勅爲之銘
銘曰家之豐惟子之功永世無窮家之貴惟子之力
永世無斁錫子之厚封爵之榮視茲銘刻于以勸忠

瓊州府太守程瑩墓誌銘　明大學士邱濬瓊山人

余奉命視學金陵楚庠生程謨捧狀來謁曰先祖守
瓊州卒於任奉遺骸歸故里尚殯淺土今卜期以葬
誌銘缺焉希一言以光潛德予聞之不勝涕泣憶予
弱冠時初識文理汗顏入試公以遠大期予拔第一
得補博士弟子員且悉予貧所以資給而玉成者靡
弗至今謨來請銘予其敢辭按狀公諱瑩字汝昆號
伯玉派出古歙太原元譚之後與忠莊公暨兩夫子
同源及綸登進士總制軍事會元兵機泄避兵於羅
其子道列卜居於羅東之汪家山遂籍焉傳祥卿均
用兩世皆不仕祖廷佐爲邑諸生父志剛洪武時由
鄉科任行人司正以直諫謫遷吏目母胡氏初封安
人後以子貴封宜人生子四公居長成童時聰慧過
人及長邑令聞其賢徵爲椽吏公雖小就手不釋卷

從遊於通政祝公門遡伊洛淵源精易學兼善草書
永樂時赴役天曹以奏對合旨授禮部司務十三年
出使日本陞本部主客清吏司主事十九年陞本部
員外郎宣德二年遷郎中在部二十七載政績炳著
至十年瓊州缺守舉朝推公上賜璽書俾乘傳以行
亦異數也瓊居海中四至水鄉距京師甚遠禹貢職
方不列邊民雜處至爲難治公單身赴任以興學爲
首務捐資課試凡登科貢者皆所拔士革罷土官省
併州縣准鹽折米本府倉收而海運之苦以消遂尼

毁菴田給里戶而異端之害以除聽斷不冤刑賞悉當公暇卽攜文學之士詠遊山水間所以瓊人至今感頌不衰立遺像勒碑銘祠名宦以報其功豈非公之始終以誠入人者深哉公生於洪武辛酉年正月十九日卒於正統十三年五月二十日壽六十有八歸殯日宦橐蕭然以士民贐始得還太夫人嚴評事長女貞靜純一事姑以孝相夫以順後公十年卒子一永潔以悼父過傷亦卒於瓊今合葬於七里冲石堰頭禮也孫三詳諫謨曾孫七皆不墜家聲人以公

厚德之所遺云

銘曰於維我公全楚之英歷任中外勁節忠清瓊海被德思慕彌深食祿三品僚屬欽承梁木云頹朝野震驚況親函丈寧不涕零夫妻父子同奠佳城勒名貞石永光厥聲

白侯築城碑文　劉繼盛 王國統 合譔

羅之有城不自今日始然非今日不惟無城且無羅也考諸圖籍賦入萬餘乃貯沙爲埤累石爲廓圖邑櫛藩之狀二百年於茲矣乙亥春寇氛侵殘高岸爲谷深谷爲陵羅且不得爲昔日之羅也敢復望其固若金湯乎白侯爲我來斯恤餘生之斷魂收殘灰於既燼拾流亡賑饑溺止逋徵清犴獄平市價息爭訟勸農桑修武備不市月已登一邑於富强丙子夏聚耆民謀曰城甚惡寇之利也未雨當先綢繆況風雨飄飄可無拮据以圖保聚乎吾欲爲百姓愛而力尤欲爲百姓愛而生因刻日處事平板幹稱畚築議遠邇物土方上下相與共厥功其費以則賦相輸錯多寡也而不足者侯減膳以益之計彼一年之賦以襄

厥役而民不見其苦（據此費出公帑可知後來斂民修築之訛）其制高以丈尋垛厚二尺許陴城則可操弓馬縱橫於其上其額派環城九百丈每戶築三丈六尺水旱城各半之夫惟時有定限斯踴躍赴公堅瑕相形而民無敢草草塞責者其成功也以三陰月每一晝夕侯督行必四週饑者粥之病者藥之勤勞先人者親犒錢以酒之興工之始避席緘印誓不告成不復身涖大堂畢心殉國之誠勤事惜民之隱何俱肫至乃爾哉城成偵報賊東西至鄰封士女咸爭走入保侯乃大闢四

門無奸不詰詰旦故縱之賊知我兵義憤氣已奪用正用奇侯輙躍馬衝鋒凡十一戰斬馬賊二百餘級如所號林冲挫山虎白臉二哥諸賊皆先後授首而爲鎗礮傷殞者更不可數計賊於是有羅城如鐵羅兵如虎羅侯如神之語駭矣魂銷誓不入羅境當是時侯自春徂暑夜無假寐生靈賴以全活者幾數十萬向非堅壁可恃能奏膚公而保林總若此哉昔孫叔敖城沂三旬而成不愆於素今侯値戎馬倥傯之會鳩工庀材較艾獵嘗安閒無事之時量功命日其

難易爲何如耶史遷如在其以侯列循良首矣生等嘗効鞭鐙之用痛定思痛語言最真故不必別乞諛詞以頌乃頌三章曰

惟侯懋德允武允文惰大明作鑿築其勤鑾於成化（成化己亥信陽賊入寇）公私俱焚郛陴堞圮風凄日曛無城可守有俶莫閒沈爲新建（沈雷築土城）勞繼舊勳（勞樟砌以石）侯增式廓乃蔣蓍雯二百餘載三見神君旣堅衆志且厲孤軍風生絕壁電掃流氛長城萬里百雉奚云懷人未往景星慶雲

附録　防禦姓名

鄉紳　汪日昇　胡一濱　龔應奎　胡存忠

舉人　胡一定　王士燦　盛世彥

生員　胡效廷　王士煇　劉繼盛　胡效赤

邑侯李公雨霈重建學宮碑　曹本瑩

粵稽學宮厥始惟虞夏其廟祀而師者代從其君是時孔子未出卽以君天下者師天下也及孔子生曾昌平師天下以道後之君天下相天下宰牧天下者無弗本於孔子則孔子洵爲萬世師孔子能爲萬世師而能師孔子於萬世者則必學孔子之學心孔子之

心事孔子之事而後可幾見世之學者羣以孔子之書媒一日之起家厥後不過趨孔子之廟而一拜已爾我年臺方悅李邑侯後孔子而生於魯之泰安德性學問經濟皆體備孔子舉順治己丑進士試化於羅雖曰牛刀武城然而剔弊除奸急正卯之誅沮喪隣寇如夾谷之備起羅庶而富教之咸如適衛之言日進諸士而教藝課業手口不倦曾何異杏壇講席哉則所謂學孔子之學心孔子之心事孔子之事不是過矣廸甲午之冬十月朔乃李侯治羅之五稔五

省督師之內閣洪總督祖巡撫林已錄治狀上於
天子而內召戒途時集諸生於學之門左而愀焉曰余每
對閱其所剌剌胸中如咽稜塊而弗克去之者諸生
其有度之歟吾人崇祀先師而徼先師於風雨厥咎
何假諸生憮然曰此其剌剌中懷我侯素矣諸生亦
爾爾久之但他邑之學其議從脩羅邑之學其議從
遷竊懼此竭我侯五載之俸未足飽千百匠石之日
月耳李侯曰固也不曰儒者之力行與儒者之爲學
有同患乎欲學而逆其難以揣揣焉不可以爲學欲

行而逆其難以揣揣焉不可以命行諸生共宿其心
則共出其力安在千人一鼎而一鼎猶足恃千人耶
於十月卜地於治之東皋其址敞焉其氣翕焉其觀
昂焉豁焉遂於十二月初十日丙寅而聖殿告成越
十八日甲戌大成櫺星二東西兩廡啓聖宮明倫堂
一一碁布則累年之心一日快之百世之功一日成
之不亦猶歟休哉昔孔子車轍僅至羅之隣壤新州
而羅之人文尚亦未大著則今日李侯以孔子之學之
心之事厚洽於羅不出朞月三年而羅之來日豈猶
然羅之今日也耶雖然余之不謝樸陋而猶是言也
豈徒爲李侯誦美又豈爲羅之學宮紀勝哉蓋深望
羅之人士其相與學孔子之學心孔子之心事孔子
之事則不愧爲孔子之徒矣

知縣徐泰去思碑記　　尚書　倪謙

心之官則思思者感物而動者也夫人有受人一飯
之恩百金之惠者尙感其德而思之不置況乎推一
視之仁徧百里之邑使其家給人足俯仰必遂其德
在人淪肌浹髓豈但百金一飯而已哉詩曰有斐君

子終不可諼是宜思慕無已也黃屬有羅田焉成化
元年詔江陰徐泰字士亨來知縣事士亨景泰丙子
京闈發解第一人也學有源委而存心仁恕立志遠
大其得縣爲治遂以一夫不獲爲已責下車之初與
城隍誓曰政事未備神其默相怠政奸貪神其降殃
故其莅官臨民廉謹自持克勤撫字恪盡乃心一本
於誠凡百有爲皆可質諸神而無媿是以扶善抑强
濟貧惜患阜民爲先勸農爲急貧無牛種者官爲給
之助其耕藝興學校以振士風厚儲蓄以備救荒置

義塚以掩骼胔歲嘗大饑發粟以賑有饑損尫瘦不能負粟者捐俸廩倡率邑之富民輸米糧爲粥食雖鄰邑饑者聞風來乞亦食之而不拒活民不可勝計有男女不能備嫁娶之禮者禁其論財悉令婚姻軍民有本戶過繼他戶者官爲出償贖還俾承宗祀逋逃於外者悉還復業免其差役給官田以存活之歸者如市有負租不能償者代其輸納豪强欺蔽田糧者六百石餘産去税存民苦輸賠士亨精算法寬欺蔽之罪嚴清理之格有田則有糧據糧以尋田田在

而糧清欺蔽者悉露占田者輸税向之無徵困於賠償者皆脱然無累矣民安得而不思之哉士亨本江南富家任六載凡周民之急悉自家鄉輦至一毫不取於民其他善政未易枚舉是以德教大敷而人化之囹圄空虛刑措罕用親之如父母愛之若四體合七邑之士庶赴京保爲郡守不報都憲吳公琛巡撫湖廣奉勅考察詳其德政爲諸縣第一用羊酒織文彩聯褒美之績聞於朝遂有荆門知州之擢去任之日敘溢於庫粟盈於倉持數印封加於始倍至徒扶

旌擁旎號泣處一地爲之濕扳留者塞道出境度不可留則脱其靴置之神廟以示其得民心可謂深矣故侯既去而衢童壤叟耕夫饁婦飲食必祝起居必思相遇於途更相謂曰安得我侯復來撫我哉思慕不已更相謀曰曷若紀去思之實於吾民哉於是老而八十者廖浩等道達衆志遠來請文歸刻於石孟子曰民之歸仁也猶水之就下獸之走壙也仁之感人其易若此今觀士亨致羅民感悦思慕而愈久不忘者豈非一心之仁所及哉可書也昔劉寬政平任滿

去百姓攀車拒輪崔瑗惠普遷秩男女爲碑頌德此古之循吏垂休前史者也今復於士亨見之又何讓於古人哉用是紀之以慰羅民情又以爲後之爲令者勸也尚當考於斯文

邑侯彭仲芳陣亡碑記　張星煥 丙垣

公姓彭氏諱仲芳字杏村廣東化州人道光壬辰舉人由大挑以知縣分發湖北歷署咸豐長樂東湖黄安等縣事皆卓有政聲咸豐三年癸丑補羅田縣知縣九月涖任十月江甯踞賊上竄江防失利沿江郡

縣皆不守公募人防禦時以承平久民怯弱無敢應者明年三月賊大至羅無城可守居民皆逃公以徒死無益退保多雲鎮憑山險自固集民爲團勇激以忠義教之戰陣且募皖豫壯丁爲之倡閱三月練成賊率衆來犯公擊敗之乘勝收復全境督集鄉團軍勢大振爾時鄰境如黃岡蘄水及安徽之英山皆賊巢穴公率勇疊復蘄水英山又進克黃郡及蘄州轉戰至太湖自六月至十一月大小數十戰皆捷賊斂迹不敢窺羅境無何東征軍潰沿江復爲賊踞公防

守東南邊境以乙卯正月四日至防所迄公沒未嘗歸邑治賊憚公威謀欲困羅踞英蘄迭出擾邊公慮不支夜率勁勇馳入英山大創賊賊遁歸太湖於是專意南防賊益忌公分道來寇公張爾翼軍左駐駱駝坳右駐尤河自率二千人駐中界河以禦之賊窺中路力單二月二十日平明以衆數萬來犯公與相持久賊不得逾河勢漸郤適前隊燃礮礮裂飛片鐵回擊二人立死賊乘勢衝潰公遂不退旋爾翼入援卒大敗賊得公屍於戰所面色如生猶齧齒握拳作擊賊狀軍中悲痛聲震原野邑人哀泣過於所生嗚呼公履任日淺即遭寇難其爲政務實心愛民在軍則賞罰明信故士樂爲用而人懷其德公歿後匯至者守其法猶能保固危疆今公歿垂二十年羅人每食必薦忌日奠祭猶有垂涕者非恩德入人之深能若是乎故特誌其授命崖略

署羅田縣事芬堂崔公去思碑　張星煥丙垣

公北直冀州南宮縣人以府經歷從征粵西屢立戰功保升直隸州知州揀發湖北咸豐七年冬奉委署

羅田縣事是時皖賊猖獗公敏幹有爲愛民如子人樂爲用故雖强寇逼境公隨宜防勦民皆安堵若不知鄰境有寇者八年二月賊踞英山縣窺羅公調團勇防禦未即集而賊已臨境公恐爲邊民害率親勇二百餘人先發至奉鄉之七里衝賊數千來撲衆寡懸殊未能與戰退保朦朧山賊乘之勇驚潰僅十餘人隨麾下公張蓋坐嶺上一童子侍大呼曰賊敢上山否賊疑有伏退去會練勇繼至公命急追賊賊敗走境內晏然三月賊踞商城之吳家店窺松子關公

孳勇至關堵禦賊來攻公顧礟手曰能擊斃騎白馬賊目賞五十金衆然礟轟擊賊驚遁繞道出麻城圖上竄四月賊另股踞英東境山中公與相持屢挑戰賊不出公曰此無能爲不過恐我襲麻城賊後特牽制我耳留勇守邊公自率勇防西南與官軍夾擊賊大敗去計公履任一載强半在軍中而民事略無廢缺提學檄行縣試並補行上三居縣試公所拔皆寒畯能文之士羅稱瘠土徵收素吃力且團防久凋敝已甚公奉檄徵七八兩年錢漕出示告諭民感奮踴

躍輸將不事敲撲報銷如期公之治績如是宜爲上游推奬乃竟以兵差過境疎於迎候解任去羅人不能平而公處之泊如也先是粵東彭公禹門父子令羅卓有政聲且杏村彭公殉難於羅羅人感再造恩故事禹門彭公有加公承其後人以爲極盛難繼乃公治羅其循聲殆有過之無不逮也公去之日羅邑士民送者自邑治至界河十餘里輿馬相屬不絕有父老十餘人立道旁攀轅泣曰如此好官蒞任未久即去是羅民無福也願公大富貴多壽多子孫公亦灑涕慰諭而別今羅民思公爲立去思碑郎公諭父老處也

內閣中書世父韻石公墓志銘　陳　錦雲舫

天生異才必有所用生而不用其與於不生幾何也然即用之矣而或中道摧抑挫折無以大竟其用其與於不用又幾何也夫大才不竟其用天意誠未可知而摧抑挫折唯恐不足徒使杰士畸人椎心俯首老死於風塵奔走中以供嫉忌者之一快若世父韻石公是可悲也公少負異禀有志當世文章根柢經

史務克致諸實用不肯爲浮説空言年十六補博士弟子員旋食廩餼戊辰舉於鄉己巳成進士入詞垣館試輒冠曹偶累充文穎館協修中秘論思聲譽藉甚衆謂

朝廷將大用公矣辛未散館以一字譌左遷江西武寗令當事惜公才咸爲扼腕而公怡如也束裝就道泛舟章江既至嘆曰斯豈不足爲理耶因其俗宜爲立教禁民情大和尋調樂平令樂平豫章劇邑素號難治且地瀕鄱陽歲有水患公出俸金爲築防數十處

修水門而宣閉之民田就溉湖堤亦成每春秋佳辰
榆柳交蔭水天一碧邑士女筍輿香騎如游畫中
而公亦於聽訟餘暇率寮友置酒湖亭賦詩爲樂有
往訴者即於波光樹影閒判決遣之杜子美所云爲
政風流非耶公性彊直不能諂事達官每抱公牘上
謁輒爭執不少辟中丞錢某銜之遂奏劾公以縣丞
降補公喟然曰黃鵠舉矣安能齪齪與雞鶩輩爭飲
啄耶遂挂冠去北游京師援例爲中書舍人旋充
文淵閣檢閱

國史館分校公博通古今嫻習掌故當事甚倚重焉會
母李太宜人卒公聞耗匍匐星奔哀痛欲絕既至家
泣曰吾不及視吾母含殮也吾敢不祗事吾父自是
里居侍養不復出山教授於蘄黃鄂郢閒修脯無多
藉資甘旨歲時率生徒奉觴爲老人壽洩洩如也不
數歲父壽門公卒家貧以喪葬故益形竭蹶服除不
獲已驅饑遠游策馬岱宗驅車章贛東走吳會南溯
珠江凡登臨之感飄泊之悲一於詩發之蓋公之轗
軻蹭蹬無晷刻暇而公年亦已老矣歲壬寅扶病視

弟中州至明港驛一夕卒嗚呼公竟死耶豈天之故
阨其才與抑所以成就公者別有在與蓋遇不困則
業不精志不苦則名不成今讀公詩根柢盤深沈鬱
古厚卓然與杜韓同風雖集隘篇不滿三百可以傳
已公諱瑞球號石其字行一羅田人年六十一卒葬
邑城西夏家壪有男三人長鼎候選從九品次瓛邑
廩生三森國子監算學生女二適某某
銘曰公才虬龍氣虹蜺高躡天庭攬日月章門作宰
砥清節奇窮百折志壯烈江湖散髮心　魏闕浩歌

白首老風雪遇屯命蹇道無缺式後型今睎茲碣
直隸州州判翙垣朱先生墓志　陳　錦雲舫
士之蓄道德而能文章者進則獻之吾君致之吾相
退則藏之名山傳之其人其裨補於世道人心無逼
塞一也先生蓄道德而能文章者也少負異資勇於
力學爲文湛深經義勃窣理奧醰古淡泊不苟隨於
時尤精楷書清挺秀倜得歐陽率更遺意弱冠補博
士弟子員歲科試輒冠其偶遂食廩餼丁酉受知於
督學朱公拔之以貢於

朝戊戌
廷試優等垂得矣尋復失之例授直隸州州判非所好
也遂不謁選徑歸家居授徒三十餘年常兩主義川
書院講席先生教人大率敦本崇實以經術節誼相
切劘故士之受業於先生者不第掇巍科登顯仕尤
能卓然以忠烈驚耀天下如熊君五緯其最著者也
嗚呼先生之學雖不獲施用於時而所以培植人才
扶翼世教豈淺鮮哉錦少從先生游蒙教育最久故
知先生亦最深於志先生之墓無敢辭先生諱輝藻

字翙垣行三邑之奉泰里人生嘉慶丙辰卒同治壬
申享年七十有七子一大瀜邑庠生女五適某某
銘曰維天有道先生昌之不施於時卷而藏之維
國有材先生蓄之以琢以雕抱而驚之遇嗇道豐先生
歷之於皇先生千禩瞻之

選用縣丞蕭玉山先生墓志銘　王嗣喆　吉士

吾邑蕭公者世居平鄉紫雲臺某年月日以疾卒候
選府經歷縣丞
賞戴藍翎蕭樾公次子也將殯公於某里某山之吉屬
壙有時乞予志其墓嗚呼公之行誼信卓卓可傳矣
公諱士珂字玉山幼讀書月頴悟過人甫弱冠家務倥
偬棄儒治生計貿易漢皋卅餘年漸成富有援例入
成均因親老歸理家政以餘資數千金付堂弟某某
不善營積蕩然無有存者公知無償置不問既而捐
資創修家乘敬宗收族里中人以是稱孝義焉而要
其所素著者則以團練爲最咸豐之朔粵匪倡亂出
殁楚皖閒窺伺吾羅邑侯彭公倡起義師知公才任
公以籌餉事時與羅鄰之蘄水英山皆賊巢我勇東

南堵勦迄無甯日並攻克蘄州太湖等縣芻茭糗糧
率賴公籌畫公復捐資數千緡爲一邑倡計五六年
來所費不下百萬而公措之裕如也有司聞於
朝以縣丞不論單雙月儘先選用庶可爲公酬不次之
勳矣洎咸豐九年楚撫胡文忠公委員會勘羅田形
勢以松子關爲吾羅要隘非碉卡莫可守禦飭公承
修公相時度地鳩工庀材經年竣事旋奉札設碉局
督辦閤邑碉卡功成上圖說悉中機宜檄調赴大營
參贊軍務年七十以老辭退而優游林下課耕課讀

暇時則與里中父老敦姻睦講信義至足樂已同治二年復奉大吏札督修寨堡公時猶精神矍鑠不辭勞頓並倡捐錢數百緡寨未成而賊大至公率里中男婦三千餘避寨旁之石榴尖而自督團兵堵禦張旗幟鳴金鼓斫木爲柵壘石爲城賊不敢犯越三晝夜始遁去諸民賴以保全里中人立公像於寨中歲時奉祀以示不忘嗚呼公亦人傑也哉其孝義如彼其忠勇又如此此誠不可以尋常測也公生於乾隆甲寅卒於同治乙丑享年七十有二子四孫九曾孫

一

銘曰其德厚兮嗣惠無疆其功崇兮休烈彌光生而功德在人殁而俎豆於鄉以克永世兮而熾而昌

祭忠烈郭金城文　縣令 劉燧

羅田縣知縣劉燧率合邑紳士謹以牲醴之儀致祭明忠烈金翁郭老先生之靈前曰惟翁乾坤正氣兮古爽精爭之日月雜於霓雲奮焉殲寇鶴唳風聲備十年之鎖鑰壯八省之干城功業將並乎中令名譽何異於曹參胡天不弔數奇窮迍孤軍深入困於重營被執不屈三歷晨昏不少衰其豪氣不苟且於得生青史自高於異代紅光何掩於近今鑒此生芻式是居歆尚饗　舊志

祭義士張正福文　郡守 胡定

庚午之冬辛未之春巨寇競起百千餘羣由宛歷豫來我楚濱拏舟直下振迅如霆張弓勁矢披靡莫禁大藩巨鎮堅閉長城摽掠士女公私俱焚羣侯側席謀及於予徵召勇士建此壯圖選以是衆惟爾爲從討賊之事期爾成功十有九日羣賊蹲岸馳馬深入

暴我羅田焚燬宮室爾自黃州徒步後襲陽溪抗言親冒矢石羣賊褫魄挽馬東出爾忘遠勞追逐莫息日維乙亥天將昧爽直抵賊巢應變如響初賊方交殲此賊長奮迎再前連誅三黨攜率子弟兩翼並攻投戈所向復殺四種爾知有義競前不悚被賊所扼挺挺出聾逃竄一足戈隨巳殁羣賊嚙齒以爾首戮噫人孰無死捨身殺賊爾不負人之所許人孰無舉連誅八賊爾不負我之所取崎嶇冒險爾爲我之長城然崇德報功我亦爲爾立廟祀而紀鐘銘九泉有

知來格來歆尚饗舊志

祭太卯公文　陳瑞琳九香

維公碩德名世是生含和秉秀敦教揚聲量符有道
望邁慈明其存其殁旣順且榮公生何時在漢中季
戚熖方張閹權更恣黨獄鉤連摧殘善類公于其閒
遵養時晦進退委蛇宏此德器熹平之世禁錮銷除
公年七十飾巾懸車潁水澄澈爲徵士廬四長相望
三君是居卒同王渙綱目特書論者惜公未躋六位
吏役所知操刀小試吁嗟當時疇堪共事喬固身殞

蕃武心悸太阿倒持柄歸常侍君子見幾匪曰趨避
懿公高行載挹清芬杲辭辟召羔鴈成羣范史傳贊
蔡氏碑文殫述公德如日如雲豈勞錫謚重彼將軍
藐余小子蔭託雲礽際時多艱來宰召陵述德靡追
繩武奚能孔道兵餘駟馬沸騰供億徵歛是用兢兢
顧瞻邑西公墓有表前令荆君重修墓道樹種松楸
典隆蘋藻奉祀後人歲時祭掃爰以春日敬薦牲犧
培根茇蔓責也何辭公靈在天光熒斗箕福庇郾人
尚其鑒之

張玉泉公贊　羅洪先

貌奇而古心實而潔愷悌慈祥清風高節德業文章
可法可則至於綱目註明功業作述得朱程之心傳
爲孔孟之羽翼於戲噫嘻若先生者誠所謂振古之
豪豈斯世所易得也耶

張羽中公贊　胡師清

存息於虎口之餘立志有龍門之象學殖純粹惟公
文章性秉敦厚惟公賢良咲千里外之苜蓿歷萬頃
波之湖光齊眉舉案耄耋無疆求之當代罕配其倫

殊可索之羲皇之上

張士遠公贊　何昇

惟公肅乎其容淵乎其衷惟孝惟友一經是業懼箕
裘之或墜甘淡泊以自終胸中别有天地直道存三
代之遺風

雲舉先生贊　程國仁

雲舉先生言若訥動若欽淵淵乎不可測曰簪紱非
所悅曰泉石維所宅手一卷書坐一椽室常以拙顏
其額余舉老子之言贈之曰大巧若拙

跋彭杏村先生絶筆詩　知縣 管貽葵 向廷

傳曰詩言志又曰邇之事父遠之事君古來忠臣義士其激烈之氣往往發爲詩歌歐公所謂託於文字者可以無窮也咸豐初年粵逆倡亂順流東下由楚而皖而吳越蔓延數千里而楚之禍爲尤烈其時望風披靡如去傳舍者不可指數全楚既陷民莫有鬭心公獨以羅田百里之區激義相抗内無半郭之衛外無一旅之援而公振臂一呼從者如雲轉戰於蘄黄皖豫聞其功績靡不卓且著因而團練勇敢之目

名譟一時者其公之力歟先是中丞　胡文忠公總辦湖北軍務彼時尺寸之地皆爲賊巢及公首倡義團各州郡相繼投袂而起故湖北軍務雖　文忠成之於後實賴公倡之於前也迨後賊益猖獗每遇格鬭一以當千公自知力促勢窮危如纍卵迺與士卒仰天誓日戰死於邑之中界河事甚烈也夫當其計無復之明知其不可爲而爲遂激憤而成痛心之事益忠義之奮發於至性者大矣辛未春予捧檄來守茲土與父老譚軼事甚詳且悉且得讀公絶命詩爲之欲戲感歎而不忍置今天下大定邑人士請於
朝崇祀公於昭忠祠凡遇難者皆附焉祠成爰録其詩而勒諸石且爲之紀其畧俾後之讀是詩者其亦可以頑廉懦立想見公之志也夫

附録詩詞

昔讀聖賢書頗聞聖賢教臨難毋苟免完人宜則效節烈非沽名總緣義路峭倘能存吾順修短都不較所恨毋將羞未伸白華報十載宦遊子忠魂也依靠硯顔生世間受辱如多少人鬼關一過正氣留學校夢夢此彼蒼芻心孰憑弔泉下覲
先皇
龍顔或怡笑

蘇文忠公紫雲端硯跋　陳瑞球

硯逢秋其遇也食來世其傳也兼之何矣備者殊難以坡老之險夷不一畢世憂虞睹其物輒悲其遇况讀其銘尤具悽涼抑鬱之思哉則謂之不遇也固宜然萬斛泉源隨地湧出陶泅天地沾丐古今字字華嚴法界中來俱屬金華殿中人語曰後之大其傳當日者未始不爲隆其遇也惟存其堅粹者在我而已矣敬釋銘詞引伸觸類俾業是硯者永寶無斁焉

羅田縣志卷之八

雜志

祥異

洪範庶徵與五事相協應休咎之見雖曰天道豈非人事哉我

朝勤政養心不言祥瑞偶遇偏災發帑賑濟化沴爲和薰蒸徧海宇焉所謂應天以實不以文其信然矣志祥異

唐

元和四年旱飢

會昌六年旱

大中九年旱

中和二年天鳴若轉磨無雲而雨

宋

咸平三年秋八月羣雞夜鳴至冬不止十月雷聲如夏

天聖四年六月大水

明道元年柿木連枝

景祐元年六月大水

元

至元二年旱

二十八年大水

大德三年旱

至大元年諸路水旱

元統二年自三月不雨至秋

至正十二年雨粉針門戶柱壁間粉痕如針

明

永樂二年秋七月大水

六年五月旱

正統十三年旱

十四年旱

景泰元年旱

成化六年夏大水

十四年旱

十六年旱

宏治元年災

十年大飢

十二年五月初九日寅時李豪妻王氏一胎三子

十四年水旱

正德二年大旱

三年旱

四年大飢

十三年大水

十四年五月雨雹

嘉靖三年大飢

五年災

九年大水

十三年災

十五年災

十七年夏雨彌月河暴溢城内波湧如山居民多溺

十九年大飢

二十三年旱

萬歷元年田鼠食禾殆盡

三年地震

六年大荒民飢甚觀音山崩出白土如米粉爭取之活人甚衆至秋熟其粉不見遂相傳爲觀音粉

十六年大旱民多餓斃

十七年春大水民間大疫

三十六年大水民家牛產麟肉角文身有光滿室怪而斃之

三十九年李蟒巖山頂生銀筍長六寸常有彩雲蔭其上後爲道士取去

四十二年地震大旱蝗食苗

四十三年蝗

四十五年大旱飛蝗蔽天

四十六年大旱蝗復爲災

天啟元年大雪四十餘日人多僵斃

崇禎元年春地震有聲如雷夏冬復震

六年地震有聲

七年地震有聲河水翻騰

九年大飢兵火之後繼以凶荒白公乃忠親歷三鄉賑恤無告勸殷實之家出所餘以通

緩急一時童叟歡迎皆攜野蔬山殽相與稱觥以為公壽

十一年六月蝗野無青草

十二年夏大水

十四年大祲積屍遍城野冬蝗自北來蔽天人相食

十六年舉人王增家梁燕成巢二雀忽入鬬如人角力狀經兩晝夜燕弗勝雀遂踞之

國朝

順治九年旱地震

十四年旱

十六年多雲鄉民家塘有巨石忽離塘走土人爭止之不能十日還故地

康熙元年旱

二年旱

六年春夏大旱

七年夏大旱

九年旱

十一年旱蝗蝻遍生

十三年大旱

十四年旱

十八年自五月至八月始雨縣令王光鼎下鄉賑濟

二十三年災

二十四年水

二十八年旱

二十九年旱

三十二年旱

三十六年雨雹

四十一年五月大水入城

四十二年龍水奔泛

四十三年夏秋少雨半熟

四十四年旱

四十五年夏蛟起水漂民居多溺斃

四十七年水入城秋蟲害禾

五十一年大旱

五十二年大有年

五十三年旱荒
五十四年夏旱入秋始得微雨田少收
五十五年有秋
五十六年山田苦蟲
雍正初邑患大疫邑令張朝佐作文禳之畧云上帝好生爲心神亦當體此意何忍以上帝所欲生者一旦戕害之況聖天子在上愛民以仁豈此方之神獨不當佐天子成仁育之功而必戕害此百姓也哉神其不可久爲厲於此土也畧倣昌黎驅鱷之意疫遂止

雍正五年大水
六年春麥大熟
七年春麥大熟
九年大有年
十年大有年
乾隆元年秋熟
六年秋熟
十八年蟲大水

十九年飢
二十年飢
二十四年大水
二十八年十月雨雹
三十二年大水衝城
三十三年旱
三十四年夏大水秋旱冬地震
三十五年秋蝗不爲災冬地震
四十年有秋

四十三年熟
四十七年旱
四十九年四月大風
五十年大旱人食木皮殆盡道中多飢斃
五十一年冬蝗
五十二年春蝻生大雨雹電蝻盡化秋蝗不爲災
五十三年大水田廬漂没城垣傾圮人多溺斃
五十四年有秋
五十五年旱半收

五十六年有秋
五十七年有秋
嘉慶七年旱
十九年大旱
道光五年春大風拔竹木無數
十五年秋蝗蔽空而來邑令孫湄率僚屬居民撲
滅
二十一年冬大雪平地數尺陰窪處深丈餘至次
年春二月始消民多凍餒

二十三年大有秋
二十九年夏大水民房田地多被冲壓
咸豐元年麥穗兩岐
四年三月大風拔折樹木無數十一月初三日水
溢
六年大旱數月不雨穀盡傷民采草根樹皮爲食
七年夏麥大熟秋有蝗不爲災
八年春遍地生蝗邑令崔蘭馨飭地保撲滅時蝗
如故髮捻合股由豫竄楚踞麻安一帶官軍禦之
於五月初四日回竄豫地蝗忽於是夜不見
九年六月大水
十年秋有蝗不爲災次年蛹子遍地民撲滅之
十一年七月十六日大雨雹傷禾稼無數
同治四年三月大風六月遍地生蒼白毛長三寸許
六年春夏間大旱高田無水栽插多種蕎黍
八年六月大水
十二年縣梁家灘正月望日辰刻有石大如箕轟
轟然自東北來隕未至地觸樹而碎

是年六月二十五日天陰雷轟張家河有一大石
忽去其上截下存者如切
教諭署內榴樹一株枝葉葱蔚而未華正德五年花
忽盛每枝九花俱實纍纍如貫珠是歲匡輔中秋榜
第九以後登榜者與數相符
時又有紫荆樹二在明倫堂階畔每當子午卯酉年
花更鮮明異於他歲老幹花盛中者年必老嫩枝花
盛中者年必少驗之不爽　以上二條本舊志
少宗伯王愼菴與黃岡御史王封濚言及羅田近城

山閒有僧菴本南向一夕大風僧已寢旦起殿宇門戶皆北向矣見漁洋居易錄

城内胡正衢家鍋嘯甕中水濺數尺高後家業漸廢

邑西門外某家水缸中作小雞叫碎之片片皆雞聲竟遭水厄二則均見碍石剩談

僑寓

兩間皆逆旅也而人之足爲地重者則傳之不朽世有聲華煊赫一時傾動他方不轉盼而即歸澌滅惟忠義之嗣與淹雅之儒其流寓播遷雖數百年後猶使人指數追思感慨係之羅固偏壤凡寄託於斯者書缺有間得其一二亦足見此邦之人中心肯綮云志僑寓

明

蔣翹之盧陵人掌教羅田因隸籍焉工吟咏凡山水之勝多經遊覽見府志

邑中⿺乚圭姓爲方孝孺先生後先生籍沒時全家被害惟匿幼子於此改姓⿺乚圭後嗣蒸蒸繼起今復姓爲方

仙釋

域中三教厥有二氏故元詮老子氣望青牛妙諦眞如經馱白馬元空之教代衍其傳信乎朱子之言曰因彼稊稗之有秋悟我黍稷之未熟彙而書之固非有心於利益也志仙釋

馬進忠號隴雲善黃白鉛汞之術每日成少許自給年九十七歲坐化

明道自號懶殘眞人宏治時鍊性多雲山食松毛以避穀超然塵外獨自逍遥

盤仙平湖鄉有港約半畝一人沐浴其中忽化不見僅遺盤跡宛然

月仙同氣五人修淨土道成約曰見險則過見月則止適至一山水輪湧出遂棲靈於此後建廟名月山今猶存其址

七娘仙女七人同修鍊擇巖壑幽秀處餐霞吸露皆得道飛昇即今七娘山

麻姑仙麻胡秋女素賢慕仙風自幼修鍊因假雞鳴以息築城之役父知而怒撻之遂飛隱崇山今名麻姑山石上猶存履跡纍纍

撮米和尙棲多雲山石洞中日僅食米一撮每趺坐輒七日不動問休咎多驗寂化其徒檢骨投水中不沈

萬福敦少爲塔山僧邑令徐泰召與語大器之命蓄髮訪道四方遂號玉山善踵息修鍊不啖秫麪鹽酪旁通風角堪輿奇門符水尤聖於醫繪蘭有淸韻其他譜琴擊劍蹴踘躧蹻雜技種種入能品語人禍福多奇中人問其故曰太淸無纖雲誠則明矣年六十

始娶妻生一子正德庚辰遊霍山以青龍河有佳氣居之忽謂主人曰靈鶴夜且至倘子假寐幸急呼出戶也是夜風雨聲驟至瓦甓皆鳴主人舉炬視之則羣鶴聚竹稍仆壓牆屋呼玉山不應入戶窺之正襟趺坐逝矣年九十二嘗以術授陶仲文能白晝招鶴謂曰行之有奇遇嘉靖間仲文膺殊寵上詢其師贈玉山淸微神霄演法眞人

明僧姓余萬歷時取爲僧林進士第一賜紫衣供養宮中法名曹源

惠旺多雲人自幼參禪不識文字忽悟云流水響穿巖下石白雲堆堵竹邊牆又云半夜犬從天上吠五更雞向月中啼

祖寬鳳陽人年九十四適遊至塔山寺謂主僧元慶曰此吾祖家也願借尺地西歸慶駭之問曰汝果知輪迴乎曰吾不知三日後辰時是吾歸期也至是日蒲團趺坐請大衆說偈曰九十四年駕隻鐵船一篙撑去徑往西天遂寂化

雲從和尚住持壺天里中茅菴禮佛課誦雖盛暑嚴

寒不輟積六十年嘗有雁折足落菴前哀鳴以指摩之誦靈感經雁足頓生旋繞數帀狀若感謝長鳴飛去雲從一日危坐合掌念佛圓寂

洪武初張大悲得道於香爐山土人爲建香山寺其下有洞甚邃相傳劉五劉六兄弟二人修煉於此供一鐵祖師千餘觔每日輪次拾薪煮白石松花作供五偶出樵六烹狗洞内一五歸大噪六徐啖訖將土鑵翻轉取白石作湯耙煮之五就食六負鐵像飛錫至香爐山北里許五追及共結菴焉因名其地曰菴邊

胡喬然字梓軒狀奇偉勇力過人嘗擊李闖賊於橫堤誤中副車嘆曰留此一腔血以報君恩耳乃倡義兵久之闖賊滅削髮君仙韭巖年九十四歲殁至今猶存畫像

方技

虞伯生銘藏室云方技悉係於道家而不盡然也苟其人一藝之微詣極其精而神通於妙雖史遷外傳亦必摭而拾之蓋謂其技也而進乎道矣志方技

萬全邑廩生明季人字密齋潛心醫學尤精痘疹一日鄉先生家有兩新婦欲進見全避之鄉先生曰萬先生年老人無妨也遂入年俱二十餘全曰此皆未痘痘將作矣一可救一不可救越月果如其言又有患痘者死已半日全過視之命置汙泥中三日痘復

發藥數匙而蘇有豪少年聞之佯大病重幃密室呼全胗之曰越十五日當死何須藥少年掀幃叱之曰我何病聊試女耳全曰胗脈如此不知病否也至十四日果卒其他應驗多類此著有保命歌括養生四要育嬰家秘廣嗣紀要痘疹心法婦科等書行世

王廉挾術神異風雨隨呼即應其友曾光以異術賈禍廉即遯去無跡

王相博洽羣書遇異人得秘術能指使鬼神邑大旱登壇禱雨霹雷應掌甘霖迅霈嘗遠出憩梨樹下向主人覓一枚啖之甘主人戲以樹餽笑謝之越日風雷大作樹移植宅旁

鄧繼禮時人呼為眞人嘗於花銀巖下與閻姓鬬技術折鶯掌樹枝插楓樹上合為一樹大五六尺圍至今存

葉正楚有異術祈雨輒應適大旱斬水請禱雨鄉人留之曰行當寄雨歸某日雷折吾宅旁柏樹即吾所寄雨也如期大雨今土人立祠祀之號為靈應眞人

張仁趾字振麟精通醫學邑令朱理昌贈有壽世保

元匾額

張星字月佐好施與醫學為一時冠嘗施藥濟貧民邑令王潤中贈有壽世名家匾額

蕭名芹字天木業岐黃邑令王選舉醫學出入公庭視脈和丸外未嘗干以私遇貧民疾苦輒施藥調治雖痊痾不受謝

明季庠生余某宦遊四川嘉定州霪雨連月不開百姓苦之州牧建齋醮祈霽雨如故咨於余答曰久雨陰盛也當宣幽出滯以陽啟之君得毋留獄乎檢其

訟牒大小百餘案一一理之二日陳牘一空出沈獄十餘人又令選童男四十八人衣赤衣執紅旗向南方舞鳴金鼓以宣之次日果霽

遂穀老人　國初諸生善書法以大令爲骨以顛素爲姿嘗避兵蕭寺得衲子衣服之敝木魚唱梵唄賊笑入大索無所得問和尚操何術過活設以字傭對未信裂紙立揮數幅羣詫爲奇僧竟舍去因篆其章曰牛僧復一日病臥自言有人召作字戒家人勿遽斂遂昏絕累日始蘇由是晚年書款更號又蘇後由

羅遷河南商邑故遂穀老人書惟楚豫閒馳聲最著老人姓廖國遇其名

陳明道家世歧黄以醫術濟人貧苦疾病者不以其急利之性尤風雅每荷纖獨行自咏所得邑老宿如潘四梅廖琴舟何梅村及西陵張琴泉諸子皆喜與之談一時稱爲儒醫

劉作棟監生篤學未遇晚精歧黄著有青藜外科二卷行世

葉時榮邑庠生博學能文尤精歧黄活鄉人無算邑令王同治贈有妙手回春額咸豐初年有役某患咳疾榮視之謂曰汝咳非他隱隱中有神以物擊背擊則咳藥雖妙無益也夜果夢神謂榮曰勿庸治疾不起矣越日役卒晚年其術益神著有醫方纂要待梓

周傳瑾字懷村儒士穎悟過人負不羈才積學未遇遂業歧黄常以秘方活人凡名師宿儒必延至家塾課讀甚嚴故子侄釆芹食餼者不下數人一時推爲通德之門焉

胡泰勳業儒通經史其家促應試騎射入武庠非本

志也遂潛心醫學究極內外方脈貧病者輒甦之卒無所受著有藥性述要教人以謹疾法士林傳誦又嘗督團勦賊親歷戎行鄉鄰保障

嚴寅賓讀書好施與於陰陽卜筮之學無不通尤精盧扁術活人無算嘗鬻產以施藥餌遠近德之

閻增瑞幼業詩書沉酣載籍長精岐黄之術著醫說一卷凡貧苦就醫者概不取值前邑侯趙振淸作傳褒之至今五世同堂里閈稱頌

尹自新例捐縣丞分發江西係善星家言談休咎悉

中僑居鄂渚數載問字者日盈於門一時有媲美君平之譽

方五鎧字竹溪與兄梅溪同操舉子業友愛倍至因食指漸繁棄儒就醫思繼乃父世業診病多奇驗延請者門無虛日奈不永年而卒輿論惜之

辨疑

凡闕文有本據舊史因之而不能益者宋儒論也若邑志相沿人物事蹟及諸典故或界疑似或簡而未詳或散而未萃皆非不能益者是又無容闕詳徵而類剖之庶幾便觀覽敢曰摭衍示博哉

前人相傳宋以石橋鎮爲縣沈約宋書云司馬黑石反有小羅與田光興二人討平之故名羅田按宋司馬黑石徒黨三人其一人名智黑石號太公爲謀主一人名安陽號譙王一人名續之號梁王蠻丈小羅等討擒續之豫州刺史王元謨遣殿中將軍郭元封慰勞諸蠻使縛送亾命乃執智黑石安陽送詣元謨世祖使於壽陽斬之世宗初即位四方叛及南賊敗於鵲尾西陽蠻田益之田義之田光興等起義攻郢州克之以益之爲輔國將軍又以蠻戶立宋安光城二郡以義之爲宋安太守光興爲龍驤將軍光城太守封益之爲邊城縣王食邑四百一十一戶按此則小羅與田光興其人其事固皆有之而羅田之稱果由此歟且梁析齊昌始置羅田宋時尚未有羅田也

至沈約宋書乃齊以前之宋分石橋鎮爲羅田在元祐八年則唐以後之宋時代更不侔矣

鳳凰關長春澗前志載岳武穆行兵過此但云相傳未詳其實按宋紹興二年李回奏以舒蘄黄光接漢陽武昌盜賊並委飛招捕於是上以親札賜李回令事委飛捕盜則三年正月事也其後諭旨復以舒蘄兩州增隸飛節制除江南西路舒蘄州制置使及紹興十一年韓常等以重兵陷壽春隨渡淮駐廬州界飛上奏乞親至蘄黄相度形勢利害以議攻却上喜

賜飛札飛奉詔行師至廬州韓常聞之遠遁遂還兵於舒本湯陰精忠廟志本傳羅田在宋蘄州屬邑也意武穆招捕及節制時凡戈矛所向無不供其指揮者至淮西之役武穆在鄂渚奉詔起發則自鄂而蘄黄自蘄黄而廬州羅邑適當其交衝出師經過昔人所傳不虚也

分野辨

州域近而可考星野遠而難知舊志翼星分土且謂經翼十二度十三度之間引繩劃墨而不知古紀分星所以表郡不表縣者爲班固取三統歷十二次配十二野之難盡通也唐書鶉尾全楚分復於地志揚州域中別安申光黄蘄爲鶉尾分明史黄州蘄州翼軫分後儒謂黄州入翼十二度則據翼星分土不爲無稽然地既屬揚州不當復分鶉尾昔人已爲唐書疑晉書江夏入翼十二度地志蘄春屬弋陽在揚州之域是晉書江夏入翼乃據晉郡而言隋書地志敘揚州分野蘄春郡屬焉通考楚分翼軫而蘄州於宋隸淮西路湖廣通志以蘄在吳楚之境爲翼十二度

終而斗之十度始入則謂邑爲星紀分又自可據漁仲鄭氏嘗謂古之星經至漢散亾保章分星不可考堪輿所載郡國入度亦非古數今求與古近北斗之運於中者據春秋緯文耀鉤大別以東至雲澤九江荆州屬衡星蒙山以東至江南會稽震澤徐揚之州屬權星羅固在江淮之南也列宿之分於外者據斗律之圖書篇黄岡麻城以西屬荆州爲鶉尾羅田蘄水以東屬揚州爲星紀似不得以隸黄州而概入翼分也然經緯附天而行中外爲紀必謂專主中州猶

近於私周官保章分土考之周興王畿千里七國之起綿亘數州雲漢山河之象多者或十餘宿及其衰也周僅河南七縣魏徙大梁則西河合於東井秦拔宜陽則上黨入於輿鬼又不能適符星野之分今天下一家而猶以鶉火爲周鶉尾爲楚唐一行所謂守甘石遺術而不知變者也况燕在北而配以東方之析木魯在東而配以西方之降婁秦居西北而鶉首次於東南吳越居東南而星紀次於東北雖鄭氏以星主土而言分野要自不合今必謂某野定入某星

幾度安能劃沙印泥星書晉志爲善然危奎畢井之分列郡不可曉蔽於天而不知地猶爲容齋洪氏所訶則羅分固難拘執而又謂在十三度之間帝王世紀一度二千九百三十二里羅去江夏不及五百里安得參差遞至十三度乎王奕嘗言天本無度因日月之會爲度猶地本無疆以河山之界爲疆况一縣一邑如墨子之著面而必規規以求星分詎躡天庭而手擘之哉

州域辨

舊志載羅田屬齊安據漢唐志謂在禹貢荆州之域謹證之於經而知誤也書曰淮海爲揚州蔡傳北至淮水經淮出南陽平氏縣胎簪山東至光州東北會汝水又東由固始縣入江南鳳陽府潁州界熊氏禾曰揚西抵荆州之境淮之西當在桐柏荆州之界江之西當在衡漳之界其地乃淮東西江東西乃兩浙之地形勝攷淮爲長江藩蔽自丹陽而上至淮陰盱眙爲淮左臂自采石而上至鍾離蘄春爲淮右臂羅田古蘄春也書曰荆及衡陽爲荆州蔡傳荆州北距

南條荆山南盡荆山之陽地志荆山在南郡臨沮縣北地理今釋湖廣襄陽府南漳縣西北八十里衡山南岳也廣雅岣嶁之衡山地志在長沙湘南縣皇輿表衡山今屬衡州府熊氏禾曰荆州北接雍豫之境南逾五嶺東抵揚州之境西抵梁州及西南夷皆楚地去蘄春遠甚自夏及商禹服未改頌曰惟汝荆楚居國南鄉周併徐於青而揚荆之州域仍舊詩曰蠻荆來威蓋高辛時槃瓠之種處荆州詩故言蠻荆也楚世家顓帝孫重黎之裔熊繹武王封之荆蠻胙以

子男之地居丹陽卽今南郡枝江縣其後都郢更名曰楚則楚固世處其南也平淮夷之詩曰江漢浮浮叉曰滔滔江漢南國之紀則自江漢下流皆全淮之襟帶包絡而爲揚州傳曰漢陽諸姬當周盛時固星羅棊布卽至春秋之見經者江黃道柏蓼六英弦猶繡錯其間顧氏志蘄春於春秋爲蓼春秋析義黃國今蘄水縣境通考光州古黃國府志據晉書地理志釋蘄春爲周弦子國杜註弦在弋陽軑縣東南邑上迄周數千年固難求其始封之國而通考於蘄春列揚州圖內其謂屬楚地者則自春秋以來也嘗考楚蠶食中國地六千里幾盡揚豫而有之安得以後之呑噬爲前之州域乎及至頃襄王二十一年秦白起拔郢燒夷陵王亾走陳徙豫至考烈王遷壽春則楚且徙揚矣今正其舊服周禮東南曰揚州正南曰荊州爾雅江南曰揚州漢南曰荊州

御纂所以據地理今釋以黃州之蘄水羅田五縣爲揚州地也曰漢何以屬江夏明何以隸黃州曰唐宋之屬淮南淮西從州域之朔也漢明之屬江夏黃州附都

會之近也

方孝孺後裔攷

有明方希古先生當建文遜國時獨遭十族刑其後裔之有無傳聞多異詞焉按明史孝孺兄孝聞先卒弟孝友與孝孺同就戮妻鄭及二子中憲中愈先經死二女投秦淮河死惟孝孺父克勤弟克家有子曰孝復於洪武年上書請減甯海賦謫戍以軍籍獲免孝復子琬後亦得釋爲民爲方氏羅田舊志邑有匡姓二其一爲孝孺後改姓流寓於斯遂寄籍焉家有藏譜述孝孺遇難時典史魏澤匿其幼子彥八避地興國州洪濱橋卒葬州南門外有子三人長省一次省二次省三長仍居興國省二與其弟省三宦遊江南卽寄籍江南之英山英羅接壤省二遂卜居焉其易方爲匡蓋取爾雅釋詁方匡義同其字猶存古方字之形以示不忘本之意叉史載明世宗時松江人俞斌自稱孝孺後一時士大夫信之爲纂歸宗錄方氏察其僞言於官乃已閱彈詞補註亦載方氏戮時典史魏澤匿其幼子故孝孺尙有後至

國朝壬子督學劉石芝查出裔孫入學奉祀而不載地名或明季由羅避冦而他適抑亦自江南興國而遠遷者歟至匿幼子事及典史之名與庄氏譜相合則事誠據而可徵議者謂明萬歷年釋坐孝孺謫戍者後裔凡千三百餘人而孝孺絕無後無後之說史有明文不知史之所云蓋痛之也豈不知當時謂孝孺之後巳盡誅遺戍皆從坐者遺戍時無孝孺後釋戍時安得有孝孺後國史本一朝實錄當成祖時誰敢謂公有後即公幼子亦不敢自謂公後惟當時國史

謂公之後巳盡而後公之子可匿若稍疑公有後而公之子不得生矣故謂公無後者一時之實錄也而公竟有後者萬世之人心也彼遜國殉難諸賢淸風勁節直窮天地亘古今而不朽固不係乎後人之有無但爾時託淸君側爲名者皆首罪齊黃而白馬尙書猶存六歲之子至仁廟赦還東角門之一言釀禍且留變姓名之田經公幼子之得匿也將毋同當陳瑛羅織時謂諸忠臣無遺種矣詎知數百年後血食猶存江淮閒耶昔成祖發北平姚廣孝以孝孺爲託曰城下之日彼必不降幸勿殺之殺孝孺天下讀書種子絕矣嗚呼孝孺有後天將不絕讀書之一綫耶若魏澤者見義勇爲其名固當並傳不朽

余忠宣公闕元史紀其世籍詳矣其先河西武威人因父沙剌臧卜官於盧遂爲盧州人祖爲唐兀氏而公獨以余爲氏史不詳其故按湖廣通志及舊邑志皆以公爲羅田人羅田余氏舊族也其家譜記宋參知政事同知樞密院事封奉化公余天錫弟兵部尙書天任及元副使僉都元帥府事余闕皆同宗宋末

兵難忠宣公祖被掠入河西冒唐兀氏公以父宦盧州遂復爲余氏余氏祖墓碑皆鐫公名又記公官京師權貴忌公欲中以禍遂歸隱羅田蓋史載召入應奉翰林文字轉中書刑部主事以不阿權貴棄官歸時事也史未云歸盧州且與余氏所記年代俱合後以修史召入出爲湖廣行省左右司郎中復以集賢經歷召入出僉浙東道廉訪司事丁母憂史則載歸盧州服闋起副使僉都元帥府分兵守安慶公命其長子等歸羅田省墳墓至正十八年正月丙午安慶

陷公白到墮清水塘中子德生女福童赴井死德生公幼子也公死賊義公葬公城西公子在羅田者招魂葬衣冠於羅當是時南北音問隔絕蘄黃淮廬爲陳友諒張士誠暨有明戰爭之地雖有卹典不能遍及公同死節之萬戶李宗可蘄州人公侄壻省志蘄州志載宗可以公待之厚從公死盡蘄羅接壤同忠義而聯以姻婭者也余氏當有明時去公死時不遠世多文學猶有參政忠宣之遺風洵非拜汾陽墓者余天錫爲羅田人宋史列傳不載生長之籍史失之也

宋史王韶江州人省志及舊志皆載羅田人按韶於宋熙甯元年上平戎三策以熙河軍功拜觀文殿學士誥贈金紫光祿大夫是時羅田久廢元祐八年始析蘄水爲羅田熙甯間尚屬蘄水亦當爲蘄人不應載江州江州雖與羅接壤地各有屬又史載公親交多楚人依韶求仕子厚寀昰顯寀好學工詞章登第至校書郎好延道流談丹砂神仙事而邑有觀音寺環寺田山數百畝乃韶住宅有石碑詳載且肖其像事類寀所爲至今王氏子孫奉祀不絕云

許昂明嘉靖時巡檢值賊黨行刼邑民受害昂攻之挺身前驅直搗賊穴賊從間道出昂被殺按明巡檢舊志無考兹從兵事查出

郭金城四川人崇禎末提兵五百爲羅守將賊逼城率所部大戰斬首百餘級追至英山休州畈賊大集困三日突圍不得出被執迫降不屈遂遇害見明史忠義傳

舊志載史季驄吳仁傑二人爲宋典史今按宋止有尉元至元二十年上中下縣制始有典史又通志載吳仁傑登科詣部銓調官羅田未詳其職舊志載入典史恐誤

吳信洛陽人宋紹興初爲武剛尉劇賊曹成蹂躪湖湘間守將黃君與避去信獨誓死捍禦賊迫城呼曰聞黃使君稟厚故來相取信曰黃去久矣成曰黃已去當爲吳君全一城黃乃冒爲己功信幾獲罪後數年爲全州清湘尉夢人告曰君守城有陰功子當及第起自東南第一州後官建康見驛壁有詩首云建節東南第一州其子仁傑登科當詣部銓前兩夕夢

入叢林一僧欣然出曰吾四祖也復見一僧曰吾五祖也明日詢官之羅田乃知兩祖寺皆在蘄境

明史文苑傳陳登字思孝初任羅田縣丞改蘭谿再改浮梁選入翰林仍給縣丞祿歷十年始授中書舍人

徐紳山東東平州人太學生操守廉介人不能干以私遇事剛斷存心慈祥以親老在籍迎養無資遇恩例請終養去舊志載縣丞不知何時人

康熙時邑令王光鼎以歲旱禱雨禮謁於壇率父老

頂貝經叫佛泣拜徒步行赤日中未半晌雨如注民以爲神後逢旱歎禱無不立應及陞他郡聞公禱雨雨驟至不及避感疾卒羅民立像祀公於樾蔭堂嘗因禱雨不應迎公像於祠行赤日中卽雨蓋其德澤及民精爽格天羅之愛戴弗諼也固宜